ADMINISTRATIVO #NAPRÁTICA

www.editorasaraiva.com.br/direito
Visite nossa página

ALEXANDRE MAZZA

Doutor e Mestre em Direito Administrativo pela Pontifícia Universidade Católica de São Paulo (PUC-SP). Professor de Direito Administrativo e Direito Tributário da Rede LFG. Advogado. Autor das obras *Manual de direito administrativo*; *Manual de direito tributário*; e *Tributário #naprática*, todas pela Editora Saraiva.

PAULO NICHOLAS

Ex-Procurador-Geral do Município de Maceió e Diretor Comercial da Imprensa Oficial de Alagoas. Advogado atuante nos Tribunais Superiores e empresário na área jurídica. Autor da obra *Sucesso com Direito*, pela Editora Saraiva.

ADMINISTRATIVO #NAPRÁTICA

PRÁTICA ADMINISTRATIVA PARA OAB E CONCURSOS

- CONTÉM DICAS VALIOSAS QUE FAZEM TODA A DIFERENÇA NA PROVA!
- MODELOS DE PEÇAS E QUESTÕES DISCURSIVAS COM GABARITO OFICIAL
- PASSO A PASSO DA ELABORAÇÃO DA PEÇA PRÁTICO-PROFISSIONAL
- FICHAMENTO: UMA TÉCNICA EFICAZ DE ESTUDO
- CONHEÇA O EDITAL E DICAS SOBRE O MATERIAL DE ESTUDO
- COMO "TURBINAR" SEU VADE MECUM

3ª edição
2017

saraiva jur

ISBN 978-85-472-1970-3

DADOS INTERNACIONAIS DE CATALOGAÇÃO NA PUBLICAÇÃO (CIP)
ANGÉLICA ILACQUA CRB-8/7057

Mazza, Alexandre

Administrativo #naprática / Alexandre Mazza, Paulo Nicholas. – 3. ed. – São Paulo: Saraiva, 2017.

1. Direito administrativo 2. Direito administrativo - Concursos - Brasil. 3. Ordem dos Advogados do Brasil - Exames, questões etc. I. Nicholas, Paulo. II. Título.

17-0695 CDU 35

Índice para catálogo sistemático:

1. Direito administrativo 35

Av. das Nações Unidas, 7.221, 1º andar, Setor B
Pinheiros – São Paulo – SP – CEP 05425-902

SAC 0800-0117875
De 2ª a 6ª, das 8h às 18h
www.editorasaraiva.com.br/contato

Presidente Eduardo Mufarej
Vice-presidente Claudio Lensing
Diretora editorial Flávia Alves Bravin

Conselho editorial
Presidente Carlos Ragazzo
Consultor acadêmico Murilo Angeli Dias dos Santos

Gerência
Planejamento e novos projetos Renata Pascual Müller
Concursos Roberto Navarro
Legislação e doutrina Thaís de Camargo Rodrigues

Edição Bruna Schlindwein Zeni

Produção editorial Ana Cristina Garcia (coord.)
Luciana Cordeiro Shirakawa
Clarissa Boraschi Maria (coord.)
Guilherme H. M. Salvador
Kelli Priscila Pinto
Marília Cordeiro
Mônica Landi
Tatiana dos Santos Romão
Tiago Dela Rosa

Projeto gráfico Claudirene de Moura Santos Silva
Diagramação e revisão Know-How Editorial

Comunicação e MKT Elaine Cristina da Silva
Capa Casa de Ideias
Produção gráfica Marli Rampim
Impressão e acabamento Edições Loyola

Data de fechamento da edição: 7-6-2017

Dúvidas? Acesse www.editorasaraiva.com.br/direito

CL 604214 CAE 621388

Dedicado aos meus alunos,
alegria da minha vida.

ÍNDICE

PARTE 2 – ESTUDO DAS PEÇAS E FICHAMENTOS SIMPLIFICADOS... 83

PARTE 3 – FICHAMENTO SIMPLIFICADO DAS TESES 131

PARTE 4 – MODELOS DE PEÇAS 139

Nota à 3ª edição

Este livro é destinado à preparação na Prática Administrativa para o Exame de Ordem, concursos públicos e para o dia a dia de quem pretende iniciar na advocacia com o Direito Administrativo. É a síntese da experiência que adquiri em 20 anos ininterruptos de docência em cursos preparatórios para a OAB e concursos públicos.

Trata-se de obra diretamente ligada ao meu *Manual de direito administrativo*, também publicado pela Editora Saraiva. Em conjunto, os dois livros formam um sistema completo de preparação para provas e concursos.

Para facilitar o acesso à informação procurei dar ao texto a clareza de linguagem comum nas minhas aulas.

Os capitulos iniciais falam sobre o passo a passo da elaboração da peça prático-profissional, além de apresentar dicas gerais sobre as provas de prática administrativa e a preparação dos materiais.

Na sequência, abordo as peças e teses mais importantes na defesa do cidadão e, depois, da Fazenda Pública. Nesse ponto, organizo o assunto resumindo as informações em fichamentos, uma técnica de estudos extremamente eficaz, testada e aprovada por milhares de alunos ao longo desses anos.

A seguir, trago os modelos explicativos de todas as peças da prática administrativa, quer no âmbito do Poder Judiciário, quer perante a própria Administração.

Ao final, inseri exercícios para que o leitor possa treinar a elaboração das peças e questões discursivas, conferindo ao final, nos gabaritos oficiais, o acerto das respostas.

Vale destacar que, em função da entrada em vigor do Novo Código de Processo Civil, Lei n. 13.105, em 16 de março de 2015, foram eliminadas desde a 2ª edição todas as referências ao Código de 1973.

Nesta 3ª edição fiz melhorias no texto, pequenas correções e acrescentei exercícios de provas recentes.

Como sempre, solicito encarecidamente ao querido leitor que, tendo qualquer dúvida, sugestão ou comentário, entre em contato comigo.

O seu sucesso é o meu objetivo!

Bons estudos.

Alexandre Mazza
Instagram: @professormazza
Twitter: @professormazza
Facebook: Professor Mazza
Site: www.sitedomazza.com.br

Parte 1

Informações gerais

Capítulo 1
PREPARAÇÃO DOS MATERIAIS

CONHEÇA O SEU EDITAL

A maioria das provas de prática administrativa só permite consulta à legislação. Por isso, a Coletânea de Legislação Administrativa torna-se uma aliada fundamental em nossa batalha contra o Examinador.

Antes de qualquer coisa, porém, é importante que você leia o edital da sua prova. Conheça as regras sobre uso de materiais. O que pode e o que não pode.

QUAL COLETÂNEA OU COMPILAÇÃO COMPRAR?

Escrevo este tópico destinado especificamente para provas que permitem consulta à legislação seca. É o caso do Exame de Ordem.

Como vamos fazer uma prova de Direito Administrativo, é preciso ter uma Coletânea de Legislação Administrativa. Tenha sempre um livro novo e o mais atualizado que existe. Ainda que isso exija alguma sacrifício, vale a pena adquirir um livro novo para fazer a prova, porque livros usados podem ter marcações incompatíveis com o edital ou, pior, podem estar desatualizados.

Devo alertar, todavia, que as coletâneas de legislação administrativa normalmente não contêm leis gerais como Código Civil, Código Penal e Consolidação das Leis do Trabalho (CLT).

Por isso, recomendo que o candidato leve para a prova dois volumes de legislação: 1) Coletânea de Legislação Administrativa; 2) Vade Mecum.

Compre Vades novos e **não faça qualquer tipo de marcação neles**. Não escreva nada! Só vale colocar o nome.

MARCAÇÕES EXTERNAS E INTERNAS

Minha experiência mostra que quanto mais prepararmos a Coletânea de Legislação Administrativa para a prova, mais fácil será nossa vida no dia do exame.

Tenho um sistema completo de marcações na Coletânea de Legislação Administrativa que é a minha marca registrada. Quem já foi meu aluno sabe "o poder" dessas minhas marcações.

E o mais importante: sem descumprir qualquer regra do edital.

Evidentemente que tudo aqui não passa de sugestão. Cada candidato pode adotar um sistema próprio de marcação e até adaptar minhas dicas às suas próprias. O mais importante é perceber que a Coletânea de Legislação Administrativa é a sua melhor amiga na hora da prova!

Vou ensinar meu método.

Tudo começa separando as marcações em dois tipos:

1) **marcações externas:** feitas com clipes;

2) **marcações internas:** feitas com canetas grifa-texto.

DICA: vamos fazer essas marcações somente na Coletânea de Legislação Administrativa. O Vade Geral levaremos na prova somente por precaução, ou seja, para nos prevenir contra a possibilidade de perguntas do examinador sobre leis "extravagantes", que não constem do repertório comum do Direito Administrativo. O Vade Geral não precisa de nenhum tipo de marcação.

MARCAÇÕES EXTERNAS

Antes de qualquer coisa, devo dizer que as marcações externas não funcionam sozinhas. Elas só têm sentido quando utilizadas trabalhando junto com as marcações internas, isto é, remetendo para páginas grifadas de maneira apropriada. Por isso, não usem o sistema pela metade. Marquem a Coletânea de Legislação Administrativa por fora (clipes) e por dentro (grifa-texto).

Vamos lá.

Adquira clipes cinzas comuns de tamanho normal e uma caixa de clipes pequenos coloridos.

Os **clipes cinzas** vamos usar para marcar duas coisas diferentes na Coletânea de Legislação Administrativa:

a) primeira página de leis importantes: coloque um clipe cinza (na parte de cima da folha) na página de abertura de cada lei relevante para sua prova. Exemplos: Constituição Federal, CPC, Lei n. 9.784/99 (Processo Administrativo), Lei n. 8.112/90 (Servidores Públicos), Lei n. 8.666/93 (Licitações e Contratos Administrativos).

Vá inserindo esses clipes durante o processo de preparação para sua prova.

Assim, a parte de cima funciona como o grande índice de leis relevantes na nossa Coletânea de Legislação Administrativa!

Mas isso só funciona se poucas marcações forem feitas. Escolha NO MÁXIMO vinte leis para "clipar", hein?

b) fundamento de peças: marque com um clipe cinza (na parte de baixo da folha) as páginas da Coletânea de Legislação Administrativa onde estejam os fundamentos de cada uma das peças processuais estudadas aqui no livro. Por exemplo. Veremos que o Mandado de Segurança Individual é fundamentado em dois dispositivos: os arts. 5º, LXIX, da Constituição Federal e o 1º e seguintes da Lei n. 12.016/2009. Então, você deve procurar onde estão esses dois dispositivos dentro da Coletânea de Legislação Administrativa e colocar um clipe cinza na parte de baixo de cada uma dessas duas páginas, deixando os dois alinhados entre si. Assim, quando fechar a Coletânea de Legislação Administrativa poderá perceber que os dois clipes estão relacionados, isto é, tratando de um mesmo assunto, pois são o duplo fundamento do Mandado de Segurança Individual. Simples, não?

DICA: lembre-se de alinhar os clipes (deixá-los numa linha reta) sempre que disserem respeito a um mesmo assunto. Desse modo, quando a Coletânea de Legislação Administrativa estiver fechada, você poderá observar pequenas fileiras de clipes representando marcações relativas a um tema só. Abrindo cada clipe de uma fileira você consegue facilmente recuperar todos os dispositivos pertinentes a uma sequência temática (de peças, de teses ou de qualquer outra coisa que desejar).

Já os **clipes coloridos** vamos utilizar para marcar **(na lateral da folha)** os fundamentos de teses, utilizando uma cor para cada tese estudada. Assim, é importante adquirir uma caixa de clipes pequenos com várias cores sortidas.

Atribua uma cor qualquer disponível de clipe para cada grande tese de Direito Administrativo. Por exemplo: verde-licitação, vermelho-agentes, azul-controle, amarelo-improbidade.

Conforme você for estudando certo tema de Direito Administrativo material (teses), vá marcando em sua Coletânea as leis, normas especiais e súmulas mais importantes daquela tese, **criando uma fileira na lateral da Coletânea com clipes da cor que você atribuiu ao respectivo tema.** Desse modo, por exemplo, todas as leis, normas e súmulas que estudei pertinentes ao tema prescrição estarão marcadas numa sequência fileira alinhada de clipes na cor verde na lateral da Coletânea de Legislação Administrativa.

Inicie com fileiras próximas à parte de cima da Coletânea de Legislação Administrativa.

Para evitar confusão, não repita cores de clipe nas fileiras próximas umas das outras.

Ao final do processo, a lateral da sua Coletânea de Legislação Administrativa terá cerca de vinte ou trinta fileiras coloridas de clipes, organizando todo o acesso ao direito material da coletânea.

Meu querido, se tudo deu certo, nas vésperas da prova sua Coletânea de Legislação Administrativa terá cerca de vinte clipes na parte superior funcionando como um prático índice das leis mais importantes para a prova. Na lateral, centenas de clipes organizados em fileiras coloridas remetendo para tudo o que há de mais importante sobre o Direito Administrativo material. E na parte de baixo, dezenas de clipes, alguns relacionados em pares ou trios, apontando para os fundamentos de todas as peças prático-profissionais que podem ser abordadas na prova.

Gostou?

Mas isso é só a metade do meu sistema... agora vêm as marcações internas.

MARCAÇÕES INTERNAS

As marcações externas só fazem sentido se remeterem a páginas internamente marcadas. Pense bem. De que adianta abrir a página da sua Coletânea de Legislação Administrativa marcada por um clipe e não existir nada ali indicado?

Por isso, vou tratar agora das marcações internas.

Adquira **canetas grifa-texto de seis cores diferentes.** Certifique-se de que sejam cores que permitam ler o texto após grifarmos. Além disso, veja se o traçado da caneta não vaza para o verso, podendo confundir marcações na outra página da Coletânea. Se uma das duas coisas acontecer, procure outra marca de caneta.

Escolhida a marca apropriada, atribua uma função específica e exclusiva para cada cor.

Por exemplo (pelo amor de Deus, estou só exemplificando, você não precisa fazer exatamente assim!):

1) **caneta de COMPETÊNCIA (VERDE);**
2) **caneta de FUNDAMENTO (AMARELA);**
3) **caneta de PEDIDOS (AZUL);**
4) **caneta de DETALHES ESPECIAIS (VERMELHA);**
5) **caneta de TESE (ROXA).**

⚠ **CUIDADO:** importante lembrar que o significado específico dessas cores **DEVE SER MEMORIZADO PELO CANDIDATO. NUNCA DECODIFIQUE O SIGNIFICADO DE CADA COR NA** COLETÂNEA DE LEGISLAÇÃO ADMINISTRATIVA!

Vou falar um pouco sobre o uso de cada caneta:

1) caneta de COMPETÊNCIA: deve ser usada para grifar todas as normas processuais a respeito de endereçamento das peças específicas;

2) caneta de FUNDAMENTO: utilize para sublinhar somente os números dos artigos que fundamentam as peças processuais. Essa marcação deve ser **associada ao clipe cinza na parte de inferior da página;**

3) caneta de PEDIDOS: use para sublinhar todos os textos normativos que descrevam os pedidos específicos das peças. A utilização adequada dessa caneta facilita enormemente a elaboração formal de provas prático-profissionais;

4) caneta de DETALHES ESPECIAIS: utilize para marcar quaisquer informações que considerar relevantes sobre determinada peça, como prazos, causas de pedir, lembretes etc.;

5) caneta de TESE: será a mais utilizada na Coletânea de Legislação Administrativa. Normalmente os alunos acabam comprando mais de uma! Reserve essa como a única caneta para fazer **todas as marcações internas relativas a quaisquer teses**. Evite sublinhar dispositivos inteiros. Marque somente os números e, no máximo, sublinhe alguns trechos fundamentais, sempre **lembrando de associar o uso dessa caneta com um clipe (na lateral) inserido na fileira e da cor exata que você atribuiu àquele tema específico.**

Então, é isso!

Aplique esse sistema inteiro de marcações na sua Coletânea de Legislação Administrativa.

Quanto mais você trabalhar durante a preparação, mais fácil será no dia da prova.

Agora que você já sabe como preparar seu material, vamos começar o estudo das peças.

★ **IMPORTANTE:** Por causa do excesso de rigor dos fiscais de sala e das novas orientações do edital, venho recomendando, para o caso específico do Exame da OAB, substituir as marcações internas coloridas por sinais feitos exclusivamente com caneta esferográfica preta.

SUGESTÕES DE MARCAÇÃO

Seguem alguns dispositivos que sugiro sejam marcados na sua **Coletânea de Legislação Administrativa** para realização de provas versando sobre Prática Administrativa:

TEMAS MAIS RELEVANTES

1) **Princípios:** arts. 5º, II, LIV, LV e LXXVIII e 37, "caput" e § 1º da CF; art. 2º da Lei n. 4.717/65; art. 11 da Lei n. 8.429/92; arts. 2º, parágrafo único, 50, 53 da Lei n. 9.784/99; Súmulas do STF 346 e 473; Súmula Vinculante 13; Lei n. 12.527/11.

2) **Organização Administrativa:** arts. 37, "caput", XIX e XX, e 8º da CF, 150, VI e § 2º da CF, 173, § 1º, da CF; arts. 5º e 25 do Decreto-lei n. 200/67; arts. 24, 25 e 26, parágrafo único, da Lei n. 8.666/93; Lei n. 9.986/2000; Súmula 333 do STJ. **Parcerias Voluntárias** (Lei n. 13.019/2014). **Organizações Sociais** (Lei n. 9.637/98). **Oscips** (Lei n. 9.790/99). **Empresas Estatais** (Lei n. 13.303/2016, especialmente art. 17).

3) Atos Administrativos: art. 2º da Lei n. 4.717/65; art. 49 da Lei n. 8.666/93; arts. 2º, parágrafo único, 50, 53 da Lei n. 9.784/99; Súmulas 346 e 473 do STF.

4) **Poderes da Administração:** arts. 5º, LIV e LV, 84, IV e VI da CF; arts. 11 a 17 e 45 da Lei n. 9.784/99; art. 78 do CTN; art. 4º da Lei n. 11.079/2004.

5) **Responsabilidade do Estado:** art. 1º do Decreto n. 20.910/32 (Prescrição Quinquenal); arts. 5º, LXXV, 6º e 37 da CF; arts. 43, 186, 206, § 3º, V, e 927 do Código Civil (Lei n. 10.406/2002); art. 1º-C da Lei n. 9.494/97; arts. 121 a 126 da Lei n. 8.112/90.

6) **Licitação:** art. 37, XXI, da CF; Lei n. 8.666/93 (Licitações); Lei n. 10.520/2002; Decreto n. 3.555/2000 (Pregão); art. 4º do Decreto n. 5.450/2005 (Pregão eletrônico); Decreto n. 5.504/2005 (Pregão eletrônico); Lei n. 12.232/2010; Lei n. 12.462/2011 (Regime Diferenciado de Contratações Públicas - RDC); art. 55 da Lei n. 9.472/97; arts. 44 e 45 da Lei Complementar n. 123/2006.

7) Contratos: arts. 37, XXI, e 241 da CF; arts. 54 e seguintes da Lei n. 8.666/93; Lei n. 11.079/2004; Lei n. 11.107/2005; Lei n. 8.987/95.

8) Agentes: arts. 37 a 41 (especialmente art. 48, X) e 169 da CF; Lei n. 8.112/90; Lei n. 8.745/93; Súmulas 15, 16, 17, 20, 21, 22, 683, 684, 685 e 686 do STF; Súmulas 266 e 377 do STJ. **Sobre cargos públicos:** arts. 48, X, 84, VI, "b", da CF e 3º da Lei n. 8.112/90. **Sobre disponibilidade:** arts. 41, § 3º, da CF e 28, § 2º, 29 e 30 da Lei n. 8.112/90. **Sobre subsídio:** art. 39, § 4º, da CF. **Sobre teto remuneratório:** art. 37, XI e § 9º, da CF.

9) **Improbidade Administrativa:** art. 37, § 4º, da CF; Lei n. 8.429/92; arts. 2º e 74 da Lei n. 1.079/50.

10) **Bens Públicos:** arts. 20, 26, 183, § 3º, da CF; arts. 98 a 103 do Código Civil (Lei n. 10.406/2002); art.17 da Lei n. 8.666/93; Súmula 340 do STF.

11) **Desapropriação:** arts. 5º, XXII a XXIV, e 182 a 186 da CF; Decreto-lei n. 3.365/41; Lei n. 10.257/2001; Lei n. 8.629/93; Lei Complementar n. 76/93; Lei n. 4.132/62, Súmula 618 do STF; Súmulas 12, 69, 70, 113, 114, 119 e 131 do STJ.

12) **Intervenção do Estado na Propriedade:** arts. 5º, XXII a XXIV, 182 a 186, 216, § 1º (TOMBAMENTO), e 243 da CF; art. 78 do CTN; Decreto-lei n. 25/37; Decreto-lei n. 3.365/41.

13) **Serviços Públicos:** arts. 175 e 236 da CF; Lei n. 8.987/95; Súmula Vinculante 12 do STF; Súmula 356 do STJ.

14) Controle: arts. 5º, XXXV e LV, 49, V, 70 e 71 da CF; Súmula Vinculante 3 do STF; Súmulas 346, 347 e 473 do STF.

15) **Processo Administrativo:** art. 5º, LIV, LV e LXXVIII, da CF; Lei n. 9.784/99; arts. 143 e seguintes da Lei n. 8.112/90; Súmulas Vinculantes 5 e 21 do STF; Súmulas 343 e 373 do STJ.

FUNDAMENTOS DAS PRINCIPAIS PEÇAS

1) Anulatória com tutela:

Fundamento: arts. 319, 334 e 300 do CPC/2015.

2) Indenizatória:

Fundamento: arts. 319 e 334 do CPC/2015; arts. 43 e 186 do CC/2002 e art. 37, § 6º, da CF.

3) Desapropriação indireta:

Fundamento: arts. 319 e 334 do CPC/2015; art. 5º, XXIV, da CF; art. 35 do Decreto-lei n. 3.365/41.

4) Ação de cobrança:

Fundamento: arts. 319 e 334 do CPC/2015; art. 884 do CC/2002; Lei n. 8.666/93.

5) Mandando de Segurança:

Fundamento: art. 5º, LXIX, da CF; arts. 1º e seguintes da Lei n. 12.016/2009 e art. 319 do CPC/2015.

Endereçamento: art. 20 da Lei n. 9.507/97.

Pedidos: arts. 7º, I a III, § 4º, 12, 14 da Lei n. 12.016/2009.

6) Ação Popular

Fundamento: arts. 5º, LXXIII, da CF e 1º da Lei n. 4.717/65.

Endereçamento: art. 5º da Lei n. 4.717/65.

Pedidos: arts. 1º, § 3º, 5º, 6º, 7º, I, "a" e 11 da Lei n. 4.717/65.

7) "Habeas Data"

Fundamento: arts. 5º, LXXII, da CF e 1º da Lei n. 9.507/97.

Endereçamento: art. 20 da Lei n. 9.507/97.

Pedidos: arts. 8º, parágrafo único, 9º e 12 da Lei n. 9.507/97.

Capítulo 2
DEFININDO O CABIMENTO

INTRODUÇÃO

Acertar o cabimento da peça é um dos passos fundamentais para obter aprovação no Exame de Ordem e Concursos Públicos.

Para isso, é indispensável treinar um processo de fixação dos cabimentos possíveis na Prática Administrativa, desenvolvendo uma habilidade para identificar qual a peça a ser elaborada no momento da prova.

Sugiro a adoção de quatro etapas sucessivas:

1ª etapa: compreender as dicas oferecidas pelo enunciado;

2ª etapa: identificar e sublinhar as palavras-chave;

3ª etapa: memorizar as hipóteses de cabimento de todas as peças do Direito Administrativo;

4ª etapa: treinar todo o processo fazendo exercícios.

ATENÇÃO: Alguns editais recentes do Exame de Ordem determinaram que, agora, o cabimento da peça deve estar expressamente indicado no enunciado desta. Assim, o candidato não precisa mais se preocupar com o cabimento da peça. No entanto, definir o meio mais apropriado para defender o cliente CONTINUA INDISPENSÁVEL, pois a tendência é que problemas de cabimento sejam exigidos nas questões discursivas. Portanto, não se engane: uma preparação completa para o Exame de Ordem ainda exige domínio perfeito das hipóteses de cabimento das peças processuais.

AS DICAS ESTÃO SEMPRE NO ENUNCIADO

Em qualquer prova é fundamental notar que o enunciado da questão sempre fornecerá pistas sobre qual a peça a ser elaborada. Para tanto, é indispensável procurar as palavras-chave presentes no enunciado, grifando-as conforme sugerido abaixo.

SUBLINHANDO PALAVRAS-CHAVE

A identificação das palavras-chave no enunciado da questão só pode ser realizada após sucessivas leituras (tenho orientado em sala a fazer, ao menos, cinco leituras). Encontre tais palavras ou expressões e as sublinhe, enxugando o texto para facilitar a eleição da peça correta.

HIPÓTESES DE CABIMENTO DAS PEÇAS NA PRÁTICA ADMINISTRATIVA

Em seguida, é preciso decorar as hipóteses de cabimento das peças da Prática Administrativa, processo que pressupõe a elaboração do fichamento das peças (falarei dos fichamentos mais adiante).

Segue um rápido roteiro das peças mais importantes da Prática Administrativa:

1) MANDADO DE SEGURANÇA INDIVIDUAL é a medida cabível para proteção de direito individual, líquido e certo, não amparado por "habeas data" ou "habeas corpus", lesado ou ameaçado de lesão, por ato de autoridade ou agente de pessoa jurídica no exercício de atribuição do Poder Público. O direito líquido e certo consiste na certeza quanto à situação de fato. É direito certo quanto à sua existência, delimitado na sua extensão e apto a ser exercido no momento de sua impetração. Deve haver prova preconstituída, uma vez que esse remédio constitucional não admite dilação probatória. Em regra, os enunciados de Mandado de Segurança dão dicas para "clarear" seu cabimento, como:

a) adote a medida mais célere;

b) utilize a solução judicial menos onerosa para o cliente.

2) AÇÃO ANULATÓRIA COM PEDIDO DE TUTELA ANTECIPADA é a peça cabível para extinguir judicialmente ato administrativo nulo quando o enunciado deixar claro que não É POSSÍVEL UTILIZAR MANDADO DE SEGURANÇA. As hipóteses clássicas de cabimento da anulatória são:

a) escoamento do prazo de 120 dias para impetração do Mandado de Segurança;

b) necessidade de produzir prova não documental (dilação probatória) em favor do cliente.

Em casos assim, deve-se propor ação anulatória com tutela antecipada.

3) AÇÃO DE INDENIZAÇÃO POR DESAPROPRIAÇÃO INDIRETA é a ação cabível nos casos em que o Poder Público invade imóvel particular, sem a observância dos requisitos da declaração e da indenização prévia.

4) AÇÃO DE INDENIZAÇÃO (RESPONSABILIDADE EXTRACONTRATUAL) é a ação adequada para pleitear indenização decorrente de responsabilidade ex-

tracontratual do Estado por danos materiais e/ou morais causados por ação ou omissão de agentes públicos no exercício de suas funções.

5) CONTESTAÇÃO (nas ações anulatórias em geral) é a defesa do cliente quando a ação for proposta pela parte contrária. Trata-se de peça peculiar diante da necessidade de abordar as famosas preliminares (prescrição, incompetência, ilegitimidade etc.).

6) AÇÃO POPULAR é a ação constitucional cabível para obter a anulação de atos ou contratos administrativos ilegais e lesivos ao patrimônio público de qualquer esfera de governo, da administração direta ou indireta, ou ainda de pessoas jurídicas subvencionadas com dinheiro público, bem como para anular ato lesivo à moralidade administrativa, ao meio ambiente ou ao patrimônio histórico e cultural.

7) "HABEAS DATA" é o remédio constitucional cabível para garantir às pessoas físicas e jurídicas o conhecimento, contestação ou correção de informações a elas concernentes e constantes de bancos de dados, públicos ou privados, acessíveis ao público, com a finalidade de conhecimento, retificação ou complemento das informações.

8) AGRAVO DE INSTRUMENTO é o recurso cabível contra decisões judiciais interlocutórias. Exs.: indeferimento ou concessão de medida liminar; indeferimento ou concessão de tutela antecipada.

9) APELAÇÃO é o recurso cabível contra decisão judicial que põe fim ao processo com ou sem julgamento de mérito (recurso cabível contra sentença).

10) MANDADO DE SEGURANÇA COLETIVO é a medida cabível para que partidos políticos, organizações sindicais ou entidades de classe busquem a proteção de direito coletivo, líquido e certo de seus associados, não amparado por "habeas data" ou "habeas corpus", lesado ou ameaçado de lesão, por ato de autoridade ou agente de pessoa jurídica no exercício de atribuição do Poder Público. O direito líquido e certo consiste na certeza quanto à situação de fato. É direito certo quanto à sua existência, delimitado na sua extensão e apto a ser exercido no momento de sua impetração. Deve haver prova preconstituída, uma vez que esse remédio constitucional não admite dilação probatória.

11) AÇÃO DE DESAPROPRIAÇÃO é a ação cabível para que o Poder Público, quando fundado em necessidade pública, utilidade pública ou interesse social, compulsoriamente adquira para si um bem certo, em caráter originário, mediante indenização prévia, justa e pagável em dinheiro. A indenização, porém, não será em dinheiro no caso de imóveis em desacordo com a função social da propriedade (desapropriação para reforma agrária ou para política urbana), hipóteses em que a indenização far-se-á em títulos da dívida pública.

12) AÇÃO DE COBRANÇA (RESPONSABILIDADE CONTRATUAL) é a ação judicial proposta pelo administrado contra o Poder Público visando à cobrança pelo não pagamento de contraprestação devida, geralmente estabelecida em contrato administrativo.

13) **AÇÃO CIVIL PÚBLICA** é a ação proposta pelo Ministério Público, entes públicos da administração direta ou indireta ou associação constituída há mais de um ano nos termos da lei civil, e que tenha o objeto da ação civil pública dentre suas finalidades institucionais, para promover a responsabilização por danos patrimoniais e morais causados ao consumidor, ao meio ambiente, a bens e direitos de valor artístico, estético, histórico, turístico e paisagístico, por infração à ordem econômica e à economia popular, à ordem urbanística, à defesa dos deficientes físicos, da criança e do adolescente, dos idosos, das populações indígenas, dos investidores no mercado de capitais e dos torcedores de modalidades esportivas.

14) **AÇÃO DE IMPROBIDADE ADMINISTRATIVA (ou AÇÃO CIVIL PÚBLICA POR ATO DE IMPROBIDADE)** é a ação judicial apropriada para que o MP ou pessoa jurídica de Direito Público lesada pleiteie a aplicação de sanções previstas na Lei n. 8.429/92, contra agentes públicos, servidores ou não (até mesmo particulares beneficiados) que incorrerem em ato causador de enriquecimento ilícito, prejuízo ao erário e/ou violação aos princípios da Administração Pública.

15) **CONTRAMINUTA DE AGRAVO DE INSTRUMENTO** é a defesa do cliente no agravo de instrumento interposto pela outra parte.

16) **CONTRARRAZÕES DE APELAÇÃO** é a defesa do cliente na apelação interposta pela outra parte.

17) **RECURSO ORDINÁRIO CONSTITUCIONAL** é o recurso dirigido ao STF quando: a) o "habeas corpus", o Mandado de Segurança, o "habeas data" e o Mandado de Injunção forem decididos em única instância pelos Tribunais Superiores, se denegatória a decisão; b) o crime político; e cabível ao STJ quando: a) os "habeas corpus" decididos em única ou última instância pelos Tribunais Regionais Federais ou pelos tribunais dos Estados, do Distrito Federal e Territórios, quando a decisão for denegatória; b) os Mandados de Segurança decididos em única instância pelos Tribunais Regionais Federais ou pelos tribunais dos Estados, do Distrito Federal e Territórios, quando denegatória a decisão; c) as causas em que forem partes Estado estrangeiro ou organismo internacional, de um lado, e, do outro, Município ou pessoa residente ou domiciliada no País;

18) **CONTRARRAZÕES DE RECURSO ORDINÁRIO** é a resposta do Recorrido quando o ROC for interposto pela outra parte.

19) **RECURSO ESPECIAL** é o recurso cabível contra acórdão do TJ ou do TRF cujo teor contrarie norma federal.

20) **CONTRARRAZÕES DE RECURSO ESPECIAL** é a defesa do Recorrido quando o recurso especial for interposto pela outra parte.

21) **RECURSO EXTRAORDINÁRIO** é o recurso cabível contra acórdão do TJ ou do TRF cujo teor contrarie norma da Constituição Federal.

22) **CONTRARRAZÕES DE RECURSO EXTRAORDINÁRIO** é a defesa do Recorrido quando o recurso extraordinário for interposto pela outra parte.

23) EMBARGOS DE DIVERGÊNCIA é o recurso apropriado contra decisão de turma do STJ ou do STF que tenha contrariado decisão de outra turma, órgão especial ou plenário do tribunal.

24) CONTRARRAZÕES EM EMBARGOS DE DIVERGÊNCIA é a defesa do cliente nos embargos de divergência da outra parte.

25) RECURSO ADESIVO é a forma de interposição recursal na qual se adere ao recurso interposto pela outra parte contra decisão judicial em que houve sucumbência recíproca.

26) CONTRARRAZÕES EM RECURSO ADESIVO é a defesa do Recorrido quando o recurso adesivo for interposto pela outra parte.

27) AGRAVO INTERNO é o recurso cabível para impugnar decisões monocráticas de juízes que atuam em tribunais (Presidente, Vice-Presidente ou Relator).

28) CONTRAMINUTA EM AGRAVO INTERNO é a defesa do cliente no agravo interposto pela outra parte.

29) AÇÃO RESCISÓRIA é a ação judicial cabível para desconstituir decisão que não possa mais ser atacada por nenhum recurso (ação contra decisão judicial transitada em julgado).

30) CONTESTAÇÃO EM RESCISÓRIA é a defesa do cliente na ação rescisória interposta pela outra parte.

31) "QUERELA NULLITATIS INSANABILIS" é a medida processual utilizada para declarar inexistente decisão judicial transitada em julgado e contra a qual já não caiba mais ação rescisória (por exemplo, se já escoou o prazo de dois anos para a rescisória).

32) CORREIÇÃO PARCIAL é o meio processual apto a sanar ato do juiz que produza inversão tumultuária do processo.

33) PEDIDO DE RECONSIDERAÇÃO é a medida processual adequada para requerer que certa autoridade judicial reveja decisão desfavorável ao cliente. Ex.: obstar os efeitos da tutela antecipada.

34) EMBARGOS DE DECLARAÇÃO constituem o recurso apto a impugnar decisão judicial contraditória, obscura ou omissa.

35) RECURSO ADMINISTRATIVO (em licitação) é o meio de impugnar, perante o próprio Poder Público, decisões sobre habilitação ou inabilitação do licitante, julgamento de propostas, anulação ou revogação da licitação, indeferimento do pedido de inscrição cadastral, sua alteração ou cancelamento, rescisão unilateral do contrato, aplicação das penas de advertência, suspensão temporária ou de multa.

36) DEFESA EM PROCESSO ADMINISTRATIVO DISCIPLINAR (PAD) é o meio administrativo apto a defender o servidor que tenha instaurado contra si processo administrativo disciplinar.

37) PARECER é cabível para: a) orientar a Administração Pública, b) informar as opções legais e juridicamente respaldadas para uma conduta ou procedimento pretendido pelo interessado e c) interpretar dispositivos legais na ausência de atos administrativos normativos ou ordinatórios.

MEMORIZANDO CABIMENTOS

A memorização das hipóteses de cabimento mencionadas acima exige treino. Utilize os exercícios presentes neste livro para treinar o processo de identificação do cabimento. Leia atentamente cada enunciado, sublinhe as expressões-chave e defina a peça apropriada. O treinamento permitirá que você fixe todas as hipóteses de cabimento e adquira confiança para identificar a peça cabível no dia da sua prova.

Capítulo 3
DIFICULDADES PARA IDENTIFICAÇÃO DA PEÇA

O processo sugerido no capítulo anterior não impede que, no momento da prova, você encontre alguma dificuldade para identificação da peça cabível. O grau crescente de dificuldade do Exame de Ordem e outros fatores (como o nervosismo) podem complicar a escolha da peça correta. Se isso ocorrer, observe as seguintes dicas:

1) verifique atentamente se o enunciado pede para você defender o Poder Público ou o administrado;

2) releia o enunciado várias vezes (pelo menos cinco!) atentando para todos os detalhes importantes;

3) grife as palavras-chave seguindo o roteiro indicado no capítulo anterior;

4) atenção para as instruções do enunciado (ex.: como advogado do Poder Público adote a medida judicial mais célere para sua defesa);

5) verifique, também, se a peça que você deve elaborar será dirigida a uma autoridade administrativa (ex.: defesa em processo administrativo disciplinar) ou a uma autoridade judiciária (ex.: impetração de Mandado de Segurança).

⚠ **ATENÇÃO 1:** na dúvida entre uma solução administrativa (ex.: recurso administrativo) e uma medida judicial (ex.: Mandado de Segurança), dê preferência pela solução judicial (tende a ser mais eficiente).

⚠ **ATENÇÃO 2:** ao menos que você tenha certeza absoluta da escolha, evite eleger peças de cabimento muito raro (ex.: correição parcial, embargos de divergência, "querella nullitatis insanabile", contrarrazões em Recurso Ordinário Constitucional). Pense duas vezes antes de começar a elaboração de peça excessivamente esdrúxula. Na dúvida, prefira uma solução mais convencional.

Capítulo 4
ENDEREÇAMENTO

O endereçamento é a parte de abertura da peça, as linhas iniciais em que você indica a autoridade judicial ou administrativa competente para analisar os pedidos. Vamos começar estudando algumas orientações sobre regras formais de redação do endereçamento. Veja o exemplo abaixo da folha de abertura de uma peça processual na Prática Administrativa:

> Excelentíssimo Senhor Doutor Juiz Federal da ... Vara ... da Seção Judiciária de
>
> *(5 linhas)*
>
> Nome ..., nacionalidade ..., estado civil ..., profissão ..., portador da cédula de identidade Registro Geral número ..., inscrito no Cadastro de Pessoas Físicas sob o número ..., residente e domiciliado no endereço ..., por seu advogado, procuração em anexo, vem, respeitosamente, à presença de Vossa Excelência, com fundamento nos arts. 5º, inciso LXIX, da Constituição Federal, 1º e 7º, III, da Lei n. 12.016/2009 e 319 do Código de Processo Civil de 2015, impetrar Mandado de Segurança com pedido de medida liminar, contra ato coator praticado pelo ..., qualificação completa da autoridade coatora ..., dando ciência do feito ao órgão de representação judicial da ..., qualificação completa da pessoa jurídica interessada ..., com base nas razões de fato e de direito adiante expostas:
>
> *(1 linha)*
>
> I – Dos fatos
>
> *(1 linha)*
>
> II – Do direito

DICAS REDACIONAIS

É conveniente observar as seguintes orientações formais para elaboração do endereçamento:

1) USAR A LINHA INTEIRA.

2) ESCREVER TUDO POR EXTENSO (sem qualquer tipo de abreviatura).

3) EVITE SEPARAR SÍLABAS. O ideal é terminar a palavra antes de mudar de linha ou transferi-la inteira para a linha de baixo. Evite a separação silábica. Cuide, porém, para não deixar um espaço grande em branco no final da linha. Se você perceber que a palavra não caberá, aumente o espaço entre as palavras anteriores. Se for preciso separar sílabas, certifique-se da forma correta segundo a Língua Portuguesa (é melhor deixar um buraco no final da linha do que perder ponto por erro gramatical).

4) NUNCA USAR LETRA DE FORMA.

Observe o exemplo:

Excelentíssimo Senhor Doutor Juiz Federal da ... Vara ... da Seção Judiciária de Guarulhos,

5) O USO DA VÍRGULA AO FINAL DO ENDEREÇAMENTO É RECOMENDADO. Se você quiser, termine a última linha do endereçamento acrescentando uma vírgula.

Exemplo:

Excelentíssimo Senhor Doutor Juiz Federal da ... Vara ... da Seção Judiciária de Santos,

6) NÃO INVENTE INFORMAÇÕES. Se o enunciado não disser o número da vara ou o local dos fatos, é preciso deixar em branco a informação (Ex.: Juiz de Direito da ... Vara).

7) NÃO OMITA DADOS. Se o enunciado der o número da vara ou o local dos fatos, aí passa a ser erro deixar os espaços em branco. Tem que ser acrescentada a informação. Ex.: ... Juiz de Direito da 9ª Vara da Comarca de Fortaleza.

8) NÃO PRECISA COLOCAR A SIGLA DO ESTADO. Não há necessidade de acrescentar uma barra e o nome do Estado (Ex.: ... da Comarca de Teresina/PI).

9) USE O INÍCIO PADRONIZADO. Por convenção, costuma-se iniciar qualquer endereçamento (mesmo para a segunda instância) usando os termos reverenciais "Excelentíssimo Senhor Doutor ...". Sempre inicie com essas palavras.

10) CUIDADO COM A ACENTUAÇÃO. Não esqueça de acentuar corretamente as palavras na peça e principalmente no endereçamento (faça uma atenta revisão antes de entregar a prova). Não preciso nem dizer qual a impressão causada

no examinador pelo candidato que esquece o acento da primeira palavra da peça (Excelentíssimo ...).

REGRAS BÁSICAS DE COMPETÊNCIA

Na prática administrativa a definição da autoridade competente depende do tipo de peça a ser elaborada. Parecer e recurso administrativo são endereçados à autoridade administrativa superior. Peças judiciais são dirigidas a uma autoridade jurisdicional (Juiz, Presidente do Tribunal ou Relator, conforme o caso).

COMO DEFINIR ENDEREÇAMENTOS DE PRIMEIRA INSTÂNCIA?

A indicação do endereçamento correto das peças judiciais de primeira instância na Prática Administrativa, para provas e concursos, pressupõe que se saiba (a) a entidade estatal relacionada ao caso e (b) o local dos fatos. Sugiro, assim, a formulação de duas perguntas sucessivas ao enunciado:

1ª **pergunta:** QUAL O ENTE PÚBLICO ENVOLVIDO? Saber isso é fundamental na medida em que causas relacionadas a autoridades estaduais e municipais são decididas na Justiça Comum, ao passo que demandas envolvendo autoridades federais tramitam na Justiça Federal.

⚠ **CUIDADO:** causas envolvendo sociedades de economia mista integrantes da administração pública federal são julgadas pela Justiça Comum estadual!

2ª **pergunta:** QUAL O LOCAL DOS FATOS? Isso é importante para definir o Estado da Seção Judiciária (Justiça Federal) e o Município da Comarca (Justiça Comum).

⚠ **ATENÇÃO:** se o enunciado não indicar o Estado (Justiça Federal) ou o Município (Justiça Comum) em que os fatos ocorreram, então devemos considerar indeterminado o local, adotando-se uma redação genérica. Ex.: Excelentíssimo Senhor Doutor Juiz Federal da ... Vara ... da Seção Judiciária de ...

Resumidamente, os gabaritos de provas e concursos costumam utilizar três endereçamentos básicos para peças judiciais de primeira instância na prática administrativa:

Endereçamento 1: Excelentíssimo Senhor Doutor Juiz Federal da ... Vara ... da Seção Judiciária de ... (só completar o nome da Seção Judiciária se o enunciado der o ESTADO dos fatos)

Endereçamento usado para causas envolvendo as seguintes entidades estatais (no polo ativo ou passivo da demanda):

a) UNIÃO;

b) AUTARQUIA FEDERAL (INSS, Ibama, Banco Central, Incra, Universidades Federais, Agências Reguladoras Federais, Funai, Funasa);

c) EMPRESA PÚBLICA FEDERAL (Caixa Econômica, BNDES, Correios);

d) MANDADO DE SEGURANÇA E "HABEAS DATA" DE SOCIEDADE DE ECONOMIA MISTA FEDERAL (Banco do Brasil, Petrobras).

Endereçamento 2: Excelentíssimo Senhor Doutor Juiz de Direito da... Vara da Fazenda Pública da Comarca de ... (só completar o nome da Comarca se o enunciado der o MUNICÍPIO dos fatos)

Endereçamento usado para causas envolvendo as seguintes entidades estatais (no polo ativo ou passivo da demanda):

a) ESTADOS-MEMBROS;

b) MUNICÍPIOS;

c) DISTRITO FEDERAL;

d) AUTARQUIAS ESTADUAIS, DISTRITAIS OU MUNICIPAIS (Universidades Públicas não Federais, Hospitais Públicos não federais).

ATENÇÃO: excetuadas as competências da Justiça Federal, sempre são julgadas na vara da Fazenda Pública (e não na Vara Cível) mesmo que envolvendo Empresas Públicas e Sociedades de Economia Mista Estaduais, Distritais e Municipais, causas envolvendo as seguintes matérias:

a) Desapropriação;

b) Ação Popular;

c) Ação Civil Pública;

d) Improbidade Administrativa;

e) Concessão, Permissão e Autorização;

f) Aplicação de multas;

g) Licitação.

DICA: quando essas matérias envolverem a União, Autarquias Federais e Empresas Públicas Federais, a competência é do Juiz Federal.

Endereçamento 3: Excelentíssimo Senhor Doutor Juiz de Direito da ... Vara Cível da Comarca de ... (só completar o nome da Comarca se o enunciado der o MUNICÍPIO dos fatos)

Endereçamento usado para causas envolvendo as seguintes entidades estatais (no polo ativo ou passivo da demanda):

a) EMPRESAS PÚBLICAS E SOCIEDADES DE ECONOMIA MISTA ESTADUAIS, DISTRITAIS E MUNICIPAIS;

b) SOCIEDADES DE ECONOMIA MISTA DA UNIÃO (Banco do Brasil e Petrobras), exceto no julgamento de Mandado de Segurança e "habeas data".

O QUE FAZER SE O PROBLEMA JÁ INDICA O JUÍZO COMPETENTE?

Em alguns casos o próprio enunciado já indica qual o juiz competente para decidir o feito. Então, basta copiar na peça exatamente o endereçamento mencionado no problema.

ENDEREÇAMENTO EM SEGUNDA E TERCEIRA INSTÂNCIAS

Importante esclarecer que as regras de endereçamento estudadas acima somente são aplicadas para as peças judiciais dirigidas à primeira instância. Recursos e defesas recursais têm regras próprias, que estudaremos adiante.

TREINANDO O ENDEREÇAMENTO

Com o objetivo de fixar as regras de endereçamento, seguem abaixo alguns enunciados envolvendo problemas práticos de Direito Administrativo. Use as regras indicadas acima e só confira no gabarito ao final de toda sequência. Bom treino.

1) Tainá, servidora pública, realizava tratamento ambulatorial regular no Hospital Marcílio Dias, situado no Município do Rio de Janeiro, subordinado à Marinha do Brasil. Eis que, dentro das dependências da unidade hospitalar, sob o efeito de sedativos, ela teve seus pertences furtados; o que somente constatou após cessarem os efeitos da medicação. A direção confirmou que o fato efetivamente ocorreu dentro das dependências do Hospital e que o dano material apurado foi no montante de R$ 40.000,00 (quarenta mil reais). Contudo, até a presente data, não foi a paciente ressarcida do dano que sofreu. Inconformada, Tainá procura um advogado para que seja proposta uma ação judicial. Elabore a peça.

2) A União Federal, sem nenhum procedimento expropriatório, ocupou um imóvel urbano de propriedade de terceiro localizado no Município de Caldas Novas, Estado de Goiás. Sobre o bem de raiz foi iniciada a construção de uma unidade do Ministério de Minas e Energia. Dois anos depois da mencionada ocupação, o proprietário do loteamento e do imóvel em testilha, Antônio da Silva, teve conhecimento do fato e, de consequência, o procurou para a adoção de medidas referentes à resolução da questão. Como advogado do Sr. Antônio da Silva, proponha a medida judicial adequada, mediante elaboração e apresentação da competente peça.

3) Foi noticiado em jornal de grande circulação que "O secretário de transportes de determinado estado, e certa empresa de transportes coletivos, pessoa jurídica de direito privado, com sede no mesmo estado, celebraram, em 05/03/1987, contrato de permissão de serviço público de transporte coletivo intermunicipal em face de todos os municípios do estado, com prazo de 20 anos, prorrogáveis por mais 20 anos. No dia 04/03/2007, depois de muita negociação entre as partes

e da inclusão, por vontade do contratado, de algumas cláusulas contratuais, foi firmada a renovação do citado contrato por mais 20 anos. Ocorre que o contrato original e a sua renovação foram feitos sem licitação. Segundo o secretário de Estado, a ausência da licitação se justifica pelo fato de que a referida empresa, nesses 20 anos de serviço, promoveu vultosos investimentos, construiu uma grande estrutura administrativa em todos os municípios do estado, já acumulou a experiência necessária a esse tipo de serviço, e, além disso, a lei federal não exige licitação para contratos de permissão, mas apenas para os contratos de concessão de serviço público. Assim, devido a sua precariedade e possibilidade de rescisão unilateral, não haveria a imposição legal de licitação".

Diante dessa notícia, João Paulo, brasileiro, maior de idade, professor de direito de universidade pública e usuário do sistema de transporte público, contratou, como advogado, um ex-aluno seu. Alega que tem a pretensão de anular essa renovação e, via de consequência, determinar que o estado promova a devida licitação para que outras empresas ou empresários possam participar da licitação em condições de igualdade. Alega ainda que o sistema de transporte no estado não é satisfatório, que as tarifas são muito elevadas e que os ônibus são velhos e sempre atrasam.

João Paulo requereu pessoalmente, do órgão responsável, o acesso aos documentos necessários para a propositura da presente ação; esse pedido, no entanto, foi negado.

Em face da situação hipotética acima, como advogado de João Paulo, redija a medida judicial, de ordem constitucional, que entender cabível na espécie, fundamentando-a com os argumentos que entender pertinentes e observando os requisitos formais da medida.

4) O Prefeito do Município de Pindorama faz publicar Edital de Concurso (n. 01/2011) para o provimento de cargos de professor municipal.

Entre os requisitos para a inscrição, prevê o Edital na alínea "c" do item 3.1, a idade máxima de 25 anos.

KAREM CRISTIANE preenche todos os requisitos do Edital, salvo o de idade máxima, já que conta 30 anos. Inconformada com a exigência, KAREM CRISTIANE apresenta recurso administrativo ao Prefeito, alegando que o Edital não poderia estabelecer o mencionado requisito, que considera discriminatório. Com esse argumento, requer sua inscrição no certame.

O recurso é indeferido pelo Prefeito, sob a seguinte fundamentação: A Resolução 37/2010, do Secretário Municipal prevê o referido requisito, que ademais se justifica plenamente tendo em vista que o exercício do magistério na rede escolar municipal exige do servidor higidez física e disposição para grandes deslocamentos, em geral mediante caminhadas, já que não há serviço de transporte coletivo que atenda as localidades rurais e remotas em que se encontram algumas das escolas públicas.

Considerando as circunstâncias relatadas e, mais, que o prazo de inscrição se esgota em três dias e que as provas serão realizadas logo em seguida, elabore a peça para aviamento de medida judicial apropriada para a defesa do direito que KAREM CRISTIANE julga ter, no sentido de participar do concurso. Considere também que o Município de Pindorama é sede de comarca.

5) O Município Y, representado pelo Prefeito João da Silva, celebrou contrato administrativo com a empresa W – cujo sócio majoritário é Antônio Precioso, filho da companheira do Prefeito –, tendo por objeto o fornecimento de material escolar para toda a rede pública municipal de ensino, pelo prazo de sessenta meses. O contrato foi celebrado sem a realização de prévio procedimento licitatório e apresentou valor de cinco milhões de reais anuais.

José Rico, cidadão consciente e eleitor no Município Y, inconformado com a contratação que favorece o filho da companheira do Prefeito, o procura para, na qualidade de advogado(a), identificar e minutar a medida judicial que, em nome dele, pode ser proposta para questionar o contrato administrativo.

A medida judicial deve conter a argumentação jurídica apropriada e o desenvolvimento dos fundamentos legais da matéria versada no problema, abordando, necessariamente:

(i) competência do órgão julgador;

(ii) a natureza da pretensão deduzida por José Rico; e

(iii) os fundamentos jurídicos aplicáveis ao caso.

6) Francisco de Tal é proprietário de uma área de 2.000 m² situada bem ao lado da sede da Prefeitura do Município de Bugalhadas. Ao se aposentar, no ano de 2003, cansado da agitada vida da cidade de São Paulo, onde reside, Francisco resolveu viajar pelo mundo por ininterruptos três anos.

Ao retornar, Francisco descobre que o Município de Bugalhadas iniciou em 2004, sem sua autorização, obra em seu terreno para a construção de um prédio que servirá de apoio às atividades da Prefeitura. A obra já se encontra em fase bem adiantada, com inauguração prevista para o início do próximo mês. Francisco procura-o, na qualidade de advogado(a), para identificar e minutar a medida judicial que pode ser adotada para tutelar seus direitos. A medida judicial deve conter argumentação jurídica apropriada e desenvolvimento dos fundamentos legais do instituto jurídico contido no problema, abordando necessariamente: (i) competência do órgão julgador; (ii) a natureza da pretensão a ser deduzida por Francisco; (iii) a observância do prazo prescricional; e (iv) incidência de juros.

7) João Augusto estava participando de uma partida de futebol quando fraturou uma costela, vindo a necessitar de intervenção cirúrgica, realizada em hospital público federal localizado no Estado X. Dois anos e meio após a realização da cirurgia, João Augusto ainda sofria com muitas dores no local, o que o impossibilitava de exercer sua profissão como taxista. Descobre, então, que a equipe médica havia esquecido um pequeno bisturi dentro do seu corpo. Realizada nova cirurgia no mesmo hospital público, o problema foi resolvido.

No dia seguinte, ao sair do hospital, João Augusto procura você, na qualidade de advogado(a), para identificar e minutar a medida judicial que pode ser adotada para tutelar seus direitos.

Redija a peça judicial cabível, que deve conter argumentação jurídica apropriada e desenvolvimento dos fundamentos legais da matéria versada no problema, abordando, necessariamente: (i) competência do órgão julgador; (ii) a natureza da pretensão deduzida por João Augusto; e (iii) os fundamentos jurídicos aplicáveis ao caso.

8) Em janeiro de 2006, o Ministério Público abre inquérito civil para checar atos de improbidade administrativa realizados pelo prefeito de Mar Azul, município situado no interior do Estado X. Esses atos de improbidade consistiriam na auferição de vantagens patrimoniais indevidas em razão do exercício do cargo e envolveriam atuações do próprio prefeito e do chefe do gabinete civil. No curso das investigações procedidas, ficou confirmado que o chefe do gabinete civil recebeu vantagem econômica, em dinheiro, de vários empreiteiros que contratavam com o poder público. Ficou apurado, também, que algumas pessoas chegaram a informar ao prefeito essa conduta de seu chefe do gabinete civil. Entretanto, o prefeito não tomou providências, sempre dizendo às pessoas que realizavam as denúncias que confiava na atuação de seu secretário. Ainda na parte da apuração, para efeitos da justa causa voltada ao ajuizamento da ação civil pública de improbidade, ficou comprovado o aumento patrimonial do chefe do gabinete civil, desproporcional aos seus ganhos, mas não o do prefeito. Com isso, já agora em janeiro de 2011, o Ministério Público ajuíza ação de improbidade em face do prefeito e de seu chefe de gabinete, fazendo menção a todos os atos de improbidade – o último teria se dado em dezembro de 2004, ano em que expirava o mandato do Prefeito –, representativos da afronta ao art. 9º, inciso I, da Lei n. 8.429/92. Em sua peça, bem instruída com o inquérito civil, o Ministério Público menciona conduta comissiva do chefe de gabinete do prefeito e omissiva deste último, caracterizadora de desídia, a se enquadrar na ideia de negligência com o interesse público. Recebendo a peça inicial, o juiz da vara fazendária de Mar Azul determina a citação dos réus no dia 02/02/2011. Os mandados são efetivados no dia 04/02/2011 e juntos no dia 08/02/2011.

Transtornado com a ação proposta e ciente do pedido de suspenção dos direitos políticos por 10 anos e pagamento de multa civil de até 100 vezes de seus subsídios, o prefeito – cujo nome é Caio da Silva Nunes – procura você para apresentar a sua defesa.

Tendo sido aceito o mandado, componha a peça adequada, trazendo todos os fundamentos possíveis para a defesa e datando com o último dia do prazo.

9) JOANA, moradora de um Município da Baixada Fluminense, Rio de Janeiro, ao sair de casa para o trabalho às 7:00 horas da manhã do dia

10/10/2009, caminhando pela rua em direção ao ponto de ônibus, distraiu-se e acabou por cair em um bueiro que estava aberto, sem qualquer sinalização específica de aviso de cuidado pelo Poder Público. Em razão da queda, a sua perna direita ficou presa dentro do bueiro e moradores do local correram para socorrer JOANA. Logo em seguida, bombeiros militares chegaram com uma ambulância e acabaram por prestar os primeiros socorros à JOANA e por levá-la ao hospital municipal mais próximo. JOANA fraturou o seu joelho direito e sofreu outras lesões externas leves.

Em razão da fratura, JOANA permaneceu em casa pelo período de 2 (dois) meses, com sua perna direita imobilizada e sem trabalhar, em gozo de auxílio-doença. Entretanto, além de seu emprego formal, JOANA prepara bolos e doces para vender em casa, a fim de complementar sua renda mensal, uma vez que é mãe solteira de um filho de 10 (dez) anos e mora sozinha com ele. Com a venda dos bolos e doces, JOANA aufere uma renda complementar de aproximadamente R$ 100,00 (cem reais) por semana.

Em razão de sua situação, JOANA também não pode preparar suas encomendas de bolos e doces durante o referido período de 2 (dois) meses em que esteve com sua perna imobilizada.

Diante dos fatos acima descritos, e na qualidade de advogado procurado por JOANA, elabore a peça processual cabível para defesa do direito de sua cliente.

10) Sociedade de Economia Mista Federal / Ação de Despejo / Guarulhos

11) Autarquia Estadual / Indenizatória / Estado de Minas

12) Servidor Público da União / Ação Popular / Birigui

13) Concessionária de Serviço Público Municipal /Desapropriação / Maceió

14) Empresa Pública Federal / Anulatória / Teixeira de Freitas/BA

15) Autarquia municipal / Desapropriação / Local não mencionado

16) Empresa Pública Municipal / Petição inicial / Belo Horizonte

17) Sociedade de Economia Mista Municipal / Petição inicial / Cuiabá

18) União / MS / Distrito Federal

19) Autarquia Federal / Contestação / Novo Hamburgo/RS

20) Empresa Pública Estadual / Anulatória / Fortaleza

GABARITOS DOS EXERCÍCIOS PARA TREINO DE ENDEREÇAMENTO

1) Excelentíssimo Senhor Doutor Juiz Federal da ... Vara da Seção Judiciária do Rio de Janeiro

2) Excelentíssimo Senhor Doutor Juiz Federal da ... Vara da Seção Judiciária de Goiás

3) Excelentíssimo Senhor Doutor Juiz de Direito da ... Vara da Fazenda Pública da Comarca de ...

4) Excelentíssimo Senhor Doutor Juiz de Direito da ... Vara da Fazenda Pública da Comarca de Pindorama

5) Excelentíssimo Senhor Doutor Juiz de Direito da ... Vara da Fazenda Pública da Comarca de Y (ou Comarca de ...)

6) Excelentíssimo Senhor Doutor Juiz de Direito da ... Vara da Fazenda Pública da Comarca de Bugalhadas

7) Excelentíssimo Senhor Doutor Juiz Federal da ... Vara da Seção Judiciária de ...

8) Excelentíssimo Senhor Doutor Juiz de Direito da ... Vara da Fazenda Pública da Comarca de Mar Azul

9) Excelentíssimo Senhor Doutor Juiz de Direito da ... Vara da Fazenda Pública da Comarca de ...

10) Excelentíssimo Senhor Doutor Juiz de Direito da ... Vara Cível da Comarca de Guarulhos

11) Excelentíssimo Senhor Doutor Juiz de Direito da ... Vara da Fazenda Pública da Comarca de ...

12) Excelentíssimo Senhor Doutor Juiz Federal da ... Vara da Seção Judiciária de São Paulo (ou Seção Judiciária do Estado de São Paulo)

13) Excelentíssimo Senhor Doutor Juiz de Direito da ... Vara da Fazenda Pública da Comarca de Maceió

14) Excelentíssimo Senhor Doutor Juiz Federal da ... Vara da Seção Judiciária da Bahia (ou Seção Judiciária do Estado da Bahia)

15) Excelentíssimo Senhor Doutor Juiz de Direito da ... Vara da Fazenda Pública da Comarca de ...

16) Excelentíssimo Senhor Doutor Juiz de Direito da ... Vara Cível da Comarca de Belo Horizonte

17) Excelentíssimo Senhor Doutor Juiz de Direito da ... Vara Cível da Comarca de Cuiabá

18) Excelentíssimo Senhor Doutor Juiz Federal da ... Vara da Seção Judiciária do Distrito Federal

19) Excelentíssimo Senhor Doutor Juiz Federal da ... Vara da Seção Judiciária do Rio Grande do Sul (ou Seção Judiciária do Estado do Rio Grande do Sul)

20) Excelentíssimo Senhor Doutor Juiz de Direito da ... Vara Cível da Comarca de Fortaleza

Capítulo 5

ESTÉTICA DA PEÇA, RASURAS E RASCUNHO

ESTÉTICA

A peça, no Exame de Ordem e nos concursos públicos, deve ser elaborada de maneira caprichada, com uma boa letra e paragrafação bem dividida.

Procure começar cada novo parágrafo no mesmo ponto da linha em que foram iniciados os parágrafos anteriores. A regra vale também para o encerramento de cada linha de texto: tente fazer com que todas as linhas terminem exatamente no mesmo ponto da folha. Esteticamente as margens esquerda e direita da peça toda devem formar colunas perfeitas, evitando-se o zigue-zague tão comum em peças feitas sem capricho.

Aproveito para comentar algumas DICAS ÚTEIS:

1) nunca comece a escrever direto na folha de resposta sem ter, antes, esquematizado qual será a ideia central de cada parágrafo (pense antes de sair escrevendo!);

2) lave bem as mãos antes de passar a peça a limpo;

3) tenha certeza de que a caneta que você usa não borra (teste antes de escrever);

4) lembre-se de que o edital faz restrições quanto ao tipo de caneta aceita na prova (normalmente tem que ser caneta preta com tubo transparente, do tipo esferográfica simples);

5) não escreva a lápis para, em seguida, passar a caneta por cima;

6) o uso de corretivos é proibido.

RASURAS

Quanto às rasuras, como regra são proibidas, além de prejudicar a apresentação estética da peça. Por isso, se errar a grafia de uma palavra, ou mesmo a redação de uma frase, ou ainda (Deus o livre!) uma folha inteira, coloque a palavra ou trecho entre parênteses, passe um traço sobre o texto errado e siga normalmente em frente.

RASCUNHO: FAZER OU NÃO FAZER?

Sobre a utilização de rascunhos, sejamos realistas: não dá tempo de rascunhar a peça inteira! Prefira elaborar somente um esboço esquematizando as partes mais importantes da peça. Se for absolutamente necessário, faça rascunho somente do item DO DIREITO.

Capítulo 6
SOBRE A LINGUAGEM ADEQUADA DA PEÇA

ESTILO FORENSE

Sempre digo que textos jurídicos não são textos jornalísticos. A forma direta e "descolada" empregada pela grande imprensa nem sempre combina com o que se espera de uma peça forense. É preciso não perder de vista que sua prova será corrigida por alguém da área jurídica, pessoa que pensa e escreve como advogado. E advogado escreve de uma maneira peculiar e apropriada ao formalismo dos ambientes jurídicos.

É por essa razão que a sua peça não pode ter gírias ou expressões excessivamente coloquiais, como "poxa", "ninguém merece", "saco cheio", "não é brinquedo", "estou bolado", "cara" etc.

Tampouco deve-se cometer o erro inverso. Encher a peça de expressões latinas e termos rebuscados.

Adote como medida a forma de redação dos livros jurídicos que você usa para estudar. A forma de linguagem empregada nas obras sobre Direito Administrativo é aquela que a banca examinadora espera encontrar nas peças.

TERMOS LATINOS E EXPRESSÕES EM OUTRO IDIOMA

O próprio examinador espera que uma peça digna de aprovação contenha, eventualmente, algumas expressões em latim ou termos forenses incomuns na linguagem do dia a dia.

Evidente que não se deve exagerar no emprego de termos latinos ou escritos em outro idioma, mas o uso moderado desses recursos, acredite, ajuda na hora da correção.

Entretanto, acrescentar expressões técnicas e usar com parcimônia termos em latim não significa "enrolar o examinador". Repetir a mesma ideia várias vezes, acrescentar frases sem qualquer conteúdo e empregar termos sem qualquer sentido só vão prejudicar a nota geral da peça.

USO DE GÍRIAS E EXPRESSÕES COLOQUIAIS

Quero deixar claro que está terminantemente proibido o emprego de gírias ou expressões muito coloquiais. Na dúvida, tome como padrão os livros de doutrina usados para consulta: eles são uma fonte segura para extrair termos e soluções redacionais apropriadas para a elaboração da peça.

Tenho sugerido, nesses anos em que leciono preparando candidatos do Brasil inteiro, que os livros de doutrina sejam usados como guias, verdadeiros roteiros sobre como e o que escrever no desenvolvimento do item Do direito.

Uma dica importante é: verifique no livro de doutrina quais são os passos do raciocínio lógico que o autor dá para encadear o desenvolvimento de uma tese. Qual o ponto de partida, como ele liga os parágrafos, de onde extrai as conclusões. Empregue esse esqueleto de raciocínio e as fórmulas redacionais utilizadas pelo doutrinador que você utiliza no hora da prova. Darei mais dicas sobre estruturação do raciocínio jurídico nos capítulos seguintes.

Capítulo 7
TEMPO VERBAL NA PEÇA

Não tenho dúvida: o tipo mais comum de erro cometido nas peças elaboradas para o Exame de Ordem é misturar os tempos verbais. A peça processual é um texto em terceira pessoa do singular, no qual contamos ao juiz (ou ao examinador, na hora da prova) a história do cliente. Desse modo, constitui erro grosseiro acrescentar expressões em primeira pessoa do plural, como "sabemos", "citamos", "concluímos", "nosso direito". Sempre converta esses termos para a terceira pessoa do plural: "sabe-se", "cita-se", "conclui-se", "o direito brasileiro".

> **EXCEÇÃO:** na prática administrativa, admite-se o emprego da primeira pessoa do singular na elaboração do PARECER. Ex.: "É o meu parecer, que abaixo subscrevo". Isso porque no parecer não estamos representando o interesse de um cliente, mas emitindo uma opinião técnica sobre determinado assunto.

TEMPO VERBAL NAS QUESTÕES

Todos os comentários feitos acima são aplicáveis à peça processual, pois nela atuamos representando interesses de terceiros.

Nas cinco questões não se faz necessário manter o texto em terceira pessoa do singular, admitindo-se o uso da primeira pessoa do plural. MAS SEM MISTURAR OS TEMPOS VERBAIS. Se for para iniciar com primeira pessoa do plural ("sabemos", "vejamos", "nosso ordenamento"), não alterne com expressões em outros tempos. Ou faça a resposta inteira da questão em terceira do singular ou tudo em primeira do plural.

Capítulo 8
PARA QUEM EU ADVOGO?

Muito cuidado com isso: para quem o enunciado quer que você advogue?

A prova da segunda fase da OAB em Direito Administrativo tem uma peculiaridade incomum em algumas outras áreas. Pode ser que você tenha que defender o administrado ou o Poder Público.

A própria instrução após o enunciado deixará isso claro.

Saber esse detalhe é fundamental porque existem peças que são privativas de administrados (Ex.: "habeas data"), peças exclusivas do Poder Público (Ex.: inicial da ação expropriatória) e também há peças comuns ao administrado e ao Poder Público (Ex.: recursos e respostas recursais).

Além de haver diferenças no parágrafo de qualificação, e, claro, no desenvolvimento da tese também, a contagem dos prazos processuais muda completamente (lembre-se de que o Poder Público tem prazos em dobro para recorrer e em quádruplo para contestar).

Por isso, atenção: sempre comece perguntando: para quem o enunciado quer que eu advogue?

Capítulo 9
ELABORAÇÃO DOS TÍTULOS

No Exame de Ordem, poucas regras precisam ser observadas quanto à elaboração dos títulos da peça.

Atente, porém, para as seguintes dicas:

1) pule uma linha antes e outra depois de cada título;

2) inicie cada título com uma numeração;

3) evite deixar o título sozinho no final da página. Não havendo espaço para escrever pelo menos uma linha abaixo dele, coloque o título na página seguinte;

4) sugiro que o título seja acrescentado no começo da linha (sem recuos), evitando-se com isso a difícil tarefa de centralizar as palavras no meio da folha;

5) o modelo utilizado no primeiro título vincula a peça toda. Exemplo: se você fez o título "**I – DOS FATOS**" com letras maiúsculas, numerando com algarismo romano e sem sublinhar, use o mesmo padrão em todos os títulos da peça.

Capítulo 10

EPÍGRAFE

O que é epígrafe?

Epígrafe é a indicação do número do processo no qual a peça será autuada.

Ex.: Autos da Ação de Desapropriação Número ... .

Observe, abaixo, o modelo da folha de abertura de uma interposição de Apelação na Prática Administrativa:

Excelentíssimo Senhor Doutor Juiz de Direito da ... Vara ... da Comarca de ...,

(pular 5 linhas)

Autos do Processo número ... (essa é a epígrafe)

(pular 1 linha)

Nome ..., já devidamente qualificado nos autos do processo em epígrafe, inconformado com a respeitável sentença de folhas ..., vem, respeitosamente, à presença de Vossa Excelência, por seu advogado, com fundamento no art. 1.009 do Código de Processo Civil de 2015, interpor APELAÇÃO, em face de ..., com supedâneo nas razões em anexo.

Requer, assim, seja o recurso recebido em seu duplo efeito, remetendo-se os presentes autos ao Egrégio Tribunal ..., com as homenagens de estilo.

Termos em que pede deferimento.

Local, data

____

nome e OAB

A epígrafe não existe em todas as peças, mas somente naquelas dirigidas a um processo já em andamento. Assim, não se deve acrescentar epígrafe em petições iniciais. Entretanto, torna-se obrigatória em contestações, recursos e respostas recursais.

Lembre-se, por fim, de pular cinco linhas antes e uma linha depois da epígrafe.

Capítulo 11

PARÁGRAFO DE QUALIFICAÇÃO DAS PARTES

Na primeira página da peça, após o endereçamento e a epígrafe (se houver), deve ser elaborado o parágrafo de qualificação das partes, no qual são indicadas todas as informações referentes ao cliente, ao fundamento da ação, o nome completo da ação, à outra parte e à existência de pedido liminar ou de tutela antecipada.

O mais importante é não acrescentar dados ao enunciado. Se o enunciado não indicar alguma informação de qualificação, deve-se apontar a ausência da informação apenas colocando o nome do dado faltante.

Veja, no modelo abaixo, como ficaria um parágrafo de qualificação completa sem nenhuma informação fornecida pelo enunciado:

Excelentíssimo Senhor Doutor Desembargador do Tribunal de Justiça do Estado de ...

(pular 5 linhas)

Nome ..., nacionalidade ..., estado civil ..., profissão ..., portador da cédula de identidade Registro Geral número ..., inscrito no Cadastro de Pessoas Físicas sob o número ..., residente e domiciliado no endereço ..., endereço eletrônico ..., vem, por seu advogado, procuração em anexo, respeitosamente, à presença de Vossa Excelência, inconformado com a r. decisão interlocutória prolatada pelo juízo "a quo", com fundamento no art. 1.015 do Código de Processo Civil de 2015, interpor Agravo de Instrumento com pedido de antecipação da tutela recursal, em face do ..., qualificação completa da outra parte ..., com supedâneo nas razões de fato e de direito adiante expostas:

QUALIFICAÇÃO COMPLETA E QUALIFICAÇÃO SIMPLIFICADA

A quantidade de informações que devem ser indicadas na qualificação depende do tipo de peça. Peças que iniciam o processo devem ter qualificação completa. Peças encaminhadas a processos já em andamento podem ter apenas qualificação simplificada, porque os dados do cliente já constam dos autos.

ATENÇÃO: importante notar que nas peças em que **existe epígrafe** a **qualificação normalmente é simplificada** (contestação, informações em mandado de segurança, apelação, recursos em geral e respostas recursais), ao passo que se exige qualificação completa quando não houver epígrafe.

Acompanhe os casos abaixo:

Exemplo de qualificação simplificada de pessoa física

Excelentíssimo Senhor Doutor Juiz de Direito da ... Vara ... da Comarca de ...,

Autos da Ação Anulatória número ...

Pedro Ivo, já qualificado nos autos do processo em epígrafe, por seu advogado (procuração em anexo), vem, respeitosamente, à presença de Vossa Excelência, com fundamento no art. 319 do Código de Processo Civil de 2015, oferecer CONTESTAÇÃO, na Ação Anulatória proposta por (incluir o nome da outra parte), com base nas razões de fato e de direito adiante expostas:

(pular 1 linha)

I Dos fatos

(pular 1 linha)

II – Do direito

Exemplo de qualificação simplificada de pessoa jurídica privada

Excelentíssimo Senhor Doutor Juiz de Direito da ... Vara ... da Comarca de ...,

Autos da Ação Anulatória número ...

Empresa Alfa, já qualificada nos autos do processo em epígrafe, por seu advogado, procuração em anexo, vem, respeitosamente, à presença de Vossa Excelência, com fundamento no art. 319 do Código de Processo Civil de 2015, oferecer CONTESTAÇÃO, na Ação Anulatória proposta por (incluir o nome da outra parte), com base nas razões de fato e de direito adiante expostas:

(pular 1 linha)

I – Dos fatos

(pular 1 linha)

II – Do direito

Exemplo de qualificação simplificada do poder público

Excelentíssimo Senhor Doutor Juiz de Direito da ... Vara ... da Comarca de ...,

Autos da Ação Anulatória número ...

Estado de ..., já qualificado nos autos do processo em epígrafe, por seu procurador infra-assinado, vem, respeitosamente, à presença de Vossa Excelência, com fundamento nos arts. 334 e 336 do Código de Processo Civil de 2015, oferecer CONTESTAÇÃO, na Ação Anulatória proposta por (incluir o nome da outra parte), com base nas razões de fato e de direito adiante expostas:

(pular 1 linha)

I – Dos fatos

(pular 1 linha)

II – Do direito

LEMBRAR QUE: advogando para o Poder Público, deve-se utilizar o termo PROCURADOR (e não advogado), não havendo nunca necessidade de fazer referência a procuração.

Exemplo de qualificação completa de pessoa física

Excelentíssimo Senhor Doutor Juiz de Direito da ... Vara ... da Comarca de ...,

(pular 5 linhas)

Nome ..., nacionalidade ..., estado civil ..., profissão ..., portador da cédula de identidade Registro Geral número ..., inscrito no Cadastro de Pessoas Físicas sob o número ..., residente e domiciliado no endereço ..., endereço eletrônico ..., por seu advogado, procuração em anexo, vem, respeitosamente, à presença de Vossa Excelência, com fundamento nos arts. 5º, inciso LXIX, da Constituição Federal, 1º e 7º, III, da Lei n. 12.016/2009 e 319 do Código de Processo Civil de 2015, impetrar Mandado de Segurança com pedido de medida liminar, contra ato coator praticado pelo (incluir a autoridade coatora), qualificação completa do Coator ..., dando ciência do feito ao órgão de representação judicial da ..., qualificação completa da pessoa jurídica interessada ..., com base nas razões de fato e de direito adiante expostas:

(pular 1 linha)

I – Dos fatos

(pular 1 linha)

II – Do direito

(pular 1 linha)

Exemplo de qualificação completa de pessoa jurídica privada

Excelentíssimo Senhor Doutor Juiz de Direito da ... Vara ... da Comarca de ...,

(pular 5 linhas)

Nome ..., inscrita no Cadastro Nacional de Pessoas Jurídicas sob o número ..., com sede e domicílio no endereço ..., endereço eletrônico ..., por seu advogado, procuração em anexo, vem, respeitosamente, à presença de Vossa Excelência, com fundamento nos arts. 5º, inciso LXIX, da Constituição Federal, 1º e 7º, III, da Lei n. 12.016/2009 e 319 do Código de Processo Civil de 2015, impetrar Mandado de Segurança com pedido de medida liminar, contra ato coator praticado pelo (incluir a autoridade coatora), qualificação completa do Coator ..., dando ciência do feito ao órgão de representação judicial da ..., qualificação completa da pessoa jurídica interessada ..., com base nas razões de fato e de direito adiante expostas:

(pular 1 linha)

I – Dos fatos

(pular 1 linha)

II – Do direito

(pular 1 linha)

Exemplo de qualificação completa do poder público

Excelentíssimo Senhor Doutor Juiz de Direito da ... Vara ... da Comarca de ...,

(pular 5 linhas)

Município de ..., pessoa jurídica de direito público interno, inscrito no Cadastro Nacional de Pessoas Jurídicas sob o número ..., com sede e domicílio no endereço ..., endereço eletrônico ..., vem, por seu procurador infra-assinado, respeitosamente, à presença de Vossa Excelência, com fundamento nos arts. 5º, inciso LXIX, da Constituição Federal, 1º e 7º, III, da Lei n. 12.016/2009 e 319 do Código de Processo Civil de 2015, impetrar Mandado de Segurança com pedido de medida liminar, contra ato coator praticado pelo (incluir a autoridade coatora), qualificação completa do Coator ..., dando ciência do feito ao órgão de representação judicial da ..., qualificação completa da pessoa jurídica interessada ..., com base nas razões de fato e de direito adiante expostas:

(pular 1 linha)

I – Dos fatos

(pular 1 linha)

II – Do direito

(pular 1 linha)

LEMBRAR QUE: advogando para o Poder Público, deve-se utilizar o termo PROCURADOR (e não advogado), não havendo nunca necessidade de fazer referência a procuração.

FUNDAMENTO DA PEÇA

Após a qualificação do cliente, deve-se indicar sempre o fundamento da peça, isto é, os dispositivos normativos que preveem a utilização da peça elaborada (não confundir com o fundamento das teses no item Do Direito).

Observe o modelo abaixo:

Excelentíssimo Senhor Doutor Juiz de Direito da ... Vara ... da Comarca de ...,

(pular 5 linhas)

Município de ..., pessoa jurídica de direito público interno, inscrito no Cadastro Nacional de Pessoas Jurídicas sob o número ..., com sede e domicílio no endereço ...,

endereço eletrônico ..., vem, por seu procurador infra-assinado, respeitosamente, à presença de Vossa Excelência, com fundamento nos arts. 5º, inciso LXIX, da Constituição Federal, 1º e 7º, III, da Lei n. 12.016/2009 e 319 do Código de Processo Civil de 2015 (esse é o fundamento da peça), Mandado de Segurança com pedido de medida liminar, contra ato coator praticado pelo (incluir a autoridade coatora), qualificação completa do Coator ..., dando ciência do feito ao órgão de representação judicial da ..., qualificação completa da pessoa jurídica interessada ..., com base nas razões de fato e de direito adiante expostas:

(pular 1 linha)

I – Dos fatos

(pular 1 linha)

VERBO DA PEÇA

Antes de indicar o nome da peça, deve-se acrescentar o verbo utilizado para fazer referência à sua propositura. Assim, nos recursos é INTERPOR; nas petições iniciais, PROPOR; nas respostas recursais, OFERECER ou APRESENTAR; no mandado de segurança, IMPETRAR.

NOME DA PEÇA

Depois do verbo, vem o nome da peça. Como sugestão, oriento a escrever o nome da peça somente com a inicial de cada palavra maiúscula (e não tudo em caixa alta), e sem pular linhas.

Veja o exemplo abaixo:

Excelentíssimo Senhor Doutor Juiz de Direito da ... Vara ... da Comarca de ...,

(pular 5 linhas)

Nome ..., nacionalidade ..., estado civil ..., profissão ..., portador da cédula de identidade Registro Geral número ..., inscrito no Cadastro de Pessoas Físicas sob o número ..., residente e domiciliado no endereço ..., endereço eletrônico ..., por seu advogado, procuração em anexo, vem, respeitosamente, à presença de Vossa Excelência, com fundamento nos arts. 294, 299 e 300 do Código de Processo Civil de 2015, propor Ação Cautelar com Pedido de Medida Liminar (observe: só com as iniciais maiúsculas e sem pular linha), em face do (incluir o nome da outra parte), qualificação completa da outra parte ..., com base nas razões de fato e de direito adiante expostas:

(pular 1 linha)

I – Dos fatos

(pular 1 linha)

II – Do direito

(pular 1 linha)

INFORMAÇÕES DA OUTRA PARTE E QUALIFICAÇÃO COMPLETA

Por fim, deve-se acrescentar "EM FACE DE" (não usar CONTRA), e indicar o nome da outra parte (se o enunciado mencionar).

DICA IMPORTANTE: as últimas provas da OAB têm exigido também a qualificação completa da OUTRA PARTE (nome ..., CPF/CNPJ n. ..., domiciliado no endereço ..., endereço eletrônico ...,).

Finalize o parágrafo de qualificação com a expressão padronizada "... com base nas razões de fato e de direito a seguir expostas:)".

Capítulo 12
NARRATIVA DOS FATOS

O primeiro bloco da peça, após o parágrafo de qualificação, corresponde à narrativa dos fatos (I – Dos Fatos).

Nele, basta copiar o enunciado do problema tomando apenas o cuidado de converter o nome das partes para a linguagem apropriada para a peça.

Exemplificando. Suponha o seguinte enunciado:

> *"(OAB/MG 2001): A cidade de Buritizal das Gerais, com pouco mais de vinte mil habitantes, é pacata, pacífica e ordeira. A sua atividade econômica compreende: armazéns de secos e molhados, lojas de tecidos, de roupas e de calçados; bares e lanchonetes; fábrica de móveis.*
>
> *Entretanto, recentemente, com licença formal da Prefeitura Municipal, foi instalada, no perímetro urbano da cidade, uma fábrica de cimento de grande porte, altamente poluidora: as residências e os demais prédios de quase toda cidade, as plantas ornamentais, as árvores das ruas e parques estão sendo cobertas por um pó cinza expelido pelas chaminés da fábrica, além disto, o ribeirão que divide a cidade, até então límpido e cristalino, está recebendo dejetos e rejeitos tóxicos provindos da aludida fábrica.*
>
> *Os presidentes das Associações de bairros locais, instituídas há 3 anos, procuraram o Presidente da fábrica e o Prefeito Municipal para reclamar contra a poluição que vem ameaçando a saúde e a comodidade dos moradores da cidade. O Presidente alegou que nada iria fazer, posto que obteve licença para funcionamento e realizou maciço investimento. O Prefeito, por seu turno, alegou que a indústria questionada tem sido a redenção do Município, pois está gerando tributos, divisa e empregando mais de 700 pessoas.*

Inconformados com a posição do Prefeito e do empresário, os Presidentes das Associações querem adotar a medida judicial adequada para pôr fim a poluição. Qual a ação própria? Redija a petição inicial".

No item DOS FATOS desse Mandado de Segurança Coletivo, bastaria copiar o enunciado convertendo o nome das partes (Associação viraria IMPETRANTE e o Prefeito passaria à condição de AUTORIDADE COATORA). Observe como ficaria a narrativa dos fatos:

I – Dos fatos

"A cidade de Buritizal das Gerais, com pouco mais de vinte mil habitantes, é pacata, pacífica e ordeira. A sua atividade econômica compreende: armazéns de secos e molhados; lojas de tecidos, de roupas e de calçados; bares e lanchonetes; fábrica de móveis.

Entretanto, recentemente, com licença formal da Prefeitura Municipal, foi instalada, no perímetro urbano da cidade, uma fábrica de cimento de grande porte, altamente poluidora: as residências e os demais prédios de quase toda cidade, as plantas ornamentais, as árvores das ruas e parques estão sendo cobertas por um pó cinza expelido pelas chaminés da fábrica; além disto, o ribeirão que divide a cidade, até então límpido e cristalino, está recebendo dejetos e rejeitos tóxicos provindos da aludida fábrica.

Os presidentes das **Impetrantes**, instituídas há 3 anos, procuraram o Presidente da fábrica e o da **Autoridade Coatora** para reclamar contra a poluição que vem ameaçando a saúde e a comodidade dos moradores da cidade. O Presidente alegou que nada iria fazer, posto que obteve licença para funcionamento e realizou maciço investimento. A **Autoridade Coatora**, por seu turno, alegou que a indústria questionada tem sido a redenção do Município, pois está gerando tributos, divisa e empregando mais de 700 pessoas."

Capítulo 13

ITEM "DO DIREITO"

A elaboração do item Do Direito exige um cuidado especial, na medida em que costuma ser a parte da peça (junto com a escolha do cabimento) mais levada em consideração no momento de atribuição da nota.

Tenho sugerido a ação de uma estrutura padronizada, que evita repetições inúteis e aumenta as chances de aprovação. Faça sempre o item do **Do Direto** empregando os seguintes blocos lógicos sucessivos:

1) parágrafo de chamamento da norma que fundamenta a tese principal. Ex.: "Estabelece o art. 37, XXI, da Constituição Federal:";

2) transcrição da norma (cópia da norma constitucional ou legal que fundamenta a pretensão);

3) bloco de parágrafos de raciocínio jurídico sobre a tese principal (*vide* Capítulo específico sobre o tema);

4) parágrafo de chamamento de súmula (se houver). Ex.: "Ainda sobre isso, tem-se o seguinte entendimento sumulado pelo Supremo Tribunal Federal:";

5) transcrição da súmula;

6) teses acessórias (*vide* capítulo próprio sobre o tema). Ex.: "Por outro giro, convém destacar que houve também violação à norma do art. 24, III, da Lei n. 8.666/93";

7) breve conclusão geral. Ex.: "Portanto, fica claro que a conduta da Administração Pública foi ilegítima".

ATENÇÃO: a prova da OAB não admite mais consulta a livros de doutrina ou jurisprudência, razão pela qual se tornou desnecessária a referência a doutrina e julgados (exceto súmulas) na peça.

Assim, observe um exemplo simplificado de realização do item Do Direito, adotando-se a estrutura sugerida (você pode, inclusive, extrair do texto abaixo formas redacionais para abertura dos parágrafos, usando-as em suas peças):

II – Do Direito

Estabelece o art. 37, XXI, da Constituição Federal, "in verbis":

> "XXI – ressalvados os casos especificados na legislação, as obras, serviços, compras e alienações serão contratados mediante processo de licitação pública que assegure igualdade de condições a todos os concorrentes, com cláusulas que estabeleçam obrigações de pagamento, mantidas as condições efetivas da proposta, nos termos da lei, o qual somente permitirá as exigências de qualificação técnica e econômica indispensáveis à garantia do cumprimento das obrigações".

O dispositivo constitucional acima mencionado consagrada o princípio da obrigatoriedade da licitação, procedimento que, salvo nos casos previstos na legislação, é de realização obrigatória, sob pena de nulidade da contratação.

Conforme se sabe, o dever de licitar atende a imperativos de impessoalidade, moralidade e eficiência, impedindo privilégios e discriminações na celebração de contratos pelas entidades públicas.

Não por outra razão, afirma a doutrina que o procedimento licitatório tem como fundamentos a busca da melhor proposta, assim como o oferecimento de iguais condições a quem queira contratar com o Estado.

Firmar vínculo contratual sem realização de licitação constitui, ademais, ato de improbidade administrativa tipificado no art. 11 da Lei n. 8.429/92.

No caso concreto, a mencionada exigência constitucional foi desatendida na medida em que a Autoridade Coatora autorizou a contratação de empresa especializada em campanhas publicitárias, sem a realização de concorrência pública.

O ato de improbidade praticado, com essa conduta, pela Autoridade Coatora não exclui a aplicação de sanções penais, civis e administrativas cabíveis.

Desse modo, ausentes os pressupostos autorizadores da contratação direta, o contrato celebrado com a Empresa Bela Propaganda S/A é nulo de pleno direito.

Por outro giro, a ilegalidade da contratação violou também a norma prevista no art. 25, II, da Lei n. 8.666/93.

Portanto, fica evidente que a contratação em questão é nula.

Capítulo 14
TRANSCREVENDO NORMAS

Conforme mencionado no capítulo anterior, é conveniente abrir o item Do Direito transcrevendo o dispositivo normativo que fundamentará a tese principal.

Para tanto, copie o trecho entre aspas observando um recuo de meio de página. Dê sempre preferência pela transcrição de uma regra constitucional.

Note como fazer a citação no exemplo abaixo:

II – Do direito

> Estabelece o art. 37, § 1º, da Constituição Federal:
>
> "§ 1º A publicidade dos atos, programas, obras, serviços e campanhas dos órgãos públicos deverá ter caráter educativo, informativo ou de orientação social, dela não podendo constar nomes, símbolos ou imagens que caracterizem promoção pessoal de autoridades ou servidores públicos".
>
> Como se nota ...

Capítulo 15
CITAÇÃO JURISPRUDENCIAL

É bastante conveniente fechar o raciocínio sobre a tese principal transcrevendo um entendimento jurisprudencial. Como a prova da OAB agora proíbe a consulta a livros de doutrina ou jurisprudência, as transcrições ficam restritas a súmulas. Havendo mais de um entendimento disponível, utilize a seguinte ordem:

1º lugar: súmulas do STF;

2º lugar: súmulas do STJ;

3º lugar: súmulas de outros tribunais.

E lembre-se: basta transcrever um entendimento jurisprudencial para cada tese.

O QUE DEVO FAZER SE NÃO ENCONTRAR NENHUMA DECISÃO PARA CITAR?

Nem sempre será tarefa fácil encontrar uma súmula apropriada para abonar a tese sustentada na peça. Nesse caso, entregue sem citação mesmo (não fará tanta falta assim!).

Capítulo 16

E SE FALTAR ESPAÇO

Algumas provas recentes de concursos públicos e exames da OAB apresentam uma dificuldade adicional para os candidatos: a falta de espaço. Tem sido comum, infelizmente, provas organizadas pelo Cespe (Centro de Seleção e de Promoção de Eventos) oferecerem somente duas ou três folhas para o aluno passar a peça a limpo.

Desse modo, convém informar-se com antecedência (pesquise na Internet) sobre qual tem sido o número de folhas disponíveis no seu concurso para elaboração da peça.

Não esqueça: a primeira providência a ser adotada no dia da prova é conferir a quantidade de espaço que o caderno de questões disponibiliza para passar a peça a limpo. Planeje sua peça em função desse espaço.

No Exame Unificado da OAB atualmente são cinco laudas, com 30 linhas cada.

Em casos crônicos (só duas folhas, por exemplo), adote as seguintes medidas:

1) pule apenas uma linha após o endereçamento;

2) reduza ou elimine o item "Dos Fatos";

3) não pule linha entre títulos;

4) não pule linha entre parágrafos;

5) diminua a letra;

6) diminua o espaço entre as palavras;

7) reduza ou elimine os itens "Da Concessão da Medida Liminar" ou "Da Concessão da Tutela Antecipada";

8) não transcreva normas, doutrina e julgados;

9) concentre-se na tese principal (não fale de acessórias).

Capítulo 17

COMO ACHAR UMA TESE. A "CHUVA DE TESES"

Tese é um argumento, uma linha de defesa capaz de resolver problemas do cliente.

Em provas e concursos públicos, identificar teses é uma habilidade que exige treino e dedicação. Não pode ser desenvolvida de uma hora para outra. É algo que se aprende fazendo. E quanto mais se faz, mais fácil fica.

Conforme o aluno vai treinando, e aprendendo novas teses, mais desenvolve a capacidade de "enxergar" teses ocultas no enunciado.

Todo o processo começa com a leitura atenta do enunciado (no mínimo cinco vezes).

Após dominar todos os dados do caso é preciso realizar uma LEITURA SELETIVA, enxugando o texto a fim de reduzi-lo apenas a um pequeno núcleo de informações potencialmente relevantes.

Essa leitura seletiva deve ser realizada sublinhando os trechos que podem esconder eventuais teses.

Sempre sublinhe datas, condutas da Administração (ex.: bloqueio de obra, contratação), nomes de institutos jurídicos (licitação, concursos, portaria, desapropriação, tombamento etc.).

Despreze nomes próprios (João, Pedro), informações repetidas, juízos de valor, números de lei e demais dados irrelevantes para a determinação de teses.

Treine fazer o enxugamento do texto nos exercícios constantes ao final deste livro, e você verá que, na maioria das vezes, um enunciado de vinte linhas pode ser reduzido a duas ou três frases realmente importantes.

Outro modo eficiente de adquirir "experiência" na identificação de teses é realizar o processo inverso: parta do gabarito oficial e busque no texto quais pistas o examinador forneceu para identificar as teses em questão.

ACHEI UMA TESE!

Sempre que você identificar uma tese treinando para a prova, vá imediatamente para o livro de doutrina e estude o assunto. Reúna informações que permitam avaliar se a tese identificada é adequada para defender os interesses de seu cliente.

★ **IMPORTANTE:** ignore a existência de teses desfavoráveis ao seu cliente. Nem pense em acrescentar na peça raciocínios em prol da outra parte.

DICA: quando o examinador repete muito uma informação no enunciado, provavelmente quer chamar sua atenção para alguma tese relacionada com tal informação.

OUTRA DICA: raramente uma data é mencionada sem propósito. Datas sempre são indícios de tese.

A "CHUVA DE TESES"

Uma característica muito própria da prova de Direito Administrativo na 2ª fase do Exame Unificado de Ordem é o que chamo de "chuva de teses", ou seja, o examinador costuma encher o enunciado com irregularidades na conduta da outra parte, produzindo, muitas vezes, seis ou sete teses constantes no gabarito!!!

Acostume-se com essa ideia. Na 2ª fase de Direito Administrativo sempre haverá diversas teses a serem abordadas no item "Do Direito" da nossa peça.

Capítulo 18

COMO DESENVOLVER UMA TESE?

O grande segredo, o maior de todos, para uma peça bem-sucedida no Exame de Ordem é ter um bom item Do Direito. Na verdade, não exatamente o item inteiro, mas os blocos do raciocínio jurídico sobre a tese principal.

Tese é uma linha de defesa do cliente. Por exemplo: desrespeito ao devido processo legal, violação do dever de licitar, direito à indenização integral na desapropriação indireta etc.

Selecione uma linha de raciocínio forte e fácil de defender para abrir seu item Do Direito. Essa será a Tese Principal. As outras serão as Teses Acessórias.

Escolhida a tese de abertura do item Do Direito, deve-se adotar a estrutura sugerida nos capítulos anteriores:

1) chamamento da norma (sobre a tese principal);
2) cópia da norma;
3) raciocínio puro sobre a tese principal;
4) teses acessórias;
5) conclusão geral.

Repare que o "raciocínio puro sobre a tese principal" começa logo após a citação da norma e termina antes da transcrição doutrinária.

Para facilitar a visualização, observe no exemplo abaixo os parágrafos em negrito (são o raciocínio jurídico da tese):

II – Do Direito

Estabelece o art. 37, XXI, da Constituição Federal, "in verbis":

> "XXI – ressalvados os casos especificados na legislação, as obras, serviços, compras e alienações serão contratados mediante processo de licitação pública que

assegure igualdade de condições a todos os concorrentes, com cláusulas que estabeleçam obrigações de pagamento, mantidas as condições efetivas da proposta, nos termos da lei, o qual somente permitirá as exigências de qualificação técnica e econômica indispensáveis à garantia do cumprimento das obrigações".

O dispositivo constitucional acima mencionado consagra o princípio da obrigatoriedade da licitação, procedimento que, salvo nos casos previstos na legislação, é de realização obrigatória, sob pena de nulidade da contratação.

Conforme se sabe, o dever de licitar atende a imperativos de impessoalidade, moralidade e eficiência, impedindo privilégios e discriminações na celebração de contratos pelas entidades públicas.

Não por outra razão, afirma a doutrina que o procedimento licitatório tem como fundamentos a busca da melhor proposta, assim como o oferecimento de iguais condições a quem queira contratar com o Estado.

Firmar vínculo contratual sem realização de licitação constitui, ademais, ato de improbidade administrativa tipificado no art. 25, II, da Lei n. 8.429/92.

No caso concreto, a mencionada exigência constitucional foi desatendida na medida em que a Autoridade Coatora autorizou a contratação de empresa especializada em campanhas publicitárias, sem a realização de concorrência pública.

O ato de improbidade praticado, com essa conduta, pela Autoridade Coatora não exclui a aplicação de sanções penais, civis e administrativas cabíveis.

Desse modo, ausentes os pressupostos autorizadores da contratação direta, o contrato celebrado com a Empresa Bela Propaganda S/A é nulo de pleno direito.

No mesmo sentido, tem-se o seguinte entendimento sumulado pelo Supremo Tribunal Federal:

"Sem licitação não há contrato nao" (Súmula 8739).

Por outro giro, a ilegalidade da contratação violou também a norma prevista no art. 48 do Código de Hamurabi.

Portanto, fica evidente que a contratação em questão é nula.

Repare que são vários parágrafos (sugiro, ao menos, sete) seguidos e ininterruptos sobre o tema escolhida como tese mais importante.

Para atingir um bom número de parágrafos não repetitivos, você pode adotar a seguinte sequência de blocos lógicos:

1º bloco: parágrafos de explicação sobre a norma transcrita;

2º bloco: parágrafo sobre a finalidade da norma;

3º bloco: ligação com o caso concreto;

4º bloco: consequências negativas que a conduta da outra parte trouxe para o cliente;

5º bloco: breve fechamento do raciocínio.

DICA IMPORTANTÍSSIMA: atingir um bom número de parágrafos adequados sobre a tese principal não é algo fácil. Por isso, use os livros de doutrina como inspiração. Veja como o autor encadeia o raciocínio sobre o tema (começo, meio e fim) e faça algo similar na sua peça.

O QUE É TESE ACESSÓRIA?

Tese acessória é uma outra linha de raciocínio em favor do cliente, não tão forte quanto a escolhida para tese principal.

É altamente conveniente incluir teses acessórias, mas faça isso sem comprometer o espaço da tese principal (não gaste mais do que dois ou três parágrafos escrevendo sobre teses acessórias). A tese principal sempre é mais importante para a aprovação e deve ser desenvolvida mais minuciosamente.

Observe no exemplo abaixo o teor do parágrafo da tese acessória (em negrito) e o local apropriado para incluí-lo (sempre no final do item Do Direito):

II – Do Direito

Estabelece o art. 37, XXI, da Constituição Federal, "in verbis":

> "XXI – ressalvados os casos especificados na legislação, as obras, serviços, compras e alienações serão contratados mediante processo de licitação pública que assegure igualdade de condições a todos os concorrentes, com cláusulas que estabeleçam obrigações de pagamento, mantidas as condições efetivas da proposta, nos termos da lei, o qual somente permitirá as exigências de qualificação técnica e econômica indispensáveis à garantia do cumprimento das obrigações".

O dispositivo constitucional acima mencionado consagra o princípio da obrigatoriedade da licitação, procedimento que, salvo nos casos previstos na legislação, é de realização obrigatória, sob pena de nulidade da contratação.

Conforme se sabe, o dever de licitar atende a imperativos de impessoalidade, moralidade e eficiência, impedindo privilégios e discriminações na celebração de contratos pelas entidades públicas.

Não por outra razão, afirma a doutrina que o procedimento licitatório tem como fundamentos a busca da melhor proposta, assim como o oferecimento de iguais condições a quem queira contratar com o Estado.

Firmar vínculo contratual sem realização de licitação constitui, ademais, ato de improbidade administrativa tipificado no art. 25, II, da Lei n. 8.429/92.

No caso concreto, a mencionada exigência constitucional foi desatendida na medida em que a Autoridade Coatora autorizou a contratação de empresa especializada em campanhas publicitárias, sem a realização de concorrência pública.

O ato de improbidade praticado, com essa conduta, pela Autoridade Coatora não exclui a aplicação de sanções penais, civis e administrativas cabíveis.

Desse modo, ausentes os pressupostos autorizadores da contratação direta, o contrato celebrado com a Empresa Bela Propaganda S/A é nulo de pleno direito.

No mesmo sentido, tem-se o seguinte entendimento do Supremo Tribunal Federal:

"Sem licitação não há contrato não" (Súmula 8739).

Por outro giro, a ilegalidade da contratação violou também a norma prevista no art. 48 do Código de Hamurabi.

Portanto, fica evidente que a contratação em questão é nula.

Capítulo 19

SOBRE MEDIDA LIMINAR E TUTELA ANTECIPADA

Os itens "Da Concessão da Medida Liminar" e "Da Concessão da Tutela Antecipada", quando necessários, cumprem um papel importante de mostrar ao examinador a personalização da peça para a necessidade do cliente.

Nada de fazer esses itens com cara de modelo decorado.

Elabore parágrafos com a estrutura sugerida abaixo.

DA CONCESSÃO DA MEDIDA LIMINAR

Nos termos do art. 7º, III, da Lei n. 12.016/2009:

> "Art. 7º Ao despachar a inicial, o juiz ordenará:
>
> III – que se suspenda o ato que deu motivo ao pedido, quando houver fundamento relevante e do ato impugnado puder resultar a ineficácia da medida, caso seja finalmente deferida, sendo facultado exigir do impetrante caução, fiança ou depósito, com o objetivo de assegurar o ressarcimento à pessoa jurídica".

Nota-se que a concessão da medida liminar exige a demonstração de dois requisitos: "fundamento relevante" e "risco de ineficácia da medida".

O requisito "fundamento relevante" resta presente na medida em que ... (apontar resumidamente as ilegalidades da conduta da outra parte).

Quanto ao "risco de ineficácia da medida", também se faz presente diante da ... (descrever qual a urgência específica trazida no enunciado).

Presentes os dois requisitos legais autorizadores da providência jurisdicional, o Impetrante faz jus à concessão da medida liminar.

DA CONCESSÃO DA TUTELA DE URGÊNCIA DE NATUREZA ANTECIPADA

De acordo com o art. 300 do Novo Código de Processo Civil:

> "Art. 300. A tutela de urgência será concedida quando houver elementos que evidenciem a probabilidade do direito e o perigo de dano ou o risco ao resultado útil do processo.
>
> § 1º Para a concessão da tutela de urgência, o juiz pode, conforme o caso, exigir caução real ou fidejussória idônea para ressarcir os danos que a outra parte possa vir a sofrer, podendo a caução ser dispensada se a parte economicamente hipossuficiente não puder oferecê-la.
>
> § 2º A tutela de urgência pode ser concedida liminarmente ou após justificação prévia.
>
> § 3º A tutela de urgência de natureza antecipada não será concedida quando houver perigo de irreversibilidade dos efeitos da decisão".

Nota-se que a concessão da tutela antecipada depende da demonstração de dois requisitos: "probabilidade do direito" e "perigo do dano".

O requisito "probabilidade do direito" resta presente na medida em que ... (apontar resumidamente as ilegalidades da conduta do Poder Público).

Quanto ao "perigo do dano", também se faz presente diante da ... (descrever qual a urgência específica trazida no enunciado).

Presentes os dois requisitos legais autorizadores da providência jurisdicional, o Autor faz jus à concessão da antecipação da tutela.

NÃO É HORA DE PEDIR

Cuidado: existe um item inteiro na peça destinado à elaboração de pedidos ("Dos Pedidos"). Por isso, não peça nada em nenhum outro lugar da peça (fatos, direito, concessão de liminar etc.).

Capítulo 20

PEDIDOS E FINALIZAÇÃO DA PEÇA

A enumeração dos pedidos, item de fechamento da peça, deve atender a exigências redacionais e observar detalhes quanto ao conteúdo da providência jurisdicional solicitada.

DETALHES REDACIONAIS

Algumas peças não possuem pedidos articulados do tipo a), b) e c). Geralmente, recursos e respostas recursais têm pedidos formulados em parágrafo único (*vide* repertório de pedidos).

Para as demais peças, atente para as seguintes dicas:

1) inicie o item com um parágrafo de abertura padronizado. Ex.: "Ante o exposto, requer:";

2) separe cada pedido com letras: a), b), c);

3) termine cada pedido com ponto e vírgula. Somente o último pedido recebe ponto final;

4) se tiver espaço, pule uma linha ao final de cada pedido;

5) não insira dispositivos normativos;

6) não recupere argumentos do item "Do Direito";

7) faça a redação de cada pedido da forma mais direta possível;

8) adote a ordem dos pedidos apontada nos modelos presentes neste livro;

9) elabore a redação do pedido de modo a formar um todo coerente com o parágrafo de abertura. Ex.: "Ante o exposto, requer: a) a concessão da medida liminar" ou "Ante o exposto, requer: a) seja concedida a medida liminar...".

ESPECIFICANDO O PEDIDO

Em regra, os pedidos elaborados em uma peça de concurso público podem ser genéricos, somente indicando o tipo de providência jurisdicional pleiteada. Ex.: Requer a citação do Réu (não precisa dizer quem é o Réu).

Porém no caso de pedidos de sentença, medida liminar e tutela antecipada É OBRIGATÓRIO ESPECIFICAR O PEDIDO, acrescentando, além do tipo de providência, QUAL O CONTEÚDO DESEJADO PARA A DECISÃO. Isso é feito adaptando a redação do pedido à urgência específica descrita no enunciado.

Trata-se de uma personalização da peça para a necessidade do cliente descrita no enunciado.

Desse modo, por exemplo, se a questão da prova menciona o embargo da obra do cliente, o pedido de liminar deve ser formulado assim: "Requer a concessão da medida liminar para fins de que seja determinada a imediata liberação da obra embargada". Não adianta pleitear somente a "concessão da liminar".

E SE O ENUNCIADO NÃO APONTAR URGÊNCIA ESPECÍFICA?

Pode acontecer de o enunciado não apontar urgência específica. Nesse caso, deve-se adotar a fórmula genérica "para afastar o Impetrante dos efeitos da conduta ilegítima". Assim, exemplificando com a hipótese de pedido liminar em problema sem indicação de urgência específica: "Requer a concessão de medida liminar para fins de afastar o Impetrante dos efeitos da conduta ilegítima".

EVITANDO IDENTIDADE DOS PEDIDOS

Por fim, é comum encontrar dificuldade na formulação do pedido de sentença, pois as liminares e tutelas antecipadas em concursos públicos tendem a ser satisfativas (pede-se tudo na liminar ou na tutela e não resta o que pleitear na sentença).

Para evitar duplicação de pedidos, sugiro acrescentar os termos "definitivamente" e "confirmando a medida liminar (ou tutela antecipada)" no requerimento da sentença. Isso imprime uma distinção entre a sentença e a redação de liminares e tutelas.

Exemplo: "Requer seja julgada procedente a ação, confirmando a medida liminar, para fins de que, definitivamente, o Impetrante não sofra as consequências da conduta ilegítima".

FINALIZAÇÃO DA PEÇA

Encerre a peça acrescentando:

"Protesta provar o alegado por todos os meios de prova admitidos em Direito (exceto em MS, exceção de pré-executividade, recursos e respostas recursais).

Dá-se à causa o valor ...

Termos em que pede deferimento.

Local, data

____

ADVOGADO ... OAB ...

Endereço dos advogados para intimação ...
E-mail do escritório dos advogados ...

LEMBRETE: em hipótese alguma assine a peça, rubrique páginas ou invente nomes de advogado ou números de inscrição na OAB. EM QUALQUER UM DESSES CASOS A PROVA RECEBERÁ NOTA ZERO!

Capítulo 21
AS QUESTÕES DISCURSIVAS

As respostas às questões discursivas devem ser objetivas ser sem enrolação, evitando-se transcrição de julgados ou legislação. Assim, por exemplo, pode-se fazer referência à previsão do princípio da legalidade no art. 37, "caput", da Constituição Federal, mas não copiar o texto da norma.

Durante o treino, os livros de doutrina fornecem bons indicadores (quando não dão a resposta exata) do caminho a seguir dentro do tema arguido. Use os índices do livro para agilizar a busca.

Lembre-se, ainda, de sempre RESPONDER A TODAS AS QUESTÕES PROPOSTAS. É proibido deixar resposta em branco.

Na parte final da presente obra você encontra exemplos de questões discursivas reais, extraídas de diversas edições do Exame de Ordem, acompanhadas dos respectivos gabaritos oficiais.

Capítulo 22
ELABORAÇÃO DOS FICHAMENTOS

Outra dica importantíssima para organização de estudos é centralizar as informações mais relevantes sobre e peças e teses elaborando fichamentos.

Prepare fichas pessoais (não empreste, não copie, não venda!) e bem completas, uma para cada peça e uma para cada tese.

SUGESTÃO PARA AS FICHAS DE PEÇAS

Elabore suas fichas de peças adotando a sequência padronizada de informações sugerida abaixo:

1) número da ficha;
2) nome da peça;
3) página do livro em que esteja o modelo da peça;
4) fundamento legal;
5) terminologia adequada;
6) cabimento;
7) estrutura básica;
8) sequência de pedidos;
9) detalhes especiais.

SUGESTÃO PARA AS FICHAS DE TESES

Igualmente, procure observar a sequência padronizada de informação sugerida abaixo também para as fichas de teses:

1) número da ficha;
2) nome da tese;

3) fundamento legal;
4) síntese teórica;
5) estrutura;
6) teses acessórias;
7) citações doutrinárias importantes;
8) julgados pertinentes.

Capítulo 23

DICAS ÚTEIS PARA O DIA DA PROVA

UMA SEMANA ANTES

1) procure confirmar onde a prova será realizada;

2) verifique se estão em ordem os documentos básicos de identificação (RG, recibo de inscrição etc.).

Faltando alguma coisa, ainda dará tempo de conseguir segunda via ou algo equivalente.

NO DIA ANTERIOR

1) confirme o local e horário da prova;

2) se você for usar seu carro para ir à prova, peça que alguém o acompanhe até o local do exame para confirmar o caminho;

3) se for utilizar transporte coletivo, confirme qual linha de ônibus, trem ou metrô serve a região;

4) se você for de carona, converse com a pessoa para confirmar se poderá levá-lo mesmo;

5) nem todos conseguem estudar na véspera. Se você conseguir, dê uma revisada geral no cabimento das peças. Mas estudar na véspera não é obrigatório;

6) revise o material que será usado na prova e deixe tudo separado – códigos, documentos, inscrição, caneta, régua;

7) tente ocupar-se com programas leves (nada de balada ou bebedeira). Faça pequenos passeios para relaxar: cinema, teatro, restaurante;

8) evite refeições muito pesadas;

9) fuja de amigos ou parentes chatos ou palpiteiros;

10) abasteça o carro;

11) verifique se o pneu do carro está ok;

12) tente saber se no local da prova há estacionamento para deixar seu carro.

NO DIA PROVA

1) programe-se para acordar cedo;

2) faça refeições leves;

3) tente chegar no local da prova com pelo menos uma hora e meia de antecedência;

4) leve água mineral e chocolate;

5) não dê ouvidos a outros candidatos "sabichões" que têm certeza de que a peça será X ou Y;

6) nunca discuta com o fiscal de sala ou qualquer pessoa da organização da prova (eles não têm nada a perder, você tem!). Em casos extremos, peça para falar direto com o responsável geral pela realização do exame;

7) não cole nem tente passar cola;

8) comece a prova pela peça, tentando deixar pelo menos metade do tempo para as questões discursivas;

9) releia atentamente a prova antes de entregar;

10) confie na sua preparação;

11) ao final do exame vá para casa. Não dê atenção para "gabaritos extraoficiais" divulgados na saída da prova.

Capítulo 24
SAIU O GABARITO!

A divulgação do gabarito oficial geralmente ocorre poucos dias após a realização da prova. Inevitável comparar o que foi feito pelo candidato com aquilo que era esperado pela banca.

Entretanto, tenho percebido que os gabaritos são mais dirigidos a quem irá corrigir a prova do que aos candidatos. O papel do gabarito oficial é enumerar o rol de todas as soluções possíveis para os problemas da prova, e não necessariamente descrever aquilo que o candidato teria que ter desenvolver para ser aprovado.

É comum que o gabarito aponte várias teses diferentes (às vezes, mais de 10!), e o candidato, desesperado, constate que não tratou de tudo aquilo. Não se preocupe. É bem provável que aqueles assuntos todos nem coubessem na folha de provas, razão pela qual ninguém poderia esperar que fossem desenvolvidas todas as teses indicadas.

O importante é que a tese que você utilizou esteja entre as indicadas no gabarito.

SOBRE A CORREÇÃO

Em princípio, a primeira correção da prova (primeira lista de aprovados) deve ser pautada pelo que estiver indicado no gabarito. É raro que se o gabarito aponta para o MS como única peça cabível alguém seja aprovado fazendo outra peça.

A segunda correção, entretanto, aquela feita após a interposição de recurso, não se baseia somente no gabarito, mas também em outros fatores, como a opinião pessoal do corretor (na primeira correção ele é obrigado a seguir o gabarito; na segunda, não).

Capítulo 25

SAIU O RESULTADO!

O tempo necessário para divulgação do resultado das provas varia conforme o tipo de exame. Em geral, a lista de aprovados é publicada entre 1 e 2 meses após a realização da prova.

É a coroação do esforço dos aprovados e motivo de frustração para reprovados.

Havendo reprovação, sempre oriento a recorrer independentemente da nota obtida, porque o índice de aprovação em recurso é bastante elevado. Tem que recorrer!

Se você precisar, use o modelo de recurso abaixo, adaptando-o ao seu caso, e boa sorte.

MODELO DE RECURSO

Excelentíssimo Senhor Doutor Presidente da Comissão de Estágio e Exame de Ordem,

(5 linhas)

NOME DO ALUNO, RG n., CPF n., inscrição número YYYYY, no ... Exame de Ordem em ..., vem, respeitosamente, à presença de Vossa Excelência, interpor RECURSO em face da reprovação na 2ª fase do ... Exame Unificado de Ordem, com base nos motivos a seguir expostos:

1) A peça

O Recorrente foi aprovado na primeira fase do ... Exame de Ordem e, posteriormente, foi submetido à avaliação na prova prático-profissional na área de Direito Administrativo. O enunciado tinha a seguinte redação:

"copiar a íntegra do enunciado".

A ilustre Banca Examinadora divulgou o seguinte gabarito como solução ao problema proposto:

"copiar a íntegra do gabarito".

O Recorrente não conseguiu a pontuação necessária à sua aprovação. Os ilustres Examinadores atribuíram-lhe as notas ...

Entretanto, como será demonstrado a seguir, a nota atribuída não reflete a qualidade da prova do Recorrente.

2) Adequação (trocar pelo nome do quesito avaliado)

A peça elaborada pelo candidato está adequada ao gabarito apresentado (se por acaso errou a peça, tente identificar algum dado no enunciado que pudesse justificar o uso da peça errada).

Procure ressaltar as virtudes da peça, ao invés de ficar apenas explicando o porquê dos erros.

3) Estrutura (trocar pelo nome do quesito avaliado)

a) Adequada indicação do polo passivo

O Recorrente, de forma a corroborar a técnica judicial até o momento demonstrada, indicou corretamente como polo passivo XXXXXX.

b) Correção do embasamento legal

O Recorrente indicou acertadamente o fundamento legal do Mandado de Segurança, qual seja ..., indicando, ainda, a fundamentação de seu pedido de liminar, nos termos do art. 7º, III, da Lei do "Mandamus".

c) Estrutura formal

Deve-se destacar, também, que a peça elaborada pelo candidato está plenamente adequada ao padrão formal consagrado pela prática forense. Os parágrafos estão bem divididos. Os itens foram identificados de maneira correta, tudo para facilitar a leitura e permitir a exposição clara do raciocínio central.

Ademais, o Recorrente demonstrou de forma inegável a presença dos pressupostos autorizadores da concessão da medida liminar, nos termos do art. 7º, inciso III, da Lei do "Mandamus", evidenciando, assim, técnica profissional e coerência lógica na elaboração da peça solicitada.

Portanto, diante do exposto, deve-se necessariamente concluir pela correção integral dos argumentos desenvolvidos pelo Recorrente. Resta claro que o Recorrente fez com que constasse de sua peça todos argumentos indicados pelo gabarito divulgado por esta Comissão de Exame de Ordem, não se justificando assim, pois, sua reprovação.

d) Correção gramatical

Não foi apontada a ocorrência de nenhum erro de língua portuguesa na peça.

e) Apresentação estética

Letra legível e forma correta, com a devida estruturação da peça prática em exposição dos fatos, argumentação jurídica e, por fim, confecção do pedido.

Não se justifica a reprovação do Recorrente. Além de estarem absolutamente corretos todos os requisitos formais inerentes ao Mandado de Segurança, consoante restou demonstrado, a fundamentação jurídica desenvolvida pelo Recorrente se coaduna com o Gabarito Oficial divulgado por esta respeitável Comissão de Exame de Ordem.

4 – Questões discursivas

No que tange ao desenvolvimento das questões, o candidato obteve as respectivas notas: transcrever as notas.

Entretanto, as notas obtidas nas questões X e Y não representam o efetivo desenvolvimento do Recorrente, pois o conteúdo das respectivas respostas foi elaborado ao menos em parte, em conformidade com o gabarito oficial, razão pela qual não se justifica nota tão baixa.

Falar de todas as questões que não receberam nota máxima, destacando suas virtudes.

Dessa forma, requer o candidato seja considerado todo o conteúdo descrito nas respostas, uma vez ter demonstrado conhecimento do assunto requerido.

Conclusão

Diante do exposto, requer a Vossa Excelência, respeitosamente, seja conhecido e provido o presente recurso, resultando na aprovação do candidato, diante do excesso de rigor da nota atribuída à sua prova.

Pede deferimento.

(local), (data)

(nome)

Parte 2

Estudo das peças e fichamentos simplificados

ORIENTAÇÕES GERAIS

Vamos estudar agora as peças fundamentais da prática administrativa. Para facilitar a organização do seu material, os temas estão estruturados conforme o padrão de fichamentos simplificados.

PEÇA N. 1 – MANDADO DE SEGURANÇA INDIVIDUAL

Fundamentos legais: arts. 5º, LXIX, da CF e 1º e 7º, III, da Lei n. 12.016/2009 e art. 319 do Código de Processo Civil de 2015.

Terminologia: Impetrante, Autoridade Coatora e impetrar

Cabimento resumido: é a medida cabível para proteção de direito individual, líquido e certo, não amparado por "habeas data" ou "habeas corpus", lesado ou ameaçado de lesão, por ato de autoridade ou agente de pessoa jurídica no exercício de atribuição do Poder Público. O direito líquido e certo consiste na certeza quanto à situação de fato. É o direito certo quanto à sua existência, delimitado na sua extensão e apto a ser exercido no momento de sua impetração. Deve haver prova pré-constituída, uma vez que esse remédio constitucional não admite dilação probatória. Por isso, NUNCA PROTESTE PELA PRODUÇÃO DE PROVAS NO MS!

O Mandado de Segurança só cabe contra ATO DE AUTORIDADE PÚBLICA ou pessoas EQUIPARADAS.

É o que afirma o art. 1º da Lei n. 12.016/2009:

> "Art. 1º Conceder-se-á mandado de segurança para proteger direito líquido e certo, não amparado por "habeas corpus" ou "habeas data", sempre que, ilegalmente ou com abuso de poder, qualquer pessoa física ou jurídica sofrer violação ou houver justo receio de sofrê-la por parte de autoridade, seja de que categoria for e sejam quais forem as funções que exerça.
>
> § 1º Equiparam-se às autoridades, para os efeitos desta Lei, os representantes ou órgãos de partidos políticos e os administradores de entidades autárquicas, bem como os dirigentes de pessoas jurídicas ou as pessoas naturais no exercício de atribuições do poder público, somente no que disser respeito a essas atribuições.

> § 2º Não cabe mandado de segurança contra os atos de gestão comercial praticados pelos administradores de empresas públicas, de sociedade de economia mista e de concessionárias de serviço público".

Assim, o MS pode ser impetrado contra autoridades integrantes da estrutura estatal (presidentes de comissão de licitação, Prefeitos, Secretários, Ministros) ou pessoas privadas NO EXERCÍCIO DE FUNÇÃO PÚBLICA (reitor de universidade privada que se recusa e emitir diploma, concessionário de serviço público em ato relacionado ao serviço etc.). Porém CONTRA ATOS DE GESTÃO COMERCIAL (regidos pelo direito privado) não se admite impetração do MS mesmo se o ato for praticado dentro de entidade estatal (empresa pública ou sociedade de economia mista).

Exemplo: não cabe MS contra ato de recusa de abertura de conta corrente no Banco do Brasil (sociedade de economia mista federal) ou na Caixa Econômica Federal (empresa pública federal). Mas cabe MS contra decisão tomada pelo Banco do Brasil ou pela Caixa Econômica em procedimento licitatório (exercício de função pública).

DICA: para fins práticos, direito líquido e certo é aquele que pode ser comprovado com os DOCUMENTOS JUNTADOS NA PETIÇÃO INICIAL (prova pré-constituída).

★ **IMPORTANTE:** não cabe Mandado de Segurança contra:

a) atos meramente normativos, ou seja, lei em tese;

b) decisão transitada em julgado;

c) ato que caiba recurso com efeito suspensivo, independentemente de caução;

d) atos "interna corporis";

e) decisão judicial ou despacho para o qual haja recurso cabível ou possa ser corrigido por correição;

f) ato disciplinar, exceto se houver inobservância de formalidade essencial ou for praticado por autoridade incompetente;

g) inadimplemento do Poder Público de quantias devidas ao particular (MS não substitui Ação de Cobrança).

Nesse sentido, o art. 5º da Lei do MS (12.016/2009) afirma que:

> "Art. 5º Não se concederá mandado de segurança quando se tratar:
>
> I – de ato do qual caiba recurso administrativo com efeito suspensivo, independentemente de caução;
>
> II – de decisão judicial da qual caiba recurso com efeito suspensivo;
>
> III – de decisão judicial transitada em julgado".

Exemplos de Mandado de Segurança no Exame da OAB

(OAB Nacional – FGV – XVIII Exame) O Ministério da Cultura publicou, na imprensa oficial, edital de licitação que veio assinado pelo próprio Ministro da

Cultura, na modalidade de tomada de preços, para a elaboração do projeto básico, do projeto executivo e da execução de obras de reforma de uma biblioteca localizada em Brasília.

O custo da obra está estimado em R$ 2.950.000,00 (dois milhões novecentos e cinquenta mil reais). O prazo de execução é de 16 (dezesseis) meses, e, de acordo com o cronograma divulgado, a abertura dos envelopes se dará em 45 (quarenta e cinco) dias e a assinatura do contrato está prevista para 90 (noventa) dias.

Do edital constam duas cláusulas que, em tese, afastariam do certame a empresa ABCD Engenharia. A primeira diz respeito a um dos requisitos de habilitação, pois se exige dos licitantes, para demonstração de qualificação técnica, experiência anterior em contratos de obra pública com a União (requisito não atendido pela empresa, que já realizou obras públicas do mesmo porte que a apontada no edital para diversos entes da Federação, mas não para a União). A segunda diz respeito à exigência de os licitantes estarem sediados em Brasília, sede do Ministério da Cultura, local onde se dará a execução das obras (requisito não atendido pela empresa, sediada no Município de Bugalhadas).

Na mesma semana em que foi publicado o edital, a empresa o procura para que, na qualidade de advogado, ajuíze a medida cabível para evitar o prosseguimento da licitação, reconhecendo os vícios do edital e os retirando, tudo a permitir que possa concorrer sem ser considerada não habilitada, e sem que haja vício que comprometa o contrato. Pede, ainda, que se opte pela via, em tese, mais célere.

Elabore a peça adequada, considerando não ser necessária a dilação probatória, haja vista ser preciso apenas a juntada dos documentos próprios (edital, cópia dos contratos com outros entes federativos etc.) para se comprovar os vícios alegados. Observe o examinando que o interessado quer o procedimento que, em tese, seja o mais célere. (Valor: 5,00)

Obs.: o examinando deve apresentar os argumentos jurídicos apropriados e a fundamentação legal pertinente ao caso.

(XIV Exame de Ordem) A Secretaria de Administração do Estado X publicou edital de licitação, na modalidade concorrência, para a elaboração dos projetos básico e executivo e para a realização de obras de contenção de encosta, na localidade de Barranco Alto, no valor de R$ 1.000.000,00 (um milhão de reais). O prazo de conclusão da obra é de 12 (doze) meses.

Como requisito de habilitação técnica, o edital exige a demonstração de aptidão para desempenho do objeto licitado, por meio de documentos que comprovem a participação anterior do licitante em obras de drenagem, pavimentação e contenção de encostas que alcancem o valor de R$ 150.000.000,00 (cento e cinquenta milhões de reais).

Como requisito de qualificação econômica, o edital exige a apresentação de balanço patrimonial e demonstrações contábeis do último exercício social, que comprovem a boa situação financeira da empresa, podendo ser atualizados por índices oficiais, quando encerrado há mais de 3 (três) meses antes da data de apresentação da proposta, assim como a apresentação de todas as certidões negativas e de garantia da quantia equivalente a 1% (um por cento) do valor estimado do objeto da contratação.

O edital admite a participação de empresas em consórcio, estabelecendo, como requisitos de habilitação do consórcio, um acréscimo de 50% (cinquenta por cento) dos valores exigidos para licitante individual.

As empresas ABC e XYZ, interessadas em participar da licitação em consórcio, entendem ilegais as exigências contidas no edital e apresentam, tempestivamente, impugnação. A Administração, entretanto, rejeita a impugnação, ao argumento de que todas as exigências decorrem da legislação federal e que devem ser interpretadas à luz do princípio constitucional da eficiência, de modo a afastar do certame empresas sem capacidade de realizar o objeto e, assim, frustrar o interesse público adjacente.

A empresa ABC o procura para, na qualidade de advogado, ajuizar a medida adequada a impedir o prosseguimento da licitação, apontando ilegalidade no edital.

Elabore a peça adequada, considerando que:

I. a única prova a ser produzida consiste na juntada do edital, isto é, não há necessidade de dilação probatória;

II. que já transcorreram 60 (sessenta) dias desde a publicação do edital;

III. que a licitação está agendada para menos de uma semana e que o seu cliente, expressamente, requereu a adoção da medida judicial cujo procedimento seja, em tese, o mais célere;

IV. a Constituição do Estado X, observando o princípio da simetria, prevê foro por prerrogativa de função para o presente caso, assim como o respectivo Código de Organização Judiciária.

(V Exame Unificado da OAB/FGV) A empresa Aquatrans é concessionária de transporte público aquaviário no Estado X há sete anos e foi surpreendida com a edição do Decreto n. 1.234, da Chefia do Poder Executivo Estadual, que, na qualidade de Poder Concedente, declarou a caducidade da concessão e fixou o prazo de trinta dias para assumir o serviço, ocupando as instalações e os bens reversíveis.

A concessionária, inconformada com a medida, especialmente porque jamais fora cientificada de qualquer inadequação na prestação do serviço, procura-o, na qualidade de advogado(a), e o contrata para ajuizar a medida judicial pertinente para discutir a juridicidade do decreto, bem como para assegurar à concessionária o direito de continuar prestando o serviço até que, se for o caso, a extinção do contrato se opere de maneira regular.

Elabore a peça processual adequada, levando em consideração que a matéria não demanda qualquer dilação probatória e que se deve optar pela medida judicial cujo rito, em tese, seja o mais célere.

(Exame Unificado 2009.3/CESPE) Foi expedido mandado de prisão preventiva contra Rubem, médico pertencente ao quadro de pessoal do Ministério da Saúde. Por considerar ilegal a referida medida, Rubem furtou-se ao seu cumprimento e deixou de comparecer ao seu local de trabalho durante mais de quarenta dias consecutivos. Após esse período, tendo sido concedido "habeas corpus" em seu favor, o médico retornou ao exercício regular de suas funções laborais. O ministro de Estado da Saúde instaurou processo administrativo disciplinar para apurar suposta irregularidade na conduta de Rubem, relativa a abandono de cargo. Na portaria de instauração do processo, optou-se pelo rito sumário, tendo sido designados para compor a comissão disciplinar, como membro e presidente, dois servidores federais estáveis ocupantes do cargo de agente administrativo, ambos com escolaridade de nível superior. Foram indicadas, também, a autoria e a materialidade do fato tido como irregular. Três dias após a publicação da portaria, o servidor foi indiciado por violação ao art. 138, c/c com o art. 132, inciso II, ambos da Lei n. 8.112/90, e, posteriormente, citado para a apresentação de defesa no prazo de cinco dias. Na peça de defesa, o advogado do servidor, em pedido administrativo, postulou a oitiva de testemunhas, aduzindo que estas comprovariam que a ausência do acusado ao local de trabalho fora motivada por seu entendimento de que a ordem de prisão seria ilegal e que, tão logo afastada a ordem, o médico retornara às suas atividades. O presidente da comissão de processo administrativo disciplinar indeferiu o pedido de produção de prova testemunhal, considerando-o impertinente, sob o argumento de que o rito escolhido pela autoridade instauradora prevê instrução sumária, sem a possibilidade de produção de prova, nos termos do art. 133, inciso II, da Lei n. 8.112/90. No relatório final, sugeriu-se a demissão do servidor, com fulcro nos artigos citados na peça de indicação, tendo sido a sugestão acolhida pelo ministro da Saúde. A portaria de demissão por abandono de cargo, assinada há cinco meses, foi publicada no Diário Oficial da União há três meses. Considerando a situação hipotética apresentada, na qualidade de advogado(a) constituído(a) pelo servidor público demitido, redija a peça processual mais adequada ao caso, apresentando as questões de direito processual e material indispensáveis à defesa dos interesses de seu cliente.

MANDADO DE SEGURANÇA "VERSUS" AÇÃO ANULATÓRIA COM TUTELA ANTECIPADA

O Mandado de Segurança é o meio apropriado para **impugnar judicialmente atos de autoridade** praticados **no curso de procedimentos administrativos**, como licitação, desapropriação, concurso público e processo disciplinar.

Nesse sentido, o MS é cabível em hipóteses muito semelhantes aos casos em que, na prática, costuma-se utilizar a ação anulatória com tutela antecipada. A escolha do MS ou da anulatória deve basear-se em estratégias processuais traçadas pelo advogado conforme as peculiaridades do caso concreto. Em regra, as duas ações são cabíveis simultaneamente.

Porém existem casos em que somente uma das soluções deve ser adotada (sintonia fina).

SEMPRE faça MS (e nunca anulatória) quando:

1) o enunciado solicitar a adoção da medida **mais célere (antes de escoado o prazo de 120 dias, contados da ciência, pelo interessado, do ato impugnado – art. 23 da Lei n. 12.016/2009)** ou **menos onerosa**: o MS é a ação mais célere (rápida) porque o seu procedimento é mais curto do que o procedimento comum previsto no CPC. Trata-se o MS da medida menos onerosa porque não implica condenação em honorários;

2) houver referência a uma grande urgência na obtenção de ordem judicial **no curso de procedimentos administrativos**: lembre que o MS é a ação mais apropriada para impugnar atos no curso de procedimentos administrativos, como licitação, concurso, desapropriação e processo disciplinar (na dúvida, para casos envolvendo tais ritos sempre faça MS).

NUNCA faça MS (e sim anulatória) quando:

1) tiver escoado o prazo de 120 dias: não se esqueça de levar em consideração a data da prova para fins de contagem, se o enunciado não indicar data diversa;

2) houver necessidade de dilação probatória (ouvir testemunha, prova pericial, depoimento pessoal etc.).

3) a pretensão do cliente for obter pagamento. Mandado de segurança não é substitutivo de ação de cobrança (Súmula 269 do STF: "O mandado de segurança não é substitutivo de ação de cobrança").

POLO PASSIVO DO MS

O MS é impetrado contra ato coator praticado por autoridade pública ou pessoa equiparada. Diferentemente das demais ações, que são propostas contra pessoas físicas ou jurídicas, o MS tem no polo passivo uma autoridade (Exemplos: Presidente da República, Ministro da Fazenda, Presidente da Comissão de Licitações do Município de São Paulo etc.).

Assim, quem estiver mencionado no enunciado como responsável pela prática do ato irá figurar como autoridade coatora, prestando informações no prazo legal.

É o que estabelecem os arts. 6º, § 3º, e 7º, I, da Lei do MS:

> "Art. 6º (...) § 3º Considera-se autoridade coatora aquela que tenha praticado o ato impugnado ou da qual emane a ordem para a sua prática".

"Art. 7º Ao despachar a inicial, o juiz ordenará: I – que se notifique o coator do conteúdo da petição inicial, enviando-lhe a segunda via apresentada com as cópias dos documentos, a fim de que, no prazo de 10 (dez) dias, preste as informações".

De acordo com importante inovação da Lei n. 12.016/2009, além das informações da autoridade coatora, agora a pessoa jurídica interessada é cientificada, por meio de seu órgão de representação judicial, para que, querendo, integre o feito:

"Art. 7º Ao despachar a inicial, o juiz ordenará:

(...)

II – que se dê ciência do feito ao órgão de representação judicial da pessoa jurídica interessada, enviando-lhe cópia da inicial sem documentos, para que, querendo, ingresse no feito;".

Desse modo, agora o MS tem um **litisconsórcio passivo entre a autoridade coatora e a pessoa jurídica interessada.**

ATENÇÃO 1: a exigência do art. 7º, II, tornou obrigatória na petição inicial do MS a referência à cientificação do órgão de representação judicial de pessoa jurídica interessada, tanto no parágrafo de preâmbulo da peça quanto nos pedidos.

ATENÇÃO 2: as provas da OAB vêm exigindo a qualificação completa, no prêambulo da peça, tanto da autoridade coatora quanto da pessoa jurídica interessada.

ENDEREÇAMENTO

Como regra, o Mandado de Segurança é endereçado para um **juiz de primeiro grau.** Aplicam-se as regras de endereçamento estudadas no capítulo específico destinado ao tema neste livro.

Porém, para algumas **autoridades coatoras de alta hierarquia,** a Constituição Federal define hipóteses de competência originária de Tribunais para julgamento do MS. Todos os casos relevantes estão resumidos no art. 20 da Lei n. 9.507/97 (Lei do "Habeas Data"):

"Art. 20. O julgamento do 'habeas data' compete:

I – originariamente:

a) ao **Supremo Tribunal Federal**, contra atos do Presidente da República, das Mesas da Câmara dos Deputados e do Senado Federal, do Tribunal de Contas da União, do Procurador-Geral da República e do próprio Supremo Tribunal Federal;

b) ao **Superior Tribunal de Justiça**, contra atos de Ministro de Estado ou do próprio Tribunal;

c) aos Tribunais Regionais Federais contra atos do próprio Tribunal ou de juiz federal;

d) a juiz federal, contra ato de autoridade federal, excetuados os casos de competência dos tribunais federais;

e) a tribunais estaduais, segundo o disposto na Constituição do Estado;

f) a juiz estadual, nos demais casos;

II – em grau de recurso:

a) ao Supremo Tribunal Federal, quando a decisão denegatória for proferida em única instância pelos Tribunais Superiores;

b) ao Superior Tribunal de Justiça, quando a decisão for proferida em única instância pelos Tribunais Regionais Federais;

c) aos Tribunais Regionais Federais, quando a decisão for proferida por juiz federal;

d) aos Tribunais Estaduais e ao do Distrito Federal e Territórios, conforme dispuserem a respectiva Constituição e a lei que organizar a Justiça do Distrito Federal".

Entre os casos acima mencionados merecem especial destaque, para provas e concursos públicos, as competências do:

1) **Supremo Tribunal Federal** para julgamento de MS contra ato do **Presidente da República**;
2) **Superior Tribunal de Justiça** para julgamento de MS contra ato de **Ministros de Estado.**

Além disso, vale destacar que as Constituições Estaduais costumam atribuir ao **Tribunal de Justiça** a competência para julgamento do Mandado de Segurança contra atos de:

1) **Governador;**
2) **Secretários Estaduais;**
3) **Prefeitos das Capitais.**

DICA: sempre que a causa for de competência originária de um Tribunal deve-se endereçar a petição ao respectivo PRESIDENTE (Excelentíssimo Senhor Doutor Ministro/Desembargador Presidente do Egrégio ...).

TIPOS DE MANDADO DE SEGURANÇA

A doutrina diferencia espécies de Mandado de Segurança estabelecendo divisões a partir de alguns critérios classificatórios:

1) quanto ao momento de impetração: o Mandado de Segurança pode ser:

a) preventivo: se impetrado antes do ato coator. Nesse caso, não tem prazo para ser impetrado;

b) repressivo: se impetrado após o ato coator. Sendo repressivo, o Mandado de Segurança só pode ser impetrado dentro do prazo decadencial de 120 dias contados da ciência pelo interessado do ato impugnado (art. 23 da Lei n. 12.016/2009).

2) quanto à espécie de legitimidade: de acordo com essa classificação o Mandado de Segurança pode ser:

a) individual: se impetrado em nome próprio na defesa de interesse pessoal do impetrante (art. 5º, LXIX, da CF);

b) coletivo: se impetrado em nome próprio pelas entidades legitimadas **na defesa dos interesses de seus associados, filiados ou membros** (art. 5º, LXX, da CF).

DICA: dos quatro tipos mencionados acima, somente no Mandado de Segurança Coletivo é obrigatório indicar o nome completo da espécie utilizada.

Estrutura básica: peça única com estrutura dividida em fatos, direito, concessão da medida liminar e pedidos.

Pedidos: a) liminar; b) sentença; c) intimação da Autoridade Coatora; d) cientificação da pessoa de direito público; e) oitiva do MP; f) condenação em custas; g) juntada de documentos.

ATENÇÃO: atendendo ao novo requisito da Lei n. 12.016/2009, não esqueça de pedir a cientificação do órgão de representação judicial da pessoa jurídica de direito público, tanto no parágrafo de qualificação quanto na especificação dos pedidos.

PEÇA N. 2 – MANDADO DE SEGURANÇA COLETIVO

Fundamento legal: arts. 5º, LXX, da CF, 21 da Lei n. 12.016/2009 e art. 319 do Código de Processo Civil de 2015.

Terminologia: Impetrante, Autoridade Coatora e impetrar

Cabimento: é a medida cabível para que partidos políticos, organizações sindicais ou entidades de classe busquem a proteção de direito coletivo, líquido e certo, não amparado por "habeas data" ou "habeas corpus", lesado ou ameaçado de lesão, por ato de autoridade ou agente de pessoa jurídica no exercício de atribuição do Poder Público.

Nos termos do art. 5º, LXX, da Constituição Federal:

> "LXX – o mandado de segurança coletivo pode ser impetrado por:
>
> *a*) partido político com representação no Congresso Nacional;
>
> *b*) organização sindical, entidade de classe ou associação legalmente constituída e em funcionamento há pelo menos um ano, em defesa dos interesses de seus membros ou associados".

Assim, o MS Coletivo é impetrado pelas entidades legitimadas **na defesa dos interesses de seus membros, associados ou filiados.**

O parágrafo único do art. 21 da Lei n. 12.016/2009 esclarece que:

> "Art. 21. (...) Parágrafo único. Os direitos protegidos pelo mandado de segurança coletivo podem ser:

I – coletivos, assim entendidos, para efeito desta Lei, os transindividuais, de natureza indivisível, de que seja titular grupo ou categoria de pessoas ligadas entre si ou com a parte contrária por uma relação jurídica básica;
II – individuais homogêneos, assim entendidos, para efeito desta Lei, os decorrentes de origem comum e da atividade ou situação específica da totalidade ou de parte dos associados ou membros do impetrante".

Importante destacar a existência das seguintes Súmulas do STF em matéria de Mandado de Segurança Coletivo:

Súmula 629: A impetração de mandado de segurança coletivo por entidade de classe em favor dos associados independe da autorização destes.

Súmula 630: A entidade de classe tem legitimação para o mandado de segurança ainda quando a pretensão veiculada interesse apenas a uma parte da respectiva categoria.

Exemplos de Mandado de Segurança Coletivo no Exame da OAB

(OAB – CESPE) Diante do caso hipotético abaixo, direcione a medida judicial cabível. Pedro, Secretário de Esportes do Município do Rio de Janeiro, usou verba pública, sem licitação, para fazer publicidade de eventos esportivos promovidos por essa mesma Secretaria. A publicidade consistia em balões coloridos, trazendo o seguinte mote: "Secretaria de Esportes do Município, o Povo em Primeiro Lugar". Decorrido algum tempo, Pedro resolveu se candidatar a vereador e, em sua campanha eleitoral, usou a mesma publicidade: balões coloridos exatamente da mesma forma, com o seguinte mote: "Pedro, o Povo em Primeiro Lugar". Procurado pela Associação de Proteção da Dignidade e Moralidade Pública do Rio de Janeiro (criada em 1988 e sem fins lucrativos), através de seu representante legal, Caio, redija a peça inicial da ação judicial cabível para que o erário municipal seja ressarcido. ADVOGADO: RUI BARBOSA Insc.: 1.100

(OAB/MG) O Governo do Estado de Pernambuco, por ato do Secretário, abriu concurso público para o preenchimento de 50 cargos de Técnico de Administração. O Edital prescreve que o cargo é de nível superior, podendo concorrer às vagas os interessados formados em Direito, em Administração, em Economia e em Ciências Contábeis.

O Sindicato Regional de Administração entende que o cargo objeto do concurso é privativo dos diplomados em Administração. Por esse motivo, o Presidente da entidade recorreu ao Secretário de Estado responsável pelo concurso, visando anular o respectivo Edital.

O Secretário por seu turno, não acolheu os argumentos deduzidos pelo Presidente do sindicato, sob o argumento de que a legislação de pessoal do Estado não contempla a restrição alegada. Com essa decisão, manteve o Edital do Concurso, cujo prazo de inscrição termina em dez dias contados da data do desprovimento do recurso administrativo.

O Presidente do Sindicato, inconformado com a decisão administrativa, pretende postular em juízo por meio de ação própria, a anulação do Edital.

Você foi contratado pelo Sindicato. Redija a petição da ação adequada, devidamente fundamentada, deduzindo os pedidos que a situação requer.

Estrutura básica: peça única com estrutura idêntica à do MS individual, contendo fatos, direito, concessão da medida liminar e pedidos.

Pedidos: a) liminar; b) sentença; c) intimação da Autoridade Coatora; d) cientificação da pessoa de direito público; e) oitiva do MP; f) condenação em custas; g) juntada de documentos.

⚠ **ATENÇÃO:** atendendo ao novo requisito da Lei n. 12.016/2009, não esqueça de pedir a cientificação do órgão de representação judicial da pessoa jurídica de direito público, tanto no parágrafo de qualificação quanto na especificação dos pedidos.

PEÇA N. 3 – AÇÃO ANULATÓRIA COM TUTELA ANTECIPADA (ANTIGA "AÇÃO ORDINÁRIA"*)

*Esclarecimento sobre o novo nome da peça: antes de tudo, é importante dizer que o Novo Código de Processo Civil extinguiu o chamado "rito ordinário". Assim, passou a ser inadequado falar em "ação ordinária", nome que era utilizado para designar genericamente as antigas ações que tramitavam no rito ordinário. Agora, a ação deve receber o nome correspondente à pretensão principal do autor. Assim, se o que o autor pretende é anular um ato administrativo, fala-se em "ação anulatória". Quando deseja obter uma indenização, tem-se "ação indenizatória". No caso de pretensão de cobrança, "ação de cobrança". Praticamente todas as hipóteses de uso dessa peça visam à anulação judicial de decisão administrativa, razão pela qual vamos usar nesta obra o nome geral de "ação anulatória com tutela antecipada". Mas é importante alterar a nomenclatura se a pretensão desejada for de outra natureza (indenizatória, de cobrança etc.).

Fundamentos legais: arts. 300, 319 e 334 do Código de Processo Civil de 2015.

Terminologia: Autor, Réu e propor

Cabimento: a ação anulatória com tutela antecipada é usada, basicamente, para impugnar judicialmente decisões de autoridades administrativas **quando não for possível impetração do Mandado de Segurança**, seja porque já transcorreu o prazo de 120 dias, seja porque se faz necessária dilação probatória.

MANDADO DE SEGURANÇA "VERSUS" AÇÃO ANULATÓRIA COM TUTELA ANTECIPADA

O Mandado de Segurança é o meio apropriado para **impugnar judicialmente atos de autoridade** praticados **no curso de procedimentos administrativos**, como licitação, desapropriação, concurso público e processo disciplinar.

Nesse sentido, o MS é cabível em hipóteses muito semelhantes aos casos em que, na prática, costuma-se utilizar a ação anulatória com tutela antecipada. A escolha do MS ou da anulatória deve basear-se em estratégias processuais traçadas pelo advogado conforme as peculiaridades do caso concreto. Em regra, as duas ações são cabíveis simultaneamente.

Porém existem casos em que somente uma das soluções deve ser adotada (sintonia fina).

SEMPRE faça MS (e nunca anulatória) quando:

1) o enunciado solicitar a adoção da medida **mais célere** (antes de escoado o prazo de 120 dias – art. 23 da Lei n. 12.016/2009)ou **menos onerosa**: o MS é a ação mais célere (rápida) porque o seu procedimento é mais curto do que o procedimento comum previsto no CPC. Trata-se o MS da medida menos onerosa porque não implica condenação em honorários;

2) houver referência a uma grande urgência na obtenção de ordem judicial **no curso de procedimentos administrativos**: lembre que o MS é a ação mais apropriada para impugnar atos no curso de procedimentos administrativos, como licitação, concurso, desapropriação e processo disciplinar (na dúvida, para casos envolvendo tais ritos sempre faça MS).

NUNCA faça MS (e sim anulatória) quando:

1) tiver escoado o prazo de 120 dias: não se esqueça de levar em consideração a data da prova para fins de contagem, se o enunciado não indicar data diversa;

2) houver necessidade de dilação probatória (ouvir testemunha, prova pericial, depoimento pessoal etc.).

Exemplos de Ação Anulatória no Exame da OAB

(OAB Nacional – FGV – XIX Exame) Marcos Silva, aluno de uma Universidade Federal, autarquia federal, inconformado com a nota que lhe fora atribuída em uma disciplina do curso de graduação, abordou a professora Maria Souza, servidora pública federal, com um canivete em punho e, em meio a ameaças, exigiu que ela modificasse sua nota. Nesse instante, a professora, com o propósito de repelir a iminente agressão, conseguiu desarmar e derrubar o aluno, que, na queda, quebrou um braço. Diante do ocorrido, foi instaurado Processo Administrativo Disciplinar (PAD), para apurar eventual responsabilidade da professora. Ao mesmo tempo, a professora foi denunciada pelo crime de lesão corporal. Na esfera criminal, a professora foi absolvida, vez que restou provado ter agido em legítima defesa, em decisão que transitou em julgado. O processo administrativo, entretanto, prosseguiu, sem a citação da servidora, pois a Comissão nomeada entendeu que a professora já tomara ciência da instauração do procedimento por meio da imprensa e de outros servidores. Ao final, a Comissão apresentou relatório pugnando pela condenação da servidora à pena de demissão. O PAD foi encaminhado à autoridade competente para a decisão final, que, sob o fundamento de vinculação ao parecer emitido pela Comissão, aplicou a pena de demissão à servidora, afirmando, ainda, que a esfera administrativa é autônoma em relação à criminal. Em 10/04/2015, a servidora foi cientificada de sua demissão, por meio de publicação em Diário Oficial, ocasião em que foi afastada de suas funções, e, em 10/09/2015, procurou seu escritório para tomar as medidas judiciais cabíveis, informando, ainda, que, desde o afastamento, está com sérias dificuldades financeiras, que a impedem, inclusive, de suportar os custos do ajuizamento de uma demanda. Como advogado(a), elabore a peça processual adequada para amparar a pretensão de sua cliente, analisando todos os aspectos jurídicos apresentados. (Valor: 5,00)

Obs.: o examinando deve fundamentar suas respostas. A mera citação do dispositivo legal não confere pontuação.

(OAB Nacional – FGV – XVII Exame) Após regular certame licitatório, vencido pelo consórcio "Mundo Melhor", o Estado X celebrou contrato de obra pública, tendo por objeto a construção de uma rodovia estadual com 75 km de extensão.

Dois anos depois, com mais de 70% da obra já executada, o relatório da comissão de fiscalização do contrato apontou suposto atraso no cronograma da obra. Diante disso, o Governador do Estado X enviou correspondência aos representantes do consórcio, concedendo prazo de cinco dias úteis para apresentar defesa quanto aos fatos imputados, sob pena de aplicação de penalidade, conforme previsão constante da Lei n. 8.666/93.

Antes da fluência do prazo, entretanto, o Governador enviou nova correspondência aos representantes do consórcio, informando que há lei estadual que autoriza a aplicação das penalidades de advertência e de multa previamente à notificação do contratado, e que, por essa razão, naquele momento, o Governador aplicava as duas penalidades. Além disso, o Governador determinou a suspensão de todos os pagamentos devidos ao consórcio (pelos serviços já realizados e pelos a realizar) até a regularização do cronograma.

Nos 60 (sessenta) dias seguintes, o consórcio tentou resolver a questão na via administrativa, mas não teve sucesso. Diante disso, os representantes procuram você para, na condição de advogado, ajuizar a medida cabível à proteção dos direitos do consórcio, informando:

1) que nunca houve atraso, o que se demonstra pelo cronograma e pelo diário de obras, que registram a normal evolução do contrato;

2) que o consórcio depende da regularização dos pagamentos, até o término das obras, pelos serviços que vierem a ser executados; e

3) que não podem abrir mão do recebimento das parcelas pretéritas devidas pelo trabalho executado nos últimos 60 (sessenta) dias e nem dos pagamentos pelos serviços a realizar, pois essenciais à manutenção das empresas consorciadas.

Na qualidade de advogado(a), ajuíze a medida cabível à proteção integral dos interesses do consórcio. (Valor: 5,00)

Obs.: o examinando deve fundamentar suas respostas. A mera citação do dispositivo legal não confere pontuação.

(OAB Nacional - FGV - XVI Exame) Edir, pessoa idosa que vive com a ajuda de parentes e amigos, é portadora de grave doença degenerativa, cujo tratamento consta de protocolo clínico e da diretriz terapêutica estabelecida pelo Sistema Único de Saúde (SUS). Seu tratamento é acompanhado por profissionais do SUS em hospital público federal especializado nessa doença, contando com o fornecimento regular dos medicamentos 1, 2 e 3. Enquanto realizava consulta de acompanhamento, Edir foi informada pelo médico Domênico, profissional do SUS, de que existia um novo medicamento disponível no mercado (o "medicamento A"), que seria muito mais eficaz, conforme relatório de estudos clínicos oficiais, no tratamento de sua doença do que aqueles já prescritos. Contudo, a paciente foi informada de que o "medicamento A" não seria fornecido gratuitamente pelo SUS, haja vista que o referido medicamento não consta ainda do protocolo clínico e da diretriz terapêutica interna do SUS para o tratamento da doença, além de não ter sido incorporado às listas de medicamentos. Inconformada com a negativa de fornecimento do "medicamento A", Edir procura você para que, na qualidade de advogado(a), ajuíze a medida cabível para garantir a continuidade e qualidade de seu tratamento. Elabore a peça adequada, considerando que: A) Edir corre sério risco de vida com o agravamento da doença em razão do não fornecimento do "medicamento A"; B) a condição clínica de Edir foi atestada em laudo médico assinado pelo profissional do SUS Domênico, que também recomendou o uso do "medicamento A"; C) eventualmente poderá ser necessária a elaboração de prova pericial para dirimir as controvérsias de natureza técnica da causa. (Valor: 5,00) Responda justificadamente, empregando os argumentos jurídicos apropriados e a fundamentação legal pertinente ao caso.

(OAB Nacional - FGV - XI Exame) Caio, Tício e Mévio são servidores públicos federais exemplares, concursados do Ministério dos Transportes há quase dez anos. Certo dia, eles pediram a três colegas de repartição que cobrissem suas ausências, uma vez que sairiam mais cedo do expediente para assistir a uma apresentação de balé.

No dia seguinte, eles foram severamente repreendidos pelo superior imediato, o chefe da seção em que trabalhavam. Nada obstante, nenhuma consequência adveio a Caio e Tício, ao passo que Mévio, que não mantinha boa relação com seu chefe, foi demitido do serviço público, por meio de ato administrativo que apresentou, como fundamentos, reiterada ausência injustificada do servidor, incapacidade para o regular exercício de suas funções e o episódio da ida ao balé.

Seis meses após a decisão punitiva, Mévio o procura para, como advogado, ingressar com medida judicial capaz de demonstrar que, em verdade, nunca faltou ao serviço e que o ato de demissão foi injusto. Seu cliente lhe informou, ainda, que testemunhas podem comprovar que o seu chefe o perseguia há tempos, que a obtenção da folha de frequência demonstrará que nunca faltou ao serviço e que sua avaliação funcional sempre foi excelente.

Questão: Como advogado, considerando o uso de todas as provas mencionadas pelo cliente, elabore a peça processual adequada para amparar a pretensão de seu cliente.

(IX Exame Unificado da OAB/FGV) João, analista de sistemas dos quadros do Ministério da Educação, foi demitido de seu cargo público, por meio de Portaria do Ministro da Educação publicada em 19 de maio de 2010, após responder a processo administrativo em que restou apurada infração funcional relativa ao recebimento indevido de vantagem econômica. Exatamente pelo mesmo fato, João também foi processado criminalmente, vindo a ser absolvido por negativa de autoria, em decisão que transitou em julgado em 18 de janeiro de 2011. Na data de hoje, João o procura e após narrar os fatos acima, informa que se encontra, desde a sua demissão, em profunda depressão, sem qualquer atividade laborativa, sobrevivendo por conta de ajuda financeira que tem recebido de parentes e amigos. Na qualidade de advogado(a), identifique e minute a medida judicial que pode ser adotada para tutelar os direitos de João.

(Exame Unificado da 2009.3/CESPE) Foi expedido mandado de prisão preventiva contra Rubem, médico pertencente ao quadro de pessoal do Ministério da Saúde. Por considerar ilegal a referida medida, Rubem furtou-se ao seu cumprimento e deixou de comparecer ao seu local de trabalho durante mais de quarenta dias consecutivos. Após esse período, tendo sido concedido "habeas corpus" em seu favor, o médico retornou ao exercício regular de suas funções laborais. O ministro de Estado da Saúde instaurou processo administrativo disciplinar para apurar suposta irregularidade na conduta de Rubem, relativa a abandono de cargo. Na portaria de instauração do processo, optou-se pelo rito sumário, tendo sido designados para compor a comissão disciplinar, como membro e presidente, dois servidores federais estáveis ocupantes do cargo de agente administrativo, ambos com escolaridade de nível superior. Foram indicadas, também, a autoria e a materialidade do fato tido como irregular. Três dias após a publicação da portaria, o servidor foi indiciado por violação ao art. 138, c/c com o art. 132, inciso II, ambos da Lei n. 8.112/90, e, posteriormente, citado para a apresentação de defesa no prazo de cinco dias. Na peça de defesa, o advogado do servidor, em pedido administrativo, postulou a oitiva de testemunhas, aduzindo que estas comprovariam que a ausência do acusado ao local de trabalho fora motivada por seu entendimento de que a ordem de prisão seria ilegal e que, tão logo afastada a ordem, o médico retornara às suas atividades. O presidente da comissão de processo administrativo disciplinar indeferiu o pedido de produção de prova testemunhal, considerando-o impertinente, sob o argumento de que o rito escolhido pela autoridade instauradora prevê instrução sumária, sem a possibilidade de produção de prova, nos termos do art. 133, inciso II, da Lei n. 8.112/90. No relatório final, sugeriu-se a demissão do servidor, com fulcro nos artigos citados na peça de indiciação, tendo sido a sugestão acolhida pelo ministro da Saúde. A portaria de demissão por abandono de cargo, assinada há cinco meses, foi publicada no Diário Oficial da União há três meses. Considerando a situação hipotética apresentada, na qualidade de advogado(a) constituído(a) pelo servidor público demitido, redija a peça processual mais adequada ao caso, apresentando as questões de direito processual e material indispensáveis à defesa dos interesses de seu cliente. (Obs.: Nesse Exame o gabarito oficial aceitou também Mandado de Segurança.)

ENDEREÇAMENTO

A ação anulatória é sempre endereçada a um **juiz de primeiro grau.**

POLO PASSIVO

Na prática administrativa, o polo passivo da ação anulatória é ocupado por uma **entidade pública** ou **pessoa jurídica privada no exercício de função pública.** Exemplos: União, Estado do Rio de Janeiro, Município de Volta Redonda, INSS (autarquia).

Nunca órgãos públicos (Ministérios, Secretarias, Delegacias) podem figurar nos polos ativo ou passivo de ações anulatórias. Deve-se sempre acionar a pessoa jurídica a que o órgão pertence. Exemplo: em vez de dirigir a ação contra o Ministério da Justiça, aciona-se a União Federal (pessoa jurídica que o Ministério da Justiça integra).

Estrutura básica: peça única com: fatos, direito, antecipação da tutela e pedidos.

Pedidos: a) antecipação da tutela; b) citação; c) procedência da ação; d) condenação em custas e honorários; e) deferimento da juntada de documentos.

PEÇA N. 4 – AÇÃO DE DESAPROPRIAÇÃO

Fundamentos legais: utilizar como fundamento o dispositivo normativo aplicável ao caso descrito no enunciado entre os indicados a seguir:

CF: arts. 5º, XXIV, 182, § 2º,183 a 185 e 243;

Lei n. 8.629/93 (Reforma Agrária);

Lei Complementar n. 76/93 (Rito sumário de Contraditório em Reforma Agrária);

Lei n. 10.257/2001 (Interesse Social como instrumento de Política Urbana);

Decreto-lei n. 3.365/41 (Utilidade e Necessidade Pública);

Lei n. 4.132/62 (Interesse Social);

Decreto-lei n. 1.075/70 (Imissão Provisória na posse em Imóveis Residenciais Urbanos); e

Lei n. 8.257/91 (Glebas com culturas Ilegais de Plantas Psicotrópicas).

Terminologia: Autor, Réu e propor

Cabimento: é a ação cabível para que o Poder Público, quando fundado em necessidade pública, utilidade pública ou interesse social, compulsoriamente adquira para si bem determinado, em caráter originário, mediante indenização prévia, justa e pagável em dinheiro, salvo no caso de imóveis em desacordo com a função social da propriedade, hipóteses em que a indenização será em títulos da dívida pública.

Estrutura: peça única com estrutura dividida em: fatos, direito, concessão da medida liminar e pedidos.

Pedidos: a) liminar para imissão provisória na posse; b) sentença; c) citação; d) custas e honorários; e) juntada de documentos; f) a opção pela realização da audiência de conciliação ou mediação, nos termos do art. 319, VII, do Código de Processo Civil.

PEÇA N. 5 – AÇÃO DE INDENIZAÇÃO POR DESAPROPRIAÇÃO INDIRETA

Fundamento legal: arts. 35 do Decreto-lei n. 3.365/41 e art. 319 do Código Processo Civil de 2015.

Terminologia: Autor, Réu e propor

Cabimento: é a ação cabível nos casos em que o Poder Público se aproprie de bem particular, sem a observância do devido processo legal expropriatório.

São considerados pontos de abordagem obrigatória para o Examinador:

1) caracterização da desapropriação indireta como FATO ADMINISTRATIVO consistente na afetação do bem ao domínio público;

2) a incorporação do bem ao domínio público afasta o manejo de ações possessórias e reivindicatórias, admitindo somente pedido de perdas e danos, conforme art. 35 do Decreto-lei n. 3.365/41 (citar expressamente o dispositivo);

3) para fins de endereçamento, o foro competente é o do local do imóvel;

4) o prazo para propositura da ação é de 10 anos pois, segundo entendimento do STJ, neste caso deverá ser aplicado o prazo descrito no art. 1.238, parágrafo único, do Código Civil (Lei n. 10.406/2002);

5) quanto aos juros, aplica-se o art. 15-A, § 3º, do Decreto-lei n. 3.365/41.

Exemplos de Ação de Indenização por Desapropriação Indireta na OAB

(VI Exame Unificado da OAB/FGV) Francisco de Tal é proprietário de uma área de 2.000 m^2 situada bem ao lado da sede da Prefeitura do Município de Bugalhadas. Ao se aposentar, no ano de 2003, cansado da agitada vida da cidade de São Paulo, onde reside, Francisco resolveu viajar pelo mundo por ininterruptos três anos. Ao retornar, Francisco descobre que o Município de Bugalhadas iniciou em 2004, sem sua autorização, obra em seu terreno para a construção de um prédio que servirá de apoio às atividades da Prefeitura. A obra já se encontra em fase bem adiantada, com inauguração prevista para o início do próximo mês. Francisco procura-o, na qualidade de advogado(a), para identificar e minutar a medida judicial que pode ser adotada para tutelar seus direitos. A medida judicial deve conter argumentação jurídica apropriada e desenvolvimento dos fundamentos legais do instituto jurídico contido no problema, abordando necessariamente: (i) competência do órgão julgador; (ii) a natureza da pretensão a ser deduzida por Francisco; (iii) a observância do prazo prescricional; e (iv) incidência de juros.

(OAB/GO) A União, sem nenhum procedimento expropriatório, ocupou um imóvel urbano de propriedade de terceiro localizado no Município de Goiânia, Estado de Goiás. Sobre o bem de raiz foi iniciada a construção de uma unidade do Ministério de Minas e Energia. Dois anos depois da mencionada ocupação, o proprietário do loteamento e do imóvel em testilha, João da Silva, teve conhecimento do fato e, de consequência, o procurou para a adoção de medidas referentes à resolução da questão. Como advogado do Sr. João da Silva, proponha a medida judicial adequada, mediante elaboração e apresentação da competente peça.

Estrutura básica: peça única com estrutura dividida em: fatos, direito e pedidos.

Pedidos: a) sentença; b) citação; c) custas e honorários; d) juntada de documentos; e) a opção pela realização da audiência de conciliação ou mediação, nos termos do art. 319, VII, do Código de Processo Civil.

PEÇA N. 6 – AÇÃO DE COBRANÇA (RESPONSABILIDADE CONTRATUAL)

Fundamentos legais: utilizar como fundamento da ação de cobrança, além dos arts. 319 e seguintes do CPC/2015, também os dispositivos pertinentes ao caso do enunciado entre os mencionados a seguir:

Arts. 77 a 80 da Lei n. 8.666/93;

Arts. 389 a 420 do Código Civil (Lei n. 10.406/2002); e

Arts. 12 a 54 do CDC.

Terminologia: Autor, Réu e propor

Cabimento: é a proposta pelo cliente em face do Poder Público visando à cobrança pelo não pagamento de contraprestação devida, geralmente em razão de contrato administrativo.

★ **IMPORTANTE 1:** para ter direito à cobrança o particular deverá ter cumprido sua parte, seja entregando o bem se o contrato celebrado se referir a aquisição de produtos, seja executando o serviço se o contrato se referir a prestação de serviços.

★ **IMPORTANTE 2:** entende-se por liquidação da despesa a verificação pelo Poder Público de que o contratado cumpriu efetivamente sua obrigação, para fins de receber sua contraprestação, ensejando, em caso positivo, a emissão pela autoridade competente da respectiva ordem de pagamento.

★ **IMPORTANTE 3:** se a liquidação da despesa não se deu por inércia do Poder Público, o particular poderá ingressar com a ação de cobrança, mas deverá comprovar em juízo a efetiva entrega do bem ou prestação do serviço. Contudo, se a fase de liquidação já tiver sido feita, faltando apenas a emissão da ordem de pagamento e o efetivo pagamento, em regra, não haverá necessidade de comprovação em juízo da correção da liquidação, haja vista a presunção de legitimidade dos atos administrativos.

Estrutura básica: peça única com estrutura dividida em: fatos, direito e pedidos.

Pedidos: a) sentença; b) citação; c) custas e honorários; d) juntada de documentos; e) a opção pela realização da audiência de conciliação ou mediação, nos termos do art. 319, VII, do Código de Processo Civil.

PEÇA N. 7 – AÇÃO INDENIZATÓRIA PELO PROCEDIMENTO COMUM (RESPONSABILIDADE EXTRACONTRATUAL)

Fundamentos legais: arts. 37, § 6º, da Constituição Federal e art. 319 do Código de Processo Civil de 2015.

Terminologia: Autor, Réu e propor

Cabimento: a Ação Indenizatória é cabível para pleitear indenização decorrente de responsabilidade extracontratual do Estado por danos materiais e/ou morais decorrentes de ação ou omissão de agentes públicos no exercício da função.

Seu fundamento constitucional é o art. 37, § 6º, da CF, segundo o qual:

> "Art. 37. (...) § 6º As pessoas jurídicas de direito público e as de direito privado prestadoras de serviços públicos responderão pelos danos que seus agentes, nessa qualidade, causarem a terceiros, assegurado o direito de regresso contra o responsável nos casos de dolo ou culpa".

De acordo com os gabaritos oficiais do Exame Unificado de Ordem, no item DO DIREITO da indenizatória são pontos de abordagem obrigatória:

1) mencionar e transcrever o art. 37, § 6º, da CF;

2) dizer que a responsabilidade do Estado se baseia na TEORIA OBJETIVA;

3) afirmar que o fundamento da Teoria Objetiva em nosso ordenamento é o RISCO ADMINISTRATIVO;

4) asseverar que os requisitos da responsabilidade objetiva são AÇÃO, DANO e NEXO, com IRRELEVÂNCIA DO ELEMENTO CULPA/DOLO.

Além desses quatro pontos, é indispensável demonstrar o PREENCHIMENTO DOS REQUISITOS no caso concreto narrado no enunciado.

Exemplos de Ação Indenizatória no Exame da OAB

(III Exame Unificado da OAB/FGV) JOANA, moradora de um Município da Baixada Fluminense, Rio de Janeiro, ao sair de casa para o trabalho às 7:00 horas da manhã do dia 10/10/2009, caminhando pela rua em direção ao ponto de ônibus, distraiu-se e acabou por cair em um bueiro que estava aberto, sem qualquer sinalização específica de aviso de cuidado pelo Poder Público. Em razão da queda, a sua perna direita ficou presa dentro do bueiro e moradores do local correram para socorrer JOANA. Logo em seguida, bombeiros militares chegaram com uma ambulância e acabaram por prestar os primeiros socorros à JOANA e por levá-la ao hospital municipal mais próximo. JOANA fraturou o seu joelho direito e sofreu outras lesões externas leves. Em razão da fratura, JOANA permaneceu em casa pelo período de 2 (dois) meses, com sua perna direita imobilizada e sem trabalhar, em gozo de auxílio-doença. Entretanto, além de seu emprego formal, JOANA prepara bolos e doces para vender em casa, a fim de complementar sua renda mensal, uma vez que é mãe solteira de um filho de 10 (dez) anos e mora sozinha com ele. Com a venda dos bolos e doces, JOANA aufere uma renda complementar de aproximadamente R$ 100,00 (cem reais) por semana. Em razão de sua situação, JOANA também não pode preparar suas encomendas de bolos e doces durante o referido período de 2 (dois) meses em que esteve com sua perna imobilizada. Diante dos fatos acima descritos, e na qualidade de advogado procurado por JOANA, elabore a peça processual cabível para defesa do direito de sua cliente.

(IV Exame Unificado da OAB/FGV) João Augusto estava participando de uma partida de futebol quando fraturou uma costela, vindo a necessitar de intervenção cirúrgica, realizada em hospital público federal localizado no Estado X. Dois anos e meio após a realização da cirurgia, João Augusto ainda sofria com muitas dores no local, o que o impossibilitava de exercer sua profissão como taxista. Descobre, então, que a equipe médica havia esquecido um pequeno bisturi dentro do seu corpo. Realizada nova cirurgia no mesmo hospital público, o problema foi resolvido.

No dia seguinte, ao sair do hospital, João Augusto procura você, na qualidade de advogado(a), para identificar e minutar a medida judicial que pode ser adotada para tutelar seus direitos. Redija a peça judicial cabível, que deve conter argumentação jurídica apropriada e desenvolvimento dos fundamentos legais da matéria versada no problema, abordando, necessariamente: (i) competência do órgão julgador; (ii) a natureza da pretensão deduzida por João Augusto; e (iii) os fundamentos jurídicos aplicáveis ao caso.

Endereçamento: a ação indenizatória deve ser endereçada a um **juiz de primeiro grau.**

Polo passivo: o polo passivo da ação indenizatória é ocupado por uma **entidade pública** ou pessoa jurídica privada no exercício de função pública. Exemplos: União, Estado do Rio de Janeiro, Município de Volta Redonda, INSS (autarquia).

Nunca órgãos públicos (Ministérios, Secretarias, Delegacias) podem figurar nos polos ativo ou passivo de ações anulatórias. **Não se admite também a propositura de ação indenizatória contra a pessoa física do agente público**, se o dano foi causado no exercício da função pública.

Prazo: a ação indenizatória deve ser proposta dentro de **cinco anos prescricionais** (art. 1º do Decreto n. 20.910/32).

Estrutura básica: peça única com estrutura dividida em: fatos, direito e pedidos.

Pedidos: a) sentença; b) citação; c) custas e honorários; d) juntada de documentos; e) a opção pela realização da audiência de conciliação ou mediação, nos termos do art. 319, VII, do Código de Processo Civil.

PEÇA N. 8 – AÇÃO POPULAR

Fundamentos legais: arts. 5º, LXXIII, da CF, 2º (ou 4º) da Lei n. 4.717/65 (Lei da Ação Popular – LAP) e art. 319 do Código de Processo Civil de 2015.

Terminologia: Autor, Réu e propor

Cabimento resumido: é a ação cabível para obter a anulação de atos ou contratos administrativos ilegais e lesivos ao patrimônio público de qualquer esfera de governo, da administração direta ou indireta, ou ainda de pessoas jurídicas subvencionadas com dinheiro público, bem como à moralidade administrativa, ao meio ambiente ou ao patrimônio histórico e cultural. A ação é também cabível para conseguir o ressarcimento, pelos responsáveis, do dano causado.

⚠ **ATENÇÃO:** somente o cidadão, brasileiro nato ou naturalizado em pleno gozo dos direitos políticos, tem legitimidade para propor esta ação, devendo comprovar tal condição por meio do título de eleitor. NUNCA ação popular pode ser proposta por pessoa jurídica ou entidade pública.

Os arts. 2º e 4º da Lei n. 4.717/65 enumeram hipóteses de cabimento da Ação Popular:

> "Art. 2º São nulos os atos lesivos ao patrimônio das entidades mencionadas no artigo anterior, nos casos de:
>
> *a*) incompetência;
>
> *b*) vício de forma;
>
> *c*) ilegalidade do objeto;
>
> *d*) inexistência dos motivos;

e) desvio de finalidade.

Parágrafo único. Para a conceituação dos casos de nulidade observar-se-ão as seguintes normas:

a) a incompetência fica caracterizada quando o ato não se incluir nas atribuições legais do agente que o praticou;

b) o vício de forma consiste na omissão ou na observância incompleta ou irregular de formalidades indispensáveis à existência ou seriedade do ato;

c) a ilegalidade do objeto ocorre quando o resultado do ato importa em violação de lei, regulamento ou outro ato normativo;

d) a inexistência dos motivos se verifica quando a matéria de fato ou de direito, em que se fundamenta o ato, é materialmente inexistente ou juridicamente inadequada ao resultado obtido;

e) o desvio de finalidade se verifica quando o agente pratica o ato visando a fim diverso daquele previsto, explícita ou implicitamente, na regra de competência".

"Art. 4º São também nulos os seguintes atos ou contratos, praticados ou celebrados por quaisquer das pessoas ou entidades referidas no art. 1º.

I – A admissão ao serviço público remunerado, com desobediência, quanto às condições de habilitação, das normas legais, regulamentares ou constantes de instruções gerais.

II – A operação bancária ou de crédito real, quando:

a) for realizada com desobediência a normas legais, regulamentares, estatutárias, regimentais ou internas;

b) o valor real do bem dado em hipoteca ou penhor for inferior ao constante de escritura, contrato ou avaliação.

III – A empreitada, a tarefa e a concessão do serviço público, quando:

a) o respectivo contrato houver sido celebrado sem prévia concorrência pública ou administrativa, sem que essa condição seja estabelecida em lei, regulamento ou norma geral;

b) no edital de concorrência forem incluídas cláusulas ou condições, que comprometam o seu caráter competitivo;

c) a concorrência administrativa for processada em condições que impliquem na limitação das possibilidades normais de competição.

IV – As modificações ou vantagens, inclusive prorrogações que forem admitidas, em favor do adjudicatário, durante a execução dos contratos de empreitada, tarefa e concessão de serviço público, sem que estejam previstas em lei ou nos respectivos instrumentos.

V – A compra e venda de bens móveis ou imóveis, nos casos em que não cabível concorrência pública ou administrativa, quando:

a) for realizada com desobediência a normas legais, regulamentares, ou constantes de instruções gerais;

b) o preço de compra dos bens for superior ao corrente no mercado, na época da operação;

> *c*) o preço de venda dos bens for inferior ao corrente no mercado, na época da operação.
>
> VI – A concessão de licença de exportação ou importação, qualquer que seja a sua modalidade, quando:
>
> *a*) houver sido praticada com violação das normas legais e regulamentares ou de instruções e ordens de serviço;
>
> *b*) resultar em exceção ou privilégio, em favor de exportador ou importador.
>
> VII – A operação de redesconto quando sob qualquer aspecto, inclusive o limite de valor, desobedecer a normas legais, regulamentares ou constantes de instruções gerais.
>
> VIII – O empréstimo concedido pelo Banco Central da República, quando:
>
> *a*) concedido com desobediência de quaisquer normas legais, regulamentares, regimentais ou constantes de instruções gerias:
>
> *b*) o valor dos bens dados em garantia, na época da operação, for inferior ao da avaliação.
>
> IX – A emissão, quando efetuada sem observância das normas constitucionais, legais e regulamentadoras que regem a espécie".

Em qualquer hipótese devem ser deduzidas duas pretensões na Ação Popular:

a) anulação do ato/contrato lesivo;

b) ressarcimento do dano.

DICA: para identificar o cabimento da Ação Popular, procure no enunciado pelos termos "eleitor" e "cidadão".

Exemplos de Ação Popular no Exame da OAB

(XV Exame Unificado da OAB/FGV) Fulano de Tal, Presidente da República, concedeu a qualificação de Organização Social ao "Centro Universitário NF", pessoa jurídica de direito privado que explora comercialmente atividades de ensino e pesquisa em graduação e pós-graduação em diversas áreas. Diante da referida qualificação, celebrou contrato de gestão para descentralização das atividades de ensino, autorizando, gratuitamente, o uso de um prédio para receber as novas instalações da universidade e destinando-lhe recursos orçamentários. Além disso, celebrou contrato com a instituição, com dispensa de licitação, para a prestação de serviços de pesquisa de opinião. Diversos veículos de comunicação demonstraram que Sicrano e Beltrano, filhos do Presidente, são sócios do Centro Universitário. Indignado, Mévio, cidadão residente no Município X, procura você para, na qualidade de advogado, ajuizar medida adequada a impedir a consumação da transferência de recursos e o uso não remunerado do imóvel público pela instituição da qual os filhos do Presidente são sócios. A peça deve abranger todos os fundamentos de Direito que possam ser utilizados para dar respaldo à pretensão.

(VII Exame Unificado da OAB/FGV) O Município Y, representado pelo Prefeito João da Silva, celebrou contrato administrativo com a empresa W – cujo sócio majoritário é Antonio Precioso, filho da companheira do Prefeito –, tendo por objeto o fornecimento de material escolar para toda a rede pública municipal de ensino, pelo prazo de sessenta meses. O contrato foi celebrado sem a realização de prévio procedimento licitatório e apresentou valor de cinco milhões de reais anuais.

José Rico, cidadão consciente e eleitor no Município Y, inconformado com a contratação que favorece o filho da companheira do Prefeito, o procura para, na qualidade de advogado(a), identificar e minutar a medida judicial que, em nome dele, pode ser proposta para questionar o contrato administrativo. A medida judicial deve conter a argumentação jurídica apropriada e o desenvolvimento dos fundamentos legais da matéria versada no problema, abordando, necessariamente:

(i) competência do órgão julgador;

(ii) a natureza da pretensão deduzida por José Rico; e

(iii) os fundamentos jurídicos aplicáveis ao caso.

(Valor: 5,0)

(OAB/MG) Determinado Secretário Estadual julgou conveniente alienar um apartamento classificado pelo Cadastro Patrimonial do Estado como bem público dominical, situado na cidade do Morro Verde.

A primeira medida formal e jurídica adotada pelo Secretário foi a de obter do Poder Legislativo a indispensável autorização, nos termos da Constituição do Estado. Imediatamente após a publicação da lei autorizativa, a autoridade realizou a venda do imóvel a Paulo, à vista, pelo preço de R$ 100.000,00, sem adoção de quaisquer outras medidas.

O cidadão Carlos, morador da mesma cidade, procurou-o, dizendo e comprovando que os apartamentos vizinhos e semelhantes ao alienado valem R$ 150.000,00.

Com essas informações, Carlos deseja saber qual a medida judicial adequada, com vistas a anular a venda e a resguardar o interesse público. Na condição de advogado, redija a peça processual adequada, dirigida à autoridade judicial competente.

Endereçamento: a Ação Popular é sempre endereçada a um **juiz de primeiro grau.**

Polo passivo: de acordo com o art. 6º da Lei n. 4.717/65, a Ação Popular tem como Réus:

1) responsáveis pelo ato lesivo;
2) todas as pessoas beneficiárias do ato;
3) a entidade pública vítima do ato.

Assim, trata-se de um **estranho litisconsórcio passivo** entre todas as pessoas de algum modo afetadas pela Ação Popular (causador do dano, beneficiários e vítimas), com exceção do cidadão/eleitor que a propõe.

Liminar: o art. 5º, § 4º, da Lei n. 4.717/65 prevê a concessão de medida liminar em Ação Popular **visando suspensão do ato lesivo impugnado**. Por falta de previsão específica na LAP, devem ser utilizados os mesmos requisitos para concessão na Lei do Mandado de Segurança (Lei n. 12.016/2009).

Prazo: o prazo para propositura da Ação Popular é de **cinco anos** (art. 21 da LAP).

Estrutura básica: peça única com estrutura dividida em: concessão da liminar, fatos, direito e pedidos.

Pedidos: a) liminar para suspensão do ato/contrato lesivo; b) sentença; c) citação; d) intimação do MP; e) custas e honorários; f) juntada de documentos.

PEÇA N. 9 – "HABEAS DATA"

Fundamentos legais: arts. 5º, LXXII, da CF, 7º da Lei n. 9.507/97 (Lei do "Habeas Data" – LHD) e arts. 319 e seguintes do Código de Processo Civil de 2015.

Terminologia: Impetrante, Coator e impetrar

Cabimento resumido: é o remédio constitucional cabível para garantir às pessoas físicas ou jurídicas o conhecimento, a retificação ou a contestação de informações pessoais do impetrantes constantes de registros ou bancos públicos de dados de entidades governamentais ou de caráter público.

O exemplo clássico de cabimento do HD é o da ação impetrada por perseguido político, contra ato coator do Ministro da Justiça, para ter acesso a informações pessoais a respeito do impetrante constantes de bancos de dados do Ministério da Justiça originárias do periodo da Ditadura Militar.

Entidade governamental é qualquer órgão ou pessoa jurídica pertencente à estrutura do Estado. Entidade de caráter público é qualquer pessoa privada que administre um banco de dados aberto ao público. Exemplo: serviços de proteção ao crédito (SPC e Serasa). Havendo recusa de acesso, retificação ou contestação da informação, cabe "habeas data" contra esses dois tipos de entes.

★ **IMPORTANTE:** constitui requisito indispensável para impetração do "habeas data" a recusa do acesso, retificação ou contestação das informações na via administrativa por parte da autoridade, sob pena de ser decretada a carência da ação por falta de interesse processual (art. 8º da LHD e Súmula 2 do STJ).

⚠ **ATENÇÃO:** no HD a prova é preconstituída, admitindo-se somente prova documental. Assim como ocorre no Mandado de Segurança, NUNCA proteste pela produção de provas no HD.

Endereçamento: o HD adota exatamente as mesmas regras de endereçamento do Mandado de Segurança. Por isso, como regra é dirigido um **juiz de primeiro grau.**

Porém para algumas **autoridades coatoras de alta hierarquia** a Constituição Federal define hipóteses de competência originária de tribunais para julgamento do HD. Todos os casos relevantes estão resumidos no art. 20 da Lei n. 9.507/97:

> "Art. 20. O julgamento do 'habeas data' compete:
>
> I – originariamente:
>
> *a*) ao **Supremo Tribunal Federal**, contra atos do Presidente da República, das Mesas da Câmara dos Deputados e do Senado Federal, do Tribunal de Contas da União, do Procurador-Geral da República e do próprio Supremo Tribunal Federal;
>
> *b*) ao **Superior Tribunal de Justiça**, contra atos de Ministro de Estado ou do próprio Tribunal;
>
> *c*) aos Tribunais Regionais Federais contra atos do próprio Tribunal ou de juiz federal;
>
> *d*) a juiz federal, contra ato de autoridade federal, excetuados os casos de competência dos tribunais federais;
>
> *e*) a tribunais estaduais, segundo o disposto na Constituição do Estado;
>
> *f*) a juiz estadual, nos demais casos;
>
> II – em grau de recurso:
>
> *a*) ao Supremo Tribunal Federal, quando a decisão denegatória for proferida em única instância pelos Tribunais Superiores;
>
> *b*) ao Superior Tribunal de Justiça, quando a decisão for proferida em única instância pelos Tribunais Regionais Federais;
>
> *c*) aos Tribunais Regionais Federais, quando a decisão for proferida por juiz federal;
>
> *d*) aos Tribunais Estaduais e ao do Distrito Federal e Territórios, conforme dispuserem a respectiva Constituição e a lei que organizar a Justiça do Distrito Federal".

Entre os casos acima mencionados merecem especial destaque, para provas e concursos públicos, as competências do:

1) **Supremo Tribunal Federal** para julgamento de HD contra ato do **Presidente da República;**
2) **Superior Tribunal de Justiça** para julgamento de HD contra ato de **Ministros de Estado.**

Além disso, vale destacar que as Constituições Estaduais costumam atribuir ao **Tribunal de Justiça** a competência para julgamento do "habeas data" contra atos de:

1) **Governador;**
2) **Secretários Estaduais;**
3) **Prefeitos das Capitais.**

DICA: sempre que a causa for de competência originária de um Tribunal, deve-se endereçar a petição ao respectivo PRESIDENTE (Excelentíssimo Senhor Doutor Ministro/Desembargador Presidente do Egrégio ...).

Polo ativo: o HD deve ser impetrado, como regra, pelo titular da informação. Sendo falecido o titular da informação, o remédio constitucional pode ser utilizado pelos sucessores. Exemplo: HD impetrado pela filha de perseguido político morto durante a Ditadura Militar.

Polo passivo: o polo passivo do HD pode ser ocupado pelo agente, órgão ou entidade responsável pelo banco de dados. Em termos práticos, figura como coator no HD **quem estiver indicado no enunciado como responsável pela recusa em apresentar, corrigir ou contestar a informação.**

Para manter a coerência com as regras de competência originária descritas no art. 20 da LHD, deve-se **priorizar a indicação de um agente público como coator** (Exemplos: Ministro de Estado, Presidente da República, Governador), em vez de órgãos públicos (Ministério, Presidência da República, Estado de ...) ou entidades públicas (União Federal, Estado de ...).

Estrutura básica: peça única com estrutura normal (fatos, direito e pedidos).

Pedidos: a) sentença marcando dia e hora para que as informações sejam prestadas/corrigidas/contestadas; b) notificação do coator; c) oitiva do MP; d) juntada de documentos.

PEÇA N. 10 – AÇÃO CIVIL PÚBLICA

Fundamentos legais: arts. 1º da Lei n. 7.347/85 e 282 e arts. 319 e seguintes do Código de Processo Civil de 2015.

Terminologia: Autor, Réu e propor

Cabimento: Ação Civil Pública pode ser proposta pelo Ministério Público (art. 129, III, da CF), Defensoria, entidades da administração direta ou indireta, ou ainda associação constituída há mais de um ano nos termos da lei civil, e que tenha o objeto da Ação Civil Pública dentre suas finalidades institucionais, visando à PROTEÇÃO DE DIREITOS E INTERESSES DIFUSOS para promover a responsabilização por danos patrimoniais e morais causados ao consumidor, ao meio ambiente, a bens e direitos de valor artístico, estético, histórico, turístico e paisagístico, por infração à ordem econômica e à economia popular, à ordem urbanística, à honra e à dignidade de grupos raciais, étnicos ou religiosos, ou ao patrimônio público e social.

Sobre os interesses tutelados pela Ação Civil Pública, afirma o art. 1º da Lei n. 7.347/85 (Lei da Ação Civil Pública – LACP):

> "Art. 1º Regem-se pelas disposições desta Lei, sem prejuízo da ação popular, as ações de responsabilidade por danos morais e patrimoniais causados:
>
> I – ao meio ambiente;
>
> II – ao consumidor;
>
> III – a bens e direitos de valor artístico, estético, histórico, turístico e paisagístico;

> IV – a qualquer outro interesse difuso ou coletivo;
>
> V – por infração da ordem econômica;
>
> VI – à ordem urbanística;
>
> VII – à honra e à dignidade de grupos raciais, étnicos ou religiosos;
>
> VIII – ao patrimônio público e social.
>
> Parágrafo único. Não será cabível ação civil pública para veicular pretensões que envolvam tributos, contribuições previdenciárias, o Fundo de Garantia do Tempo de Serviço – FGTS ou outros fundos de natureza institucional cujos beneficiários podem ser individualmente determinados".

Quanto aos legitimados, prescreve o art. 5º da LACP (Lei n. 7.347/85):

> "Art. 5º Têm legitimidade para propor a ação principal e a ação cautelar:
>
> I – o Ministério Público;
>
> II – a Defensoria Pública;
>
> III – a União, os Estados, o Distrito Federal e os Municípios;
>
> IV – a autarquia, empresa pública, fundação ou sociedade de economia mista;
>
> V – a associação que, concomitantemente:
>
> *a*) esteja constituída há pelo menos 1 (um) ano nos termos da lei civil;
>
> *b*) inclua, entre suas finalidades institucionais, a proteção ao patrimônio público e social, ao meio ambiente, ao consumidor, à ordem econômica, à livre concorrência, aos direitos de grupos raciais, étnicos ou religiosos ou ao patrimônio artístico, estético, histórico, turístico e paisagístico".

Exemplos de Ação Civil Pública no Exame da OAB

(OAB/DF) A Nova Vida Projetos, associação civil de direito privado e interesse público, organização não governamental, sem fins lucrativos, políticos ou religiosos, de caráter ambientalista e de duração indeterminada, fundada em 09 de abril de 2004, com sede na avenida Goiás, 10, Centro, Rio Verde, Estado de Goiás, cujo estatuto prevê a defesa de bens e direitos sociais, coletivos e difusos relativos ao meio ambiente, procurou seu escritório de advocacia, visando adoção medida pertinente a obtenção de informação sobre a observância da legislação ambiental e sobrestamento de financiamento, coberto por sigilo bancário, a ser realizado pela Caixa Econômica Federal – CEF, instituição financeira sob a forma de empresa pública, criada nos termos do Decreto-Lei n. 759, de 12 de agosto de 1969, vinculada ao Ministério da Fazenda, com sede e foro na Capital da República, prazo de duração indeterminado e atuação em todo território nacional, através de sua Agência de Rio Verde, neste Estado, sem comprovação do licenciamento ambiental prévio do órgão estadual competente, integrante do Sistema Nacional de Meio Ambiente – SISNAMA, e do Instituto Brasileiro do Meio Ambiente e

Recursos Naturais Renováveis, em caráter supletivo, em favor da "Empresa de Saneamento e Construções S/A", pessoa jurídica de direito privado, com sede em Rio Verde, neste Estado, responsável pela construção de obra, que ela (associação) entende utilizadora de recursos ambientais, efetiva e potencialmente poluidora, bem como causadora de degradação ambiental no Município de Rio Verde, Estado de Goiás. Pois bem. Diante dessa situação fictícia, como advogado(a) da Nova Vida Projetos, elabore a peça prático-profissional que o caso reclama.

(OAB/GO) A Tudo Verde, associação civil de direito privado e interesse público, organização não governamental, sem fins lucrativos, políticos ou religiosos, de caráter ambientalista e de proteção ao patrimônio público, com duração indeterminada, fundada aos 09 dias do mês de agosto de 2004, sediada na Capital deste Estado, cujo estatuto prevê a defesa de bens e direitos sociais, coletivos e difusos relativos ao meio ambiente e ao patrimônio público, contratou seu escritório profissional de advocacia, munida de laudos técnicos pertinentes para adoção de medida cabível em face de dano causado ao patrimônio público cultural da Capital do Estado. A "Ambiental do Brasil" assevera que o dano haveria sido causado por empresa privada concessionária de serviço público estadual durante a restauração, prevista na concessão, de obras sacras e de templos religiosos. Diante dessa suposta situação, como advogado(a) da Tudo Verde, apresente peça prático-profissional que o caso reclama.

(OAB/MG) O Município de Guanxumas, com pouco mais de vinte mil habitantes, é pacato, pacífico e ordeiro. A sua atividade econômica compreende: armazéns de secos e molhados; lojas de tecidos, de roupas e de calçados; bares e lanchonetes; fábrica de móveis.

Entretanto, recentemente, com licença formal da Prefeitura Municipal, foi instalada, no perímetro urbano da cidade, uma fábrica de cimento de grande porte, altamente poluidora: as residências e os demais prédios de quase toda cidade, as plantas ornamentais, as árvores das ruas e parques estão sendo cobertas por um pó cinza expelido pelas chaminés da fábrica; além disto, o ribeirão que divide a cidade, até então límpido e cristalino, está recebendo dejetos e rejeitos tóxicos provindos da aludida fábrica.

Os presidentes das Associações de bairros locais, instituídas há 3 anos, procuraram o Presidente da fábrica e o Prefeito Municipal para reclamar contra a poluição que vem ameaçando a saúde e a comodidade dos moradores da cidade. O Presidente alegou que nada iria fazer, posto que obteve licença para funcionamento e realizou maciço investimento. O Prefeito, por seu turno, alegou que a indústria questionada tem sido a redenção do Município, pois está gerando tributos, divisa e empregando mais de 700 pessoas.

Inconformados com a posição do Prefeito e do empresário, os Presidentes das Associações querem adotar a medida judicial adequada para pôr fim a poluição. Qual a ação própria? Redija a petição inicial.

(OAB/MG) A Associação de Vendedores de Jornais e Revistas de populosa capital brasileira procurou seu escritório narrando que seus associados, com recursos financeiros obtidos mediante empréstimo de instituições bancárias, adquiriram e instalaram bancas de vendas de jornais e revistas em locais públicos, por meio de contrato de concessão de uso como município. O contrato, além de cláusulas prevendo a obtenção daquele financiamento pelos contratados, estabeleceu o prazo de sua vigência por dois anos, suscetível de prorrogação. Antes do vencimento desse prazo, porém, o Prefeito, ao argumento de congestionamento de pedestres nos locais em que foram instaladas as bancas, determinou a mudança dessas para outros pontos, com menos fluxo de pessoas. A Associação, constituída e em funcionamento há mais de um ano, sob a alegação de defesa do direito de seus filiados e, reflexamente, do interesse dos cidadãos, pretende mover a competente ação judicial para garantir a permanência das bancas nos locais de origem.

Com base nessas informações, ELABORE a peça exordial da ação considerada adequada para o caso.

JUSTIFIQUE sua orientação, fazendo alusão aos documentos essenciais que devem instruí-la.

(OAB/GO) Seu escritório de advocacia foi procurado pelo Sr. Pedro Augusto, Presidente do Conselho Federal da Ordem dos Advogados do Brasil, serviço público dotado de personalidade jurídica, regulamentado pela Lei n. 8.906/94, com sede no Edifício da Ordem dos Advogados, Brasília, Distrito Federal, com o intuito de ser adotada, urgentemente, medida cabível em face da Lei Complementar estadual 10, de 21 de dezembro de 2005, sancionada pelo chefe do Poder Executivo deste Estado, Pedro da Silva, por vislumbrar séria afronta à Constituição da República, promulgada em 1988. Com efeito, a citada Lei Complementar, que dispõe sobre a organização e carreira do Defensor Público deste Estado, em seu art. 1º autoriza que o chefe do Poder Executivo estadual contrate, como defensores públicos, advogados com mais de 02 (dois) anos de experiência comprovada, no total de 20 (vinte), para integrarem e reforçarem os quadros da Defensoria Pública deste Estado, temporariamente, em caráter emergencial e sem concurso público. Diante dessa suposta situação, na qualidade de advogado, apresente a peça prático-profissional que o caso reclama.

Endereçamento: a Ação Civil Pública é endereçada a um **juiz de primeiro grau.**

Polo passivo: o polo passivo da Ação Civil Pública é ocupado por todas as pessoas, físicas ou jurídicas, públicas ou privadas, responsáveis pelo ato impugnado.

Estrutura básica: peça única com estrutura composta por: fatos, direito, concessão da medida liminar e pedidos.

Pedidos: a) liminar; b) sentença; c) citação; d) custas e honorários; e) juntada de documentos.

PEÇA N. 11 – AÇÃO DE IMPROBIDADE ADMINISTRATIVA

Fundamento legal: arts. 7º e 17 da Lei n. 8.429/92 (Lei de Improbidade Administrativa - LIA), 37, § 4º, da CF e 282 e art. 319 do Código de Processo Civil de 2015.

Terminologia: Autor, Réu e propor

Cabimento: é a ação cabível para que o Ministério Público ou pessoa jurídica lesada pleiteie a aplicação de sanções previstas na lei contra agentes públicos, servidores ou não (e excepcionalmente até mesmo particulares) que incorrerem em ato de improbidade que importe em enriquecimento ilícito do agente, prejuízo ao erário e/ou violação aos Princípios da Administração Pública.

Endereçamento: a Ação de Improbidade é sempre endereçada a um **juiz de primeiro grau.**

Polo passivo: o Réu da Ação de Improbidade é quem praticou o ato que importou enriquecimento ilícito, lesão ou erário ou violação a princípios administrativos.

Estrutura da peça: peça única com estrutura dividida em: fatos, direito, concessão da medida liminar e pedidos.

Pedidos: a) liminar; b) sentença; c) notificação do requerido para manifestação em 15 dias; d) citação do Réu; e) oitiva do MP; f) custas e honorários; g) juntada de documentos.

PEÇA N. 12 – AGRAVO DE INSTRUMENTO COM PEDIDO DE ANTECIPAÇÃO DA TUTELA RECURSAL

Fundamento legal: art. 1.015 do CPC/2015.

Terminologia: Agravante, Agravado e interpor

Cabimento resumido: é o recurso cabível contra decisões judiciais interlocutórias, especialmente quando o juiz:

a) indefere ou concede medida liminar;

b) denega ou concede antecipação da tutela.

ATENÇÃO: Nas provas e concursos deve-se interpor o agravo de instrumento para solucionar de maneira imediata a demanda do cliente. Para tanto, é preciso abrir um tópico especial na peça demonstrando o preenchimento do requisito do risco de lesão grave e de difícil reparação (art. 1.015 do CPC/2015).

Exemplo de Agravo no Exame da OAB

(VIII Exame Unificado da OAB/FGV) Norberto, brasileiro, desempregado e passando por sérias dificuldades econômicas, domiciliado no Estado "X", resolve participar de concurso público para o cargo de médico de hospital estadual. Aprovado na fase inicial do concurso, Norberto foi submetido a exames médicos, através dos quais se constatou a existência de tatuagem em suas costas. Norberto, então, foi eliminado do concurso, com a justificativa de que o cargo de médico não era compatível com indivíduos portadores de tatuagem. Inconformado, Norberto ajuizou ação ordinária (atual "anulatória") em face do Estado, de competência de vara comum, com pedido liminar, na qual requereu (i) a anulação do ato administrativo que o eliminou do concurso; e (ii) que lhe fosse deferida a possibilidade de realizar as demais etapas do certame, com vaga reservada. O juízo de 1ª instância indeferiu o pedido liminar, em decisão publicada ontem, pelos seguintes motivos: 1. Os pedidos de anulação do ato de eliminação e de reserva de vaga não seriam possíveis, pois significariam atraso na conclusão do concurso; 2. A Administração Pública possui poder discricionário para decidir quais são as restrições aplicáveis àqueles que pretendem se tornar médicos no âmbito do Estado, de forma que o autor deverá provar que a decisão foi equivocada. Diante do exposto, e supondo que você seja o advogado de Norberto, elabore a medida judicial cabível contra a decisão publicada ontem, para a defesa dos interesses de seu cliente, abordando as teses, os fundamentos legais e os princípios que poderiam ser usados em favor do autor.

Endereçamento: o Agravo de Instrumento é endereçado ao Presidente do Tribunal da 2ª instância (Tribunal de Justiça ou Tribunal Regional Federal da ... Região).

Estrutura básica: peça única dirigida ao Presidente do Tribunal competente, com fatos, direito, antecipação da tutela recursal e pedidos.

DICA: convém igualmente abrir tópico especial na peça a respeito do pedido de antecipação da tutela recursal (art. 1.019, I, do CPC/2015), cujos requisitos serão os mesmos da medida denegada no primeiro grau.

ATENÇÃO: não esqueça de fazer expressa referência na peça ao cumprimento das exigências formais previstas no art. 1.017, I (documentos de juntada obrigatória para formação do instrumento), e § 1º (comprovante de custas e porte de retorno, quando devidos, conforme tabela publicada pelos tribunais), do Código de Processo Civil de 2015.

Pedidos: a) antecipação da tutela recursal; b) conhecimento e provimento do recurso; c) intimação do Agravado.

PEÇA N. 13 – CONTRAMINUTA EM AGRAVO DE INSTRUMENTO

Fundamento legal: arts. 319 e seguintes e 1.019, II, do CPC/2015.

Terminologia: Agravado, Agravante e apresentar/oferecer

Cabimento resumido: contraminuta é peça de resposta do cliente quando o Agravo tiver sido interposto pela parte contrária.

Estrutura básica: elaborada em duas peças:

a) interposição endereçada ao Desembargador Relator;

b) contraminuta com endereçamento tríplice, fatos, direito e pedidos.

Pedido: acolhimento da contraminuta e consequente improvimento do Agravo.

PEÇA N. 14 – APELAÇÃO

Fundamento legal: art. 1.009, "caput", do CPC/2015.

Terminologia: Apelante, Apelado e interpor

Cabimento resumido: é o recurso cabível contra decisão judicial que põe fim ao processo com ou sem julgamento de mérito.

ATENÇÃO: a decisão que, em sede de MS, "denega ou concede a segurança" é atacável por apelação, não agravo. Não confundir com denegação ou concessão da medida liminar.

Exemplos de Apelação no Exame da OAB

(XIX Exame Unificado da OAB/FGV) Diante de fortes chuvas que assolaram o Município Alfa, fez-se editar na localidade legislação que criou o benefício denominado "aluguel social" para pessoas que tiveram suas moradias destruídas por tais eventos climáticos, mediante o preenchimento dos requisitos objetivos estabelecidos na mencionada norma, dentre os quais, a situação de hipossuficiência e a comprovação de comprometimento das residências familiares pelos mencionados fatos da natureza. Maria preenche todos os requisitos determinados na lei e, ao contrário de outras pessoas que se encontravam na mesma situação, teve indeferido o seu pedido pela autoridade competente na via administrativa. Em razão disso, impetrou Mandado de Segurança perante o Juízo de 1º grau competente, sob o fundamento de violação ao seu direito líquido e certo de obter o benefício em questão e diante da existência de prova pré-constituída acerca de suas alegações. A sentença denegou a segurança sob o fundamento de que a concessão de "aluguel social" está no âmbito da discricionariedade da Administração e que o mérito não pode ser invadido pelo Poder Judiciário, sob pena de violação do princípio da separação dos Poderes. Considerando que já foram apresentados embargos de declaração, sem qualquer efeito modificativo, por não ter sido reconhecida nenhuma obscuridade, contradição, omissão ou erro material na sentença, e que existe prazo para a respectiva impugnação, redija a peça cabível para a defesa dos interesses de Maria. (Valor: 5,00)

Obs.: a peça deve abranger todos os fundamentos de Direito que possam ser utilizados para dar respaldo à pretensão. A simples menção ou transcrição do dispositivo legal não confere pontuação.

(XX Exame Unificado da OAB/FGV) João, ao retornar de um doutorado no exterior, é surpreendido com a presença de equipamentos e maquinário do Estado X em imóvel urbano de sua propriedade, e que, segundo informação do engenheiro responsável pela obra, o referido imóvel estaria sem uso há três anos e meio, e, por essa razão, teria sido escolhido para a construção de uma estação de metrô no local.

Inconformado com a situação, João ingressa com "ação de desapropriação indireta" perante o Juízo Fazendário do Estado X, tendo obtido sentença de total improcedência em primeiro grau de jurisdição, sob os seguintes fundamentos:

i) impossibilidade de reivindicação do bem, assim como da pretensão à reparação financeira, em decorrência da supremacia do interesse público sobre o privado;

ii) o transcurso de mais de três anos entre a ocupação do imóvel e a propositura da ação, ensejando a prescrição de eventual pleito indenizatório; e

iii) a subutilização do imóvel por parte de João, justificando a referida medida de política urbana estadual estabelecida.

Como advogado(a) de João, considerando que a sentença não padece de qualquer omissão, contradição ou obscuridade, elabore a peça adequada à defesa dos interesses de seu cliente, apresentando os fundamentos jurídicos aplicáveis ao caso. (Valor: 5,00)

Obs.: o examinando deve fundamentar suas respostas. A mera citação do dispositivo legal não confere pontuação.

(XIII Exame Unificado da OAB/FGV) A Lei n. 1234, do Município X, vedava a ampliação da área construída nos apartamentos do tipo cobertura, localizados na orla da cidade. Com a revogação da lei, diversos moradores formularam pleitos, perante a Secretaria Municipal de Urbanismo, e obtiveram autorização para aumentar a área construída de suas coberturas. Diversos outros moradores sequer formularam qualquer espécie de pleito e, mesmo assim, ampliaram seus apartamentos, dando, após, ciência à Secretaria, que não adotou contra os moradores qualquer medida punitiva. Fulano de Tal, antes de adquirir uma cobertura nessa situação, ou seja, sem autorização da Secretaria Municipal de Urbanismo para aumento da área construída, formula consulta à Administração Municipal sobre a possibilidade de ampliação da área construída, e recebe, como resposta, a informação de que, na ausência de lei, o Município não pode se opor à ampliação da área. Fulano de Tal, então, compra uma cobertura, na orla, e inicia as obras de ampliação do apartamento. Entretanto, três meses depois, é surpreendido com uma notificação para desfazer toda a área acrescida, sob pena de multa, em razão de novo entendimento manifestado pela área técnica da Administração Municipal, a ser aplicado apenas aos que adquiriram unidades residenciais naquele ano e acolhido em decisão administrativa do Secretário Municipal de Urbanismo no processo de consulta aberto meses antes. Mesmo tomando ciência de que outros proprietários não receberam a mesma notificação, Fulano de Tal inicia a demolição da área construída, mas, antes de concluir a demolição, é orientado por um amigo a ingressar com demanda na justiça e formular pedido de liminar para afastar a incidência da multa e suspender a determinação de demolir o acrescido até decisão final, de mérito, de anulação do ato administrativo, perdas e danos materiais e morais. Você é contratado como advogado e obtém decisão antecipatória da tutela no sentido almejado. Contudo, a sentença do Juízo da 1ª Vara de Fazenda Pública da Comarca X revoga a liminar anteriormente concedida e julga improcedente o pedido de anulação do ato administrativo, acolhendo argumento contido na contestação, de que o autor não esgotara as instâncias administrativas antes de socorrer-se do Poder Judiciário. Interponha a medida cabível a socorrer os interesses do seu cliente, considerando que, com a revogação da liminar, volta a viger a multa, caso não seja concluída a demolição da área construída por Fulano de Tal. Obs.: Já não há mais prazo para embargos declaratórios, sendo certo que a sentença não é omissa nem contraditória.

(OAB) Determinada autarquia federal X pretende expropriar imóvel rural localizado em Goiânia, mediante declaração de interesse social, para fins de reforma agrária, propondo para tal finalidade ação de desapropriação em face do proprietário do bem de raiz, senhor José da Silva. O consequente processo judicial foi distribuído à Primeira Vara Federal da Seção Judiciária de Goiás. A Autarquia X, necessitando urgentemente de utilizar-se do imóvel declarado de interesse social, para fins de reforma agrária, na inicial, pediu a pronta imissão provisória na posse do bem de raiz. Para tanto, a Autarquia ofereceu em depósito a quantia prévia de R$ 330.000,00. A Autarquia, unilateralmente, ressaltou, que esse montante seria resultante de rigorosa e pormenorizada avaliação, executada sob as diretrizes da ABNT NB – 613/1981 – avaliação de imóveis rurais – e NBR 8951 – avaliação de glebas urbanizáveis, com nível de precisão enquadrado normal, utilizando-se do método comparativo e de dados de mercado, considerando a região dos imóveis, as confrontações das glebas, a hidrografia, o relevo, a preservação do meio ambiente, a vegetação, a aptidão de uso de terras, a ocupação circunvizinha, a localização estratégica e as benfeitorias públicas. A imissão provisória na posse do bem de raiz foi deferida pelo Juiz Federal depois do depósito da mencionada quantia ofertada, sendo parte do montante em dinheiro e outra parte em Títulos da Dívida Agrária, conforme permite a legislação pertinente. Após a imissão provisória na posse do bem, apesar de citado, o expropriado não ofereceu contestação. O Juiz Federal, então, proferiu decisão judiciária monocrática julgando procedente o pedido inicial em decorrência da ausência da contestação do expropriado, reputando como verdadeiro o preço da indenização ofertado unilateralmente pela Autarquia; e determinou a expedição do mandado de imissão definitiva na posse do imóvel expropriado, valendo o "decisum" como transferência da propriedade no CRI da situação do referido imóvel rural. Agora, inconformado com a decisão proferida, o Senhor José da Silva contratou seu escritório de advocacia, a fim de ser adotada a medida cabível. Diante da suposta situação fática, na qualidade de advogado(a) do expropriado, apresente a peça prático-profissional que o caso reclama.

Estrutura básica: elaborar Apelação em duas peças:

a) peça de interposição endereçada ao juiz da sentença;

b) razões com endereçamento tríplice, fatos, direito e pedidos.

Pedidos: conhecimento e provimento do recurso para reforma da sentença.

PEÇA N. 15 – CONTRARRAZÕES DE APELAÇÃO

Fundamento legal: art. 1.010, § 1º, do CPC/2015.

Terminologia: Apelado, Apelante e apresentar/oferecer

Cabimento: é a peça de resposta do cliente na Apelação interposta pela outra parte.

Estrutura básica: elaborar as Contrarrazões de Apelação em duas peças:

a) peça de interposição endereçada ao juiz da sentença;

b) contrarrazões com endereçamento tríplice, fatos, direito e pedidos.

Pedidos: acolhimento das contrarrazões e consequente improvimento do recurso.

PEÇA N. 16 – RECURSO ORDINÁRIO CONSTITUCIONAL (ROC)

Fundamento legal: arts. 102, II, "a", e 105, II, "b", da CF e art. 1.027 do CPC/2015.

Terminologia: Recorrente, Recorrido e interpor

Cabimento: é o recurso cabível ao STF quando o "habeas corpus", o Mandado de Segurança, o "habeas data" e o mandado de injunção forem decididos em única instância pelos Tribunais Superiores, se denegatória a decisão.

O ROC será cabível ao STJ quando: **a)** os "habeas corpus" decididos em única ou última instância pelos Tribunais Regionais Federais ou pelos tribunais dos Estados, do Distrito Federal e Territórios, quando a decisão for denegatória; **b)** os mandados de segurança decididos em única instância pelos Tribunais Regionais

Federais ou pelos tribunais dos Estados, do Distrito Federal e Territórios, quando denegatória a decisão; **c)** as causas em que forem partes Estado estrangeiro ou organismo internacional, de um lado, e, do outro, Município ou pessoa residente ou domiciliada no País.

Em síntese, na prática administrativa cabe ROC contra acórdão do TJ ou TRF nas causas de competência originária destes tribunais, se denegatória a decisão. Exemplo: ROC contra acórdão do TJ em Mandado de Segurança impetrado tendo como coator o Governador de Estado, Secretário ou Prefeito de Capital (tal MS inicia no TJ).

Assim, o ROC funciona como uma apelação nas causas iniciadas no próprio Tribunal de segundo grau.

Exemplo de ROC no Exame da OAB

(XII Exame Unificado da OAB/FGV) O Governador do Estado Y, premido da necessidade de reduzir a folha de pagamentos do funcionalismo público estadual, determinou que o teto remuneratório dos Defensores Públicos admitidos após a Emenda Constitucional n. 41/2003 fosse limitado ao valor correspondente ao subsídio mensal do Governador, ao entendimento de que aquele órgão integra a estrutura do Poder Executivo estadual.

Com a implementação da medida, os Defensores Públicos do Estado, irresignados com a redução do seu teto remuneratório, levam a questão à Associação Nacional dos Defensores Públicos Estaduais, legalmente constituída e em funcionamento há pouco mais de dois anos, e esta contrata os seus serviços advocatícios para impetrar mandado de segurança coletivo em face do ato do Governador.

A sentença proferida pelo Juízo da 2ª Vara de Fazenda Pública da Comarca W, no entanto, julgou extinto o processo, sem resolução do mérito, sob os argumentos de que a associação não preenche o requisito de três anos de constituição, não demonstrou a autorização dos associados em assembleia geral para a propositura da demanda e não poderia representar os associados em demanda que veicule interesse apenas de uma parte da categoria, uma vez que os Defensores atingidos pela medida, isto é, aqueles admitidos após a Emenda Constitucional n. 41/2003, os mais novos na carreira, ainda não foram promovidos e sequer recebem sua remuneração em valores próximos ao subsídio mensal do Governador.

Ciente de que a sentença já foi objeto de Embargos de Declaração, que foram conhecidos mas não providos, e que a publicação dessa última decisão se deu na data de hoje, redija a peça processual adequada com seus fundamentos.

Estrutura básica: duas peças: interposição ao Presidente do Tribunal de segunda instância; razões com endereçamento tríplice. Fatos, direito e pedidos.

Pedidos: conhecimento e provimento do recurso.

PEÇA N. 17 – CONTRARRAZÕES DE RECURSO ORDINÁRIO CONSTITUCIONAL (ROC)

Fundamento legal: arts. 1.027 e seguintes do CPC/2015.

Terminologia: Recorrido, Recorrente e apresentar

Cabimento resumido: é a peça de resposta do cliente quando o ROC for interposto pela outra parte.

Estrutura básica: elaborar duas peças: interposição ao Relator; contrarrazões com endereçamento tríplice. Fatos, direito e pedidos.

Pedidos: acolhimento das contrarrazões.

PEÇA N. 18 – RECURSO ESPECIAL

Fundamento legal: arts. 1.029 do CPC/2015 e 105, III, "a", da Constituição Federal.

Terminologia: Recorrente, Recorrido e interpor

Cabimento resumido: é o recurso cabível contra acórdão do TJ ou do TRF cujo teor contrarie norma federal não prevista na Constituição.

Estrutura básica: elaborar duas peças: interposição ao Presidente do Tribunal de segunda instância; razões com endereçamento tríplice, fatos, direito e pedidos.

Pedidos: conhecimento e provimento do recurso.

PEÇA N. 19 – CONTRARRAZÕES DE RECURSO ESPECIAL

Fundamento legal: art. 1.030 do CPC/2015.

Terminologia: Recorrido, Recorrente e apresentar

Cabimento resumido: é a peça de defesa do cliente quando o recurso especial for interposto pela outra parte.

Estrutura básica: duas peças: interposição ao Presidente do Tribunal de segunda instância; contrarrazões com endereçamento tríplice, fatos, da intempestividade do recurso, da ausência de prequestionamento, direito e pedidos.

Pedido: acolhimento das contrarrazões.

PEÇA N. 20 – RECURSO EXTRAORDINÁRIO

Fundamento legal: arts. 1.029 e seguintes do CPC/2015 e 102, III, "a", da Constituição Federal.

Cabimento resumido: é o recurso cabível contra acórdão do TJ ou do TRF cujo teor contrarie norma da Constituição Federal.

Terminologia: Recorrente, Recorrido e interpor

Estrutura básica: duas peças: interposição ao Presidente do Tribunal de segunda instância; razões com endereçamento tríplice. Fatos, do prequestionamento, da repercussão geral, direito e pedidos.

Pedidos: conhecimento e provimento do recurso.

PEÇA N. 21 – CONTRARRAZÕES DE RECURSO EXTRAORDINÁRIO

Fundamento legal: arts. 1.030 e seguintes do CPC/2015.

Cabimento resumido: é a peça de defesa do cliente quando o recurso extraordinário for interposto pela outra parte.

Terminologia: Recorrido, Recorrente e apresentar

Estrutura básica: duas peças: interposição ao Presidente do Tribunal de segunda instância; contrarrazões com endereçamento tríplice. Fatos, da intempestividade do recurso fiscal (se for o caso), da ausência de prequestionamento, da ausência de repercussão geral, direito e pedidos.

Pedido: acolhimento das contrarrazões.

PEÇA N. 22 – EMBARGOS DE DIVERGÊNCIA

Fundamento legal: art. 1.043 do CPC/2015.

Cabimento resumido: recurso cabível contra decisão de turma do STJ ou do STF que:

a) em recurso especial, divergir do julgamento de outra turma, da seção ou do órgão especial;

b) em recurso extraordinário, divergir do julgamento de outra turma ou do plenário.

Terminologia: Embargante, Embargado e interpor

Estrutura básica: duas peças: interposição ao Relator; razões com endereçamento tríplice. Fatos, direito e pedidos.

Pedidos: conhecimento e provimento do recurso.

PEÇA N. 23 – CONTRARRAZÕES EM EMBARGOS DE DIVERGÊNCIA

Fundamento legal: art. 1.043 do CPC/2015.

Cabimento resumido: é a defesa do cliente quando o enunciado disser que os Embargos de Divergência foram interpostos pela outra parte.

Terminologia: Embargado, Embargante e apresentar

Estrutura básica: duas peças: interposição ao Relator; contrarrazões com endereçamento tríplice. Fatos, direito e pedidos.

Pedido: acolhimento das contrarrazões.

PEÇA N. 24 – RECURSO ADESIVO

Fundamento legal: art. 997 do CPC/2015.

Cabimento resumido: de acordo com o art. 997 do CPC/2015, sendo vencidos autor e réu (sucumbência recíproca), ao recurso interposto por qualquer deles poderá aderir a outra parte.

⚠ **ATENÇÃO:** na prova, somente interponha recurso adesivo se o enunciado expressamente o solicitar.

Terminologia: Recorrente, Recorrido e interpor

Estrutura básica: duas peças: interposição ao juiz de primeira instância; razões com endereçamento tríplice. Fatos, direito e pedidos.

Pedidos: conhecimento e provimento do recurso.

PEÇA N. 25 – CONTRARRAZÕES EM RECURSO ADESIVO

Fundamento legal: art. 997 do CPC/2015.

Cabimento resumido: é a defesa do cliente quando o recurso adesivo for interposto pelo fisco.

Terminologia: Recorrido, Recorrente e apresentar

Estrutura básica: duas peças: interposição ao juiz de primeira instância; contrarrazões com endereçamento tríplice. Fatos, direito e pedidos.

Pedido: acolhimento das contrarrazões.

PEÇA N. 26 – AGRAVO INTERNO

Fundamento legal: arts. 319 e 932, "caput", incisos III e V, do CPC/2015.

Cabimento resumido: é o recurso cabível para impugnar decisões singulares em tribunais (Presidente, Vice ou Relator).

Terminologia: Agravante, Agravado e interpor

Estrutura básica: duas peças: interposição ao Relator; minuta com endereçamento tríplice. Fatos, direito e pedidos.

Pedidos: conhecimento e provimento do recurso.

PEÇA N. 27 – CONTRAMINUTA EM AGRAVO INTERNO

Fundamento legal: arts. 319 e 932, "caput" e incisos III e V, do CPC/2015.

Cabimento resumido: é a defesa do cliente quando o agravo interno for interposto pela outra parte.

Terminologia: Agravado, Agravante e apresentar

Estrutura básica: duas peças: interposição ao Relator; contraminuta com endereçamento tríplice. Fatos, direito e pedidos.

Pedido: acolhimento da contraminuta.

PEÇA N. 28 – AÇÃO RESCISÓRIA

Fundamento legal: arts. 319 e 966 do CPC/2015.

Cabimento resumido: é a ação cabível para desconstituir decisão judicial transitada em julgado.

Terminologia: Autor, Réu e propor

Estrutura básica: peça única com estrutura normal (fatos, direito e pedidos), dirigida ao Presidente do Tribunal.

Pedidos: a) sentença; b) citação; c) custas e honorários; d) oitiva do MP; e) juntada da guia do depósito legal; f) juntada de documentos.

PEÇA N. 29 – CONTESTAÇÃO EM RESCISÓRIA

Fundamento legal: arts. 319 e 970 do CPC/2015.

Cabimento resumido: é a defesa do cliente quando a outra parte propuser ação rescisória.

Terminologia: Réu, Autor e apresentar

Estrutura básica: peça única com estrutura normal (fatos, direito e pedidos), dirigida ao Relator.

Pedido: acolhimento da contestação.

PEÇA N. 30 – "QUERELA NULLITATIS INSANABILIS"

Fundamento legal: art. 319 do CPC/2015.

Cabimento resumido: é a medida processual utilizada para declarar inexistente decisão judicial transitada em julgado e que padeça de gravíssimo vício formal. Ex.: sentença prolatada por um não juiz.

Terminologia: Requerente, Requerido e requerer

Estrutura básica: peça única com estrutura normal (fatos, direito e pedidos), dirigida ao Presidente do Tribunal.

Pedidos: a) sentença; b) citação; c) custas e honorários; d) juntada de documentos.

PEÇA N. 31 – CORREIÇÃO PARCIAL

Fundamento legal: art. 319 do CPC/2015.

Cabimento resumido: é a medida processual apropriada para sanar ato do juiz que produza inversão tumultuária do processo.

> ⚠ **ATENÇÃO:** só utilizar a correição se o enunciado da prova expressamente mencionar a ocorrência da "inversão tumultuária do processo".

Terminologia: Requerente, Requerido e requerer

Estrutura básica: peça única com estrutura normal (fatos, direito e pedidos), dirigida ao Presidente do Tribunal.

Pedidos: a) sentença; b) citação; c) juntada de documentos.

PEÇA N. 32 – PEDIDO DE RECONSIDERAÇÃO

Fundamento legal: art. 319 do CPC/2015.

Cabimento resumido: é a providência processual apropriada para solicitar que determinada autoridade judicial reveja decisão desfavorável ao cliente. É cabível, por exemplo, para obstar os efeitos da tutela antecipada.

Terminologia: Requerente, Requerido e requerer

Estrutura básica: peça única com estrutura normal (fatos, direito e pedidos), dirigida a autoridade judicial competente.

Pedido: requerimento de reconsideração.

PEÇA N. 33 – EMBARGOS DE DECLARAÇÃO

Fundamento legal: arts. 319 e 1.022 do CPC/2015.

Cabimento resumido: trata-se do recurso apto a impugnar decisão judicial contraditória, obscura ou omissa.

⚠ **ATENÇÃO:** somente usar os embargos de declaração quando o enunciado expressamente falar em contraditoriedade, obscuridade ou omissão da decisão.

Terminologia: Embargante, Embargado e interpor

Estrutura básica: peça única com estrutura normal (fatos, direito e pedidos), dirigida à mesma autoridade que prolatou a decisão recorrida.

Pedidos: conhecimento e provimento do recurso.

PEÇA N. 34 – CAUTELAR RECURSAL

Fundamento legal: arts. 319 e 299, parágrafo único, do CPC/2015.

Cabimento resumido: é a providência jurisdicional cabível quando surgir alguma urgência específica na pendência de recurso sem efeito suspensivo.

Terminologia: Requerente, Requerido e requerer

Estrutura básica: peça única com estrutura normal (fatos, direito, medida liminar e pedidos), dirigida ao Ministro Presidente do STF ou do STJ.

Pedidos: a) medida liminar; b) sentença; c) citação; d) custas e honorários; e) juntada de documentos.

PEÇA N. 35 – CONTESTAÇÃO EM CAUTELAR RECURSAL

Fundamento legal: arts. 319 e 299 do CPC/2015.

Cabimento resumido: é a defesa do cliente quando a cautelar recursal for requerida pela outra parte.

Terminologia: Requerido, Requerente e apresentar

Estrutura básica: peça única com estrutura normal (fatos, direito e pedidos), dirigida ao Ministro Relator.

Pedido: acolhimento da contestação.

PEÇA N. 36 – RECURSO ADMINISTRATIVO (em licitação)

Fundamento legal: art. 109 da Lei n. 8.666/93 (Recurso em processo licitatório).

Cabimento resumido: é o meio de impugnar, perante o próprio Poder Público, decisões de habilitação ou inabilitação do licitante, julgamento de propostas, anulação ou revogação da licitação, indeferimento do pedido de inscrição cadastral, sua alteração ou cancelamento, rescisão unilateral do contrato, aplicação das penas de advertência, suspensão temporária ou de multa.

ATENÇÃO: raramente os gabaritos indicam o recurso administrativo como peça apropriada. Por isso, ao menos que o enunciado expressamente solicite, dê preferência às medidas jurisdicionais.

Terminologia: Recorrente, Recorrido e interpor

Estrutura básica: peça única com estrutura normal (fatos, direito e pedidos), dirigida à mesma autoridade coatora de eventual Mandado de Segurança.

Pedidos: conhecimento e provimento do recurso para reforma da decisão.

PEÇA N. 37 – IMPUGNAÇÃO AO EDITAL

Fundamento legal: art. 41, § 1º, da Lei n. 8.666/93.

Cabimento resumido: é o meio de impugnar edital de licitação.

Terminologia: recorrente, Recorrido e interpor

Estrutura básica: peça única com estrutura normal (fatos, direito e pedidos), dirigida ao Presidente da Comissão de Licitações.

Pedidos: conhecimento e provimento do recurso para correção do vício no edital.

PEÇA N. 38 – DEFESA EM PROCESSO ADMINISTRATIVO DISCIPLINAR (PAD)

Fundamento legal: art. 161, § 1º, da Lei n. 8.112/90 (caso servidor federal).

Cabimento resumido: é o meio administrativo de defesa do servidor que tem instaurado contra si processo administrativo disciplinar.

Terminologia: Acusado, Comissão de Processo Administrativo Disciplinar (PAD) e apresentar

Estrutura básica: peça única com estrutura normal (fatos, direito e pedidos), dirigida ao Presidente da Comissão de Processo Administrativo Disciplinar (PAD).

Pedidos: acolhimento da defesa e absolvição das acusações.

PEÇA N. 39 – PARECER

Fundamento legal: art. 42 da Lei n. 9.784/99.

Cabimento resumido: é a peça a ser elaborada em resposta a consulta formulada por cliente ou autoridade pública.

Estrutura básica: ementa, relatório, fundamentação e conclusão.

Terminologia: consulente e advogado

PEÇA N. 40 – CONTESTAÇÃO

Fundamento legal: arts. 335, 485 e 487 do CPC/2015.

Cabimento resumido: é a defesa do Réu quando a ação for proposta pela parte contrária.

Terminologia: Réu, autor e apresentar

Estrutura básica: peça única com estrutura normal (fatos, preliminares, direito e pedidos), dirigida ao juiz da causa.

Pedido: articular os pedidos em função do acolhimento de cada preliminar (*vide* modelo). No mérito, acolhimento da contestação para julgamento improcedente da ação.

★ **IMPORTANTE 1:** nas ações de desapropriação, a contestação somente poderá versar sobre: a) vício do processo judicial; b) indenização injusta ou insuficiente; c) direito de extensão da área a ser desapropriada, quando esta se tornar inútil ou de difícil utilização, conforme art. 20 do Decreto-lei n. 3.365/41.

★ **IMPORTANTE 2:** nas ações de improbidade administrativa, O § 7º do art. 17 da Lei n. 8.429/92 criou uma fase de defesa prévia dos réus, com a possibilidade de juntada de razões escritas e documentos, após o que o juiz poderá rejeitar a ação de plano, na forma do § 8º. Somente após a defesa prévia é que o juiz receberá a ação e mandará efetivamente citar o réu (§ 9º), decisão esta impugnável por agravo de instrumento (§ 10). O objetivo do novo procedimento, que a princípio pode parecer pesado e repetitivo, é o de filtrar as ações que não tenham base sólida e segura, obrigando o juiz – com a possibilidade de recurso ao tribunal – a efetivamente examinar com atenção e cuidado as alegações e os documentos da inicial, somente dando prosseguimento àquelas ações que tiverem alguma possibilidade de êxito, e bloqueando desde logo aquelas que não passem de alegações especulativas sem espeque em provas ou indícios concretos.

Exemplo de Contestação no Exame de Ordem

(X Exame Unificado da OAB/FGV) Francisco, servidor público que exerce o cargo de motorista do Ministério Público Federal da 3ª Região, localizada em São

Paulo, há tempo vinha alertando o setor competente de que alguns carros oficiais estavam apresentando constantes problemas na pane elétrica e no sistema de frenagens, razão pela qual deveriam ser retirados temporariamente da frota oficial até que tais problemas fossem solucionados.

Contudo, nesse ínterim, durante uma diligência oficial, em razão de tais problemas, Francisco perdeu o controle do veículo que dirigia e acabou destruindo completamente a moto de Mateus, estudante do 3º período de Direito, que estava estacionada da calçada.

Mateus, por essa razão, assim que obteve sua inscrição como advogado nos quadros da Ordem dos Advogados, ingressou, em causa própria, perante o Juízo da Vara Federal da Seção Judiciária de São Paulo, com ação de responsabilidade civil, com fulcro no Art. 37, § 6º, da CF/88 em face de Francisco e da União Federal, com o intuito de ser ressarcido pelos danos causados à sua moto.

Na referida ação, Mateus alega que (i) não há que se falar em prescrição da pretensão ressarcitória, tendo em vista não terem decorridos mais de cinco anos do evento danoso, nos termos do Dec. 20.910/32; (ii) que, nos termos do Art. 37, § 6º, da CF/88, as pessoas jurídicas de direito público responderão pelos danos que seus agentes, nessa qualidade, causarem a terceiros, com fulcro na teoria do risco administrativo; (ii) que estão presentes todos os elementos necessários para configuração da responsabilidade civil.

Considerando as informações acima mencionadas e que, de fato, decorreram apenas quatro anos do evento danoso, apresente a peça pertinente para a defesa dos interesses de Francisco, sem criar dados ou fatos não informados.

PEÇA N. 41 – INFORMAÇÕES EM MANDADO DE SEGURANÇA

Fundamento legal: arts. 7º, I, da Lei n. 12.016/2009 e art. 319 do Código de Processo Civil de 2015.

Cabimento resumido: é a peça de manifestação da Autoridade Coatora no Mandado de Segurança.

Terminologia: Coator, Impetrante e apresentar

Estrutura básica: peça única com estrutura normal (fatos, direito e pedidos), dirigida ao juiz da causa.

Pedido: acolhimento das informações para julgamento improcedente da ação.

Parte 3

Fichamento simplificado das teses

ORIENTAÇÕES GERAIS

Por fim, segue o fichamento simplificado de algumas das teses mais importantes da Prática Administrativa.

Trata-se de uma visão resumida de alguns dos temas de Direito Administrativo material.

É indispensável acompanhar o estudo das teses utilizando o meu *Manual de direito administrativo*, da Editora Saraiva.

TESE N. 1 – RESPONSABILIDADE OBJETIVA DO ESTADO

Fundamentos normativos: art. 37, § 6º, da CF.

Síntese teórica: quando a Administração Pública, por seus agentes, causa dano a alguém, por meio de conduta positiva, o Estado deverá indenizar independentemente da existência de culpa ou dolo.

Exemplos de aplicação: abalo da estrutura do imóvel particular em decorrência de obras do Poder Público, transfusão de sangue contaminado com HIV em hospital público, bala perdida etc.

TESE N. 2 – RESPONSABILIDADE EM RELAÇÃO A PRESOS E ALUNOS

Fundamentos normativos: art. 37, § 6º, da CF e art. 927, parágrafo único, do Código Civil.

Síntese teórica: incide na situação em que o Estado assume a guarda de pessoas ou bens, responsabilizando-se por danos causados ainda que por terceiros estranhos aos quadros estatais.

Exemplos de aplicação: presos mortos por outros detentos; alunos em escola pública atingidos por atirador.

TESE N. 3 – RESPONSABILIDADE POR OMISSÃO

Fundamentos normativos: arts. 37, § 6º, da CF e 186 do Código Civil.

Síntese teórica: é a tese aplicável quando a Administração Pública tem o dever legal de agir, e, em virtude de sua omissão, alguém sofre danos. Nesse caso, o Estado responderá se for comprovado que a atuação foi culposa ou dolosa. Deve-se analisar se houve negligência, imprudência ou imperícia que caracterize a culpa administrativa, ou dolo na omissão.

Exemplos de aplicação: assalto, queda de árvore, enchente, buraco na rua.

TESE N. 4 – RESPONSABILIDADE NA PRESTAÇÃO DE SERVIÇOS PÚBLICOS

Fundamentos normativos: art. 37, § 6º, da CF.

Síntese teórica: a responsabilidade dessas pessoas é objetiva. É o caso das empresas estatais (empresas públicas, sociedades de economia mista e subsidiárias) prestadoras de serviços públicos, concessionárias e permissionárias. Dessa forma, as concessionárias de serviço público respondem pelos danos causados por seus agentes, em razão do serviço público, independentemente da existência de culpa ou dolo.

ATENÇÃO: atualmente, o STF tem adotado o entendimento de que a responsabilidade objetiva dos concessionários existe perante usuários e terceiros não usuários. Exemplo: ciclista ou pedestre atropelado por ônibus de empresa concessionária.

TESE N. 5 – RESPONSABILIDADE INDIRETA DO ESTADO

Fundamentos normativos: art. 37, § 6º, da CF.

Síntese teórica: o Estado responde subsidiariamente pelos danos causados por pessoa jurídica prestadora de serviço público quando esta for acionada e tiver seu patrimônio totalmente esgotado, o mesmo valendo para as pessoas jurídicas de direito público em relação aos particulares que estiverem executando obras públicas, sem prejuízo do direito de regresso.

TESE N. 6 – RESPONSABILIDADE PESSOAL DO AGENTE PÚBLICO

Fundamentos normativos: art. 37, § 6º, da CF e art. 122, § 2º, da Lei n. 8.112/90.

Síntese teórica: o agente público não pode ser acionado diretamente pela vítima em razão de danos que tenha causado no exercício de sua função. Sua responsabilidade deve ser apurada somente na ação regressiva proposta pela pessoa jurídica estatal (art. 122, § 2º, da Lei n. 8.112/90).

Todavia, se o dano foi causado pelo agente fora do exercício da função, o Estado não responde na ação indenizatória. Cabe, nesse caso, à vítima acionar pessoalmente o agente, sendo certo que o prazo prescricional para propositura da ação indenizatória será de **três anos**, com fundamento no art. 206, § 3º, V, do Código Civil.

TESE N. 7 – RESPONSABILIDADE DE NOTÁRIOS E REGISTRADORES

Fundamentos normativos: arts. 37, § 6º, e 236 da CF.

Síntese teórica: o tabelião e o registrador respondem objetiva e pessoalmente por danos decorrentes da atividade notarial.

TESE N. 8 – RESPONSABILIDADE POR ATOS LÍCITOS

Fundamentos normativos: arts. 37, § 6º, da CF e 186 do Código Civil.

Síntese teórica: o Estado também é responsável quando o ato causador do dano foi praticado em estrita observância da legalidade (ato lícito). Exemplo: realização de obra viária que fecha acesso a oficina mecânica.

Porém será preciso que a vítima demonstre que o prejuízo por ela experimentado caracteriza-se como um dano indenizável à luz da razoabilidade, ou seja, que o prejuízo foi diferenciado e extraordinário, não representando um mero desconforto tolerável da vida em sociedade.

Assim, por exemplo, se as obras de construção de um estádio para a Copa do Mundo fizeram com que moradores de certo condomínio demorassem 15 minutos a mais para chegar em casa devido ao trânsito decorrente da obra, tal dano não é indenizável porque se trata de um prejuízo geral (atinge a todos) decorrente de um sacrifício natural da vida em sociedade. Mas se as mesmas obras impediram o acesso de clientes a determinado estabelecimento comercial, este prejuízo é especial e diferenciado, gerando dever de indenizar.

TESE N. 9 – CADUCIDADE DO DECRETO EXPROPRIATÓRIO

Fundamentos normativos: art. 10 do Decreto-lei n. 3.365/41 (utilidade pública), art. 3º da Lei n. 4.132/61 (interesse social).

Síntese teórica: essa tese é cabível sempre que o Poder Público, em desapropriação, após declarar determinado bem de utilidade pública ou interesse social, não promover os atos concretos à sua expropriação no prazo legal.

⚠ **ATENÇÃO 1:** nas hipóteses de desapropriação por utilidade pública, o prazo de caducidade é de cinco anos. Já nos casos de desapropriação por interesse social, a caducidade se dá após dois anos.

⚠ **ATENÇÃO 2:** caso ocorra a caducidade, somente depois de decorrido 1 ano poderá haver nova declaração sobre aquele bem.

TESE N. 10 – COMPETÊNCIA EXPROPRIATÓRIA NO INTERESSE SOCIAL

Fundamentos normativos: arts. 182 e 184 da CF.

Síntese teórica: na hipótese de descumprimento da função social, somente a União será competente para desapropriação do imóvel rural para fins de Reforma Agrária, e o Município, do imóvel urbano, para Política Urbana.

ATENÇÃO 1: nessas hipóteses de não atendimento da função social, em regra, a indenização não será paga em dinheiro, mas em títulos da dívida, salvo as benfeitorias úteis ou necessárias, que serão pagas em dinheiro.

ATENÇÃO 2: a desapropriação de imóvel urbano que não cumpra sua função social (imóvel não edificado, subutilizado ou não utilizado) depende de lei específica; para área incluída no Plano Diretor, deve haver a exigência pelo Poder Público de que o proprietário promova o adequado aproveitamento do imóvel, nos termos da lei federal, sob pena de, sucessivamente, determinar-se o parcelamento ou edificação compulsórios, instituir-se o IPTU progressivo e, somente depois, efetivar-se a desapropriação.

TESE N. 11 – ELEMENTO SUBJETIVO DA CONDUTA NA IMPROBIDADE

Fundamentos normativos: arts. 9º, 10 e 11 da Lei n. 8.429/92 (Lei de Improbidade Administrativa – LIA).

Síntese teórica: como regra, exige-se a existência de dolo (intenção ou má-fé) para caracterização de improbidade administrativa que importa enriquecimento ilícito do agente (art. 9º da LIA) ou atenta contra princípios da Administração Pública (art. 11 da LIA).

Somente os atos de improbidade administrativa que causam lesão ao erário (art. 11 da LIA) podem ser praticados com dolo ou culpa.

TESE N. 12 – LEGALIDADE ADMINISTRATIVA

Fundamentos normativos: arts. 37, "caput", da CF e 2º, parágrafo único, I, da Lei n. 9.784/99.

Síntese teórica: a administração está vinculada aos mandamentos legais, podendo atuar somente nos limites que a lei determinar. A inexistência de lei autorizando a conduta equivale a uma proibição. A atividade administrativa está vinculada ao princípio da legalidade positiva, sendo que a Administração Pública não poderá atuar senão depois que o legislador tenha fixado as balizas de sua atuação.

TESE N. 13 – IMPESSOALIDADE ADMINISTRATIVA

Fundamentos normativos: arts. 37, "caput", e § 1º, da CF.

Síntese teórica: o princípio da impessoalidade proíbe favoritismos e perseguições no âmbito da atividade administrativa. Importante derivação desse princípio é a vedação de promoção pessoal, segundo a qual as propagandas do governo não podem ter nomes, símbolos ou imagens que caracterizem promoção pessoal (art. 37, § 1º, da CF).

TESE N. 14 – MORALIDADE ADMINISTRATIVA

Fundamentos normativos: arts. 37, "caput", da CF e 2º, parágrafo único, IV, da Lei n. 9.784/99.

Síntese teórica: obriga a Administração a, além de cumprir a lei, respeitar a ética, decoro, lealdade, probidade e boa-fé. Trata-se do dever de atender às "boas práticas" da administração pública.

TESE N. 15 – PUBLICIDADE ADMINISTRATIVA

Fundamentos normativos: arts. 37, "caput", da CF e 2º, parágrafo único, V, da Lei n. 9.784/99.

Síntese teórica: é o dever atribuído à Administração de dar divulgação oficial a todos os atos que pratica, vedando condutas secretas.

⚠ **ATENÇÃO:** o aludido princípio comporta exceções, como os atos e as atividades relacionados com a segurança da sociedade ou do Estado, ou quando o conteúdo da informação for resguardado pelo direito à intimidade (art. 5º, X e XXXIII, da CF).

TESE N. 16 – PROPORCIONALIDADE

Fundamentos normativos: art. 2º, parágrafo único, VI, da Lei n. 9.784/99.

Síntese teórica: o princípio da proporcionalidade exige adequação entre o meio utilizado pela Administração (pena) e situação prática ensejadora da conduta (infração). Assim, em termos práticos, proíbe penas exageradas diante da gravidade da conduta a ser punida.

TESE N. 17 – VÍCIO DE CONSTITUIÇÃO DE COMISSÃO PROCESSANTE

Fundamento legal: art. 149 da Lei n. 8.112/90 (caso servidor federal).

Síntese teórica: o PAD será obrigatório sempre que o ilícito praticado por servidor ensejar penalidade de suspensão por mais de 30 dias ou demissão, cassação de aposentadoria ou disponibilidade.

A comissão que conduzirá o PAD será composta obrigatoriamente por três servidores estáveis designados pela autoridade competente, não poderá compor a comissão cônjuge, companheiro ou parente do acusado, consanguíneo ou afim até terceiro grau.

⚠ **ATENÇÃO 1:** o presidente da comissão deve possuir cargo efetivo superior ou de mesmo nível, ou de escolaridade igual ou superior à do acusado.

ATENÇÃO 2: se o problema mencionar a presença de detentor de cargo de livre provimento e exoneração na comissão do PAD, tal fato ensejará a nulidade do procedimento.

TESE N. 18 – DECLARAÇÃO IRREGULAR DE CADUCIDADE DA CONCESSÃO DE SERVIÇO PÚBLICO

Fundamentos normativos: arts. 38, "caput" e §§ 1º e 2º, da Lei n. 8.987/95, e 5º, LIV, da Constituição Federal.

Síntese teórica: a caducidade consiste na extinção do contrato de concessão por inadimplemento do concessionário. Nos termos dos arts. 38, "caput" e §§ 1º e 2º, da Lei n. 8.987/95, e 5º, LIV, da Constituição Federal, são requisitos para sua decretação: 1) inexecução total ou parcial do contrato pelo concessionário; 2) prévia verificação de inadimplência em processo administrativo; 3) garantia de contraditório e da ampla defesa; 4) comunicação dos descumprimentos contratuais à concessionária antes da instauração do processo.

Desrespeitados tais requisitos, o decreto de caducidade é nulo.

Parte 4
Modelos de peças

1 – MANDADO DE SEGURANÇA INDIVIDUAL

Excelentíssimo Senhor Doutor Juiz Federal da ... Vara ... da Seção Judiciária de ...,

ou

Excelentíssimo Senhor Doutor Juiz de Direito da ... Vara da Fazenda Pública da Comarca de ...,

ou

Excelentíssimo Senhor Doutor Juiz de Direito da ... Vara Cível da Comarca de ...,

(pular 5 linhas)

Nome ..., nacionalidade ..., estado civil ..., profissão ..., portador da cédula de identidade Registro Geral número ..., inscrito no Cadastro de Pessoas Físicas sob o número ..., residente e domiciliado no endereço ..., endereço eletrônico ..., por seu advogado, procuração em anexo, vem, respeitosamente, à presença de Vossa Excelência, com fundamento nos artigos 5º, LXIX, da Constituição Federal, 1º e 7º, III, da Lei n. 12.016/2009 e 319 do Código de Processo Civil de 2015, impetrar MANDADO DE SEGURANÇA COM PEDIDO DE MEDIDA LIMINAR, contra ato coator praticado pelo (incluir a autoridade coatora), dando ciência do feito ao órgão de representação judicial da União Federal (ou entidade federativa competente), para que, querendo, ingresse no feito, pessoa jurídica de direito público interno, inscrita no Cadastro Nacional das Pessoas Jurídicas sob o número ..., com sede e domicílio no endereço ..., endereço eletrônico ..., arrimado nas razões de fato e de direito adiante expostas:

I – Dos fatos

Dica: na narrativa dos fatos, resumir o enunciado tomando o cuidado de substituir o nome das partes pela terminologia específica da peça. Exemplo: "João" vira "Impetrante"; "Presidente da Comissão de Licitações da Petrobras" passa a ser "Autoridade Coatora".

II – Do direito (passo a passo)

Passo 1: Parágrafo de chamamento da norma (Ex.: *Estabelece o artigo 37, § 6º, da Constituição Federal:*).

Passo 2: Transcrição da norma (copie a norma que fundamenta a tese, observando um recuo de meio de página).

Passo 3: Parágrafos de raciocínio jurídico sobre a tese principal (comece explicando rapidamente o conteúdo da norma copiada. Depois, se tiver outra norma ligada ao caso, chame a outra norma e transcreva também. Depois escreva uns três parágrafos explicando o tema – use um livro de doutrina para extrair parágrafos do doutrinador como inspiração).

Passo 4: Ligação com o caso concreto (estabeleça a conexão com o caso do enunciado. Exemplo: *No caso concreto, a Impetrante foi excluída de procedimento licitatório ilegitimamente porque ...*).

Passo 5: Se o enunciado mencionar, fale, sobre eventuais consequências negativas da conduta irregular na vida do cliente (Exemplo: *A falta de certidão vem impedindo a Impetrante de participar de concorrências públicas ...*).

Passo 6: Referência a súmulas pertinentes à tese principal (se houver).

Passo 7: Inclusão de teses acessórias (teses acessórias são linhas de raciocínio mais frágeis do que tese principal, mas que também podem ser usadas para defender o cliente. Sugestão de redação: *Por outro giro, houve violação também do artigo 5º, II, da Constituição Federal, na medida em que ...*).

Passo 8: Conclusão geral (é um parágrafo formal e obrigatório para fechamento do item Do direito, sem necessidade de voltar às teses abordadas. Sugestão: *Portanto, diante dos argumentos expostos e à luz da ordem jurídica pátria resta evidenciado que a pretensão do Impetrante merece integral acolhimento*).

III – Da concessão da medida liminar

Nos termos do artigo 7º, inciso III, da Lei n. 12.016/2009:

> "Art. 7º Ao despachar a inicial, o juiz ordenará: (...) III – que se suspenda o ato que deu motivo ao pedido, quando houver fundamento relevante e do ato impugnado puder resultar a ineficácia da medida, caso seja finalmente deferida, sendo facultado exigir do impetrante caução, fiança ou depósito, com o objetivo de assegurar o ressarcimento à pessoa jurídica".

Do dispositivo transcrito nota-se que a concessão de medida liminar depende da demonstração de dois requisitos: fundamento relevante e risco de ineficácia da medida.

O requisito do fundamento relevante está presente porque ... (resumir as ilegalidades cometidas pelo Poder Público).

Quanto ao risco de ineficácia da medida, também se faz presente diante da (demonstrar a urgência presente no enunciado da questão), sem a qual o ato impugnado poderá resultar na ineficácia da medida.

Presentes os dois requisitos legais, o Impetrante faz jus à concessão da medida liminar.

IV – Dos pedidos

Ante o exposto, requer:

a) a concessão da medida liminar, nos termos do artigo 7º, III, da Lei n. 12.016/2009, para fins de ... (especificar o pedido, por exemplo, para fins de liberar a mercadoria, obrigar a Autoridade coatora a emitir a certidão etc.);

b) a procedência da ação, confirmando a medida liminar, para o efeito de, definitivamente, ... (especificar o pedido);

c) a notificação da autoridade coatora para prestar informações;

d) a cientificação do feito ao órgão de representação judicial da pessoa jurídica interessada;

e) a oitiva do Ministério Público;

f) a condenação em custas judiciais;

g) o deferimento da juntada dos documentos que acompanham a Inicial.

Dá-se à causa o valor ...

Termos em que pede deferimento.

Local, data

____

ADVOGADO ... OAB ...

Endereço do escritório dos advogados para intimações ...

E-mail do escritório dos advogados ...

2 – MANDADO DE SEGURANÇA COLETIVO

Excelentíssimo Senhor Doutor Juiz Federal da ... Vara ... da Seção Judiciária de ...,

ou

Excelentíssimo Senhor Doutor Juiz de Direito da ... Vara da Fazenda Pública da Comarca de ...,

ou

Excelentíssimo Senhor Doutor Juiz de Direito da ... Vara Cível da Comarca de ...,

(pular 5 linhas)

Nome ..., nacionalidade ..., estado civil ..., profissão ..., portador da cédula de identidade Registro Geral número ..., inscrito no Cadastro de Pessoas Físicas sob o número ..., residente e domiciliado no endereço ..., endereço eletrônico ..., por seu advogado, procuração em anexo, vem, respeitosamente, à presença de Vossa Excelência, com fundamento nos artigos 5º, inciso LXX, da Constituição Federal, 21, parágrafo único, da Lei n. 12.016/2009 e 319 do Código de Processo Civil de 2015, impetrar MANDADO DE SEGURANÇA COLETIVO COM PEDIDO DE MEDIDA LIMINAR, contra ato coator praticado *(ou a ser praticado – se o MS for preventivo)* pelo (incluir a autoridade coatora), pessoa jurídica de direito público interno, inscrita no Cadastro Nacional das Pessoas Jurídicas sob o número ..., com sede e domicílio no endereço ..., endereço eletrônico ..., dando ciência do feito ao órgão de representação judicial da pessoa jurídica interessada para que, querendo, ingresse no feito, com base nas razões de fato e de direito adiante expostas:

(pular 1 linha)

I – Dos fatos

Dica: na narrativa dos fatos, resumir o enunciado tomando o cuidado de substituir o nome das partes pela terminologia específica da peça. Exemplo: "João" vira "Impetrante"; "Presidente da Comissão de Licitações da Petrobras" passa a ser "Autoridade Coatora".

II – Do direito (passo a passo)

Passo 1: Parágrafo de chamamento da norma (Ex.: *Estabelece o artigo 37, § 6º, da Constituição Federal*:).

Passo 2: Transcrição da norma (copie a norma que fundamenta a tese, observando um recuo de meio de página).

Passo 3: Parágrafos de raciocínio jurídico sobre a tese principal (comece explicando rapidamente o conteúdo da norma copiada. Depois, se tiver outra norma ligada ao caso, chame a outra norma e transcreva também. Depois escreva uns três parágrafos explicando o tema – use um livro de doutrina para extrair parágrafos do doutrinador como inspiração).

Passo 4: Ligação com o caso concreto (estabeleça a conexão com o caso do enunciado. Exemplo: *No caso concreto, a Autora foi excluída de procedimento licitatório ilegitimamente porque ...)*.

Passo 5: Se o enunciado mencionar, fale sobre eventuais consequências negativas da conduta irregular na vida do cliente (Exemplo: *A falta de certidão vem impedindo a Impetrante de participar de concorrências públicas ...*).

Passo 6: Referência a súmulas pertinentes à tese principal (se houver).

Passo 7: Inclusão de teses acessórias (teses acessórias são linhas de raciocínio mais frágeis do que tese principal, mas que também podem ser usadas para defender o cliente. Sugestão de redação: *Por outro giro, houve violação também do artigo 5º, II, da Constituição Federal, na medida em que ...*).

Passo 8: Conclusão geral (é um parágrafo formal e obrigatório para fechamento do item Do direito, sem necessidade de voltar às teses abordadas. Sugestão: *Portanto, diante dos argumentos expostos e à luz da ordem jurídica pátria resta evidenciado que a pretensão do Impetrante merece integral acolhimento*).

III – Da concessão da medida liminar

Nos termos do artigo 7º, inciso III, da Lei n. 12.016/2009:

> "Art. 7º Ao despachar a inicial, o juiz ordenará: (...) III – que se suspenda o ato que deu motivo ao pedido, quando houver fundamento relevante e do ato impugnado puder resultar a ineficácia da medida, caso seja finalmente deferida, sendo facultado exigir do impetrante caução, fiança ou depósito, com o objetivo de assegurar o ressarcimento à pessoa jurídica".

Do dispositivo transcrito nota-se que a concessão de medida liminar depende da demonstração de dois requisitos: fundamento relevante e risco de ineficácia da medida.

O requisito do fundamento relevante está presente porque ... (resumir as ilegalidades cometidas pelo Poder Público).

Quanto ao risco de ineficácia da medida, também se faz presente diante da (demonstrar a urgência presente no enunciado da questão), sem a qual o ato impugnado poderá resultar na ineficácia da medida.

Presentes os dois requisitos legais, o Impetrante faz jus à concessão da medida liminar.

IV – Dos pedidos

Ante o exposto, requer:

a) a concessão da medida liminar nos termos do artigo 7º, III, da Lei n. 12.016/2009, para fins de ... (especificar o pedido, por exemplo, para fins de liberar a mercadoria, obrigar a Autoridade coatora a emitir a certidão etc.);

b) a procedência da ação, confirmando a medida liminar, para o efeito de, definitivamente, ... (especificar o pedido);

c) a notificação da autoridade coatora para prestar informações;

d) a cientificação do feito ao órgão de representação judicial da pessoa jurídica interessada;

e) a oitiva do Ministério Público;

f) a condenação em custas judiciais;

g) o deferimento da juntada dos documentos que acompanham a Inicial.

Dá-se à causa o valor ...

Termos em que pede deferimento.

local, data

____

ADVOGADO ... OAB ...

Endereço do escritório dos advogados para intimações ...

E-mail do escritório dos advogados ...

3 – AÇÃO ANULATÓRIA COM TUTELA ANTECIPADA

Excelentíssimo Senhor Doutor Juiz Federal da ... Vara ... da Seção Judiciária de ...,

ou

Excelentíssimo Senhor Doutor Juiz de Direito da ... Vara da Fazenda Pública da Comarca de ...,

ou

Excelentíssimo Senhor Doutor Juiz de Direito da ... Vara Cível da Comarca de ...,

(pular 5 linhas)

Pedro, nacionalidade ..., estado civil ..., profissão ..., portador da cédula de identidade Registro Geral número ..., inscrito no Cadastro de Pessoas Físicas sob o número ..., residente e domiciliado no endereço ..., endereço eletrônico ..., por seu advogado, procuração em anexo, vem, respeitosamente, à presença de Vossa Excelência, com fundamento nos artigos 300 e 319 do Código de Processo Civil propor AÇÃO ANULATÓRIA COM PEDIDO DE TUTELA ANTECIPADA, em face da ... (incluir o nome da outra parte), pessoa jurídica de direito público interno, inscrita no Cadastro Nacional das Pessoas Jurídicas sob o número ..., com sede e domicílio no endereço ..., endereço eletrônico ..., com base nas razões de fato e de direito adiante expostas:

(pular 1 linha)

I – Dos fatos

(pular 1 linha)

Dica: na narrativa dos fatos, resumir o enunciado tomando o cuidado de substituir o nome das partes pela terminologia específica da peça. Exemplo: "João" vira "Autor"; "Município de Guarulhos" passa a ser "Réu".

II – Do direito

(pular 1 linha)

Parágrafo de chamamento da norma.

Transcrição da norma.

Parágrafos de raciocínio jurídico (tese principal).

Jurisprudência.

Teses acessórias.

Conclusão geral.

III – Da concessão da tutela de urgência de natureza antecipada

(pular 1 linha)

300 do Novo Código de Processo Civil:

"Art. 300. A tutela de urgência será concedida quando houver elementos que evidenciem a probabilidade do direito e o perigo de dano ou o risco ao resultado útil do processo.

§ 1º Para a concessão da tutela de urgência, o juiz pode, conforme o caso, exigir caução real ou fidejussória idônea para ressarcir os danos que a outra parte possa vir a sofrer, podendo a caução ser dispensada se a parte economicamente hipossuficiente não puder oferecê-la.

§ 2º A tutela de urgência pode ser concedida liminarmente ou após justificação prévia.

§ 3º A tutela de urgência de natureza antecipada não será concedida quando houver perigo de irreversibilidade dos efeitos da decisão.

Do dispositivo transcrito depreende-se que a concessão da tutela de urgência exige a demonstração de dois requisitos: probabilidade do direito e perigo de dano.

O requisito da probabilidade do direito está presente porque ... (resumir as ilegalidades cometidas pela Administração).

Quanto ao perigo de dano, também se faz presente diante da (demonstrar a urgência presente no enunciado da questão).

Presentes os dois requisitos legais, o Autor faz jus à concessão da tutela de urgência.

IV – Dos pedidos

Ante o exposto, requer:

a) a concessão da tutela de urgência nos termos do artigo 300 do Código de Processo Civil de 2015, para fins de ... (especificar o pedido, por exemplo, para fins de anular o ato demissional determinando a imediata reintegração o Autor no cargo);

b) a procedência da ação, confirmando a tutela antecipada, para o efeito de, definitivamente, ... (por exemplo, reintegrar o Autor no cargo condenando o Réu ao pagamento de todos os vencimentos devidos durante o período de afastamento, corrigidos monetariamente, como se o Autor estivesse trabalhando regularmente);

c) a citação do Réu;

d) a condenação em custas e honorários sucumbenciais;

e) o deferimento da juntada dos documentos que acompanham a Inicial.

Protesta provar o alegado por todos os meios de prova admitidos em direito.

Dá-se à causa o valor ...

Termos em que pede deferimento.

local, data

____

ADVOGADO ... OAB ...

Endereço do escritório dos advogados para intimações ...

E-mail do escritório dos advogados ...

4 – AÇÃO DE DESAPROPRIAÇÃO

Excelentíssimo Senhor Doutor Juiz Federal da ... Vara ... da Seção Judiciária de ...,

ou

Excelentíssimo Senhor Doutor Juiz de Direito da ... Vara da Fazenda Pública da Comarca de ...,

ou

Excelentíssimo Senhor Doutor Juiz de Direito da ... Vara Cível da Comarca de ...,

(pular 5 linhas)

Estado de Tangamandápio, pessoa jurídica de direito público interno, inscrita no Cadastro Nacional das Pessoas Jurídicas sob o número ..., com sede e domicílio no endereço ..., endereço eletrônico ..., por seu procurador infra-assinado, vem, respeitosamente, à presença de Vossa Excelência, com fundamento nos artigos (para cada caso existe um fundamento) 5º, XXIV, 182, § 2º, 183 a185 e 243 da Constituição Federal; Lei n. 8.629/93 (Reforma Agrária), Lei Complementar n. 76/93 (Rito Sumário de Contraditório em Reforma Agrária) e Lei n. 10.257/2001(Interesse Social como instrumento de Política Urbana), Decreto-lei n. 3.365/41 (Utilidade e Necessidade Pública), Lei n. 4.132/62 (Interesse Social), Decreto-lei n. 1.075/70 (Imissão Provisória na posse em Imóveis Residenciais Urbanos), Lei n. 8.257/91(Glebas com Culturas Ilegais de Plantas Psicotrópicas, propor AÇÃO DE DESAPROPRIAÇÃO em face de (incluir nome do particular), nacionalidade ..., estado civil ..., profissão ..., portador da cédula de identidade Registro Geral número ..., inscrito no Cadastro de Pessoas Físicas sob o número ..., residente e domiciliado no endereço ..., endereço eletrônico ..., com base nas razões de fato e de direito adiante expostas:

(pular 1 linha)

I – Dos fatos

(pular 1 linha)

II – Do direito

(pular 1 linha)

Parágrafo de chamamento da norma.

Transcrição da norma.

Parágrafos de raciocínio jurídico (tese principal).

Jurisprudência.

Teses acessórias.

Conclusão geral.

III – Da imissão provisória na posse

Nos termos do artigo 15, "caput", do Decreto-lei n. 3.365/41, há dois requisitos para que seja deferido o pedido de imissão provisória na posse, em favor do expropriante. São eles: a alegação de urgência e o depósito da quantia arbitrada.

O requisito da urgência está demonstrado (pode ser declarado no próprio decreto expropriatório ou estar discriminado na apresentação do problema).

Quanto ao depósito do valor arbitrado, o Autor apresenta a oferta (pode estar ou não especificada no problema) a fim de obter a imissão provisória na posse do imóvel expropriado.

IV – Dos pedidos

(pular 1 linha)

Ante o exposto, requer:

a) seja deferido o pedido de imissão provisória na posse nos termos do artigo 15 do Decreto n. 3.365/41;

b) seja julgada procedente a ação, para o efeito de, definitivamente, ... (especificar o pedido);

c) a citação do Réu;

d) a condenação em custas e honorários;

e) o deferimento da juntada dos documentos que acompanham a Inicial.

Dá-se à causa o valor ...

Protesta provar o alegado por todos os meios de prova admitidos em Direito.

Termos em que pede deferimento.

local, data

____

ADVOGADO ... OAB ...

Endereço do escritório dos advogados para intimações ...

E-mail do escritório dos advogados ...

5 – AÇÃO DE INDENIZAÇÃO POR DESAPROPRIAÇÃO INDIRETA

Excelentíssimo Senhor Doutor Juiz Federal da ... Vara ... da Seção Judiciária de ...,

ou

Excelentíssimo Senhor Doutor Juiz de Direito da ... Vara da Fazenda Pública da Comarca de ...,

ou

Excelentíssimo Senhor Doutor Juiz de Direito da ... Vara Cível da Comarca de ...,

(pular 5 linhas)

Otaviano, nacionalidade ..., estado civil ..., profissão ..., portador da cédula de identidade Registro Geral número ..., inscrito no Cadastro de Pessoas Físicas sob o número ..., residente e domiciliado no endereço ..., endereço eletrônico ..., por seu advogado (procuração em anexo), vem, respeitosamente, à presença de Vossa Excelência, com fundamento nos artigos 35 do Decreto-Lei n. 3.365/41 e 319 e seguintes do Código de Processo Civil de 2015, propor AÇÃO DE INDENIZAÇÃO POR DESAPROPRIAÇÃO INDIRETA, em face do (incluir o nome da outra parte), pessoa jurídica de direito público interno, inscrita no Cadastro Nacional das Pessoas Jurídicas sob o número ..., com sede e domicílio no endereço ..., endereço eletrônico ..., com base nas razões de fato e de direito adiante expostas:

(pular 1 linha)

I – Dos fatos

(pular 1 linha)

Dica: na narrativa dos fatos, resumir o enunciado tomando o cuidado de substituir o nome das partes pela terminologia específica da peça. Exemplo: "João" vira "Autor"; "Município de Guarulhos" passa a ser "Réu".

II – Do direito

Dica: o Gabarito Oficial VI Exame Unificado ofereceu subsídios importantíssimos para formulação de um item "Do Direito" ideal em ações de desapropriação indireta:

> "O enunciado deixa claro que o terreno já se encontra incorporado ao patrimônio público, de forma a afastar o manejo de ações possessórias ou de ação reivindicatória, na forma do artigo 35 do Decreto-Lei n. 3.365/41. Daí por que a pretensão a ser deduzida em juízo é indenizatória.
>
> Em relação ao juízo competente para processar e julgar a demanda, em que pese tratar-se de pretensão de direito pessoal (indenizatória), o entendimento consolidado da jurisprudência é no sentido de que se trata de ação real para fins de fixação de competência, donde resulta a necessidade de observância da regra de competência do foro da situação do bem imóvel (logo: juízo fazendário ou cível da Comarca de Bugalhadas). É importante que o examinando deixe claro que não se aplica à ação de desapropriação indireta o prazo

prescricional de cinco anos previsto no artigo 10, parágrafo único, do Decreto-lei n. 3.365/41, afastando a ocorrência de prescrição no caso concreto.

Por fim, quanto à incidência de juros moratórios e compensatórios, o examinando deve requerer a aplicação do artigo 15-A, § 3º, do Decreto-Lei n. 3.365/41".

Assim, são considerados pontos de abordagem obrigatória para o Examinador:

1) caracterização da desapropriação indireta como FATO ADMINISTRATIVO consistente na afetação do bem ao domínio público;

2) a incorporação do bem ao domínio público afasta o manejo de ações possessórias e reivindicatórias, admitindo somente pedido de perdas e danos, conforme artigo 35 do Decreto-lei n. 3.365/41 (citar expressamente o dispositivo);

3) para fins de endereçamento, o foro competente é o do local do imóvel;

4) o prazo para propositura da ação é de 10 anos pois, segundo entendimento do STJ, neste caso deverá ser aplicado o prazo descrito no artigo 1.238, parágrafo único, do Código Civil (Lei n. 10.406/2002);

5) quanto aos juros, aplica-se o artigo 15-A, § 3º, do Decreto-lei n. 3.365/41.

III – Dos pedidos

Ante o exposto, requer:

a) seja julgada procedente a presente ação para fins de condenar o Réu ao pagamento da indenização correspondente ao valor da perda da propriedade acrescido de juros moratórios e compensatórios (especificar se for o caso);

b) a citação do Réu;

c) a condenação em custas e honorários;

d) o deferimento da juntada de documentos;

e) a opção pela realização da audiência de conciliação ou mediação, nos termos do art. 319, VII, do Código de Processo Civil.

Protesta provar o alegado por todos os meios de prova admitidos em Direito.

Dá-se à causa o valor ...

Termos em que pede deferimento.

local, data

____

ADVOGADO ... OAB ...

Endereço do escritório dos advogados para intimações ...

E-mail do escritório dos advogados ...

6 – AÇÃO DE COBRANÇA

Excelentíssimo Senhor Doutor Juiz Federal da ... Vara ... da Seção Judiciária de ...,

ou

Excelentíssimo Senhor Doutor Juiz de Direito da ... Vara da Fazenda Pública da Comarca de ...,

ou

Excelentíssimo Senhor Doutor Juiz de Direito da ... Vara Cível da Comarca de ...,

(pular 5 linhas)

Peter, nacionalidade ..., estado civil ..., profissão ..., portador da cédula de identidade Registro Geral número ..., inscrito no Cadastro de Pessoas Físicas sob o número ..., residente e domiciliado no endereço ..., endereço eletrônico ..., por seu advogado, procuração em anexo, vem, respeitosamente, à presença de Vossa Excelência, com fundamento nos artigos 77 a 80 da Lei n. 8.666/93 e 389 a 420 do Código Civil e 319 do Código de Processo Civil de 2015, propor AÇÃO DE COBRANÇA, em face do (incluir nome da outra parte), pessoa jurídica de direito público interno, inscrita no Cadastro Nacional das Pessoas Jurídicas sob o número ..., com sede e domicílio no endereço ..., endereço eletrônico ..., baseado nas razões de fato e de direito adiante expostas:

(pular 1 linha)

I – Dos fatos

Dica: na narrativa dos fatos, resumir o enunciado tomando o cuidado de substituir o nome das partes pela terminologia específica da peça. Exemplo: "João" vira "Autor"; "União" passa a ser "Ré".

II – Do direito

(pular 1 linha)

Parágrafo de chamamento da norma.

Transcrição da norma.

Parágrafos de raciocínio jurídico (tese principal).

Jurisprudência.

Teses acessórias.

Conclusão geral.

III – Dos pedidos

Ante o exposto, requer:

a) seja julgada procedente a ação, para condenar o Réu ao pagamento ... (especificar o pedido);

b) a citação do Réu para contestar o feito;

c) a condenação em custas e honorários;

d) seja deferida a juntada de documentos que instruem a Inicial;

e) a opção pela realização da audiência de conciliação ou mediação, nos termos do art. 319, VII, do Código de Processo Civil.

Protesta provar o alegado por todos os meios de prova admitidos em Direito.

Dá-se à causa o valor ...

Termos em que pede deferimento.

local, data

____

ADVOGADO ... OAB ...

Endereço do escritório dos advogados para intimações ...

E-mail do escritório dos advogados ...

7 – AÇÃO INDENIZATÓRIA

Excelentíssimo Senhor Doutor Juiz Federal da ... Vara ... da Seção Judiciária de ...,

ou

Excelentíssimo Senhor Doutor Juiz de Direito da ... Vara da Fazenda Pública da Comarca de ...,

ou

Excelentíssimo Senhor Doutor Juiz de Direito da ... Vara Cível da Comarca de ...,

(pular 5 linhas)

Eunápio, nacionalidade ..., estado civil ..., profissão ..., portador da cédula de identidade Registro Geral número ..., inscrito no Cadastro de Pessoas Físicas sob o número ..., residente e domiciliado no endereço ..., endereço eletrônico ..., por seu advogado, procuração em anexo, vem, respeitosamente, à presença de Vossa Excelência, com fundamento nos artigos 37, § 6º, da Constituição Federal e 319 e seguintes do Código de Processo Civil de 2015, propor AÇÃO INDENIZATÓRIA pelo procedimento comum, em face do (incluir o nome da outra parte) pessoa jurídica de direito público interno, inscrita no Cadastro Nacional das Pessoas Jurídicas sob o número ..., com sede e domicílio no endereço ..., endereço eletrônico ..., baseado nas razões de fato e de direito adiante expostas:

(pular 1 linha)

I – Dos fatos

Dica: Na narrativa dos fatos, resumir o enunciado tomando o cuidado de substituir o nome das partes pela terminologia específica da peça. Exemplo: "João" vira "Autor"; "União" passa a ser "Ré".

II – Do direito

Dica: no item DO DIREITO da indenizatória, são pontos de abordagem obrigatória:

1) mencionar e transcrever o artigo 37, § 6º, da CF;

2) dizer que a responsabilidade do Estado se baseia na TEORIA OBJETIVA;

3) afirmar que o fundamento da Teoria Objetiva em nosso ordenamento é o RISCO ADMINISTRATIVO;

4) asseverar que os requisitos da responsabilidade objetiva são AÇÃO, DANO e NEXO, com IRRELEVÂNCIA DO ELEMENTO CULPA/DOLO.

Evidentemente que, além desses quatro pontos, é indispensável demonstrar o PREENCHIMENTO DOS REQUISITOS no caso concreto narrado no enunciado.

III – Dos pedidos

Ante o exposto, requer:

a) seja julgada procedente a ação, condenando ao pagamento de indenização pelos danos materiais e morais causados ao Autor;

b) a citação do Réu para contestar o feito;

c) a condenação em custas e honorários;

d) o deferimento da juntada dos documentos que instruem a Inicial.

Protesta provar o alegado por todos os meios de prova admitidos em Direito.

Dá-se à causa o valor ...

Termos em que pede deferimento.

local, data

____

ADVOGADO ... OAB ...

Endereço do escritório dos advogados para intimações ...

E-mail do escritório dos advogados ...

8 – AÇÃO POPULAR

Excelentíssimo Senhor Doutor Juiz Federal da ... Vara ... da Seção Judiciária de ...,

ou

Excelentíssimo Senhor Doutor Juiz de Direito da ... Vara da Fazenda Pública da Comarca de ...,

(pular 5 linhas)

Otaviano, nacionalidade ..., estado civil ..., profissão ..., portador da cédula de identidade Registro Geral número ..., inscrito no Cadastro de Pessoas Físicas sob o número ..., residente e domiciliado no endereço ..., endereço eletrônico ..., portador do título eleitoral número ..., por seu advogado, procuração em anexo, vem, respeitosamente, à presença de Vossa Excelência, com fundamento nos artigos 5º, LXXIII, da CF, 2º (ou 4º) da Lei n. 4.717/65 e 319 do CPC/2015, propor Ação Popular com pedido de medida liminar, em face do ato praticado (incluir no polo passivo agentes e autoridades que praticaram o ato lesivo e a pessoa jurídica lesada, todos em litisconsórcio passivo), pessoa jurídica de direito público interno, inscrita no Cadastro Nacional das Pessoas Jurídicas sob o número ..., com sede e domicílio no endereço ..., endereço eletrônico ..., com base nas razões de fato e de direito adiante expostas:

(pular 1 linha)

I – Dos fatos

Dica: na narrativa dos fatos, resumir o enunciado tomando o cuidado de substituir o nome das partes pela terminologia específica da peça. Exemplo: "João" vira "Autor"; "Município de Guarulhos" passa a ser "Réu".

II – Do direito

(pular 1 linha)

Dica: no item DO DIREITO da ação popular é preciso enquadrar o caso concreto em uma das hipóteses previstas nos artigos 2º ou 4º da Lei n. 4.717/65.

III – Da concessão da medida liminar

(pular 1 linha)

Dica: a liminar da Ação Popular está fundamentada no artigo 5º, § 4º, da Lei n. 4.717/65.

O "fumus boni iuris" está presente conforme demonstrado no item anterior.

Quanto ao "periculum in mora", também se faz presente (explicar os prejuízos trazidos pela demora).

Presentes os dois requisitos legais, o Autor faz jus à concessão da medida liminar.

IV – Dos pedidos

Ante o exposto, requer:

a) a concessão da medida liminar para fins de suspender o ato lesivo (especificar);

b) seja julgada procedente a ação, para o efeito de declarar a nulidade do ato (ou contrato) condenando os Réus à restituição dos prejuízos causados ao Erário;

c) a citação dos Réus;

d) a citação da pessoa jurídica lesada;

e) a oitiva do MP;

f) a condenação em custas e honorários;

g) o deferimento da juntada de documentos, especialmente cópia do título eleitoral.

Protesta provar o alegado por todos os meios admitidos em Direito.

Dá-se à causa o valor ...

Termos em que pede deferimento.

local, data

____

ADVOGADO ... OAB ...

Endereço do escritório dos advogados para intimações ...

E-mail do escritório dos advogados ...

9 – "HABEAS DATA"

Excelentíssimo Senhor Doutor Juiz Federal da ... Vara ... da Seção Judiciária de ...,

ou

Excelentíssimo Senhor Doutor Juiz de Direito da ... Vara da Fazenda Pública da Comarca de ...,

ou

Excelentíssimo Senhor Doutor Juiz de Direito da ... Vara Cível da Comarca de ...,

(pular 5 linhas)

Betão, nacionalidade ..., estado civil ..., profissão ..., portador da cédula de identidade Registro Geral número ..., inscrito no Cadastro de Pessoas Físicas sob o número ..., residente e domiciliado no endereço ..., endereço eletrônico ..., por seu advogado, procuração em anexo, vem, respeitosamente, à presença de Vossa Excelência, com fundamento nos artigos 5º, LXXII, da CF, 7º da Lei n. 9.507/97 e 319 e seguintes do Código de Processo Civil de 2015, impetrar "HABEAS DATA", em face do (órgão, entidade ou agente público que detém a informação ou registro), pessoa jurídica de direito público interno, inscrita no Cadastro Nacional das Pessoas Jurídicas sob o número ..., com sede e domicílio no endereço ..., endereço eletrônico ..., com base nas razões de fato e de direito adiante expostas:

(pular 1 linha)

I – Dos fatos

Dica: na narrativa dos fatos, resumir o enunciado tomando o cuidado de substituir o nome das partes pela terminologia específica da peça. Exemplo: "João" vira "Impetrante"; "Município de Guarulhos" passa a ser "Coator".

II – Do direito

(pular 1 linha)

Parágrafo de chamamento da norma.

Transcrição da norma.

Parágrafos de raciocínio jurídico (tese principal).

Jurisprudência.

Teses acessórias.

Conclusão geral.

III – Dos pedidos

Ante o exposto, requer:

a) a procedência do pedido marcando-se dia e hora para que as informações sejam prestadas/retificadas/contestadas;

b) a notificação do coator a fim de que preste informações;

c) a oitiva do MP;

d) o deferimento da juntada dos documentos que acompanham a Inicial, especialmente o comprovante de recusa do acesso às informações na via administrativa.

Dá-se à causa o valor ...

Termos em que pede deferimento.

local, data

____

ADVOGADO ... OAB ...

Endereço do escritório dos advogados para intimações ...

E-mail do escritório dos advogados ...

10 – AÇÃO CIVIL PÚBLICA

Excelentíssimo Senhor Doutor Juiz Federal da ... Vara ... da Seção Judiciária de ...,

ou

Excelentíssimo Senhor Doutor Juiz de Direito da ... Vara da Fazenda Pública da Comarca de ...,

(pular 5 linhas)

Estado do Piauí, pessoa jurídica de direito público interno, inscrita no Cadastro Nacional das Pessoas Jurídicas sob o número ..., com sede e domicílio no endereço ..., endereço eletrônico ..., por seu procurador infra-assinado, vem, respeitosamente, à presença de Vossa Excelência, com fundamento nos artigos 1º e 12 da Lei n. 7.347/85 e 319 e seguintes do Código de Processo Civil de 2015, propor AÇÃO CIVIL PÚBLICA, com pedido de medida liminar, em face do (incluir nome da outra parte), pessoa jurídica de direito público interno, inscrita no Cadastro Nacional das Pessoas Jurídicas sob o número ..., com base nas razões de fato e de direito adiante expostas:

(pular 1 linha)

I – Dos fatos

(pular 1 linha)

II – Do direito

(pular 1 linha)

Parágrafo de chamamento da norma.

Transcrição da norma.

Parágrafos de raciocínio jurídico (tese principal).

Jurisprudência.

Teses acessórias.

Conclusão geral.

III – Da concessão da medida liminar

(pular 1 linha)

O pedido de medida liminar fundamenta-se no artigo 12 da Lei n. 7.347/85.

O "fumus boni juris" está presente conforme demonstrado no item anterior.

Quanto ao "periculum in mora", também se faz presente (descrever a urgência do caso).

Presentes os dois requisitos legais, o Impetrante faz jus à concessão da medida liminar.

(pular 1 linha)

IV – Dos pedidos

(pular 1 linha)

Ante o exposto, requer:

a) seja concedida a medida liminar para fins de ... (especificar o pedido nos termos do artigo 12 da Lei n. 7.347/85);

b) seja julgada procedente a ação, confirmando a medida liminar, para o efeito de, definitivamente, ... (especificar o pedido nos termos do artigo 13 da Lei n. 7.347/85);

c) a citação do Réu;

d) a oitiva do MP;

e) condenação em custas e honorários;

f) o deferimento da juntada dos documentos que acompanham a Inicial.

Protesta provar o alegado por todos os meios admitidos em Direito.

Dá-se à causa o valor ...

Termos em que pede deferimento.

local, data

____

ADVOGADO ... OAB ...

Endereço do escritório dos advogados para intimações ...

E-mail do escritório dos advogados ...

11 – AÇÃO DE IMPROBIDADE ADMINISTRATIVA

Excelentíssimo Senhor Doutor Juiz Federal da ... Vara ... da Seção Judiciária de ...,

ou

Excelentíssimo Senhor Doutor Juiz de Direito da ... Vara da Fazenda Pública da Comarca de ...,

(pular 5 linhas)

Estado do Acre, pessoa jurídica de direito público interno, inscrita no Cadastro Nacional das Pessoas Jurídicas sob o número ..., com sede e domicílio no endereço ..., endereço eletrônico ..., por seu procurador infra-assinado, vem, respeitosamente, à presença de Vossa Excelência, com fundamento nos artigos 37, § 4º, da CF, 7º e 17 da Lei n. 8.429/92 e 319 e seguintes do Código de Processo Civil de 2015, propor AÇÃO DE IMPROBIDADE ADMINISTRATIVA com pedido de medida liminar, em face do (incluir nome dos réus), nacionalidade ..., estado civil ..., profissão ..., portador da cédula de identidade Registro Geral número ..., inscrito no Cadastro de Pessoas Físicas sob o número ..., residente e domiciliado no endereço ..., endereço eletrônico ..., com base nas razões de fato e de direito adiante expostas:

(pular 1 linha)

I – Dos fatos

Dica: na narrativa dos fatos, resumir o enunciado tomando o cuidado de substituir o nome das partes pela terminologia específica da peça. Exemplo: "União" vira "Autora"; "José" passa a ser "Réu".

II – Do direito

(pular 1 linha)

Parágrafo de chamamento da norma.

Transcrição da norma.

Parágrafos de raciocínio jurídico (tese principal).

Jurisprudência.

Teses acessórias.

Conclusão geral.

III – Da concessão da medida liminar

Requerer liminar de indisponibilidade de bens, nos termos do artigo 7º da Lei n. 8.429/92.

IV – Dos pedidos

(pular 1 linha)

Ante o exposto, requer:

a) concessão da liminar nos termos do artigo 7º da Lei n. 8.429/92, decretando a indisponibilidade dos bens dos Réus;

b) seja julgada procedente a ação, para condenar o Réu pela prática de improbidade administrativa, aplicando-lhe as sanções previstas no artigo 12 da Lei n. 8.429/92 (enumerar as penas aplicáveis ao caso);

c) notificação do requerido para apresentar manifestação em 15 dias;

d) a citação dos Réus para oferecer contestação;

e) a oitiva do MP;

f) condenação em custas e honorários;

g) o deferimento da juntada dos documentos que acompanham a Inicial.

Protesta provar o alegado por todos os meios admitidos em Direito.

Dá-se à causa o valor ...

Termos em que pede deferimento.

local, data

____

ADVOGADO ... OAB ...

Endereço do escritório dos advogados para intimações ...

E-mail do escritório dos advogados ...

12 – AGRAVO DE INSTRUMENTO

Excelentíssimo Senhor Doutor Desembargador Presidente do Tribunal de Justiça do Estado de ... (ou do Tribunal Regional Federal da ... Região)

(pular 5 linhas)

Nome ..., nacionalidade ..., estado civil ..., profissão ..., portador da cédula de identidade Registro Geral número ..., inscrito no Cadastro de Pessoas Físicas sob o número ..., residente e domiciliado no endereço ..., endereço eletrônico ..., por seu advogado, procuração em anexo, vem, respeitosamente, à presença de Vossa Excelência, inconformado com a respeitável decisão interlocutória prolatada pelo juízo "a quo", com fundamento nos artigos 319 e seguintes e 1.015 do Código de Processo Civil de 2015, interpor AGRAVO DE INSTRUMENTO COM PEDIDO DE ANTECIPAÇÃO DA TUTELA RECURSAL, em face da (incluir nome da outra parte), pessoa jurídica de direito público interno, inscrita no Cadastro Nacional das Pessoas Jurídicas sob o número ..., com sede e domicílio no endereço ..., endereço eletrônico ..., arrimado nas razões de fato e de direito adiante expostas:

(pular 1 linha)

I – Do cabimento do Agravo de Instrumento

(Demonstrar a incidência de alguma das hipóteses previstas nos incisos do art. 1.015 do CPC/2015.)

(pular 1 linha)

II – Dos fatos

(pular 1 linha)

Dica: na narrativa dos fatos, resumir o enunciado tomando o cuidado de substituir o nome das partes pela terminologia específica da peça. Exemplo: "Paulo" vira "Agravante"; "União" passa a ser "Agravada".

(pular 1 linha)

III – Do direito

(pular 1 linha)

Estrutura sugerida:

Passo 1: "Parágrafo de chamamento da norma" (Ex.: *Estabelece o artigo 37, "caput", da Constituição Federal:*).

Passo 2: "Transcrição da norma" (copie a norma que fundamenta a tese, observando um recuo de meio de página).

Passo 3: "Parágrafos de raciocínio jurídico da tese principal" (comece explicando rapidamente o conteúdo da norma copiada. Depois, se tiver outra norma ligada ao caso, chame a outra norma e transcreva também. Depois escreva uns três parágrafos explicando o tema).

Passo 4: "Ligação com o caso concreto" (estabeleça a conexão das normas copiadas com o caso do enunciado. Exemplo: *No caso concreto, o princípio da legalidade foi violado na medida em que ...*).

Passo 5: Se o enunciado mencionar, fale sobre "eventuais consequências negativas da conduta irregular na vida do cliente" (Exemplo: *A conduta indevida vem criando dificuldades financeiras expressivas ao Impetrante ...*).

Passo 6: "Referência a súmulas pertinentes" à tese principal (se houver).

Passo 7: Inclusão de "teses acessórias" (teses acessórias são outras linhas de raciocínio que também podem ser usadas para defender o cliente. Sugestão de redação: *Por outro giro, houve violação também do artigo ... da Constituição Federal, na medida em que ...*).

Passo 8: Conclusão geral (é um parágrafo formal e obrigatório para fechamento do item Do direito, sem necessidade de voltar às teses abordadas. Sugestão: *Portanto, diante dos argumentos expostos e à luz da ordem jurídica pátria resta evidenciado que a conduta administrativa foi ilegítima*).

IV – Da antecipação da tutela recursal

(pular 1 linha)

Nos termos do artigo 1.019, I, do Código de Processo Civil de 2015:

> "Art. 1.019. Recebido o agravo de instrumento no tribunal e distribuído imediatamente, se não for o caso de aplicação do art. 932, incisos III e IV, o relator, no prazo de 5 (cinco) dias:
>
> I – poderá atribuir efeito suspensivo ao recurso ou deferir, em antecipação de tutela, total ou parcialmente, a pretensão recursal, comunicando ao juiz sua decisão;
>
> (...)"

Do dispositivo transcrito depreende-se que a concessão de antecipação da tutela exige a demonstração de dois requisitos: probabilidade do direito (ou "fumus boni juris") e perigo de dano (ou "periculum in mora").

O requisito da probabilidade do direito está presente porque ... (resumir as ilegalidades cometidas).

Quanto ao perigo de dano, também se faz presente diante da (demonstrar a urgência presente no enunciado da questão).

Presentes os dois requisitos legais, o Agravante faz jus à concessão da tutela antecipada.

Dica: é fundamental realizar a DEMONSTRAÇÃO CONCRETA da presença dos requisitos para concessão da tutela antecipada (a FGV considera que esses requisitos são "fumus boni juris" e "periculum in mora").

V – Dos pedidos

Ante o exposto, requer:

a) seja deferida antecipação da tutela recursal nos termos do artigo 1.019, I, do CPC/2015, para fins de que ... (especificar o pedido);

b) seja conhecido e provido o presente recurso para reforma da decisão agravada (especificar);

c) a intimação do Agravado para oferecer contraminuta.

Termos em que pede deferimento.

local, data

____

ADVOGADO ... OAB ...

1) Em cumprimento ao disposto no artigo 1.016 do Código de Processo Civil de 2015, seguem o nome e o endereço completo dos advogados ...

2) Segue anexo o comprovante do pagamento das respectivas custas e do porte de retorno, de acordo com o artigo 1.017, § 1º, do Código de Processo Civil de 2015.

3) O presente recurso está instruído com as cópias dos documentos obrigatórios exigidos pelo artigo 1.017, do Código de Processo Civil de 2015, a saber:

a) cópias da petição inicial;

b) cópias da contestação;

c) da petição que ensejou a decisão agravada;

d) da própria decisão agravada;

e) da certidão da respectiva intimação (ou outro documento que comprove a tempestividade das procurações outorgadas aos advogados do agravante e do agravado).

Endereço do escritório dos advogados para intimações ...

E-mail do escritório dos advogados ...

13 – CONTRAMINUTA EM AGRAVO DE INSTRUMENTO

Excelentíssimo Senhor Doutor Desembargador (ou Desembargador Federal) Relator ...

(pular 5 linhas)

Agravo de Instrumento número ...

(pular 1 linha)

Nome ..., nacionalidade ..., estado civil ..., profissão ..., portador da cédula de identidade Registro Geral número ..., inscrito no Cadastro de Pessoas Físicas sob o número ..., residente e domiciliado no endereço ..., endereço eletrônico ..., por seu advogado, procuração em anexo, vem, respeitosamente, à presença de Vossa Excelência, com fundamento nos artigos 319 e seguintes e 1.019, II, do Código de Processo Civil de 2015, nos autos do Agravo de Instrumento interposto pelo (nome da outra parte), pessoa jurídica de direito público interno, inscrita no Cadastro Nacional das Pessoas Jurídicas sob o número ..., com sede e domicílio no endereço ..., endereço eletrônico ..., oferecer CONTRAMINUTA, com sustentação nas razões de fato e direito em anexo.

Termos em que pede deferimento.

local, data

____

ADVOGADO ... OAB ...

Endereço do escritório dos advogados para intimações ...

E-mail do escritório dos advogados ...

CONTRAMINUTA

AGRAVADO (nome)

AGRAVANTE (nome)

Egrégio Tribunal,

Colenda Turma,

Ínclitos Julgadores,

I – Dos fatos

(pular 1 linha)

Dica: Na narrativa dos fatos, resumir o enunciado tomando o cuidado de substituir o nome das partes pela terminologia específica da peça. Exemplo: "Paulo" vira "Agravado"; "União" passa a ser "Agravante".

II – Do direito

(pular 1 linha)

Estrutura sugerida:

Passo 1: "Parágrafo de chamamento da norma" (Ex.: *Estabelece o artigo 5º, II, da Constituição Federal:*).

Passo 2: "Transcrição da norma" (copie a norma que fundamenta a tese, observando um recuo de meio de página).

Passo 3: "Parágrafos de raciocínio jurídico da tese principal" (comece explicando rapidamente o conteúdo da norma copiada. Depois, se tiver outra norma ligada ao caso, chame a outra norma e transcreva também. Depois escreva uns três parágrafos explicando o tema).

Passo 4: "Ligação com o caso concreto" (estabeleça a conexão das normas copiadas com o caso do enunciado. Exemplo: *No caso concreto, o princípio da isonomia foi violado na medida em que ...*).

Passo 5: Se o enunciado mencionar, fale sobre "eventuais consequências negativas da conduta da Administração na vida do cliente" (Exemplo: *A conduta indevida vem criando dificuldades financeiras expressivas ao Agravado ...*).

Passo 6: "Referência a súmulas pertinentes" à tese principal (se houver).

Passo 7: Inclusão de "teses acessórias" (teses acessórias são outras linhas de raciocínio que também podem ser usadas para defender o cliente. Sugestão de redação: *Por outro giro, houve violação também do artigo 24, IV, da Lei n. 8.666/93, na medida em que ...*).

Passo 8: Conclusão geral (é um parágrafo formal e obrigatório para fechamento do item Do direito, sem necessidade de voltar às teses abordadas. Sugestão: *Portanto, diante dos argumentos expostos e à luz da ordem jurídica pátria resta evidenciado que a conduta administrativa é ilegítima*).

III – Do pedido

Ante o exposto, requer acolhida a presente contraminuta com o consequente improvimento do Agravo estatal.

Termos em que pede deferimento.

local, data

____

ADVOGADO ... OAB ...

Endereço do escritório dos advogados para intimações ...

E-mail do escritório dos advogados ...

14 – APELAÇÃO

Excelentíssimo Senhor Doutor Juiz de Direito (ou Federal) da ... Vara da Comarca (ou Seção Judiciária) de ... (endereçar ao juiz da sentença)

(pular 5 linhas)

Autos do Processo número ...

Nome, já devidamente qualificado nos autos do processo em epígrafe, inconformado com a respeitável sentença de folhas ..., vem, respeitosamente, à presença de Vossa Excelência, por seu advogado, procuração em anexo, com fundamento no artigo 1.009 do Código de Processo Civil de 2015, interpor Apelação, com supedâneo nas razões a seguir aduzidas.

Requer a intimação do Apelado para que apresente Contrarrazões, bem como a juntada do comprovante de recolhimento das custas devidas nos termos do artigo ...

Requer, ainda, seja o recurso recebido em seu duplo efeito, remetendo-se os presentes autos ao Egrégio Tribunal ..., com as homenagens de estilo.

Termos em que pede deferimento.

local, data

____

ADVOGADO ... OAB ...

Endereço do escritório dos advogados para intimações ...

E-mail do escritório dos advogados ...

RAZÕES

APELANTE (nome)

APELADA (nome)

Egrégio Tribunal

Colenda Turma

Ínclitos Julgadores

I – Dos fatos

(pular 1 linha)

Dica: na narrativa dos fatos, resumir o enunciado tomando o cuidado de substituir o nome das partes pela terminologia específica da peça. Exemplo: "Paulo" vira "Apelante"; "União" passa a ser "Apelada".

II – Do direito

(pular 1 linha)

Estrutura sugerida:

Passo 1: "Parágrafo de chamamento da norma" (Ex.: *Estabelece o artigo 37 da Constituição Federal:*).

Passo 2: "Transcrição da norma" (copie a norma que fundamenta a tese, observando um recuo de meio de página).

Passo 3: "Parágrafos de raciocínio jurídico da tese principal" (comece explicando rapidamente o conteúdo da norma copiada. Depois, se tiver outra norma ligada ao caso, chame a outra norma e transcreva também. Depois escreva uns três parágrafos explicando o tema).

Passo 4: "Ligação com o caso concreto" (estabeleça a conexão das normas copiadas com o caso do enunciado. Exemplo: *No caso concreto, o princípio da legalidade foi violado na medida em que* ...).

Passo 5: Se o enunciado mencionar, fale sobre "eventuais consequências negativas da conduta do Poder Público na vida do cliente" (Exemplo: *A conduta administrativa vem criando dificuldades financeiras expressivas ao Agravante* ...).

Passo 6: "Referência a súmulas pertinentes" à tese principal (se houver).

Passo 7: Inclusão de "teses acessórias" (teses acessórias são outras linhas de raciocínio que também podem ser usadas para defender o cliente. Sugestão de redação: *Por outro giro, houve violação também do artigo 5º, II, da Constituição Federal, na medida em que* ...).

Passo 8: Conclusão geral (é um parágrafo formal e obrigatório para fechamento do item Do direito, sem necessidade de voltar às teses abordadas. Sugestão: *Portanto, diante dos argumentos expostos e à luz da ordem jurídica pátria resta evidenciado que a conduta administrativa foi ilegítima*).

III – Do pedido

Ante o exposto, requer seja dado provimento ao presente recurso, reformando-se (ou anulando-se, na hipótese de haver algum defeito formal na decisão) a r. sentença de folhas ..., para fins de (especificar o pedido).

Termos em que pede deferimento.

local, data

____

ADVOGADO ... OAB ...

Endereço do escritório dos advogados para intimações ...

E-mail do escritório dos advogados ...

15 – CONTRARRAZÕES DE APELAÇÃO

Excelentíssimo Senhor Doutor Juiz de Direito (ou Federal) da ... Vara ... da Comarca (ou Seção Judiciária) de ... (endereçar ao juiz da sentença)

(pular 5 linhas)

Autos do Processo número ...

Nome, já devidamente qualificado nos autos do processo em epígrafe, vem, respeitosamente, à presença de Vossa Excelência, por seu advogado, com fundamento no artigo 1.010, § 1º, do Código de Processo Civil de 2015, apresentar CONTRARRAZÕES no recurso de apelação interposto pela (nome da outra parte) com fundamento nas razões de fato a seguir aduzidas.

Termos em que pede deferimento.

local, data

____

ADVOGADO ... OAB ...

Endereço do escritório dos advogados para intimações ...

E-mail do escritório dos advogados ...

CONTRARRAZÕES

APELADO (nome)

APELANTE (nome)

Egrégio Tribunal

Colenda Turma

Ínclitos Julgadores

I – Dos fatos

(pular 1 linha)

Dica: na narrativa dos fatos, resumir o enunciado tomando o cuidado de substituir o nome das partes pela terminologia específica da peça. Exemplo: "Paulo" vira "Apelado"; "União" passa a ser "Apelante".

II – Do direito

(pular 1 linha)

Estrutura sugerida:

Passo 1: "Parágrafo de chamamento da norma" (Ex.: *Estabelece o artigo 37 da Constituição Federal:*).

Passo 2: "Transcrição da norma" (copie a norma que fundamenta a tese, observando um recuo de meio de página).

Passo 3: "Parágrafos de raciocínio jurídico da tese principal" (comece explicando rapidamente o conteúdo da norma copiada. Depois, se tiver outra norma ligada ao caso, chame a outra norma e transcreva também. Depois escreva uns três parágrafos explicando o tema).

Passo 4: "Ligação com o caso concreto" (estabeleça a conexão das normas copiadas com o caso do enunciado. Exemplo: *No caso concreto, o princípio da legalidade foi violado na medida em que* ...).

Passo 5: Se o enunciado mencionar, fale sobre "eventuais consequências negativas da conduta do Poder Público na vida do cliente" (Exemplo: *A conduta administrativa vem criando dificuldades financeiras expressivas ao Agravante* ...).

Passo 6: "Referência a súmulas pertinentes" à tese principal (se houver).

Passo 7: Inclusão de "teses acessórias" (teses acessórias são outras linhas de raciocínio que também podem ser usadas para defender o cliente. Sugestão de redação: *Por outro giro, houve violação também do artigo 5º, II, da Constituição Federal, na medida em que* ...).

Passo 8: Conclusão geral (é um parágrafo formal e obrigatório para fechamento do item Do direito, sem necessidade de voltar às teses abordadas. Sugestão: *Portanto, diante dos argumentos expostos e à luz da ordem jurídica pátria resta evidenciado que a conduta administrativa foi ilegítima*).

III – Do pedido

Ante o exposto, requer sejam acolhidas as presentes contrarrazões, com o consequente improvimento da apelação.

Termos em que pede deferimento.

local, data

____

ADVOGADO ... OAB ...

Endereço do escritório dos advogados para intimações ...

E-mail do escritório dos advogados ...

16 – RECURSO ORDINÁRIO CONSTITUCIONAL

Excelentíssimo Senhor Doutor Desembargador Presidente do Egrégio Tribunal ... (indicar o nome do Tribunal "a quo")

(pular 5 linhas)

Autos do Mandado de Segurança número ...

Nome, já devidamente qualificado nos autos do processo em epígrafe, inconformado com o respeitável acórdão de folhas ..., vem, respeitosamente, à presença de Vossa Excelência, por seu advogado, com fundamento nos artigos 1.027 do Código de Processo Civil de 2015 e 105, II, "b", da Constituição Federal, interpor Recurso Ordinário Constitucional, com supedâneo nas razões em anexo.

Requer, assim, seja o recurso recebido em seu duplo efeito, remetendo-se os presentes autos ao Egrégio Superior Tribunal de Justiça, com as homenagens de estilo.

Termos em que pede deferimento.

local, data

____

ADVOGADO ... OAB ...

Endereço do escritório dos advogados para intimações ...

E-mail do escritório dos advogados ...

RAZÕES

RECORRENTE (nome)

RECORRIDO (nome)

Egrégio Tribunal

Colenda Turma

Ínclitos Julgadores

I – Dos fatos

(pular 1 linha)

Dica: Na narrativa dos fatos, resumir o enunciado tomando o cuidado de substituir o nome das partes pela terminologia específica da peça. Exemplo: "Felipe" vira "Recorrente"; "União" passa a ser "Recorrida".

II – Do direito

(pular 1 linha)

Estrutura sugerida:

Passo 1: "Parágrafo de chamamento da norma" (Ex.: *Estabelece o artigo 37 da Constituição Federal:*).

Passo 2: "Transcrição da norma" (copie a norma que fundamenta a tese, observando um recuo de meio de página).

Passo 3: "Parágrafos de raciocínio jurídico da tese principal" (comece explicando rapidamente o conteúdo da norma copiada. Depois, se tiver outra norma ligada ao caso, chame a outra norma e transcreva também. Depois escreva uns três parágrafos explicando o tema).

Passo 4: "Ligação com o caso concreto" (estabeleça a conexão das normas copiadas com o caso do enunciado. Exemplo: *No caso concreto, o princípio da legalidade foi violado na medida em que* ...).

Passo 5: Se o enunciado mencionar, fale sobre "eventuais consequências negativas da conduta do Poder Público na vida do cliente" (Exemplo: *A conduta administrativa vem criando dificuldades financeiras expressivas ao Agravante* ...).

Passo 6: "Referência a súmulas pertinentes" à tese principal (se houver).

Passo 7: Inclusão de "teses acessórias" (teses acessórias são outras linhas de raciocínio que também podem ser usadas para defender o cliente. Sugestão de redação: *Por outro giro, houve violação também do artigo 5º, II, da Constituição Federal, na medida em que* ...).

Passo 8: Conclusão geral (é um parágrafo formal e obrigatório para fechamento do item Do direito, sem necessidade de voltar às teses abordadas. Sugestão: *Portanto, diante dos argumentos expostos e à luz da ordem jurídica pátria resta evidenciado que a conduta administrativa foi ilegítima*).

III – Do pedido

Ante o exposto, requer seja dado provimento ao presente recurso, reformando-se o r. acórdão de folhas.

Termos em que pede deferimento.

local, data

____

ADVOGADO ... OAB ...

Endereço do escritório dos advogados para intimações ...

E-mail do escritório dos advogados ...

17 – CONTRARRAZÕES DE RECURSO ORDINÁRIO CONSTITUCIONAL

Excelentíssimo Senhor Doutor Desembargador Relator ...

(pular 5 linhas)

Autos do Mandado de Segurança número ...

Nome, já devidamente qualificado nos autos do processo em epígrafe, vem, respeitosamente, à presença de Vossa Excelência, por seu advogado, com fundamento nos artigos 1.027 e seguintes do Código de Processo Civil de 2015, apresentar CONTRARRAZÕES no recurso ordinário interposto pela (nome da parte) arrimado nos motivos em anexo.

Termos em que pede deferimento.

local, data

____

ADVOGADO ... OAB ...

Endereço do escritório dos advogados para intimações ...

E-mail do escritório dos advogados ...

CONTRARRAZÕES

RECORRIDO (nome)

RECORRENTE (nome)

Egrégio Tribunal

Colenda Turma

Ínclitos Julgadores

I – Dos fatos

(pular 1 linha)

Dica: na narrativa dos fatos, resumir o enunciado tomando o cuidado de substituir o nome das partes pela terminologia específica da peça. Exemplo: "Paulo" vira "Recorrido"; "União" passa a ser "Recorrente".

II – Do direito

(pular 1 linha)

Estrutura sugerida:

Passo 1: "Parágrafo de chamamento da norma" (Ex.: *Estabelece o artigo 37 da Constituição Federal:*).

Passo 2: "Transcrição da norma" (copie a norma que fundamenta a tese, observando um recuo de meio de página).

Passo 3: "Parágrafos de raciocínio jurídico da tese principal" (comece explicando rapidamente o conteúdo da norma copiada. Depois, se tiver outra norma ligada ao caso, chame a outra norma e transcreva também. Depois escreva uns três parágrafos explicando o tema).

Passo 4: "Ligação com o caso concreto" (estabeleça a conexão das normas copiadas com o caso do enunciado. Exemplo: *No caso concreto, o princípio da legalidade foi violado na medida em que* ...).

Passo 5: Se o enunciado mencionar, fale sobre "eventuais consequências negativas da conduta do Poder Público na vida do cliente" (Exemplo: *A conduta administrativa vem criando dificuldades financeiras expressivas ao Agravante* ...).

Passo 6: "Referência a súmulas pertinentes" à tese principal (se houver).

Passo 7: Inclusão de "teses acessórias" (teses acessórias são outras linhas de raciocínio que também podem ser usadas para defender o cliente. Sugestão de redação: *Por outro giro, houve violação também do artigo 5º, II, da Constituição Federal, na medida em que* ...).

Passo 8: Conclusão geral (é um parágrafo formal e obrigatório para fechamento do item Do direito, sem necessidade de voltar às teses abordadas. Sugestão: *Portanto, diante dos argumentos expostos e à luz da ordem jurídica pátria resta evidenciado que a conduta administrativa foi ilegítima*).

III – Do pedido

Ante o exposto, requer sejam acolhidas as contrarrazões, com o consequente improvimento do recurso, mantendo-se o respeitável acórdão por suas próprias razões.

Termos em que pede deferimento.

local, data

____

ADVOGADO ... OAB ...

Endereço do escritório dos advogados para intimações ...

E-mail do escritório dos advogados ...

18 – RECURSO ESPECIAL

Excelentíssimo Senhor Doutor Desembargador Presidente do Egrégio Tribunal ... (indicar o nome do Tribunal "a quo")

(pular 5 linhas)

Autos do Processo número ...

Nome ..., já devidamente qualificado nos autos do processo em epígrafe, inconformado com o respeitável acórdão de folhas ..., vem, respeitosamente, à presença de Vossa Excelência, por seu advogado, com fundamento nos artigos 1.029 e seguintes do Código de Processo Civil de 2015 e 105, III, "a", da Constituição Federal, interpor Recurso Especial, arrimado nas razões em anexo.

Requer, assim, seja intimado o Recorrido para apresentar contrarrazões, bem como o recurso recebido em seu efeito devolutivo, remetendo-se os presentes autos ao Egrégio Superior Tribunal de Justiça, com as homenagens de estilo.

Requer, ainda, a juntada da respectiva guia comprobatória do recolhimento das custas e preparo devidos.

Termos em que pede deferimento.

local, data

____

ADVOGADO ... OAB ...

Endereço do escritório dos advogados para intimações ...

E-mail do escritório dos advogados ...

RAZÕES

RECORRENTE (nome)

RECORRIDO (nome)

Egrégio Tribunal

Colenda Turma

Ínclitos Julgadores

I – Prequestionamento

Convém discorrer rapidamente sobre o requisito do prequestionamento.

II – Dos fatos

(pular 1 linha)

Dica: Na narrativa dos fatos, resumir o enunciado tomando o cuidado de substituir o nome das partes pela terminologia específica da peça. Exemplo: "Paulo" vira "Recorrente"; "União" passa a ser "Recorrida".

III – Do direito

(pular 1 linha)

Estrutura sugerida:

Passo 1: "Parágrafo de chamamento da norma" (Ex.: *Estabelece o artigo 37 da Constituição Federal:*).

Passo 2: "Transcrição da norma" (copie a norma que fundamenta a tese, observando um recuo de meio de página).

Passo 3: "Parágrafos de raciocínio jurídico da tese principal" (comece explicando rapidamente o conteúdo da norma copiada. Depois, se tiver outra norma ligada ao caso, chame a outra norma e transcreva também. Depois escreva uns três parágrafos explicando o tema).

Passo 4: "Ligação com o caso concreto" (estabeleça a conexão das normas copiadas com o caso do enunciado. Exemplo: *No caso concreto, o princípio da legalidade foi violado na medida em que* ...).

Passo 5: Se o enunciado mencionar, fale sobre "eventuais consequências negativas da conduta do Poder Público na vida do cliente" (Exemplo: *A conduta administrativa vem criando dificuldades financeiras expressivas ao Agravante* ...).

Passo 6: "Referência a súmulas pertinentes" à tese principal (se houver).

Passo 7: Inclusão de "teses acessórias" (teses acessórias são outras linhas de raciocínio que também podem ser usadas para defender o cliente. Sugestão de redação: *Por outro giro, houve violação também do artigo 5º, II, da Constituição Federal, na medida em que* ...).

Passo 8: Conclusão geral (é um parágrafo formal e obrigatório para fechamento do item Do direito, sem necessidade de voltar às teses abordadas. Sugestão: *Portanto, diante dos argumentos expostos e à luz da ordem jurídica pátria resta evidenciado que a conduta administrativa foi ilegítima*).

IV – Do pedido

Ante o exposto, requer seja conhecido e provido o presente recurso, reformando-se o r. acórdão de folhas para fins de ... (especificar).

Termos em que pede deferimento.

local, data

____

ADVOGADO ... OAB ...

Endereço do escritório dos advogados para intimações ...

E-mail do escritório dos advogados ...

19 – CONTRARRAZÕES DE RECURSO ESPECIAL

Excelentíssimo Senhor Doutor Desembargador Presidente do Egrégio Tribunal ... (indicar o nome do Tribunal "a quo")

(pular 5 linhas)

Autos do Processo número ...

Nome, já devidamente qualificado nos autos do processo em epígrafe, vem, respeitosamente, à presença de Vossa Excelência, por seu advogado, com fundamento nos artigos 1.030 e seguintes do Código de Processo Civil de 2015, apresentar CONTRARRAZÕES no recurso especial interposto pelo (indicar o nome da outra parte), arrimado nos motivos em anexo.

Termos em que pede deferimento.

local, data

____

ADVOGADO ... OAB ...

Endereço do escritório dos advogados para intimações ...

E-mail do escritório dos advogados ...

CONTRARRAZÕES

RECORRIDO (nome)

RECORRENTE (nome)

Egrégio Tribunal

Colenda Turma

Ínclitos Julgadores

I – Dos fatos

(pular 1 linha)

Dica: na narrativa dos fatos, resumir o enunciado tomando o cuidado de substituir o nome das partes pela terminologia específica da peça. Exemplo: "Paulo" vira "Recorrido"; "União" passa a ser "Recorrente".

II – Da intempestividade do recurso

Se o enunciado mencionar a perda do prazo pelo Poder Público, acrescentar esse tópico com uma única frase: "É preciso afirmar, preliminarmente, que o recurso foi interposto fora do prazo legal".

III – Da ausência de prequestionamento

Em todos os casos (mesmo que o enunciado não mencione nada), acrescentar esse tópico com a seguinte frase: "A matéria discutida no recurso não foi prequestionada, violando o requisito fixado na lei para interposição da medida recursal".

IV – Do direito

(pular 1 linha)

Estrutura sugerida:

Passo 1: "Parágrafo de chamamento da norma" (Ex.: *Estabelece o artigo 37 da Constituição Federal:*).

Passo 2: "Transcrição da norma" (copie a norma que fundamenta a tese, observando um recuo de meio de página).

Passo 3: "Parágrafos de raciocínio jurídico da tese principal" (comece explicando rapidamente o conteúdo da norma copiada. Depois, se tiver outra norma ligada ao caso, chame a outra norma e transcreva também. Depois escreva uns três parágrafos explicando o tema).

Passo 4: "Ligação com o caso concreto" (estabeleça a conexão das normas copiadas com o caso do enunciado. Exemplo: *No caso concreto, o princípio da legalidade foi violado na medida em que* ...).

Passo 5: Se o enunciado mencionar, fale sobre "eventuais consequências negativas da conduta do Poder Público na vida do cliente" (Exemplo: *A conduta administrativa vem criando dificuldades financeiras expressivas ao Agravante* ...).

Passo 6: "Referência a súmulas pertinentes" à tese principal (se houver).

Passo 7: Inclusão de "teses acessórias" (teses acessórias são outras linhas de raciocínio que também podem ser usadas para defender o cliente. Sugestão de redação: *Por outro giro, houve violação também do artigo 5º, II, da Constituição Federal, na medida em que* ...).

Passo 8: Conclusão geral (é um parágrafo formal e obrigatório para fechamento do item Do direito, sem necessidade de voltar às teses abordadas. Sugestão: *Portanto, diante dos argumentos expostos e à luz da ordem jurídica pátria resta evidenciado que a conduta administrativa foi ilegítima*).

V – Do pedido

Ante o exposto, requer sejam acolhidas as presentes contrarrazões, com o consequente improvimento do recurso, mantendo-se o acórdão guerreado por suas próprias razões.

Termos em que pede deferimento.

local, data

____

ADVOGADO ... OAB ...

Endereço do escritório dos advogados para intimações ...

E-mail do escritório dos advogados ...

20 – RECURSO EXTRAORDINÁRIO

Excelentíssimo Senhor Doutor Desembargador Presidente do Egrégio Tribunal ... (indicar o nome do Tribunal "a quo")

(pular 5 linhas)

Autos do Processo número ...

Nome, já devidamente qualificado nos autos do processo em epígrafe, inconformado com o respeitável acórdão de folhas ..., vem, respeitosamente, à presença de Vossa Excelência, por seu advogado, com fundamento nos artigos 1.029 e seguintes do Código de Processo Civil de 2015 e 102, III, "a", da Constituição Federal, interpor Recurso Extraordinário, com fundamento nas razões em anexo.

Requer, assim, seja intimado o Recorrido para apresentar contrarrazões, bem como o recurso recebido em seu efeito devolutivo, remetendo-se os presentes autos ao Egrégio Supremo Tribunal Federal, com as homenagens de estilo.

Requer, ainda, a juntada da respectiva guia comprobatória do recolhimento das custas e preparo devidos.

Termos em que pede deferimento.

local, data

____

ADVOGADO ... OAB ...

Endereço do escritório dos advogados para intimações ...

E-mail do escritório dos advogados ...

RAZÕES

RECORRENTE (nome)

RECORRIDO (nome)

Egrégio Tribunal

Colenda Turma

Ínclitos Julgadores

I – Dos fatos

(pular 1 linha)

Dica: na narrativa dos fatos, resumir o enunciado tomando o cuidado de substituir o nome das partes pela terminologia específica da peça. Exemplo: "Felipe" vira "Recorrente"; "União" passa a ser "Recorrida".

II – Do prequestionamento

Convém discorrer rapidamente sobre o requisito do prequestionamento.

III – Da repercussão geral

Acrescentar sempre esse tópico com o seguinte teor: "É preciso afirmar que a matéria ora discutida apresenta repercussão geral, atendendo ao requisito estabelecido no artigo 1.035 do Código de Processo Civil de 2015".

IV – Do direito

(pular 1 linha)

Estrutura sugerida:

Passo 1: "Parágrafo de chamamento da norma" (Ex.: *Estabelece o artigo 37 da Constituição Federal:*).

Passo 2: "Transcrição da norma" (copie a norma que fundamenta a tese, observando um recuo de meio de página).

Passo 3: "Parágrafos de raciocínio jurídico da tese principal" (comece explicando rapidamente o conteúdo da norma copiada. Depois, se tiver outra norma ligada ao caso, chame a outra norma e transcreva também. Depois escreva uns três parágrafos explicando o tema).

Passo 4: "Ligação com o caso concreto" (estabeleça a conexão das normas copiadas com o caso do enunciado. Exemplo: *No caso concreto, o princípio da legalidade foi violado na medida em que ...*).

Passo 5: Se o enunciado mencionar, fale sobre "eventuais consequências negativas da conduta do Poder Público na vida do cliente" (Exemplo: *A conduta administrativa vem criando dificuldades financeiras expressivas ao Agravante ...*).

Passo 6: "Referência a súmulas pertinentes" à tese principal (se houver).

Passo 7: Inclusão de "teses acessórias" (teses acessórias são outras linhas de raciocínio que também podem ser usadas para defender o cliente. Sugestão de redação: *Por outro giro, houve violação também do artigo 5º, II, da Constituição Federal, na medida em que ...*).

Passo 8: Conclusão geral (é um parágrafo formal e obrigatório para fechamento do item Do direito, sem necessidade de voltar às teses abordadas. Sugestão: *Portanto, diante dos argumentos expostos e à luz da ordem jurídica pátria resta evidenciado que a conduta administrativa foi ilegítima*).

V – Do pedido

Ante o exposto, requer seja dado provimento ao presente recurso, reformando-se o r. acórdão de folhas.

Termos em que pede deferimento.

local, data

____

ADVOGADO ... OAB ...

Endereço do escritório dos advogados para intimações ...

E-mail do escritório dos advogados ...

21 – CONTRARRAZÕES DE RECURSO EXTRAORDINÁRIO

Excelentíssimo Senhor Doutor Desembargador Presidente do Egrégio Tribunal ... (indicar o nome do Tribunal "a quo")

(pular 5 linhas)

Autos do Processo número ...

Nome ..., já devidamente qualificado nos autos do processo em epígrafe, vem, respeitosamente, à presença de Vossa Excelência, por seu advogado, com fundamento nos artigos 1.030 e seguintes do Código de Processo Civil de 2015, apresentar Contrarrazões no Recurso Extraordinário interposto pela (indicar o nome da outra parte), com fundamento nas razões em anexo.

Termos em que pede deferimento.

local, data

____

ADVOGADO ... OAB ...

Endereço do escritório dos advogados para intimações ...

E-mail do escritório dos advogados ...

CONTRARRAZÕES

RECORRIDO (nome)

RECORRENTE (nome)

Egrégio Tribunal

Colenda Turma

Ínclitos Julgadores

I – Dos fatos

(pular 1 linha)

Dica: na narrativa dos fatos, resumir o enunciado tomando o cuidado de substituir o nome das partes pela terminologia específica da peça. Exemplo: "Felipe" vira "Recorrido"; "União" passa a ser "Recorrente".

II – Da intempestividade do recurso

Se o enunciado mencionar a perda do prazo, acrescentar esse tópico com uma única frase: "É preciso afirmar, preliminarmente, que o recurso foi interposto fora do prazo legal".

III – Da ausência de prequestionamento

Em todos os casos (mesmo que o enunciado não mencione nada), acrescentar esse tópico com a seguinte frase: "A matéria discutida no recurso não foi prequestionada, violando o requisito fixado na lei para interposição da medida recursal".

IV – Da ausência de repercussão geral

Em todos os casos, acrescentar também esse tópico com a seguinte redação: "O recurso interposto pelo fisco não debate tema com repercussão geral, desatendendo ao requisito do artigo 1.035 do Código de Processo Civil de 2015".

V – Do direito

(pular 1 linha)

Estrutura sugerida:

Passo 1: "Parágrafo de chamamento da norma" (Ex.: *Estabelece o artigo 37 da Constituição Federal:*).

Passo 2: "Transcrição da norma" (copie a norma que fundamenta a tese, observando um recuo de meio de página).

Passo 3: "Parágrafos de raciocínio jurídico da tese principal" (comece explicando rapidamente o conteúdo da norma copiada. Depois, se tiver outra norma ligada ao caso, chame a outra norma e transcreva também. Depois escreva uns três parágrafos explicando o tema).

Passo 4: "Ligação com o caso concreto" (estabeleça a conexão das normas copiadas com o caso do enunciado. Exemplo: *No caso concreto, o princípio da legalidade foi violado na medida em que* ...).

Passo 5: Se o enunciado mencionar, fale sobre "eventuais consequências negativas da conduta do Poder Público na vida do cliente" (Exemplo: *A conduta administrativa vem criando dificuldades financeiras expressivas ao Agravante* ...).

Passo 6: "Referência a súmulas pertinentes" à tese principal (se houver).

Passo 7: Inclusão de "teses acessórias" (teses acessórias são outras linhas de raciocínio que também podem ser usadas para defender o cliente. Sugestão de redação: *Por outro giro, houve violação também do artigo 5º, II, da Constituição Federal, na medida em que* ...).

Passo 8: Conclusão geral (é um parágrafo formal e obrigatório para fechamento do item Do direito, sem necessidade de voltar às teses abordadas. Sugestão: *Portanto, diante dos argumentos expostos e à luz da ordem jurídica pátria resta evidenciado que a conduta administrativa foi ilegítima*).

VI – Do pedido

Ante o exposto, requer sejam acolhidas as presentes contrarrazões, com o consequente improvimento do recurso, mantendo-se o acórdão guerreado por suas próprias razões.

Termos em que pede deferimento.

local, data

____

ADVOGADO ... OAB ...

Endereço do escritório dos advogados para intimações ...

E-mail do escritório dos advogados ...

22 – EMBARGOS DE DIVERGÊNCIA

Excelentíssimo Senhor Doutor Ministro Relator ...

(pular 5 linhas)

Autos do Processo número ...

Nome ..., já devidamente qualificado nos autos do processo em epígrafe, inconformado com a respeitável sentença de folhas ..., vem, respeitosamente, à presença de Vossa Excelência, por seu advogado, com fundamento no artigo 1.043 do Código de Processo Civil de 2015, interpor Embargos de Divergência, com supedâneo nas razões em anexo.

Requer, assim, seja o recurso recebido em seu duplo efeito.

local, data

____

ADVOGADO ... OAB ...

Endereço do escritório dos advogados para intimações ...

E-mail do escritório dos advogados ...

RAZÕES

APELANTE (nome)

APELADA (nome)

Egrégio Tribunal

Colenda Turma

Ínclitos Julgadores

I – Dos fatos

(pular 1 linha)

Dica: na narrativa dos fatos, resumir o enunciado tomando o cuidado de substituir o nome das partes pela terminologia específica da peça. Exemplo: "Paulo" vira "Recorrente"; "União" passa a ser "Recorrida".

II – Do direito

(pular 1 linha)

Estrutura sugerida:

Passo 1: "Parágrafo de chamamento da norma" (Ex.: *Estabelece o artigo 37 da Constituição Federal:*).

Passo 2: "Transcrição da norma" (copie a norma que fundamenta a tese, observando um recuo de meio de página).

Passo 3: "Parágrafos de raciocínio jurídico da tese principal" (comece explicando rapidamente o conteúdo da norma copiada. Depois, se tiver outra norma ligada ao caso, chame a outra norma e transcreva também. Depois escreva uns três parágrafos explicando o tema).

Passo 4: "Ligação com o caso concreto" (estabeleça a conexão das normas copiadas com o caso do enunciado. Exemplo: *No caso concreto, o princípio da legalidade foi violado na medida em que ...*).

Passo 5: Se o enunciado mencionar, fale sobre "eventuais consequências negativas da conduta do Poder Público na vida do cliente" (Exemplo: *A conduta administrativa vem criando dificuldades financeiras expressivas ao Agravante ...*).

Passo 6: "Referência a súmulas pertinentes" à tese principal (se houver).

Passo 7: Inclusão de "teses acessórias" (teses acessórias são outras linhas de raciocínio que também podem ser usadas para defender o cliente. Sugestão de redação: *Por outro giro, houve violação também do artigo 5º, II, da Constituição Federal, na medida em que ...*).

Passo 8: Conclusão geral (é um parágrafo formal e obrigatório para fechamento do item Do direito, sem necessidade de voltar às teses abordadas. Sugestão: *Portanto, diante dos argumentos expostos e à luz da ordem jurídica pátria resta evidenciado que a conduta administrativa foi ilegítima*).

III – Do pedido

Ante o exposto, requer seja dado provimento ao presente recurso, reformando-se o r. acórdão de folhas.

Termos em que pede deferimento.

local, data

____

ADVOGADO ... OAB ...

Endereço do escritório dos advogados para intimações ...

E-mail do escritório dos advogados ...

23 – CONTRARRAZÕES EM EMBARGOS DE DIVERGÊNCIA

Excelentíssimo Senhor Doutor Ministro Relator ...

(pular 5 linhas)

Autos do Processo número ...

Nome..., já devidamente qualificado nos autos do processo em epígrafe, vem, respeitosamente, à presença de Vossa Excelência, por seu advogado, com fundamento no artigo 1.043 do Código de Processo Civil de 2015, apresentar Contrarrazões nos Embargos de Divergência interpostos pelo (indicar o nome da outra parte), com base nos motivos em anexo.

Termos em que pede deferimento.

local, data

____

ADVOGADO ... OAB ...

Endereço do escritório dos advogados para intimações ...

E-mail do escritório dos advogados ...

CONTRARRAZÕES

RECORRIDO (nome)

RECORRENTE (nome)

Egrégio Tribunal

Colenda Turma

Ínclitos Julgadores

I – Dos fatos

(pular 1 linha)

Dica: na narrativa dos fatos, resumir o enunciado tomando o cuidado de substituir o nome das partes pela terminologia específica da peça. Exemplo: "Recorrido" vira "Autor"; "União" passa a ser "Recorrente".

II – Da intempestividade do recurso

Se o enunciado mencionar a perda do prazo, acrescentar esse tópico com uma única frase: "É preciso afirmar, preliminarmente, que o recurso foi interposto fora do prazo legal".

III – Do direito

(pular 1 linha)

Estrutura sugerida:

Passo 1: "Parágrafo de chamamento da norma" (Ex.: *Estabelece o artigo 37 da Constituição Federal:*).

Passo 2: "Transcrição da norma" (copie a norma que fundamenta a tese, observando um recuo de meio de página).

Passo 3: "Parágrafos de raciocínio jurídico da tese principal" (comece explicando rapidamente o conteúdo da norma copiada. Depois, se tiver outra norma ligada ao caso, chame a outra norma e transcreva também. Depois escreva uns três parágrafos explicando o tema).

Passo 4: "Ligação com o caso concreto" (estabeleça a conexão das normas copiadas com o caso do enunciado. Exemplo: *No caso concreto, o princípio da legalidade foi violado na medida em que* ...).

Passo 5: Se o enunciado mencionar, fale sobre "eventuais consequências negativas da conduta do Poder Público na vida do cliente" (Exemplo: *A conduta administrativa vem criando dificuldades financeiras expressivas ao Agravante* ...).

Passo 6: "Referência a súmulas pertinentes" à tese principal (se houver).

Passo 7: Inclusão de "teses acessórias" (teses acessórias são outras linhas de raciocínio que também podem ser usadas para defender o cliente. Sugestão de redação: *Por outro giro, houve violação também do artigo 5º, II, da Constituição Federal, na medida em que* ...).

Passo 8: Conclusão geral (é um parágrafo formal e obrigatório para fechamento do item Do direito, sem necessidade de voltar às teses abordadas. Sugestão: *Portanto, diante dos argumentos expostos e à luz da ordem jurídica pátria resta evidenciado que a conduta administrativa foi ilegítima*).

IV – Do pedido

Ante o exposto, requer sejam acolhidas as presentes contrarrazões, com o consequente improvimento do recurso, mantendo-se o acórdão guerreado por suas próprias razões.

Termos em que pede deferimento.

local, data

____

ADVOGADO ... OAB ...

Endereço do escritório dos advogados para intimações ...

E-mail do escritório dos advogados ...

24 – RECURSO ADESIVO

Excelentíssimo Senhor Doutor Juiz de Direito (ou Federal) da ... Vara da Comarca (ou Seção Judiciária) de ... (endereçar ao juiz da sentença)

(pular 5 linhas)

Autos do Processo número ...

Nome, já devidamente qualificado nos autos do processo em epígrafe, inconformado com a respeitável sentença de folhas ..., vem, respeitosamente, à presença de Vossa Excelência, por seu advogado, com fundamento no artigo 997 do Código de Processo Civil de 2015, interpor Recurso Adesivo, com fundamento nas razões em anexo.

Termos em que pede deferimento.

local, data

____

ADVOGADO ... OAB ...

Endereço do escritório dos advogados para intimações ...

E-mail do escritório dos advogados ...

RAZÕES

RECORRENTE (nome)

RECORRIDO (nome)

Egrégio Tribunal

Colenda Turma

Ínclitos Julgadores

I – Dos fatos

(pular 1 linha)

Dica: na narrativa dos fatos, resumir o enunciado tomando o cuidado de substituir o nome das partes pela terminologia específica da peça. Exemplo: "Contribuinte" vira "Recorrente"; "União" passa a ser "Recorrida".

II – Do direito

(pular 1 linha)

Estrutura sugerida:

Passo 1: "Parágrafo de chamamento da norma" (Ex.: *Estabelece o artigo 37 da Constituição Federal:*).

Passo 2: "Transcrição da norma" (copie a norma que fundamenta a tese, observando um recuo de meio de página).

Passo 3: "Parágrafos de raciocínio jurídico da tese principal" (comece explicando rapidamente o conteúdo da norma copiada. Depois, se tiver outra norma ligada ao caso, chame a outra norma e transcreva também. Depois escreva uns três parágrafos explicando o tema).

Passo 4: "Ligação com o caso concreto" (estabeleça a conexão das normas copiadas com o caso do enunciado. Exemplo: *No caso concreto, o princípio da legalidade foi violado na medida em que ...*).

Passo 5: Se o enunciado mencionar, fale sobre "eventuais consequências negativas da conduta do Poder Público na vida do cliente" (Exemplo: *A conduta administrativa vem criando dificuldades financeiras expressivas ao Agravante ...*).

Passo 6: "Referência a súmulas pertinentes" à tese principal (se houver).

Passo 7: Inclusão de "teses acessórias" (teses acessórias são outras linhas de raciocínio que também podem ser usadas para defender o cliente. Sugestão de redação: *Por outro giro, houve violação também do artigo 5º, II, da Constituição Federal, na medida em que ...*).

Passo 8: Conclusão geral (é um parágrafo formal e obrigatório para fechamento do item Do direito, sem necessidade de voltar às teses abordadas. Sugestão: *Portanto, diante dos argumentos expostos e à luz da ordem jurídica pátria resta evidenciado que a conduta administrativa foi ilegítima*).

III – Do pedido

Ante o exposto, requer seja dado provimento ao presente recurso, reformando-se a respeitável decisão de folhas ..., para fins de (especificar o pedido).

Termos em que pede deferimento.

local, data

____

ADVOGADO ... OAB ...

Endereço do escritório dos advogados para intimações ...

E-mail do escritório dos advogados ...

25 – CONTRARRAZÕES EM RECURSO ADESIVO

Excelentíssimo Senhor Doutor Juiz de Direito (ou Federal) da ... Vara da Comarca (ou Seção Judiciária) de ... (endereçar ao juiz da sentença)

(pular 5 linhas)

Autos do Processo número ...

Nome ..., já devidamente qualificado nos autos do processo em epígrafe, vem, respeitosamente, à presença de Vossa Excelência, por seu advogado, com fundamento no artigo 997 do Código de Processo Civil de 2015, apresentar Contrarrazões no Recurso Adesivo interposto pelo (incluir o nome da parte), com fundamento nos motivos em anexo.

Termos em que pede deferimento.

local, data

____

ADVOGADO ... OAB ...

Endereço do escritório dos advogados para intimações ...

E-mail do escritório dos advogados ...

CONTRARRAZÕES

RECORRIDO (nome)

RECORRENTE (nome)

Egrégio Tribunal

Colenda Turma

Ínclitos Julgadores

I – Dos fatos

(pular 1 linha)

Dica: na narrativa dos fatos, resumir o enunciado tomando o cuidado de substituir o nome das partes pela terminologia específica da peça. Exemplo: "Paulo" vira "Recorrente"; "União" passa a ser "Recorrida".

II – Do direito

(pular 1 linha)

Estrutura sugerida:

Passo 1: "Parágrafo de chamamento da norma" (Ex.: *Estabelece o artigo 37 da Constituição Federal:*).

Passo 2: "Transcrição da norma" (copie a norma que fundamenta a tese, observando um recuo de meio de página).

Passo 3: "Parágrafos de raciocínio jurídico da tese principal" (comece explicando rapidamente o conteúdo da norma copiada. Depois, se tiver outra norma ligada ao caso, chame a outra norma e transcreva também. Depois escreva uns três parágrafos explicando o tema).

Passo 4: "Ligação com o caso concreto" (estabeleça a conexão das normas copiadas com o caso do enunciado. Exemplo: *No caso concreto, o princípio da legalidade foi violado na medida em que ...*).

Passo 5: Se o enunciado mencionar, fale sobre "eventuais consequências negativas da conduta do Poder Público na vida do cliente" (Exemplo: *A conduta administrativa vem criando dificuldades financeiras expressivas ao Agravante ...*).

Passo 6: "Referência a súmulas pertinentes" à tese principal (se houver).

Passo 7: Inclusão de "teses acessórias" (teses acessórias são outras linhas de raciocínio que também podem ser usadas para defender o cliente. Sugestão de redação: *Por outro giro, houve violação também do artigo 5º, II, da Constituição Federal, na medida em que ...*).

Passo 8: Conclusão geral (é um parágrafo formal e obrigatório para fechamento do item Do direito, sem necessidade de voltar às teses abordadas. Sugestão: *Portanto, diante dos argumentos expostos e à luz da ordem jurídica pátria resta evidenciado que a conduta administrativa foi ilegítima*).

III – Do pedido

Ante o exposto, requer sejam acolhidas as contrarrazões, com o consequente improvimento do recurso.

Termos em que pede deferimento.

local, data

____

ADVOGADO ... OAB ...

Endereço do escritório dos advogados para intimações ...

E-mail do escritório dos advogados ...

26 – AGRAVO INTERNO

Excelentíssimo Senhor Doutor Desembargador (ou Ministro) Relator ...

(pular 5 linhas)

Autos do Processo número ...

Nome ..., já devidamente qualificado nos autos do processo em epígrafe, inconformado com a respeitável sentença de folhas ..., vem, respeitosamente, à presença de Vossa Excelência, por seu advogado, com fundamento nos artigos 319 e 932, "caput", III e V, do Código de Processo Civil de 2015 ..., interpor AGRAVO INTERNO, com fundamento nas razões em anexo.

Requer, assim, seja o recurso recebido em seu duplo efeito.

Termos em que pede deferimento.

local, data

____

ADVOGADO ... OAB ...

Endereço do escritório dos advogados para intimações ...

E-mail do escritório dos advogados ...

MINUTA

AGRAVANTE (nome)

AGRAVADO (nome)

Egrégio Tribunal

Colenda Turma

Ínclitos Julgadores

I – Dos fatos

(pular 1 linha)

Dica: na narrativa dos fatos, resumir o enunciado tomando o cuidado de substituir o nome das partes pela terminologia específica da peça. Exemplo: "Paulo" vira "Agravante"; "União" passa a ser "Agravada".

II – Do direito

(pular 1 linha)

Estrutura sugerida:

Passo 1: "Parágrafo de chamamento da norma" (Ex.: *Estabelece o artigo 37 da Constituição Federal:*).

Passo 2: "Transcrição da norma" (copie a norma que fundamenta a tese, observando um recuo de meio de página).

Passo 3: "Parágrafos de raciocínio jurídico da tese principal" (comece explicando rapidamente o conteúdo da norma copiada. Depois, se tiver outra norma ligada ao caso, chame a outra norma e transcreva também. Depois escreva uns três parágrafos explicando o tema).

Passo 4: "Ligação com o caso concreto" (estabeleça a conexão das normas copiadas com o caso do enunciado. Exemplo: *No caso concreto, o princípio da legalidade foi violado na medida em que ...*).

Passo 5: Se o enunciado mencionar, fale sobre "eventuais consequências negativas da conduta do Poder Público na vida do cliente" (Exemplo: *A conduta administrativa vem criando dificuldades financeiras expressivas ao Agravante ...*).

Passo 6: "Referência a súmulas pertinentes" à tese principal (se houver).

Passo 7: Inclusão de "teses acessórias" (teses acessórias são outras linhas de raciocínio que também podem ser usadas para defender o cliente. Sugestão de redação: *Por outro giro, houve violação também do artigo 5º, II, da Constituição Federal, na medida em que ...*).

Passo 8: Conclusão geral (é um parágrafo formal e obrigatório para fechamento do item Do direito, sem necessidade de voltar às teses abordadas. Sugestão: *Portanto, diante dos argumentos expostos e à luz da ordem jurídica pátria resta evidenciado que a conduta administrativa foi ilegítima*).

III – Do pedido

Ante o exposto, requer seja dado provimento ao presente recurso, reformando-se a r. decisão de folhas ..., para fins de (especificar o pedido).

Termos em que pede deferimento.

local, data

____

ADVOGADO ... OAB ...

Endereço do escritório dos advogados para intimações ...

E-mail do escritório dos advogados ...

27 – CONTRAMINUTA EM AGRAVO INTERNO

Excelentíssimo Senhor Doutor Desembargador (ou Ministro) Relator ...

(pular 5 linhas)

Autos do Processo número ...

Nome ..., já devidamente qualificado nos autos do processo em epígrafe, vem, respeitosamente, à presença de Vossa Excelência, por seu advogado, com fundamento nos artigos 319 e 932, "caput", incisos III e V, do Código de Processo Civil de 2015 ..., oferecer CONTRAMINUTA no agravo interposto pelo (nome da outra parte), com sustentação nos motivos em anexo.

Termos em que pede deferimento.

local, data

____

ADVOGADO ... OAB ...

Endereço do escritório dos advogados para intimações ...

E-mail do escritório dos advogados ...

CONTRAMINUTA

AGRAVADO (nome)

AGRAVANTE (nome)

Egrégio Tribunal

Colenda Turma

Ínclitos Julgadores

I – Dos fatos

(pular 1 linha)

Dica: na narrativa dos fatos, resumir o enunciado tomando o cuidado de substituir o nome das partes pela terminologia específica da peça. Exemplo: "Paulo" vira "Agravado"; "Agravante" passa a ser "Ré".

II – Do direito

(pular 1 linha)

Estrutura sugerida:

Passo 1: "Parágrafo de chamamento da norma" (Ex.: *Estabelece o artigo 37 da Constituição Federal:*).

Passo 2: "Transcrição da norma" (copie a norma que fundamenta a tese, observando um recuo de meio página).

Passo 3: "Parágrafos de raciocínio jurídico da tese principal" (comece explicando rapidamente o conteúdo da norma copiada. Depois, se tiver outra norma ligada ao caso, chame a outra norma e transcreva também. Depois escreva uns três parágrafos explicando o tema).

Passo 4: "Ligação com o caso concreto" (estabeleça a conexão das normas copiadas com o caso do enunciado. Exemplo: *No caso concreto, o princípio da legalidade foi violado na medida em que ...*).

Passo 5: Se o enunciado mencionar, fale sobre "eventuais consequências negativas da conduta do Poder Público na vida do cliente" (Exemplo: *A conduta administrativa vem criando dificuldades financeiras expressivas ao Agravante ...*)

Passo 6: "Referência a súmulas pertinentes" à tese principal (se houver).

Passo 7: Inclusão de "teses acessórias" (teses acessórias são outras linhas de raciocínio que também podem ser usadas para defender o cliente. Sugestão de redação: *Por outro giro, houve violação também do artigo 5º, II, da Constituição Federal, na medida em que ...*).

Passo 8: Conclusão geral (é um parágrafo formal e obrigatório para fechamento do item Do direito, sem necessidade de voltar às teses abordadas. Sugestão: *Portanto, diante dos argumentos expostos e à luz da ordem jurídica pátria resta evidenciado que a conduta administrativa foi ilegítima*).

III – Do pedido

Ante o exposto, requer seja acolhida a presente contraminuta com o consequente improvimento do recurso.

Termos em que pede deferimento.

local, data

____

ADVOGADO ... OAB ...

Endereço do escritório dos advogados para intimações ...

E-mail do escritório dos advogados ...

28 – AÇÃO RESCISÓRIA

Excelentíssimo Senhor Doutor Desembargador (ou Ministro) Presidente do Egrégio ... (nome do tribunal)

(pular 5 linhas)

Nome ..., nacionalidade ..., estado civil ..., profissão ..., portador da cédula de identidade Registro Geral número ..., inscrito no Cadastro de Pessoas Físicas sob o número ..., residente e domiciliado no endereço ..., endereço eletrônico ..., por seu advogado, procuração em anexo, vem, respeitosamente, à presença de Vossa Excelência, com fundamento nos artigos 319 e 966 do Código de Processo Civil de 2015, propor Ação Rescisória, em face do (nome da outra parte), pessoa jurídica de direito público interno, inscrita no Cadastro Nacional das Pessoas Jurídicas sob o número ..., com sede e domicílio no endereço ..., endereço eletrônico ..., arrimado nas razões de fato e de direito adiante expostas:

(pular 1 linha)

I – Dos fatos

(pular 1 linha)

Dica: na narrativa dos fatos, resumir o enunciado tomando o cuidado de substituir o nome das partes pela terminologia específica da peça. Exemplo: "Paulo" vira "Autor"; "União" passa a ser "Ré".

II – Do direito

(pular 1 linha)

Estrutura sugerida:

Passo 1: "Parágrafo de chamamento da norma" (Ex.: *Estabelece o artigo 37 da Constituição Federal:*).

Passo 2: "Transcrição da norma" (copie a norma que fundamenta a tese, observando um recuo de meio de página).

Passo 3: "Parágrafos de raciocínio jurídico da tese principal" (comece explicando rapidamente o conteúdo da norma copiada. Depois, se tiver outra norma ligada ao caso, chame a outra norma e transcreva também. Depois escreva uns três parágrafos explicando o tema).

Passo 4: "Ligação com o caso concreto" (estabeleça a conexão das normas copiadas com o caso do enunciado. Exemplo: *No caso concreto, o princípio da legalidade foi violado na medida em que ...*).

Passo 5: Se o enunciado mencionar, fale sobre "eventuais consequências negativas da conduta do Poder Público na vida do cliente" (Exemplo: *A conduta administrativa vem criando dificuldades financeiras expressivas ao Agravante ...*).

Passo 6: "Referência a súmulas pertinentes" à tese principal (se houver).

Passo 7: Inclusão de "teses acessórias" (teses acessórias são outras linhas de raciocínio que também podem ser usadas para defender o cliente. Sugestão de redação: *Por outro giro, houve violação também do artigo 5º, II, da Constituição Federal, na medida em que* ...).

Passo 8: Conclusão geral (é um parágrafo formal e obrigatório para fechamento do item Do direito, sem necessidade de voltar às teses abordadas. Sugestão: *Portanto, diante dos argumentos expostos e à luz da ordem jurídica pátria resta evidenciado que a conduta administrativa foi ilegítima*).

III – Dos pedidos

Ante o exposto, requer:

a) seja julgada procedente a presente ação, rescindindo-se a sentença (ou acórdão) ora hostilizada, substituindo a decisão por outra com a finalidade de ... (especificar);

b) seja citada a Ré para contestar o feito;

c) a condenação em custas e honorários;

d) a oitiva do MP;

e) o deferimento da juntada da guia do depósito do percentual do valor da causa exigido pelo art. 968, II, do Código de Processo Civil de 2015;

f) o deferimento da juntada dos demais documentos que instruem a Inicial.

Dá-se à causa o valor ...

Termos em que pede deferimento.

local, data

____

ADVOGADO ... OAB ...

Endereço do escritório dos advogados para intimações ...

E-mail do escritório dos advogados ...

29 – CONTESTAÇÃO EM AÇÃO RESCISÓRIA

Excelentíssimo Senhor Doutor Desembargador (ou Ministro) Relator ...

(pular 5 linhas)

Autos do Processo número ...

Nome ..., nacionalidade ..., estado civil ..., profissão ..., portador da cédula de identidade Registro Geral número ..., inscrito no Cadastro de Pessoas Físicas sob o número ..., residente e domiciliado no endereço ..., endereço eletrônico ..., por seu advogado, procuração em anexo, vem, respeitosamente, à presença de Vossa Excelência, com fundamento nos artigos 319 e 970 do Código de Processo Civil de 2015, apresentar CONTESTAÇÃO na Ação Rescisória proposta pelo (nome da parte), com sustentação nas razões de fato e de direito a seguir expostas:

(pular 1 linha)

I – Dos fatos

(pular 1 linha)

Dica: na narrativa dos fatos, resumir o enunciado tomando o cuidado de substituir o nome das partes pela terminologia específica da peça. Exemplo: "Paulo" vira "Réu"; "União" passa a ser "Autora".

II – Do direito

(pular 1 linha)

Estrutura sugerida:

Passo 1: "Parágrafo de chamamento da norma" (Ex.: *Estabelece o artigo 37 da Constituição Federal:*).

Passo 2: "Transcrição da norma" (copie a norma que fundamenta a tese, observando um recuo de meio de página).

Passo 3: "Parágrafos de raciocínio jurídico da tese principal" (comece explicando rapidamente o conteúdo da norma copiada. Depois, se tiver outra norma ligada ao caso, chame a outra norma e transcreva também. Depois escreva uns três parágrafos explicando o tema).

Passo 4: "Ligação com o caso concreto" (estabeleça a conexão das normas copiadas com o caso do enunciado. Exemplo: *No caso concreto, o princípio da legalidade foi violado na medida em que ...*).

Passo 5: Se o enunciado mencionar, fale sobre "eventuais consequências negativas da conduta do Poder Público na vida do cliente" (Exemplo: *A conduta administrativa vem criando dificuldades financeiras expressivas ao Agravante ...*).

Passo 6: "Referência a súmulas pertinentes" à tese principal (se houver).

Passo 7: Inclusão de "teses acessórias" (teses acessórias são outras linhas de raciocínio que também podem ser usadas para defender o cliente. Sugestão de redação: *Por outro giro, houve violação também do artigo 5º, II, da Constituição Federal, na medida em que ...*).

Passo 8: Conclusão geral (é um parágrafo formal e obrigatório para fechamento do item Do direito, sem necessidade de voltar às teses abordadas. Sugestão: *Portanto, diante dos argumentos expostos e à luz da ordem jurídica pátria resta evidenciado que a conduta administrativa foi ilegítima*).

III – Dos pedidos

Ante o exposto, requer seja acolhida a presente contestação com a consequente improcedência da ação rescisória, mantendo-se a decisão guerreada por suas próprias razões:

Requer ainda o deferimento da juntada dos demais documentos que instruem a Inicial.

Termos em que pede deferimento.

local, data

____

ADVOGADO ... OAB ...

Endereço do escritório dos advogados para intimações ...

E-mail do escritório dos advogados ...

30 – "QUERELA NULLITATIS INSANABILIS"

Excelentíssimo Senhor Doutor Desembargador (ou Ministro) Presidente do Egrégio ... (nome do tribunal)

(pular 5 linhas)

Nome ..., nacionalidade ..., estado civil ..., profissão ..., portador da cédula de identidade Registro Geral número ..., inscrito no Cadastro de Pessoas Físicas sob o número ..., residente e domiciliado no endereço ..., endereço eletrônico ..., por seu advogado, procuração em anexo, vem, respeitosamente, à presença de Vossa Excelência, com fundamento no artigo 319 do Código de Processo Civil de 2015, propor "QUERELA NULLITATIS INSANABILIS", em face do (nome da outra parte), pessoa jurídica de direito público interno, inscrita no Cadastro Nacional das Pessoas Jurídicas sob o número ..., com sede e domicílio no endereço ..., endereço eletrônico ..., com sustentação nas razões de fato e de direito a seguir expostas:

(pular 1 linha)

I – Dos fatos

(pular 1 linha)

Dica: na narrativa dos fatos, resumir o enunciado tomando o cuidado de substituir o nome das partes pela terminologia específica da peça. Exemplo: "Contribuinte" vira "Requerente"; "União" passa a ser "Requerida".

II – Do direito

(pular 1 linha)

Estrutura sugerida:

Passo 1: "Parágrafo de chamamento da norma" (Ex.: *Estabelece o artigo 37 da Constituição Federal:*).

Passo 2: "Transcrição da norma" (copie a norma que fundamenta a tese, observando um recuo de meio de página).

Passo 3: "Parágrafos de raciocínio jurídico da tese principal" (comece explicando rapidamente o conteúdo da norma copiada. Depois, se tiver outra norma ligada ao caso, chame a outra norma e transcreva também. Depois escreva uns três parágrafos explicando o tema).

Passo 4: "Ligação com o caso concreto" (estabeleça a conexão das normas copiadas com o caso do enunciado. Exemplo: *No caso concreto, o princípio da legalidade foi violado na medida em que ...*).

Passo 5: Se o enunciado mencionar, fale sobre "eventuais consequências negativas da conduta do Poder Público na vida do cliente" (Exemplo: *A conduta administrativa vem criando dificuldades financeiras expressivas ao Requerente ...*).

Passo 6: "Referência a súmulas pertinentes" à tese principal (se houver).

Passo 7: Inclusão de "teses acessórias" (teses acessórias são outras linhas de raciocínio que também podem ser usadas para defender o cliente. Sugestão de redação: *Por outro giro, houve violação também do artigo 5º, II, da Constituição Federal, na medida em que* ...).

Passo 8: Conclusão geral (é um parágrafo formal e obrigatório para fechamento do item Do direito, sem necessidade de voltar às teses abordadas. Sugestão: *Portanto, diante dos argumentos expostos e à luz da ordem jurídica pátria resta evidenciado que a conduta administrativa foi ilegítima*).

III – Dos pedidos

Ante o exposto, requer:

a) seja julgada procedente a presente ação, declarando-se inexistente a sentença (ou acórdão) ora hostilizada;

b) seja citada a Requerida para contestar o feito;

c) a condenação em custas e honorários;

d) o deferimento da juntada dos demais documentos que instruem a Inicial.

Dá-se à causa o valor ...

Termos em que pede deferimento.

local, data

____

ADVOGADO ... OAB ...

Endereço do escritório dos advogados para intimações ...

E-mail do escritório dos advogados ...

31 – CORREIÇÃO PARCIAL

Excelentíssimo Senhor Doutor (endereçar para o presidente do tribunal competente para o agravo de instrumento)

(pular 5 linhas)

Autos do Processo número ...

Nome ..., nacionalidade ..., estado civil ..., profissão ..., portador da cédula de identidade Registro Geral número ..., inscrito no Cadastro de Pessoas Físicas sob o número ..., residente e domiciliado no endereço ..., endereço eletrônico ..., por seu advogado, procuração em anexo, vem, respeitosamente, à presença de Vossa Excelência, com fundamento no artigo 319 do Código de Processo Civil de 2015, apresentar Correição Parcial, pessoa jurídica de direito público interno, inscrita no Cadastro Nacional das Pessoas Jurídicas sob o número ..., com sede e domicílio no endereço ..., endereço eletrônico ..., arrimado nas razões de fato e de direito adiante expostas:

(pular 1 linha)

I – Dos fatos

(pular 1 linha)

Dica: na narrativa dos fatos, resumir o enunciado tomando o cuidado de substituir o nome das partes pela terminologia específica da peça. Exemplo: "Paulo" vira "Requerente"; "União" passa a ser "Requerida".

II – Do direito

(pular 1 linha)

Estrutura sugerida:

Passo 1: "Parágrafo de chamamento da norma" (Ex.: *Estabelece o artigo 37 da Constituição Federal:*).

Passo 2: "Transcrição da norma" (copie a norma que fundamenta a tese, observando um recuo de meio de página).

Passo 3: "Parágrafos de raciocínio jurídico da tese principal" (comece explicando rapidamente o conteúdo da norma copiada. Depois, se tiver outra norma ligada ao caso, chame a outra norma e transcreva também. Depois escreva uns três parágrafos explicando o tema).

Passo 4: "Ligação com o caso concreto" (estabeleça a conexão das normas copiadas com o caso do enunciado. Exemplo: *No caso concreto, o princípio da legalidade foi violado na medida em que ...*).

Passo 5: Se o enunciado mencionar, fale sobre "eventuais consequências negativas da conduta do Poder Público na vida do cliente" (Exemplo: *A conduta administrativa vem criando dificuldades financeiras expressivas ao Requerente ...*).

Passo 6: "Referência a súmulas pertinentes" à tese principal (se houver).

Passo 7: Inclusão de "teses acessórias" (teses acessórias são outras linhas de raciocínio que também podem ser usadas para defender o cliente. Sugestão de redação: *Por outro giro, houve violação também do artigo 5º, II, da Constituição Federal, na medida em que ...*).

Passo 8: Conclusão geral (é um parágrafo formal e obrigatório para fechamento do item Do direito, sem necessidade de voltar às teses abordadas. Sugestão: *Portanto, diante dos argumentos expostos e à luz da ordem jurídica pátria resta evidenciado que a conduta administrativa foi ilegítima*).

III – Dos pedidos

Ante o exposto, requer:

a) seja acolhida a presente medida para saneamento da decisão que produziu inversão tumultuária do processo;

b) citação do requerido;

c) juntada de documentos.

Dá-se à causa o valor ...

Termos em que pede deferimento.

local, data

____

ADVOGADO ... OAB ...

Endereço do escritório dos advogados para intimações ...

E-mail do escritório dos advogados ...

32 – PEDIDO DE RECONSIDERAÇÃO

Excelentíssimo Senhor Doutor ...

(pular 5 linhas)

Autos do Processo número ...

Nome ..., já qualificado nos autos do processo em epígrafe, por seu advogado, procuração em anexo, vem, respeitosamente, à presença de Vossa Excelência, com fundamento no artigo 319 do Código de Processo Civil de 2015, diante da decisão que antecipou os efeitos da tutela, apresentar PEDIDO DE RECONSIDERAÇÃO, com base nas razões de fato e de direito adiante expostas:

(pular 1 linha)

I – Dos fatos

(pular 1 linha)

Dica: na narrativa dos fatos, resumir o enunciado tomando o cuidado de substituir o nome das partes pela terminologia específica da peça. Exemplo: "Paulo" vira "Requerente"; "Requerida" passa a ser "Ré".

II – Do direito

(pular 1 linha)

Estrutura sugerida:

Passo 1: "Parágrafo de chamamento da norma" (Ex.: *Estabelece o artigo 37 da Constituição Federal:*).

Passo 2: "Transcrição da norma" (copie a norma que fundamenta a tese, observando um recuo de meio de página).

Passo 3: "Parágrafos de raciocínio jurídico da tese principal" (comece explicando rapidamente o conteúdo da norma copiada. Depois, se tiver outra norma ligada ao caso, chame a outra norma e transcreva também. Depois escreva uns três parágrafos explicando o tema).

Passo 4: "Ligação com o caso concreto" (estabeleça a conexão das normas copiadas com o caso do enunciado. Exemplo: *No caso concreto, o princípio da legalidade foi violado na medida em que ...*).

Passo 5: Se o enunciado mencionar, fale sobre "eventuais consequências negativas da conduta do Poder Público na vida do cliente" (Exemplo: *A conduta administrativa vem criando dificuldades financeiras expressivas ao Requerente ...*).

Passo 6: "Referência a súmulas pertinentes" à tese principal (se houver).

Passo 7: Inclusão de "teses acessórias" (teses acessórias são outras linhas de raciocínio que também podem ser usadas para defender o cliente. Sugestão de redação: *Por* *outro giro, houve violação também do artigo 5º, II, da Constituição Federal, na medida em que ...).*

Passo 8: Conclusão geral (é um parágrafo formal e obrigatório para fechamento do item Do direito, sem necessidade de voltar às teses abordadas. Sugestão: *Portanto, diante dos argumentos expostos e à luz da ordem jurídica pátria resta evidenciado que a conduta administrativa foi ilegítima*).

III – Dos pedidos

Ante o exposto, requer digne-se Vossa Excelência a reconsiderar a decisão que converteu o Agravo de Instrumento em Retido, para o fim de ...

Termos em que pede deferimento.

local, data

____

ADVOGADO ... OAB ...

Endereço do escritório dos advogados para intimações ...

E-mail do escritório dos advogados ...

33 – EMBARGOS DE DECLARAÇÃO

Excelentíssimo Senhor Doutor ... (dirigir à mesma autoridade que prolatou a decisão recorrida: juiz ou relator)

(pular 5 linhas)

Autos do Processo número ...

Nome ..., já qualificado nos autos do processo em epígrafe, por seu advogado, procuração em anexo, vem, respeitosamente, à presença de Vossa Excelência, com fundamento nos artigos 319 e 1.022 do Código de Processo Civil de 2015, interpor Embargos de Declaração, com base nas razões de fato e de direito adiante expostas:

(pular 1 linha)

I – Dos fatos

(pular 1 linha)

Dica: na narrativa dos fatos, resumir o enunciado tomando o cuidado de substituir o nome das partes pela terminologia específica da peça. Exemplo: "Paulo" vira "Recorrente"; "União" passa a ser "Recorrida".

II – Do direito

(pular 1 linha)

Estrutura sugerida:

Passo 1: "Parágrafo de chamamento da norma" (Ex.: *Estabelece o artigo 37 da Constituição Federal:*).

Passo 2: "Transcrição da norma" (copie a norma que fundamenta a tese, observando um recuo de meio de página).

Passo 3: "Parágrafos de raciocínio jurídico da tese principal" (comece explicando rapidamente o conteúdo da norma copiada. Depois, se tiver outra norma ligada ao caso, chame a outra norma e transcreva também. Depois escreva uns três parágrafos explicando o tema).

Passo 4: "Ligação com o caso concreto" (estabeleça a conexão das normas copiadas com o caso do enunciado. Exemplo: *No caso concreto, o princípio da legalidade foi violado na medida em que ...*).

Passo 5: Se o enunciado mencionar, fale sobre "eventuais consequências negativas da conduta do Poder Público na vida do cliente" (Exemplo: *A conduta administrativa vem criando dificuldades financeiras expressivas ao Embargante ...*).

Passo 6: "Referência a súmulas pertinentes" à tese principal (se houver).

Passo 7: Inclusão de "teses acessórias" (teses acessórias são outras linhas de raciocínio que também podem ser usadas para defender o cliente. Sugestão de redação: *Por* *outro giro, houve violação também do artigo 5º, II, da Constituição Federal, na medida em que ...).*

Passo 8: Conclusão geral (é um parágrafo formal e obrigatório para fechamento do item Do direito, sem necessidade de voltar às teses abordadas. Sugestão: *Portanto, diante dos argumentos expostos e à luz da ordem jurídica pátria resta evidenciado que a conduta administrativa foi ilegítima*).

III – Dos pedidos

Ante o exposto, requer sejam conhecidos e providos os presentes embargos para suprir a omissão (ou contradição ou obscuridade) da decisão recorrida.

Termos em que pede deferimento.

local, data

____

ADVOGADO ... OAB ...

Endereço do escritório dos advogados para intimações ...

E-mail do escritório dos advogados ...

34 – CAUTELAR RECURSAL

Excelentíssimo Senhor Doutor Ministro Presidente do (Superior Tribunal de Justiça ou Supremo Tribunal Federal)

(pular 5 linhas)

Cornélio, nacionalidade ..., estado civil ..., profissão ..., portador da cédula de identidade Registro Geral número ..., inscrito no Cadastro de Pessoas Físicas sob o número ..., residente e domiciliado no endereço ..., endereço eletrônico ..., por seu advogado (procuração em anexo), vem, respeitosamente, à presença de Vossa Excelência, com fundamento nos artigos 319 e 299, parágrafo único, do Código de Processo Civil de 2015, propor AÇÃO CAUTELAR RECURSAL, em face do (incluir o nome da outra parte), pessoa jurídica de direito público interno, inscrita no Cadastro Nacional das Pessoas Jurídicas sob o número ..., com sede e domicílio no endereço ..., endereço eletrônico ..., com base nas razões de fato e de direito adiante expostas:

(pular 1 linha)

I – Dos fatos

(pular 1 linha)

Dica: na narrativa dos fatos, resumir o enunciado tomando o cuidado de substituir o nome das partes pela terminologia específica da peça. Exemplo: "Paulo" vira "Recorrente"; "União" passa a ser "Recorrida".

II – Do direito

(pular 1 linha)

Estrutura sugerida:

Passo 1: "Parágrafo de chamamento da norma" (Ex.: *Estabelece o artigo 150, I, da Constituição Federal:*).

Passo 2: "Transcrição da norma" (copie a norma que fundamenta a tese, observando um recuo de meio de página).

Passo 3: "Parágrafos de raciocínio jurídico da tese principal" (comece explicando rapidamente o conteúdo da norma copiada. Depois, se tiver outra norma ligada ao caso, chame a outra norma e transcreva também. Depois escreva uns três parágrafos explicando o tema).

Passo 4: "Ligação com o caso concreto" (estabeleça a conexão das normas copiadas com o caso do enunciado. Exemplo: *No caso concreto, o princípio da legalidade foi violado na medida em que ...*).

Passo 5: Se o enunciado mencionar, fale sobre "eventuais consequências negativas da conduta do Fisco na vida do cliente" (Exemplo: *A exigência fiscal indevida vem criando dificuldades financeiras expressivas ao Impetrante ...*).

Passo 6: "Referência a súmulas pertinentes" à tese principal (se houver).

Passo 7: Inclusão de "teses acessórias" (teses acessórias são outras linhas de raciocínio que também podem ser usadas para defender o cliente. Sugestão de redação: *Por outro giro, houve violação também do artigo 150, IV, da Constituição Federal, na medida em que ...*).

Passo 8: Conclusão geral (é um parágrafo formal e obrigatório para fechamento do item Do direito, sem necessidade de voltar às teses abordadas. Sugestão: *Portanto, diante dos argumentos expostos e à luz da ordem jurídica pátria resta evidenciado que a exigência fiscal é indevida*).

III – Da concessão da medida liminar

(pular 1 linha)

O "fumus boni iuris" está presente conforme demonstrado no item anterior.

Quanto ao "periculum in mora", também se faz presente diante da iminência (narrar a situação de urgência).

Presentes os dois requisitos legais, o Impetrante faz jus à concessão da medida liminar.

(pular 1 linha)

IV – Dos pedidos

Ante o exposto, requer:

a) seja deferida a medida liminar para o efeito de ... (especificar o pedido);

b) seja julgada procedente a presente procedência da ação, confirmando a medida liminar, para fins de ... (especificar);

c) a citação do Requerido;

d) a condenação em custas e honorários;

e) o deferimento da juntada de documentos.

Protesta provar o alegado por todos os meios de prova admitidos em Direito.

Dá-se à causa o valor ...

Termos em que pede deferimento.

local, data

____

ADVOGADO ... OAB ...

Endereço do escritório dos advogados para intimações ...

E-mail do escritório dos advogados ...

35 – CONTESTAÇÃO EM CAUTELAR RECURSAL

Ilustríssimo Senhor ...

(pular 5 linhas)

Nome ..., nacionalidade ..., estado civil ..., profissão ..., portador da cédula de identidade Registro Geral número ..., inscrito no Cadastro de Pessoas Físicas sob o número ..., residente e domiciliado no endereço..., endereço eletrônico ..., por seu advogado (procuração em anexo), vem, respeitosamente, à presença de Vossa Senhoria, com fundamento no artigo 109 da Lei n. 8.666/93, interpor RECURSO ADMINISTRATIVO contra a decisão ora guerreada (inabilitação ou habilitação, julgamento da proposta, anulação ou revogação da licitação), requerendo que, após o processamento das medidas administrativas de praxe, sejam as razões em anexo encaminhadas à (autoridade superior do órgão licitante).

Termos em que pede deferimento.

local, data

____

ADVOGADO ... OAB ...

Endereço do escritório dos advogados para intimações ...

E-mail do escritório dos advogados ...

Ilustríssimo Senhor (autoridade superior do órgão licitante)

(pular 1 linha)

I – Dos fatos

(pular 1 linha)

II – Do direito

(pular 1 linha)

Estrutura sugerida:

Passo 1: "Parágrafo de chamamento da norma" (Ex.: *Estabelece o artigo 37 da Constituição Federal:*).

Passo 2: "Transcrição da norma" (copie a norma que fundamenta a tese, observando um recuo de meio de página).

Passo 3: "Parágrafos de raciocínio jurídico da tese principal" (comece explicando rapidamente o conteúdo da norma copiada. Depois, se tiver outra norma ligada ao caso, chame a outra norma e transcreva também. Depois escreva uns três parágrafos explicando o tema).

Passo 4: "Ligação com o caso concreto" (estabeleça a conexão das normas copiadas com o caso do enunciado. Exemplo: *No caso concreto, o princípio da legalidade foi violado na medida em que ...*).

Passo 5: Se o enunciado mencionar, fale sobre "eventuais consequências negativas da conduta do Poder Público na vida do cliente" (Exemplo: *A conduta administrativa vem criando dificuldades financeiras expressivas ao Requerente* ...).

Passo 6: "Referência a súmulas pertinentes" à tese principal (se houver).

Passo 7: Inclusão de "teses acessórias" (teses acessórias são outras linhas de raciocínio que também podem ser usadas para defender o cliente. Sugestão de redação: *Por outro giro, houve violação também do artigo 5º, II, da Constituição Federal, na medida em que* ...).

Passo 8: Conclusão geral (é um parágrafo formal e obrigatório para fechamento do item Do direito, sem necessidade de voltar às teses abordadas. Sugestão: *Portanto, diante dos argumentos expostos e à luz da ordem jurídica pátria resta evidenciado que a conduta administrativa foi ilegítima*).

III – Dos pedidos

Ante o exposto, requer seja conhecido o presente recurso e lhe seja atribuído efeito suspensivo, e no mérito, seja provido para o efeito de reformar a decisão recorrida, permitindo-se que ... (especificar o pedido).

Termos em que pede deferimento.

local, data

____

ADVOGADO ... OAB ...

Endereço do escritório dos advogados para intimações ...

E-mail do escritório dos advogados ...

36 – RECURSO ADMINISTRATIVO

Ilustríssimo Senhor Presidente da Comissão ...

(pular 5 linhas)

Autos do Processo n. ...

Sinhozinho, nacionalidade ..., estado civil ..., profissão ..., portador da cédula de identidade Registro Geral número ..., inscrito no Cadastro de Pessoas Físicas sob o número ..., residente e domiciliado no endereço ..., endereço eletrônico ..., por seu advogado (procuração em anexo), vem, respeitosamente à presença de Vossa Senhoria, com fundamento no artigo 109 da Lei n. 8.666/93 apresentar Recurso nos presentes autos, conforme as razões de fato e de direito a seguir expostas:

(pular 1 linha)

I – Dos fatos

(pular 1 linha)

II – Do direito

(pular 1 linha)

Estrutura sugerida:

Passo 1: "Parágrafo de chamamento da norma" (Ex.: *Estabelece o artigo 37 da Constituição Federal:*).

Passo 2: "Transcrição da norma" (copie a norma que fundamenta a tese, observando um recuo de meio de página).

Passo 3: "Parágrafos de raciocínio jurídico da tese principal" (comece explicando rapidamente o conteúdo da norma copiada. Depois, se tiver outra norma ligada ao caso, chame a outra norma e transcreva também. Depois escreva uns três parágrafos explicando o tema).

Passo 4: "Ligação com o caso concreto" (estabeleça a conexão das normas copiadas com o caso do enunciado. Exemplo: *No caso concreto, o princípio da legalidade foi violado na medida em que ...*).

Passo 5: Se o enunciado mencionar, fale sobre "eventuais consequências negativas da conduta do Poder Público na vida do cliente" (Exemplo: *A conduta administrativa vem criando dificuldades financeiras expressivas ao Requerente ...*).

Passo 6: "Referência a súmulas pertinentes" à tese principal (se houver).

Passo 7: Inclusão de "teses acessórias" (teses acessórias são outras linhas de raciocínio que também podem ser usadas para defender o cliente. Sugestão de redação: *Por outro giro, houve violação também do artigo 5º, II, da Constituição Federal, na medida em que ...*).

Passo 8: Conclusão geral (é um parágrafo formal e obrigatório para fechamento do item Do direito, sem necessidade de voltar às teses abordadas. Sugestão: *Portanto, diante dos argumentos expostos e à luz da ordem jurídica pátria resta evidenciado que a conduta administrativa foi ilegítima*).

III – Do pedido

Ante o exposto, requer seja conhecido e provido o recurso para reforma da decisão recorrida.

Dá-se à causa o valor ...

Termos em que pede deferimento.

local, data

____

ADVOGADO ... OAB ...

Endereço do escritório dos advogados para intimações ...

E-mail do escritório dos advogados ...

37 – IMPUGNAÇÃO AO EDITAL

Ilustríssimo Senhor Presidente da Comissão ...

(pular 5 linhas)

Autos do Processo n. ...

Sinfrônio, nacionalidade ..., estado civil ..., profissão ..., portador da cédula de identidade Registro Geral número ..., inscrito no Cadastro de Pessoas Físicas sob o número ..., residente e domiciliado no endereço ..., endereço eletrônico ..., por seu advogado (procuração em anexo), vem, respeitosamente à presença de Vossa Senhoria, com fundamento no artigo 41, § 1º, da Lei n. 8.666/93 apresentar Impugnação ao Edital, conforme as razões de fato e de direito a seguir expostas:

(pular 1 linha)

I – Dos fatos

(pular 1 linha)

II – Do direito

(pular 1 linha)

Estrutura sugerida:

Passo 1: "Parágrafo de chamamento da norma" (Ex.: *Estabelece o artigo 37 da Constituição Federal:*).

Passo 2: "Transcrição da norma" (copie a norma que fundamenta a tese, observando um recuo de meio de página).

Passo 3: "Parágrafos de raciocínio jurídico da tese principal" (comece explicando rapidamente o conteúdo da norma copiada. Depois, se tiver outra norma ligada ao caso, chame a outra norma e transcreva também. Depois escreva uns três parágrafos explicando o tema).

Passo 4: "Ligação com o caso concreto" (estabeleça a conexão das normas copiadas com o caso do enunciado. Exemplo: *No caso concreto, o princípio da legalidade foi violado na medida em que ...*).

Passo 5: Se o enunciado mencionar, fale sobre "eventuais consequências negativas da conduta do Poder Público na vida do cliente" (Exemplo: *A conduta administrativa vem criando dificuldades financeiras expressivas ao Requerente ...*).

Passo 6: "Referência a súmulas pertinentes" à tese principal (se houver).

Passo 7: Inclusão de "teses acessórias" (teses acessórias são outras linhas de raciocínio que também podem ser usadas para defender o cliente. Sugestão de redação: *Por outro giro, houve violação também do artigo 5º, II, da Constituição Federal, na medida em que ...*).

Passo 8: Conclusão geral (é um parágrafo formal e obrigatório para fechamento do item Do direito, sem necessidade de voltar às teses abordadas. Sugestão: *Portanto, diante dos argumentos expostos e à luz da ordem jurídica pátria resta evidenciado que a conduta administrativa foi ilegítima*).

III – Do pedido

Ante o exposto, requer seja conhecido e provido o recurso para alteração do instrumento convocatório.

Dá-se à causa o valor ...

Termos em que pede deferimento.

local, data

____

ADVOGADO ... OAB ...

Endereço do escritório dos advogados para intimações ...

E-mail do escritório dos advogados ...

38 – DEFESA EM PROCESSO ADMINISTRATIVO DISCIPLINAR

Ilustríssimo Senhor Presidente da Comissão Processante ...

(pular 5 linhas)

Autos do Processo n. ...

Sinhozinho, nacionalidade ..., estado civil ..., profissão ..., portador da cédula de identidade Registro Geral número ..., inscrito no Cadastro de Pessoas Físicas sob o número ..., residente e domiciliado no endereço ..., endereço eletrônico ..., por seu advogado (procuração em anexo), vem, respeitosamente, à presença de Vossa Senhoria, com fundamento no artigo 161, § 1º, da Lei n. 8.112/90, apresentar Defesa Administrativa nos presentes autos, conforme as razões de fato e de direito a seguir expostas:

(pular 1 linha)

I – Dos fatos

(pular 1 linha)

II – Do direito

(pular 1 linha)

Estrutura sugerida:

Passo 1: "Parágrafo de chamamento da norma" (Ex.: *Estabelece o artigo 37 da Constituição Federal:*).

Passo 2: "Transcrição da norma" (copie a norma que fundamenta a tese, observando um recuo de meio de página).

Passo 3: "Parágrafos de raciocínio jurídico da tese principal" (comece explicando rapidamente o conteúdo da norma copiada. Depois, se tiver outra norma ligada ao caso, chame a outra norma e transcreva também. Depois escreva uns três parágrafos explicando o tema).

Passo 4: "Ligação com o caso concreto" (estabeleça a conexão das normas copiadas com o caso do enunciado. Exemplo: *No caso concreto, o princípio da legalidade foi violado na medida em que ...*).

Passo 5: Se o enunciado mencionar, fale sobre "eventuais consequências negativas da conduta do Poder Público na vida do cliente" (Exemplo: *A conduta administrativa vem criando dificuldades financeiras expressivas ao Agravante ...*).

Passo 6: "Referência a súmulas pertinentes" à tese principal (se houver).

Passo 7: Inclusão de "teses acessórias" (teses acessórias são outras linhas de raciocínio que também podem ser usadas para defender o cliente. Sugestão de redação: *Por outro giro, houve violação também do artigo 5º, II, da Constituição Federal, na medida em que ...*).

Passo 8: Conclusão geral (é um parágrafo formal e obrigatório para fechamento do item Do direito, sem necessidade de voltar às teses abordadas. Sugestão: *Portanto, diante dos argumentos expostos e à luz da ordem jurídica pátria resta evidenciado que a conduta administrativa foi ilegítima*).

III – Do pedido

Ante o exposto, requer seja acolhida a presente defesa para absolvição do acusado.

Dá-se à causa o valor ...

Termos em que pede deferimento.

local, data

____

ADVOGADO ... OAB ...

Endereço do escritório dos advogados para intimações ...

E-mail do escritório dos advogados ...

39 – PARECER

PARECER

EMENTA: Acrescentar expressões que resumam a opinião emitida, partindo das expressões mais gerais para as mais específicas. Por exemplo: Direito Administrativo. Licitação. Inexigibilidade. Contratos de Publicidade do Governo. Lei n. 12.232/2010. Notória Especialização. Impossibilidade. Expressa previsão legal (Dica: pular 10 linhas entre o nome "parecer" e o relatório, para acrescentar a ementa somente ao final da elaboração da peça. Procure sempre observar o recuo de meio de página para deixar a ementa formalmente mais elegante).

I – Do Relatório (fazer idêntico ao item Dos Fatos)

(pular 1 linha)

– fatos e histórico da consulta

É o relatório. Passo a opinar.

II – Da Fundamentação (fazer idêntico ao item Do Direito)

(pular 1 linha)

– argumentação jurídica do problema

III – Da Conclusão (da argumentação)

Ante o exposto, opino pela (possibilidade/legalidade/ilegitimidade) da ... (resumir sua conclusão).

É o parecer.

Salvo melhor juízo.

local, data

____

ADVOGADO ... OAB ...

Endereço do escritório dos advogados para intimações ...

E-mail do escritório dos advogados ...

40 – CONTESTAÇÃO

Excelentíssimo Senhor Doutor Juiz Federal da ... Vara ... da Seção Judiciária de ...,

ou

Excelentíssimo Senhor Doutor Juiz de Direito da ... Vara da Fazenda Pública da Comarca de ...,

ou

Excelentíssimo Senhor Doutor Juiz de Direito da ... Vara Cível da Comarca de ...,

(pular 5 linhas)

Autos do Processo número ...

Txutxuco, nacionalidade ..., estado civil ..., profissão ..., portador da cédula de identidade Registro Geral número ..., inscrito no Cadastro de Pessoas Físicas sob o número ..., residente e domiciliado no endereço ..., endereço eletrônico ..., por seu advogado (procuração em anexo), vem, respeitosamente, à presença de Vossa Excelência, com fundamento nos artigos 335 e seguintes do Código de Processo Civil de 2015, apresentar Contestação na ação proposta pelo (outra parte), pessoa jurídica de direito público interno, inscrita no Cadastro Nacional das Pessoas Jurídicas sob o número ..., com sede e domicílio no endereço ..., endereço eletrônico ..., com base nas razões de fato e de direito adiante expostas:

(pular 1 linha)

I – Dos fatos

(pular 1 linha)

Dica: na narrativa dos fatos, resumir o enunciado tomando o cuidado de substituir o nome das partes pela terminologia específica da peça. Exemplo: "João" vira "Réu"; "Município de Guarulhos" passa a ser "Autor".

II – Da preliminar de prescrição (abordar se o tema for tratado no enunciado)

Preliminarmente, constata-se que ocorreu a prescrição da pretensao do Autor nos termos do artigo (citar e transcrever).

Assim, deve ser o processo extinto com julgamento de mérito.

III – Da preliminar de ilegitimidade passiva (abordar se o tema for tratado no enunciado)

Observa-se também a ilegitimidade passiva na medida em que ... (defender detalhadamente, indicando e transcrevendo os dispositivos normativos aplicáveis, o porquê do equívoco na inclusão do nosso cliente no polo passivo da demanda).

Desse modo, o feito merece a extinção sem resolução do mérito.

IV – Da preliminar de ilegitimidade ativa (abordar se o tema for tratado no enunciado)

Por fim, é de notar evidente ilegitimidade ativa na demanda (defender detalhadamente, indicando e transcrevendo os dispositivos normativos aplicáveis, o porquê do equívoco na eleição do polo ativo).

Portanto, a ação deve ser extinta sem julgamento do mérito.

V – Do direito

(pular 1 linha)

Estrutura sugerida:

Passo 1: "Parágrafo de chamamento da norma" (Ex.: *Estabelece o artigo 150, inciso I, da Constituição Federal:*).

Passo 2: "Transcrição da norma" (copie a norma que fundamenta a tese, observando um recuo de meio de página).

Passo 3: "Parágrafos de raciocínio jurídico da tese principal" (comece explicando rapidamente o conteúdo da norma copiada. Depois, se tiver outra norma ligada ao caso, chame a outra norma e transcreva também. Depois escreva uns três parágrafos explicando o tema).

Passo 4: "Ligação com o caso concreto" (estabeleça a conexão das normas copiadas com o caso do enunciado. Exemplo: *No caso concreto, o princípio da legalidade foi violado na medida em que ...*).

Passo 5: Se o enunciado mencionar, fale sobre "eventuais consequências negativas da conduta do Fisco na vida do cliente" (Exemplo: *A exigência fiscal indevida vem criando dificuldades financeiras expressivas ao Impetrante ...*).

Passo 6: "Referência a súmulas pertinentes" à tese principal (se houver).

Passo 7: Inclusão de "teses acessórias" (teses acessórias são outras linhas de raciocínio que também podem ser usadas para defender o cliente. Sugestão de redação: *Por outro giro, houve violação também do artigo 150, IV, da Constituição Federal, na medida em que ...*).

Passo 8: Conclusão geral (é um parágrafo formal e obrigatório para fechamento do item Do direito, sem necessidade de voltar às teses abordadas. Sugestão: *Portanto, diante dos argumentos expostos e à luz da ordem jurídica pátria resta evidenciado que a exigência fiscal é indevida*).

VI – Dos pedidos

Dica: na contestação, deve-se articular um pedido em função do acolhimento individual de cada preliminar suscitada na peça!!!

Ante o exposto, requer:

a) o acolhimento da preliminar de prescrição, nos termos do artigo 487, II, do Código de Processo Civil de 2015, extinguindo o processo com resolução de mérito;

b) o acolhimento da preliminar de ilegitimidade passiva, nos termos do artigo 485, VI, do Código de Processo Civil de 2015, extinguindo o processo sem resolução de mérito;

c) o acolhimento da preliminar de ilegitimidade ativa, nos termos do artigo 485, VI, do Código de Processo Civil de 2015, extinguindo o processo sem resolução de mérito;

d) seja acolhida a presente contestação para o consequente julgamento improcedente da ação proposta;

e) a condenação em custas e honorários;

f) o deferimento da juntada de documentos.

Protesta provar o alegado por todos os meios de prova admitidos em Direito.

Termos em que pede deferimento.

local, data

____

ADVOGADO ... OAB ...

Endereço do escritório dos advogados para intimações ...

E-mail do escritório dos advogados ...

41 – INFORMAÇÕES EM MANDADO DE SEGURANÇA

Excelentíssimo Senhor Doutor Juiz Federal da ... Vara ... da Seção Judiciária de ...,

ou

Excelentíssimo Senhor Doutor Juiz de Direito da ... Vara da Fazenda Pública da Comarca de ...,

ou

Excelentíssimo Senhor Doutor Juiz de Direito da ... Vara Cível da Comarca de ...,

(pular 5 linhas)

Autos do Processo número ...

Nome do cargo da autoridade, portador da cédula de identidade Registro Geral número ..., inscrito no Cadastro de Pessoas Físicas sob o número ..., residente e domiciliado no endereço ..., endereço eletrônico ..., por seu procurador infra-assinado, vem, nos autos do Mandado de Segurança impetrado por (nome da outra parte), nacionalidade ..., estado civil ..., profissão ..., portador da cédula de identidade Registro Geral número ..., inscrito no Cadastro de Pessoas Físicas sob o número ..., residente e domiciliado no endereço ..., endereço eletrônico ..., respeitosamente, à presença de Vossa Excelência, com fundamento nos artigos 7º, I, da Lei n. 12.016/2009 e 319 do Código de Processo Civil de 2015, prestar informações, arrimado nas razões de fato e de direito a seguir expostas:

(pular 1 linha)

I – Dos fatos

Dica: na narrativa dos fatos, resumir o enunciado tomando o cuidado de substituir o nome das partes pela terminologia específica da peça. Exemplo: "João" vira "Coator"; "Pedro" passa a ser "Impetrante".

II – Do direito

(pular 1 linha)

Estrutura sugerida:

Passo 1: "Parágrafo de chamamento da norma" (Ex.: *Estabelece o artigo 150, I, da Constituição Federal:*).

Passo 2: "Transcrição da norma" (copie a norma que fundamenta a tese, observando um recuo de meio de página).

Passo 3: "Parágrafos de raciocínio jurídico da tese principal" (comece explicando rapidamente o conteúdo da norma copiada. Depois, se tiver outra norma ligada ao caso, chame a outra norma e transcreva também. Depois escreva uns três parágrafos explicando o tema).

Passo 4: "Ligação com o caso concreto" (estabeleça a conexão das normas copiadas com o caso do enunciado. Exemplo: *No caso concreto, o princípio da legalidade foi violado na medida em que ...*).

Passo 5: Se o enunciado mencionar, fale sobre "eventuais consequências negativas da conduta do Fisco na vida do cliente" (Exemplo: *A exigência administrativa indevida vem criando dificuldades financeiras expressivas ao Impetrante* ...).

Passo 6: "Referência a súmulas pertinentes" à tese principal (se houver).

Passo 7: Inclusão de "teses acessórias" (teses acessórias são outras linhas de raciocínio que também podem ser usadas para defender o cliente. Sugestão de redação: *Por outro giro, houve violação também do artigo 150, IV, da Constituição Federal, na medida em que* ...).

Passo 8: Conclusão geral (é um parágrafo formal e obrigatório para fechamento do item Do direito, sem necessidade de voltar às teses abordadas. Sugestão: *Portanto, diante dos argumentos expostos e à luz da ordem jurídica pátria resta evidenciado que a exigência administrativa é indevida*).

III – Dos pedidos

Ante o exposto, requer sejam recebidas as presentes informações com a consequente improcedência do Mandado de Segurança.

Termos em que pede deferimento.

local, data

____

ADVOGADO ... OAB ...

Endereço do escritório dos advogados para intimações ...

E-mail do escritório dos advogados ...

Parte 5
Treinando peças

Exercícios

Exercício n. 1

(OAB Nacional – FGV – XXI Exame) Diante de fortes chuvas que assolaram o Município Alfa, fez-se editar na localidade legislação que criou o benefício denominado "aluguel social" para pessoas que tiveram suas moradias destruídas por tais eventos climáticos, mediante o preenchimento dos requisitos objetivos estabelecidos na mencionada norma, dentre os quais, a situação de hipossuficiência e a comprovação de comprometimento das residências familiares pelos mencionados fatos da natureza. Maria preenche todos os requisitos determinados na lei e, ao contrário de outras pessoas que se encontravam na mesma situação, teve indeferido o seu pedido pela autoridade competente na via administrativa. Em razão disso, impetrou Mandado de Segurança perante o Juízo de 1º grau competente, sob o fundamento de violação ao seu direito líquido e certo de obter o benefício em questão e diante da existência de prova pré-constituída acerca de suas alegações. A sentença denegou a segurança sob o fundamento de que a concessão de "aluguel social" está no âmbito da discricionariedade da Administração e que o mérito não pode ser invadido pelo Poder Judiciário, sob pena de violação do princípio da separação dos Poderes.

Questão: Considerando que já foram apresentados embargos de declaração, sem qualquer efeito modificativo, por não ter sido reconhecida nenhuma obscuridade, contradição, omissão ou erro material na sentença, e que existe prazo para a respectiva impugnação, redija a peça cabível para a defesa dos interesses de Maria. (Valor: 5,00) Obs.: a peça deve abranger todos os fundamentos de Direito que possam ser utilizados para dar respaldo à pretensão. A simples menção ou transcrição do dispositivo legal não confere pontuação.

Exercício n. 2

(OAB Nacional – FGV – XX Exame) João, ao retornar de um doutorado no exterior, é surpreendido com a presença de equipamentos e maquinário do Estado X em imóvel urbano de sua propriedade, e que, segundo informação do engenheiro responsável pela obra, o referido imóvel estaria sem uso há três anos e meio, e, por essa razão, teria sido escolhido para a construção de uma estação de metrô no local.

Inconformado com a situação, João ingressa com "ação de desapropriação indireta" perante o Juízo Fazendário do Estado X, tendo obtido sentença de total improcedência em primeiro grau de jurisdição, sob os seguintes fundamentos:

i) impossibilidade de reivindicação do bem, assim como da pretensão à reparação financeira, em decorrência da supremacia do interesse público sobre o privado;

ii) o transcurso de mais de três anos entre a ocupação do imóvel e a propositura da ação, ensejando a prescrição de eventual pleito indenizatório; e

iii) a subutilização do imóvel por parte de João, justificando a referida medida de política urbana estadual estabelecida.

Questão: Como advogado(a) de João, considerando que a sentença não padece de qualquer omissão, contradição ou obscuridade, elabore a peça adequada à defesa dos interesses de seu cliente, apresentando os fundamentos jurídicos aplicáveis ao caso. (Valor: 5,00) Obs.: o examinando deve fundamentar suas respostas. A mera citação do dispositivo legal não confere pontuação.

Exercício n. 3

(OAB Nacional – FGV – XIX Exame) Marcos Silva, aluno de uma Universidade Federal, autarquia federal, inconformado com a nota que lhe fora atribuída em uma disciplina do curso de graduação, abordou a professora Maria Souza, servidora pública federal, com um canivete em punho e, em meio a ameaças, exigiu que ela modificasse sua nota. Nesse instante, a professora, com o propósito de repelir a iminente agressão, conseguiu desarmar e derrubar o aluno, que, na queda, quebrou um braço. Diante do ocorrido, foi instaurado Processo Administrativo Disciplinar (PAD), para apurar eventual responsabilidade da professora. Ao mesmo tempo, a professora foi denunciada pelo crime de lesão corporal. Na esfera criminal, a professora foi absolvida, vez que restou provado ter agido em legítima defesa, em decisão que transitou em julgado. O processo administrativo, entretanto, prosseguiu, sem a citação da servidora, pois a Comissão nomeada entendeu que a professora já tomara ciência da instauração do procedimento por meio da imprensa e de outros servidores. Ao final, a Comissão apresentou relatório pugnando pela condenação da servidora à pena de demissão. O PAD foi encaminhado à autoridade competente para a decisão final, que, sob o fundamento de vinculação ao parecer emitido pela Comissão, aplicou a pena de demissão à servidora, afirmando, ainda, que a esfera administrativa é autônoma em relação à criminal. Em 10/04/2015, a servidora foi cientificada de sua demissão, por meio de publicação em Diário Oficial, ocasião em que foi afastada de suas funções, e, em 10/09/2015, procurou seu escritório para tomar as medidas judiciais cabíveis, informando, ainda, que, desde o afastamento, está com sérias dificuldades financeiras, que a impedem, inclusive, de suportar os custos do ajuizamento de uma demanda.

Questão: Como advogado(a), elabore a peça processual adequada para amparar a pretensão de sua cliente, analisando todos os aspectos jurídicos apresentados. (Valor: 5,00) Obs.: o examinando deve fundamentar suas respostas. A mera citação do dispositivo legal não confere pontuação.

Exercício n. 4

(OAB Nacional – FGV – XVIII Exame) O Ministério da Cultura publicou, na imprensa oficial, edital de licitação que veio assinado pelo próprio Ministro da Cultura, na modalidade de tomada de preços, para a elaboração do projeto básico, do projeto executivo e da execução de obras de reforma de uma biblioteca localizada em Brasília. O custo da obra está estimado em R$ 2.950.000,00 (dois milhões novecentos e cinquenta mil reais). O prazo de execução é de 16 (dezesseis) meses, e, de acordo com o cronograma divulgado, a abertura dos envelopes se dará em 45 (quarenta e cinco) dias e a assinatura do contrato está prevista para 90 (noventa) dias.

Do edital constam duas cláusulas que, em tese, afastariam do certame a empresa ABCD Engenharia. A primeira diz respeito a um dos requisitos de habilitação, pois se exige dos licitantes, para demonstração de qualificação técnica, experiência anterior em contratos de obra pública com a União (requisito não atendido pela empresa, que já realizou obras públicas do mesmo porte que a apontada no edital para diversos entes da Federação, mas não para a União). A segunda diz respeito à exigência de os licitantes estarem sediados em Brasília, sede do Ministério da Cultura, local onde se dará a execução das obras (requisito não atendido pela empresa, sediada no Município de Bugalhadas).

Na mesma semana em que foi publicado o edital, a empresa o procura para que, na qualidade de advogado, ajuíze a medida cabível para evitar o prosseguimento da licitação, reconhecendo os vícios do edital e os retirando, tudo a permitir que possa concorrer sem ser considerada não habilitada, e sem que haja vício que comprometa o contrato. Pede, ainda, que se opte pela via, em tese, mais célere.

Questão: Elabore a peça adequada, considerando não ser necessária a dilação probatória, haja vista ser preciso apenas a juntada dos documentos próprios (edital, cópia dos contratos com outros entes federativos etc.) para se comprovar os vícios alegados. Observe o examinando que o interessado quer o procedimento que, em tese, seja o mais célere. (Valor: 5,00) Obs.: o examinando deve apresentar os argumentos jurídicos apropriados e a fundamentação legal pertinente ao caso.

Exercício n. 5

(OAB Nacional – FGV – XVII Exame) Após regular certame licitatório, vencido pelo consórcio "Mundo Melhor", o Estado X celebrou contrato de obra pública, tendo por objeto a construção de uma rodovia estadual com 75 km de extensão.

Dois anos depois, com mais de 70% da obra já executada, o relatório da comissão de fiscalização do contrato apontou suposto atraso no cronograma da obra. Diante disso, o Governador do Estado X enviou correspondência aos representantes do consórcio, concedendo prazo de cinco dias úteis para apresentar defesa quanto aos fatos imputados, sob pena de aplicação de penalidade, conforme previsão constante da Lei n. 8.666/93. Antes da fluência do prazo, entretanto, o Governador enviou nova correspondência aos representantes do consórcio, informando que há lei estadual que autoriza a aplicação das penalidades de advertência e de multa previamente à notificação do contratado, e que, por essa razão, naquele momento, o Governador aplicava as duas penalidades. Além disso, o Governador determinou a suspensão de todos os pagamentos devidos ao consórcio (pelos serviços já realizados e pelos a realizar) até a regularização do cronograma.

Nos 60 (sessenta) dias seguintes, o consórcio tentou resolver a questão na via administrativa, mas não teve sucesso. Diante disso, os representantes procuram você para, na condição de advogado, ajuizar a medida cabível à proteção dos direitos do consórcio, informando:

1. que nunca houve atraso, o que se demonstra pelo cronograma e pelo diário de obras, que registram a normal evolução do contrato;

2. que o consórcio depende da regularização dos pagamentos, até o término das obras, pelos serviços que vierem a ser executados; e

3. que não podem abrir mão do recebimento das parcelas pretéritas devidas pelo trabalho executado nos últimos 60 (sessenta) dias e nem dos pagamentos pelos serviços a realizar, pois essenciais à manutenção das empresas consorciadas.

Questão: Na qualidade de advogado(a), ajuíze a medida cabível à proteção integral dos interesses do consórcio. (Valor: 5,00) Obs.: o examinando deve fundamentar suas respostas. A mera citação do dispositivo legal não confere pontuação.

Exercício n. 6

(OAB Nacional – FGV – XVI Exame) Edir, pessoa idosa que vive com a ajuda de parentes e amigos, é portadora de grave doença degenerativa, cujo tratamento consta de protocolo clínico e da diretriz terapêutica estabelecida pelo Sistema Único de Saúde (SUS). Seu tratamento é acompanhado por profissionais do SUS em hospital público federal especializado nessa doença, contando com o fornecimento regular dos medicamentos 1, 2 e 3. Enquanto realizava consulta de acompanhamento, Edir foi informada pelo médico Domênico, profissional do SUS, de que existia um novo medicamento disponível no mercado (o "medicamento A"), que seria muito mais eficaz, conforme relatório de estudos clínicos oficiais, no tratamento de sua doença do que aqueles já prescritos. Contudo, a paciente foi informada de que o "medicamento A" não seria fornecido gratuitamente pelo SUS, haja vista que o referido medicamento não consta ainda do protocolo clínico e da diretriz terapêutica interna do SUS para o tratamento da doença, além de não ter sido incorporado às listas de medicamentos. Inconformada com a negativa de fornecimento do "medicamento A", Edir procura você para que, na qualidade de advogado(a), ajuíze a medida cabível para garantir a continuidade e qualidade de seu tratamento. Elabore a peça adequada, considerando que: A) Edir corre sério risco de vida com o agravamento da doença em razão do não fornecimento do "medicamento A"; B) a condição clínica de Edir foi atestada em laudo médico assinado pelo profissional do SUS Domênico, que também recomendou o uso do "medicamento A"; C) eventualmente poderá ser necessária a elaboração de prova pericial para dirimir as controvérsias de natureza técnica da causa. (Valor: 5,00)

Questão: Responda justificadamente, empregando os argumentos jurídicos apropriados e a fundamentação legal pertinente ao caso.

Exercício n. 7

(OAB Nacional – FGV – XV Exame) Fulano de Tal, Presidente da República, concedeu a qualificação de Organização Social ao "Centro Universitário NF", pessoa jurídica de direito privado que explora comercialmente atividades de ensino e pesquisa em graduação e pós-graduação em diversas áreas. Diante da referida qualificação, celebrou contrato de gestão para descentralização das atividades de ensino, autorizando, gratuitamente, o uso de um prédio para receber as novas instalações da universidade e destinando-lhe recursos orçamentários. Além disso, celebrou contrato com a instituição, com dispensa de licitação, para a prestação de serviços de pesquisa de opinião. Diversos veículos de comunicação demonstraram que Sicrano e Beltrano, filhos do Presidente, são sócios do Centro Universitário. Indignado, Mévio, cidadão residente no Município X, procura você para, na qualidade de advogado, ajuizar medida adequada a impedir a consumação da transferência de recursos e o uso não remunerado do imóvel público pela instituição da qual os filhos do Presidente são sócios.

Questão: A peça deve abranger todos os fundamentos de Direito que possam ser utilizados para dar respaldo à pretensão.

Exercício n. 8

(OAB Nacional – FGV – XIV Exame) A Secretaria de Administração do Estado X publicou edital de licitação, na modalidade concorrência, para a elaboração dos projetos básico e executivo e para a realização de obras de contenção de encosta, na localidade de Barranco Alto, no valor de R$ 1.000.000,00 (um milhão de reais). O prazo de conclusão da obra é de 12 (doze) meses. Como requisito de habilitação técnica, o edital exige a demonstração de aptidão para desempenho do objeto licitado, por meio de documentos que comprovem a participação anterior do licitante em obras de drenagem, pavimentação e contenção de encostas que alcancem o valor de R$ 150.000.000,00 (cento e cinquenta milhões de reais). Como requisito de qualificação econômica, o edital exige a apresentação de balanço patrimonial e demonstrações contábeis do último exercício social, que comprovem a boa situação financeira da empresa, podendo ser atualizados por índices oficiais, quando encerrado há mais de 3 (três) meses antes da data de apresentação da proposta, assim como a apresentação de todas as certidões negativas e de garantia da quantia equivalente a 1% (um por cento) do valor estimado do objeto da contratação. O edital admite a participação de empresas em consórcio, estabelecendo, como requisitos de habilitação do consórcio, um acréscimo de 50% (cinquenta por cento) dos valores exigidos para licitante individual. As empresas ABC e XYZ, interessadas em participar da licitação em consórcio, entendem ilegais as exigências contidas no edital e apresentam, tempestivamente, impugnação. A Administração, entretanto, rejeita a impugnação, ao argumento de que todas as exigências decorrem da legislação federal e que devem ser interpretadas à luz do princípio constitucional da eficiência, de modo a afastar do certame empresas sem capacidade de realizar o objeto e, assim, frustrar o interesse público adjacente. A empresa ABC o procura para, na qualidade de advogado, ajuizar a medida adequada a impedir o prosseguimento da licitação, apontando ilegalidade no edital.

Questão: Elabore a peça adequada, considerando que

I. a única prova a ser produzida consiste na juntada do edital, isto é, não há necessidade de dilação probatória;

II. já transcorreram 60 (sessenta) dias desde a publicação do edital;

III. a licitação está agendada para menos de uma semana e que o seu cliente, expressamente, requereu a adoção da medida judicial cujo procedimento seja, em tese, o mais célere;

IV. a Constituição do Estado X, observando o princípio da simetria, prevê foro por prerrogativa de função para o presente caso, assim como o respectivo Código de Organização Judiciária.

Exercício n. 9

(OAB Nacional – FGV – XIII Exame) Lei n. 1234, do Município X, vedava a ampliação da área construída nos apartamentos do tipo cobertura, localizados na orla da cidade. Com a revogação da lei, diversos moradores formularam pleitos, perante a Secretaria Municipal de Urbanismo, e obtiveram autorização para aumentar a área construída de suas coberturas. Diversos outros moradores sequer formularam qualquer espécie de pleito e, mesmo assim, ampliaram seus apartamentos, dando, após, ciência à Secretaria, que não adotou contra os moradores qualquer medida punitiva. Fulano de Tal, antes de adquirir uma cobertura nessa situação, ou seja, sem autorização da Secretaria Municipal de Urbanismo para aumento da área construída, formula consulta à Administração Municipal sobre a possibilidade de ampliação da área construída, e recebe, como resposta, a informação de que, na ausência de lei, o Município não pode se opor à ampliação da área. Fulano de Tal, então, compra uma cobertura, na orla, e inicia as obras de ampliação do apartamento. Entretanto, três meses depois, é surpreendido com uma notificação para desfazer toda a área acrescida, sob pena de multa, em razão de novo entendimento manifestado pela área técnica da Administração Municipal, a ser aplicado apenas aos que adquiriram unidades residenciais naquele ano e acolhido em decisão administrativa do Secretário Municipal de Urbanismo no processo de consulta aberto meses antes. Mesmo tomando ciência de que outros proprietários não receberam a mesma notificação, Fulano de Tal inicia a demolição da área construída, mas, antes de concluir a demolição, é orientado por um amigo a ingressar com demanda na justiça e formular pedido de liminar para afastar a incidência da multa e suspender a determinação de demolir o acrescido até decisão final, de mérito, de anulação do ato administrativo, perdas e danos materiais e morais. Você é contratado como advogado e obtém decisão antecipatória da tutela no sentido almejado. Contudo, a sentença do Juízo da 1ª Vara de Fazenda Pública da Comarca X revoga a liminar anteriormente concedida e julga improcedente o pedido de anulação do ato administrativo, acolhendo argumento contido na contestação, de que o autor não esgotara as instâncias administrativas antes de socorrer-se do Poder Judiciário.

Questão: Interponha a medida cabível a socorrer os interesses do seu cliente, considerando que, com a revogação da liminar, volta a viger a multa, caso não seja concluída a demolição da área construída por Fulano de Tal. Obs.: Já não há mais prazo para embargos declaratórios, sendo certo que a sentença não é omissa nem contraditória.

Exercício n. 10

(OAB Nacional – FGV – XII Exame) O Governador do Estado Y, premido da necessidade de reduzir a folha de pagamentos do funcionalismo público estadual, determinou que o teto remuneratório dos Defensores Públicos admitidos após a Emenda Constitucional n. 41/2003 fosse limitado ao valor correspondente ao subsídio mensal do Governador, ao entendimento de que aquele órgão integra a estrutura do Poder Executivo estadual.

Com a implementação da medida, os Defensores Públicos do Estado, irresignados com a redução do seu teto remuneratório, levam a questão à Associação Nacional dos Defensores Públicos Estaduais, legalmente constituída e em funcionamento há pouco mais de dois anos, e esta contrata os seus serviços advocatícios para impetrar mandado de segurança coletivo em face do ato do Governador.

A sentença proferida pelo Juízo da 2ª Vara de Fazenda Pública da Comarca W, no entanto, julgou extinto o processo, sem resolução do mérito, sob os argumentos de que a associação não preenche o requisito de três anos de constituição, não demonstrou a autorização dos associados em assembleia geral para a propositura da demanda e não poderia representar os associados em demanda que veicule interesse apenas de uma parte da categoria, uma vez que os Defensores atingidos pela medida, isto é, aqueles admitidos após a Emenda Constitucional n. 41/2003, os mais novos na carreira, ainda não foram promovidos e sequer recebem sua remuneração em valores próximos ao subsídio mensal do Governador.

Questão: Ciente de que a sentença já foi objeto de Embargos de Declaração, que foram conhecidos mas não providos, e que a publicação dessa última decisão se deu na data de hoje, redija a peça processual adequada com seus fundamentos.

Exercício n. 11

(OAB Nacional – FGV – XI Exame) Caio, Tício e Mévio são servidores públicos federais exemplares, concursados do Ministério dos Transportes há quase dez anos. Certo dia, eles pediram a três colegas de repartição que cobrissem suas ausências, uma vez que sairiam mais cedo do expediente para assistir a uma apresentação de balé.

No dia seguinte, eles foram severamente repreendidos pelo superior imediato, o chefe da seção em que trabalhavam. Nada obstante, nenhuma consequência adveio a Caio e Tício, ao passo que Mévio, que não mantinha boa relação com seu chefe, foi demitido do serviço público, por meio de ato administrativo que apresentou, como fundamentos, reiterada ausência injustificada do servidor, incapacidade para o regular exercício de suas funções e o episódio da ida ao balé.

Seis meses após a decisão punitiva, Mévio o procura para, como advogado, ingressar com medida judicial capaz de demonstrar que, em verdade, nunca faltou ao serviço e que o ato de demissão foi injusto. Seu cliente lhe informou, ainda, que testemunhas podem comprovar que o seu chefe o perseguia há tempos, que a obtenção da folha de frequência demonstrará que nunca faltou ao serviço e que sua avaliação funcional sempre foi excelente.

Questão: Como advogado, considerando o uso de todas as provas mencionadas pelo cliente, elabore a peça processual adequada para amparar a pretensão de seu cliente.

Exercício n. 12

(OAB Nacional – FGV – X Exame) Francisco, servidor público que exerce o cargo de motorista do Ministério Público Federal da 3ª Região, localizada em São Paulo, há tempo vinha alertando o setor competente de que alguns carros oficiais estavam apresentando constantes problemas na pane elétrica e no sistema de frenagens, razão pela qual deveriam ser retirados temporariamente da frota oficial até que tais problemas fossem solucionados.

Contudo, nesse ínterim, durante uma diligência oficial, em razão de tais problemas, Francisco perdeu o controle do veículo que dirigia e acabou destruindo completamente a moto de Mateus, estudante do 3º período de Direito, que estava estacionada da calçada.

Mateus, por essa razão, assim que obteve sua inscrição como advogado nos quadros da Ordem dos Advogados, ingressou, em causa própria, perante o Juízo da Vara Federal da Seção Judiciária de São Paulo, com ação de responsabilidade civil, com fulcro no Art. 37, § 6º, da CF/88 em face de Francisco e da União Federal, com o intuito de ser ressarcido pelos danos causados à sua moto.

Na referida ação, Mateus alega que (i) não há que se falar em prescrição da pretensão ressarcitória, tendo em vista não terem decorridos mais de cinco anos do evento danoso, nos termos do Dec. 20.910/32; (ii) que, nos termos do Art. 37, § 6º, da CF/88, as pessoas jurídicas de direito público responderão pelos danos que seus agentes, nessa qualidade, causarem a terceiros, com fulcro na teoria do risco administrativo; (ii) que estão presentes todos os elementos necessários para configuração da responsabilidade civil.

Questão: Considerando as informações acima mencionadas e que, de fato, decorreram apenas quatro anos do evento danoso, apresente a peça pertinente para a defesa dos interesses de Francisco, sem criar dados ou fatos não informados.

Exercício n. 13

(OAB Nacional – FGV – IX Exame) João, analista de sistemas dos quadros do Ministério da Educação, foi demitido de seu cargo público, por meio de Portaria do Ministro da Educação publicada em 19 de maio de 2010, após responder a processo administrativo em que restou apurada infração funcional relativa ao recebimento indevido de vantagem econômica. Exatamente pelo mesmo fato, João também foi processado criminalmente, vindo a ser absolvido por negativa de autoria, em decisão que transitou em julgado em 18 de janeiro de 2011.

Na data de hoje, João o procura e após narrar os fatos acima, informa que se encontra, desde a sua demissão, em profunda depressão, sem qualquer atividade laborativa, sobrevivendo por conta de ajuda financeira que tem recebido de parentes e amigos.

Questão: Na qualidade de advogado(a), identifique e minute a medida judicial que pode ser adotada para tutelar os direitos de João.

Exercício n. 14

(OAB Nacional – FGV – VIII Exame) Norberto, brasileiro, desempregado e passando por sérias dificuldades econômicas, domiciliado no Estado "X", resolve participar de concurso público para o cargo de médico de hospital estadual. Aprovado na fase inicial do concurso, Norberto foi submetido a exames médicos, através dos quais se constatou a existência de tatuagem em suas costas. Norberto, então, foi eliminado do concurso, com a justificativa de que o cargo de médico não era compatível com indivíduos portadores de tatuagem. Inconformado, Norberto ajuizou ação ordinária (atual "anulatória") em face do Estado, de competência de vara comum, com pedido liminar, na qual requereu (i) a anulação do ato administrativo que o eliminou do concurso; e (ii) que lhe fosse deferida a possibilidade de realizar as demais etapas do certame, com vaga reservada. O juízo de 1ª instância indeferiu o pedido liminar, em decisão publicada ontem, pelos seguintes motivos: 1. Os pedidos de anulação do ato de eliminação e de reserva de vaga não seriam possíveis, pois significariam atraso na conclusão do concurso; 2. A Administração Pública possui poder discricionário para decidir quais são as restrições aplicáveis àqueles que pretendem se tornar médicos no âmbito do Estado, de forma que o autor deverá provar que a decisão foi equivocada.

Questão: Diante do exposto, e supondo que você seja o advogado de Norberto, elabore a medida judicial cabível contra a decisão publicada ontem, para a defesa dos interesses de seu cliente, abordando as teses, os fundamentos legais e os princípios que poderiam ser usados em favor do autor.

Exercício n. 15

(OAB Nacional – FGV – VII Exame) O Município Y, representado pelo Prefeito João da Silva, celebrou contrato administrativo com a empresa W – cujo sócio majoritário é Antônio Precioso, filho da companheira do Prefeito –, tendo por objeto o fornecimento de material escolar para toda a rede pública municipal de ensino, pelo prazo de sessenta meses. O contrato foi celebrado sem a realização de prévio procedimento licitatório e apresentou valor de cinco milhões de reais anuais.

José Rico, cidadão consciente e eleitor no Município Y, inconformado com a contratação que favorece o filho da companheira do Prefeito, o procura para, na qualidade de advogado(a), identificar e minutar a medida judicial que, em nome dele, pode ser proposta para questionar o contrato administrativo.

Questão: A medida judicial deve conter a argumentação jurídica apropriada e o desenvolvimento dos fundamentos legais da matéria versada no problema, abordando, necessariamente:

(i) competência do órgão julgador;

(ii) a natureza da pretensão deduzida por José Rico; e

(iii) os fundamentos jurídicos aplicáveis ao caso.

Exercício n. 16

(OAB Nacional – FGV – VI Exame) Francisco de Tal é proprietário de uma área de 2.000 m² situada bem ao lado da sede da Prefeitura do Município de Bugalhadas. Ao se aposentar, no ano de 2003, cansado da agitada vida da cidade de São Paulo, onde reside, Francisco resolveu viajar pelo mundo por ininterruptos três anos.

Ao retornar, Francisco descobre que o Município de Bugalhadas iniciou em 2004, sem sua autorização, obra em seu terreno para a construção de um prédio que servirá de apoio às atividades da Prefeitura. A obra já se encontra em fase bem adiantada, com inauguração prevista para o início do próximo mês. Francisco procura-o, na qualidade de advogado(a), para identificar e minutar a medida judicial que pode ser adotada para tutelar seus direitos.

Questão: A medida judicial deve conter argumentação jurídica apropriada e desenvolvimento dos fundamentos legais do instituto jurídico contido no problema, abordando necessariamente: (i) competência do órgão julgador; (ii) a natureza da pretensão a ser deduzida por Francisco; (iii) a observância do prazo prescricional; e (iv) incidência de juros.

Exercício n. 17

(OAB Nacional – FGV – V Exame) A empresa Aquatrans é concessionária de transporte público aquaviário no Estado X há sete anos e foi surpreendida com a edição do Decreto n. 1.234, da Chefia do Poder Executivo Estadual, que, na qualidade de Poder Concedente, declarou a caducidade da concessão e fixou o prazo de trinta dias para assumir o serviço, ocupando as instalações e os bens reversíveis.

A concessionária, inconformada com a medida, especialmente porque jamais fora cientificada de qualquer inadequação na prestação do serviço, procura-o, na qualidade de advogado(a), e o contrata para ajuizar a medida judicial pertinente para discutir a juridicidade do decreto, bem como para assegurar à concessionária o direito de continuar prestando o serviço até que, se for o caso, a extinção do contrato se opere de maneira regular.

Questão: Elabore a peça processual adequada, levando em consideração que a matéria não demanda qualquer dilação probatória e que se deve optar pela medida judicial cujo rito, em tese, seja o mais célere.

Exercício n. 18

(OAB Nacional – FGV – IV Exame) João Augusto estava participando de uma partida de futebol quando fraturou uma costela, vindo a necessitar de intervenção cirúrgica, realizada em hospital público federal localizado no Estado X. Dois anos e meio após a realização da cirurgia, João Augusto ainda sofria com muitas dores no local, o que o impossibilitava de exercer sua profissão como taxista. Descobre, então, que a equipe médica havia esquecido um pequeno bisturi dentro do seu corpo. Realizada nova cirurgia no mesmo hospital público, o problema foi resolvido.

No dia seguinte, ao sair do hospital, João Augusto procura você, na qualidade de advogado(a), para identificar e minutar a medida judicial que pode ser adotada para tutelar seus direitos.

Questão: Redija a peça judicial cabível, que deve conter argumentação jurídica apropriada e desenvolvimento dos fundamentos legais da matéria versada no problema, abordando, necessariamente: (i) competência do órgão julgador; (ii) a natureza da pretensão deduzida por João Augusto; e (iii) os fundamentos jurídicos aplicáveis ao caso.

Exercício n. 19

(OAB Nacional – FGV – III Exame) JOANA, moradora de um Município da Baixada Fluminense, Rio de Janeiro, ao sair de casa para o trabalho às 7:00 horas da manhã do dia 10/10/2009, caminhando pela rua em direção ao ponto de ônibus, distraiu-se e acabou por cair em um bueiro que estava aberto, sem qualquer sinalização específica de aviso de cuidado pelo Poder Público. Em razão da queda, a sua perna direita ficou presa dentro do bueiro e moradores do local correram para socorrer JOANA. Logo em seguida, bombeiros militares chegaram com uma ambulância e acabaram por prestar os primeiros socorros à JOANA e por levá-la ao hospital municipal mais próximo. JOANA fraturou o seu joelho direito e sofreu outras lesões externas leves.

Em razão da fratura, JOANA permaneceu em casa pelo período de 2 (dois) meses, com sua perna direita imobilizada e sem trabalhar, em gozo de auxílio-doença. Entretanto, além de seu emprego formal, JOANA prepara bolos e doces para vender em casa, a fim de complementar sua renda mensal, uma vez que é mãe solteira de um filho de 10 (dez) anos e mora sozinha com ele. Com a venda dos bolos e doces, JOANA aufere uma renda complementar de aproximadamente R$ 100,00 (cem reais) por semana.

Em razão de sua situação, JOANA também não pode preparar suas encomendas de bolos e doces durante o referido período de 2 (dois) meses em que esteve com sua perna imobilizada.

Questão: Diante dos fatos acima descritos, e na qualidade de advogado procurado por JOANA, elabore a peça processual cabível para defesa do direito de sua cliente.

Exercício n. 20

(OAB Nacional – FGV – II Exame) Em janeiro de 2006, o Ministério Público abre inquérito civil para checar atos de improbidade administrativa realizados pelo prefeito de Mar Azul, município situado no interior do Estado X. Esses atos de improbidade consistiriam na aferição de vantagens patrimoniais indevidas em razão do exercício do cargo e envolveriam atuações do próprio prefeito e do chefe do gabinete civil. No curso das investigações procedidas, ficou confirmado que o chefe do gabinete civil recebeu vantagem econômica, em dinheiro, de vários empreiteiros que contratavam com o poder público. Ficou apurado, também, que algumas pessoas chegaram a informar ao prefeito essa conduta de seu chefe do gabinete civil. Entretanto, o prefeito não tomou providências, sempre dizendo às pessoas que realizavam as denúncias que confiava na atuação de seu secretário. Ainda na parte da apuração, para efeitos da justa causa voltada ao ajuizamento da ação civil pública de improbidade, ficou comprovado o aumento patrimonial do chefe do gabinete civil, desproporcional aos seus ganhos, mas não o do prefeito. Com isso, já agora em janeiro de

2011, o Ministério Público ajuíza ação de improbidade em face do prefeito e de seu chefe de gabinete, fazendo menção a todos os atos de improbidade – o último teria se dado em dezembro de 2004, ano em que expirava o mandato do Prefeito –, representativos da afronta ao art. 9º, inciso I, da Lei n. 8.429/92. Em sua peça, bem instruída com o inquérito civil, o Ministério Público menciona conduta comissiva do chefe de gabinete do prefeito e omissiva deste último, caracterizadora de desídia, a se enquadrar na ideia de negligência com o interesse público. Recebendo a peça inicial, o juiz da vara fazendária de Mar Azul determina a citação dos réus no dia 02/02/2011. Os mandados são efetivados no dia 04/02/2011 e juntos no dia 08/02/2011.

Transtornado com a ação proposta e ciente do pedido de suspenção dos direitos políticos por 10 anos e pagamento de multa civil de até 100 vezes de seus subsídios, o prefeito – cujo nome é Caio da Silva Nunes – procura você para apresentar a sua defesa.

Questão: Tendo sido aceito o mandado, componha a peça adequada, trazendo todos os fundamentos possíveis para a defesa e datando com o último dia do prazo.

Exercício n. 21

(Exame Unificado de 2009.3/CESPE) Foi expedido mandado de prisão preventiva contra Rubem, médico pertencente ao quadro de pessoal do Ministério da Saúde. Por considerar ilegal a referida medida, Rubem furtou-se ao seu cumprimento e deixou de comparecer ao seu local de trabalho durante mais de quarenta dias consecutivos. Após esse período, tendo sido concedido "habeas corpus" em seu favor, o médico retornou ao exercício regular de suas funções laborais. O ministro de Estado da Saúde instaurou processo administrativo disciplinar para apurar suposta irregularidade na conduta de Rubem, relativa a abandono de cargo. Na portaria de instauração do processo, optou-se pelo rito sumário, tendo sido designados para compor a comissão disciplinar, como membro e presidente, dois servidores federais estáveis ocupantes do cargo de agente administrativo, ambos com escolaridade de nível superior. Foram indicadas, também, a autoria e a materialidade do fato tido como irregular. Três dias após a publicação da portaria, o servidor foi indiciado por violação ao art. 138, c/c com o art. 132, inciso II, ambos da Lei n. 8.112/90, e, posteriormente, citado para a apresentação de defesa no prazo de cinco dias. Na peça de defesa, o advogado do servidor, em pedido administrativo, postulou a oitiva de testemunhas, aduzindo que estas comprovariam que a ausência do acusado ao local de trabalho fora motivada por seu entendimento de que a ordem de prisão seria ilegal e que, tão logo afastada a ordem, o médico retornara às suas atividades. O presidente da comissão de processo administrativo disciplinar indeferiu o pedido de produção de prova testemunhal, considerando-o impertinente, sob o argumento de que o rito escolhido pela autoridade instauradora prevê instrução sumária, sem a possibilidade de produção de prova, nos termos do art. 133, inciso II, da Lei n. 8.112/90. No relatório final, sugeriu-se a demissão do servidor, com fulcro nos artigos citados na peça de indiciação, tendo sido a sugestão acolhida pelo ministro da Saúde. A portaria de demissão por abandono de cargo, assinada há cinco meses, foi publicada no Diário Oficial da União há três meses.

Questão: Considerando a situação hipotética apresentada, na qualidade de advogado(a) constituído(a) pelo servidor público demitido, redija a peça processual mais adequada ao caso, apresentando as questões de direito processual e material indispensáveis à defesa dos interesses de seu cliente.

Exercício n. 22

(OAB/DF) A Nova Vida Projetos, associação civil de direito privado e interesse público, organização não governamental, sem fins lucrativos, políticos ou religiosos, de caráter ambientalista e de duração indeterminada, fundada em 09 de abril de 2004, com sede na avenida Goiás, 10, Centro, Rio Verde, Estado de Goiás, cujo estatuto prevê a defesa de bens e direitos sociais, coletivos e difusos relativos ao meio ambiente, procurou seu escritório de advocacia, visando adoção medida pertinente a obtenção de informação sobre a observância da legislação ambiental e sobrestamento de financiamento, coberto por sigilo bancário, a ser realizado pela Caixa Econômica Federal – CEF, instituição financeira sob a forma de empresa pública, criada nos termos do Decreto-Lei n. 759, de 12 de agosto de 1969, vinculada ao Ministério da Fazenda, com sede e foro na Capital da República, prazo de duração indeterminado e atuação em todo território nacional, através de sua Agência de Rio Verde, neste Estado, sem comprovação do licenciamento ambiental prévio do órgão estadual competente, integrante do Sistema Nacional de Meio Ambiente – SISNAMA, e do Instituto Brasileiro do Meio Ambiente e Recursos Naturais Renováveis, em caráter supletivo, em favor da "Empresa de Saneamento e Construções S/A", pessoa jurídica de direito privado, concede em Rio Verde, neste Estado, responsável pela construção de obra, que ela (associação) entende utilizadora de recursos ambientais, efetiva e potencialmente poluidora, bem como causadora de degradação ambiental no Município de Rio Verde, Estado de Goiás. Pois bem.

Questão: Diante dessa situação fictícia, como advogado(a) da Nova Vida Projetos, elabore a peça prático-profissional que o caso reclama.

Exercício n. 23

(OAB/GO) A Tudo Verde, associação civil de direito privado e interesse público, organização não governamental, sem fins lucrativos, políticos ou religiosos, de caráter ambientalista e de proteção ao patrimônio público, com duração indeterminada, fundada aos 09 dias do mês de agosto de 2004, sediada na Capital deste Estado, cujo estatuto prevê a defesa de bens e direitos sociais, coletivos e difusos relativos ao meio ambiente e ao patrimônio público, contratou seu escritório profissional de advocacia, munida de laudos técnicos pertinentes para adoção de medida cabível em face de dano causado ao patrimônio público cultural da Capital do Estado. A "Ambiental do Brasil" assevera que o dano haveria sido causado por empresa privada concessionária de serviço público estadual durante a restauração, prevista na concessão, de obras sacras e de templos religiosos.

Questão: Diante dessa suposta situação, como advogado(a) da Tudo Verde, apresente peça prático-profissional que o caso reclama.

Exercício n. 24

(OAB/MG) O Município de Guanxumas, com pouco mais de vinte mil habitantes, é pacato, pacífico e ordeiro. A sua atividade econômica compreende: armazéns de secos e molhados; lojas de tecidos, de roupas e de calçados; bares e lanchonetes; fábrica de móveis.

Entretanto, recentemente, com licença formal da Prefeitura Municipal, foi instalada, no perímetro urbano da cidade, uma fábrica de cimento de grande porte, altamente poluidora: as residências e os demais prédios de quase toda cidade, as plantas ornamentais, as árvores das ruas e parques estão sendo cobertas por um pó cinza expelido pelas chaminés da fábrica; além disto, o ribeirão que divide a cidade, até então límpido e cristalino, está recebendo dejetos e rejeitos tóxicos provindos da aludida fábrica.

Os presidentes das Associações de bairros locais, instituídas há 3 anos, procuraram o Presidente da fábrica e o Prefeito Municipal para reclamar contra a poluição que vem ameaçando a saúde e a comodidade dos moradores da cidade. O Presidente alegou que nada iria fazer, posto que obteve licença para funcionamento e realizou maciço investimento. O Prefeito, por seu turno, alegou que a indústria questionada tem sido a redenção do Município, pois está gerando tributos, divisa e empregando mais de 700 pessoas.

Questão: Inconformados com a posição do Prefeito e do empresário, os Presidentes das Associações querem adotar a medida judicial adequada para pôr fim a poluição. Qual a ação própria? Redija a petição inicial.

Exercício n. 25

(OAB/RJ) Elaboração, no exercício de atividade de consultoria jurídica, de um parecer;

No dia 20/01/1994 a Revista "Veja" publicou matéria sob título Pedra Preciosa sobre o fato que mereceu notícia em toda imprensa o que assim iniciava e terminava:

"A ex-agência dos Correios da praia do Arpoador, pardieiro malcheiroso sem qualquer valor histórico, transformado em valhacouto de marginais e mendigos, foi finalmente demolida pela Prefeitura. Gesto de bom senso: tombado ali é somente o patrimônio natural, a pedra do Arpoador, um dos mais nobres sítios naturais do Rio conspurcado pelo monstrengo caindo aos pedaços.

Muito embora esteja abandonada há décadas, tendo virado mictório a céu aberto, a demolição lembrou subitamente à Empresa de Correios e Telégrafos (ECT) que o balandrau infecto é de sua propriedade, tendo por isso o direito de 'preservar' uma ruína já condenada em laudo da Defesa Civil.

A Prefeitura agiu de boa-fé: vistoriou, condenou, notificou a ECT, tentou permutar, deu quatro meses para obras de emergência e o prazo se esgotou a 15 de setembro. A demolição resguarda a população de um desabamento e restitui a pedra do Arpoador ao Rio, limpa como um dia foi e sempre deveria ter sido."

Questão: A leitura da matéria e informado de que a ECT, insatisfeita com a demolição levada a efeito pela Prefeitura, sem que – a entendimento dela, ECT – previamente munida de uma autorização judicial para assim ter procedido, emita, em resposta a consulta da Municipalidade, parecer justificando, à luz de princípios regedores da atuação da Administração Pública e de prerrogativa que, em decorrência, lhe assistiria no episódio a providência adotada e aplaudida, inclusive, na matér.

Procurador: MANOEL DE JESUS

Exercício n. 26

(OAB/RJ) Elabore um parecer sobre a questão abaixo:

No exercício do policiamento ostensivo inerente às respectivas atribuições, policiais militares entenderam configurar prática de ato obsceno a permanência na praia, tostando-se ao sol, de uma banhista que, inclusive em companhia do marido e nitidamente sem qualquer atitude provocativa que pudesse ser interpretada como de atentado ao pudor, encontrava-se em "topless", e usando de violência, conduziram-na à Delegacia Policial.

Consultor(a) jurídico(a) do Comando da Polícia Militar, equacione, à luz do regramento a que se submete o exercício do poder de polícia administrativa de segurança pública, a hipótese que lhe é submetida a parecer, para orientação do procedimento a ser adotado pelo comando.

Advogado: Pedro

OAB/RJ: 1.000

Rua da Cancela, 20 – Rio de Janeiro

Exercício n. 27

(OAB/RJ) Paulo, após o pagamento de seu IPVA (IMPOSTO SOBRE A PROPRIEDADE DE VEÍCULOS AUTOMOTORES) do ano de 2006, resolve consultar o sistema do DETRAN/RJ, e descobre a existência de uma multa em seu nome, que nunca recebeu em sua residência. A notificação foi expedida em 23 de setembro de 2005, a data da lavratura do auto de infração pela Polícia Militar do Estado do Rio de Janeiro, foi 01 de setembro de 2005, e sua fundamentação está no art. 162, inciso II, da Lei n. 9.503 de 23 de setembro de 1997. Na referida data, João estava no exterior, o que pode ser comprovado por seu passaporte, tampouco conhece o local onde supostamente foi flagrado descumprindo a legislação de trânsito.

Questão: Diante dos acontecimentos, elabore uma defesa administrativa, a fim de anular a penalidade imposta pelo Poder Público.

Exercício n. 28

(OAB/GO) Os Correios, empresa pública federal, com sede em Brasília, Distrito Federal, é proprietária e possuidora de duas áreas urbanas, quadras 30 e 31 localizadas entre as ruas Sergipe, Goiás, Minas Gerais e Acre, Centro, cidade de Goiás, Estado de Goiás.

As áreas foram adquiridas por doação do Município de Goiás, Estado de Goiás. O ato alienador foi autorizado pela Lei municipal n. 411, de 02 de março de 1999, cujo art. 2º ainda estabeleceu: "incluem-se na doação os trechos das ruas Sergipe, Goiás, Minas Gerais e Acre, necessários à complementação e fechamento da área". Desse modo, firmada a competente escritura pública, aos 15 dias do mês de março de 1999, a empresa edificou no local um centro de distribuição, composto por quatro prédios, uma caixa de abastecimento d'água e área de estacionamento.

O atual chefe do Poder Executivo municipal, porém, aproveitando-se do fato de aquela escritura pública de doação não haver mencionado, expressamente, a transferência da propriedade dos trechos das ruas descritas na citada Lei, encaminhou ao presidente da Câmara Municipal o Projeto de Lei de n. 2.114, de 30 de dezembro de 2004, com a finalidade de revogar o mencionado art. 2º da Lei autorizada, e, de consequência, conforme consta do próprio ofício mensagem, reabrir os trechos das ruas Sergipe e Goiás, os quais unificam a superfície das quadras e estão localizados a caixa d'água e o estacionamento do centro de distribuição.

Questão: Pois bem. Na qualidade de advogado(a) da empresa ECT, elabore a peça prático-profissional que entender pertinente à resolução da questão.

Exercício n. 29

(OAB/MG) Determinado Secretário Estadual julgou conveniente alienar um apartamento classificado pelo Cadastro Patrimonial do Estado como bem público dominical, situado na cidade do Morro Verde.

A primeira medida formal e jurídica adotada pelo Secretário foi a de obter do Poder Legislativo a indispensável autorização, nos termos da Constituição do Estado. Imediatamente após a publicação da lei autorizativa, a autoridade realizou a venda do imóvel a Paulo, à vista, pelo preço de R$ 100.000,00, sem adoção de quaisquer outras medidas.

O cidadão Carlos, morador da mesma cidade, procurou-o, dizendo e comprovando que os apartamentos vizinhos e semelhantes ao alienado valem R$ 150.000,00.

Questão: Com essas informações, Carlos deseja saber qual a medida judicial adequada, com vistas a anular a venda e a resguardar o interesse público. Na condição de advogado, redija a peça processual adequada, dirigida à autoridade judicial competente.

Exercício n. 30

(OAB/RJ) Certo Secretário Municipal cedeu o uso de terreno municipal, gratuitamente, para que uma empresa imobiliária construísse um "shopping center". O direito à exploração seria exclusivo do construtor. Paulo, passando pelo local e verificando as placas de aviso de venda de unidades, ficou indignado ao descobrir que o imóvel público havia sido cedido para uso particular. Inconformado com a resposta do Secretário face a seu pleito de cancelamento de cessão, procurou seu escritório para buscar uma solução judicial para a questão.

Questão: Elabore a peça prático-profissional adequada para possibilitar ao Poder Judiciário conhecer e julgar o caso.

Assine a peça como advogado Dr. Carlos

OAB/RJ: 00001

Exercício n. 31

(OAB/GO) A União, sem nenhum procedimento expropriatório, ocupou um imóvel urbano de propriedade de terceiro localizado no Município de Goiânia, Estado de Goiás. Sobre o bem de raiz foi iniciada a construção de uma unidade do Ministério de Minas e Energia. Dois anos depois da mencionada ocupação, o proprietário do loteamento e do imóvel em testilha, João da Silva, teve conhecimento do fato e, de consequência, o procurou para a adoção de medidas referentes à resolução da questão.

Questão: Como advogado do Sr. João da Silva, proponha a medida judicial adequada, mediante elaboração e apresentação da competente peça.

Exercício n. 32

(OAB/GO) Em certa localidade, a Câmara Municipal aprovou lei, conforme projeto de iniciativa do Prefeito, pela qual se declarou certo imóvel particular sujeito à desapropriação, bem como se determinou a doação do mesmo imóvel a entidade religiosa, para nele construir um templo.

Publicada a lei, o Executivo Municipal encontra-se em fase de entendimentos com o proprietário do imóvel, buscando alcançar acordo sobre o preço na via administrativa.

Questão: Você é procurado por um eleitor do município, que deseja ingressar em juízo para impedir a desapropriação e a transferência de domínio previstas na lei municipal aprovada. Redija a petição da ação apropriada.

Exercício n. 33

(OAB/MG) Procedendo ao levantamento dos bens que lhe foram deixados em herança por seu falecido pai, Américo Brasil, que se ausentara por longos anos do País, descobre que, em parte de um dos imóveis rurais herdados, fora construído um trevo rodoviário que dá acesso a diversos municípios. A obra realizada pela União, que se apossou do terreno no início da construção, cuja duração foi de 1 (um) ano, foi concluída há oito anos, época em que o bem já fora transferido a Américo. Não houve qualquer comunicado da parte do Poder Público ao proprietário, nem adotado qualquer outro procedimento legal tendente a transferir o bem, ou parte dele, à propriedade da União.

Sentindo-se lesado, mas incerto quanto a real existência de direitos a serem reivindicados, Américo solicita seus préstimos profissionais para a emissão de um parecer em que se lhe esclareça, sob óptica jurídica, a situação, bem como as possíveis providências administrativas ou judiciais tendentes a solucionar o caso.

Questão: Emita o parecer solicitado, observando a técnica de elaboração dessa peça jurídica.

Exercício n. 34

(OAB/DF) A Lei XYZ fixou parâmetros, padrões ou "standards" para a disciplina de determinada matéria permeada por forte caráter técnico. A referida Lei deixou expressamente para o Regulamento a complementação dos referidos parâmetros, padrões ou "standards". Temeroso de exorbitar de seu poder regulamentar, conforme dispõe o art. 49, inciso V da Constituição, o Presidente da República determinou a análise da validade da Lei quanto a este último aspecto.

Questão: Elabore o parecer sobre a validade jurídico-constitucional da Lei em questão.

Exercício n. 35

(OAB/DF) A ONG Ressoar, com o objetivo de elaborar análises técnicas sobre os gastos públicos com programas sociais e identificar quantitativa e qualitativamente a população atingida, solicitou de determinado órgão público federal as informações referidas. O dirigente do órgão público manifestou sua recusa em fornecer as informações e invocou o disposto no art. 116, inciso VIII da Lei n. 8.112 de 1990 ("São deveres do servidor: guardar sigilo sobre assunto da repartição").

Questão: Elabore um parecer analisando a recusa em questão e apontando a(s) iniciativa(s) a ser(em) adotada(s) pela ONG para obter os dados pretendidos.

Exercício n. 36

(OAB/DF) Leve em consideração os dados a seguir: (a) o servidor público A faleceu no dia 2 de julho de 2003; (b) B, filha única do servidor público A, apresenta, no dia 4 de julho de 2003, requerimento solicitando, por certidão, informações, de conhecimento da Administração Pública, acerca do patrimônio de A; (c) no requerimento apresentado por B indicava-se como finalidade da obtenção das informações a abertura de inventário e (d) o servidor público C, no dia 14 de julho de 2003, manifesta formalmente a recusa em fornecer as informações solicitadas alegando a impossibilidade da Administração Pública fornecer, a terceiros, dados pessoais dos servidores.

Questão: Inconformada, B solicitou a V. Sa., na qualidade de seu advogado, um parecer tratando da licitude, ou não, da recusa das informações requeridas.

Exercício n. 37

(OAB/MG) Renato é sindicalista militante em Holambra/SP. Em virtude de seus excessos nos movimentos grevistas, chegou a ser preso algumas vezes e posto em liberdade, sem processo. Entretanto, foi alertado de que o seu nome está cadastrado na Agência Brasileira de Informação. Para ter certeza quanto à sua real situação perante àquela agência, o sindicalista recorreu aos seus trabalhos profissionais, posto que na sua tentativa na via administrativa não obteve êxito.

Questão: Redija a ação adequada para obter as informações desejadas.

Exercício n. 38

(OAB/RN) Na Cidade de Tangamandápio, o Prefeito Municipal em exercício, Sr. Jaiminho, utilizando-se de dinheiro público, desenvolve intensa campanha de propaganda de obras, serviços e programas da Administração Pública, através da imprensa local, falada e escrita, com evidente propósito de promoção pessoal. Você é procurado por vários munícipes, para que adote, urgentemente, as medidas legais cabíveis, objetivando a defesa dos cofres públicos e a probidade da conduta do administrador público.

Questão: Tendo em vista o ordenamento jurídico vigente, elabore a peça profissional mais adequada ao equacionamento do problema que lhe foi apresentado, indicando seus fundamentos na lei, doutrina e jurisprudência.

Exercício n. 39

(OAB/GO) Joaquim propôs ação de cobrança em face de Procópio. O processo tramitou na Vara Cível da Comarca de Caires, Estado de Minas Gerais. Em razão da falta de aparelhamento material e humano e do excessivo formalismo da legislação processual, o juiz da causa demorou sobremaneira para proferir a sentença acolhendo o pedido inicial. O atraso na prestação jurisdicional causou dano ao autor da ação, uma vez que o patrimônio do devedor se dilapidou durante o período do trâmite do processo, não tendo mais o réu como garantir o pagamento da quantia devida. Indignado com o dano que sofreu, após o trânsito em julgado da ação por ele proposta, e sem ter como executar a sentença tardia, Joaquim contratou seus serviços advocatícios visando ao ressarcimento dos danos sofridos por causa da demora na prestação jurisdicional.

Questão: Diante da suposta situação fática, na qualidade de advogado(a) de Joaquim, apresente a peça prático-profissional que o caso reclama.

Exercício n. 40

(OAB/GO) Carlos e Cátia, pais de Guto, através de advogado legalmente habilitado, ajuizaram ação de conhecimento, por responsabilização civil, em face do Estado de Sergipe, em data de 02 de janeiro de 2004, visando a reparação de danos materiais e morais em decorrência da morte do filho, que, por enforcamento, suicidou-se em cadeia pública estadual localizada no Município de Aracaju, Estado de Sergipe, cuja cidade residem em data de 24 de novembro de 2001.

Com efeito, a parte autora asseverou, no mérito da ação, a responsabilidade civil do Estado, fundamentando-a na hipótese de culpa "in vigilando" do detento em estabelecimento prisional, vez que a vítima estava sob a custódia e direta proteção do Poder Público estadual, ao qual cumpre através de seus agentes carcerários, zelar pela integridade física dos presos, como preceitua a Constituição Federal de 1988, pedindo, ao final, a procedência do pedido, com a consequente indenização pleiteada.

A respectiva petição inicial foi protocolizada perante a Comarca de Goiânia, Estado de Goiás, sendo distribuída ao douto Juízo da Primeira Vara da Fazenda Pública Estadual, que, de consequência, determinou a citação do Estado de Sergipe, na pessoa do Senhor Procurador-Geral do Estado, para se defender, nos termos dos arts. 213 e seguintes do Código de Processo Civil.

Recebida a citação pelo Procurador-Geral do Estado, e devidamente autuada, os competentes autos paralelos formados foram distribuídos, tempestivamente, ao(à) examinado(a), agora na qualidade de procurador(a) do Estado, para adotar as medidas necessárias à defesa do ente estatal, nos termos regimentais.

Questão: Destarte, na qualidade de representante do ente estatal em comento, apresente a medida que entender necessária à defesa do Estado-membro.

Exercício n. 41

(OAB/GO) João e Maria compareceram ao seu escritório contando o caso abaixo:

No dia 20/03/2004, por volta das 10:00 horas, Maria encontrava-se no ônibus n. 2048, de propriedade da concessionária Viação Mineira Ltda., no itinerário Bairro Padre Eustáquio – Magabeiras. Na Av. Afonso Pena, encontrando-se o veículo em alta velocidade teve, o condutor do mesmo, para evitar colisão com outro veículo de passageiro, que acionar os freios, bruscamente, levando Maria, que estava de pé a cair no corredor do veículo, e, em consequência, sofrer diversas fraturas.

Paulo, a seu turno, no dia 22/03/2004, às 16:00 horas, se aproximava de um dos pontos do mesmo ônibus, localizado na Av. Afonso Pena, quando verificou que o veículo estava chegando, e, com receio de perdê-lo, correu em direção ao ponto, momento em que perdeu o equilíbrio, caindo na frente do ônibus em movimento, tendo este passado sobre as suas pernas, fraturando-as.

Os dois desejam saber se têm direito a indenização por danos materiais e morais. Em caso positivo, a ação deve ser intentada contra a empresa concessionária, contra a BHTRANS, entidade da Administração Indireta do Município, contra o Município de Belo Horizonte ou contra os três em litisconsórcio? Desejam saber também se a responsabilidade, no caso, será subjetiva ou objetiva?

Questão: Você deve emitir PARECER, respondendo os questionamentos acima, examinando cuidadosamente a situação de cada um e considerando os fatos, a doutrina e a jurisprudência pertinente.

O PARECER DEVE OBSERVAR A FORMA E A ESTRUTURA PRÓPRIAS.

Exercício n. 42

(OAB/MG) Diante do período de chuvas, uma ponte, situada em rodovia estadual de grande tráfego, vem a ruir, tornando necessária a utilização de desvio que aumenta o trajeto em cerca de 100 quilômetros. Aproveitando-se da situação, um proprietário de fazenda, localizada às margens da rodovia, facilita a passagem de veículos por suas terras, permitindo, assim, que os motoristas evitem o longo desvio. Para utilização do atalho, é cobrado, por veículo, "pedágio" no valor de R$ 30,00. Em face da repercussão da ocorrência, o Diretor Geral do Departamento Estadual encarregado de administração e manutenção das rodovias do Estado manifesta-se, publicamente, no sentido de que a entidade nada pode fazer para evitar a referida cobrança ou para amenizar o problema dos motoristas que utilizam aquele trecho da rodovia, a não ser, a reconstrução da ponte, cujas obras estarão finalizadas no prazo estimando de 90 dias.

O Governo do Estado, ciente, a seu turno, da posição externada pelo referido dirigente, solicita, à sua assessoria, parecer jurídico visando a confirmação daquela postura ou indicação de soluções para o problema.

Questão: Elabore o parecer em resposta à consulta.

Exercício n. 43

(OAB/MG) A Empresa de Ônibus Alaor é a concessionária responsável pela linha entre Belo Horizonte/MG e Bambuí/MG desde 2002. A Lei Estadual n. 23.439/2007 trouxe a previsão de que os estudantes de escolas públicas passariam a pagar meia passagem em todas as viagens dentro do Estado de Minas Gerais.

Após a lei ter entrado em vigor, percebeu a concessionária que sua renda foi reduzida em 14%, razão pela qual estaria impossibilitada de manter o serviço nos moldes previstos no contrato de concessão. Não houve acordo com o Poder Concedente sobre eventual aumento da tarifa.

Preocupado, o proprietário da concessionária lhe procura, para que sejam propostas as medidas judiciais cabíveis.

Questão: Redija a peça inicial, observando o tipo de ação adequada, competência, possibilidade ou não de liminar ou tutela antecipada e pedidos.

Exercício n. 44

(OAB/CESPE) Emita um parecer a respeito do seguinte caso prático:

A Constituição Federal, no art. 175, parágrafo único, inciso III, previu que a lei dispusesse sobre uma política tarifária para a prestação de serviços públicos sob regime de concessão, tendo-se editado em cumprimento desse preceito as Leis federais números 8.987/95 e 9.074/95, tendo esta última sujeitado ao aludido regime a exploração de vias federais (art. 1º, IV).

Fiada no Estado de Direito apregoado no art. 1º da Constituição como sendo o da República, empresa de grande porte, cliente de seu escritório, tornou-se, regularmente, concessionária da exploração de uma das mais importantes rodovias federais, tendo sido surpreendida, semanas atrás, com a expedição de Decreto do Poder Concedente estipulando, ainda que por prazo não muito longo, novo benefício tarifário consistente em isenção de pagamento de pedágio nas rodovias federais em favor de caminhoneiros transportadores de cargas e comprometendo, com a medida, o equilíbrio econômico-financeiro do contrato de concessão.

Questão: Pede-lhe, então, a empresa que, prestando-lhe consultoria, emita breve parecer em que responda objetivamente e apenas, com fundamento em interpretação exclusivamente das disposições legais aplicáveis, às seguintes indagações:

a) Pode o Poder Concedente estipular benefícios tarifários não previstos no contrato (novos benefícios tarifários) discricionariamente, isto é, sem submeter-se a quaisquer condições legais prévias ou simultâneas? (2,5 pontos)

b) Tem a empresa direito a ressarcimento pelo Poder Concedente do decréscimo de sua remuneração contratual decorrente da referida isenção? (2,5 pontos)

Advogado: RUI BARBOSA

OAB/RJ: 1.000

Rua da Cancela, 20 – Rio de Janeiro

Exercício n. 45

(OAB/GO) O INSS publicou edital de licitação para aquisição de mobiliários necessários ao bom funcionamento da repartição. José da Silva, no gozo do direito da cidadania, residente e domiciliado em Anápolis, Estado de Goiás, malgrado não participar do certame, ajuizou ação popular com o intuito de exercer o controle do ato administrativo, pois, segundo ele, a exigência de apresentação excessiva de documentos, conforme prevista no edital, caracteriza ato lesivo ao patrimônio público e à moralidade administrativa em decorrência da possibilidade de afastamento de bons concorrentes para a disputa. A empresa "América Distribuidora de Móvel", pessoa jurídica de direito privado, com sede na cidade de Anápolis, Estado de Goiás, tempestivamente, impugnou o mencionado edital, sob a alegação de irregularidade na aplicação da legislação pertinente, pois também entende que a apresentação de documentação necessária é dificultosa para a participação de concorrentes ao certame. A Superintendência Regional, contudo, silenciou-se durante o prazo legal para apresentação do julgamento das razões do pedido administrativo da empresa. O edital prevê o prazo de dez dias para a realização da sessão de abertura dos envelopes de documentação dos participantes da licitação.

Questão: Diante da suposta situação fática, na qualidade de advogado(a) da empresa acima mencionada, mormente para suprir a omissão da Administração, apresente a peça prático-profissional que o caso reclama.

Exercício n. 46

(OAB/GO) A Agência Reguladora de Serviços Públicos Delegados do Município de Belo Monte publicou Edital de licitação, modalidade Concorrência Pública, visando a Contratação de bens e serviços de informática com o objetivo de proceder toda informatização da Agência. O aviso de licitação foi publicado no Diário Oficial do Estado e no jornal diário de grande circulação no Estado no dia 22 de fevereiro de 2001, com data marcada para abertura do certame, às 15:00 horas do dia 10 de abril de 2001. A empresa Marco Pólo Informática Ltda., especializada no ramo de informática, ao adquirir o mencionado Edital percebeu que havia várias ilegalidades no mesmo, entre elas, a elevada pontuação para a empresa que na data da entrega das propostas, comprovasse maior número de empregados contratados, sem se ater a qualquer qualificação profissional, e ainda, a exigência da empresa licitante possuir capital mínimo ou valor do patrimônio líquido, superior a 10% (dez por cento) do valor estimado da Contratação. Tempestivamente a empresa Marco Pólo Informática Ltda. impugnou administrativamente o Edital. A Comissão de Licitação, ao analisar a impugnação decidiu, por unanimidade de seus membros, manter o Edital licitatório nas mesmas condições anteriores.

Questão: Diante do caso proposto, deve o candidato:

a) Se entender que a decisão da Comissão de Licitação está correta em manter na sua integralidade o Edital impugnado deverá elaborar parecer conclusivo devidamente fundamentado.

b) Se entender que a decisão da Comissão de Licitação não tem consistência jurídica deverá propor medida judicial cabível com base nos fundamentos jurídicos pertinentes na qualidade de Procurador da empresa Marco Pólo Informática Ltda.

Exercício n. 47

(OAB/GO) A Minérios do Sertão (MineSer) publicou Edital de licitação, modalidade Tomada de Preços, sob o n. 05/2002, com data marcada para abertura dos envelopes de habilitação no dia 12 de setembro de 2002, visando a contratação de bens e serviços de informática. A INFORCOOP INFORMÁTICA – COOPERATIVA DE TRABALHO DE ASSISTÊNCIA TÉCNICA E EQUIPAMENTOS DE PROCESSAMENTO DE DADOS LTDA., sociedade cooperativa de trabalho, ao adquirir o mencionado Edital licitatório, deparou com a proibição de participação de sociedades cooperativas no referido certame. Inconformada com a proibição de sua participação, a INFORCOOP INFORMÁTICA, em 05 de setembro de 2002, impugnou o Edital. A Comissão de licitação da MineSer, ao analisar a impugnação ao Edital, decidiu no dia 09 de setembro de 2002 mantê-lo com a mesma proibição da participação de sociedades cooperativas.

Questão: Diante do exposto, deve o candidato, na qualidade de Procurador da INFORCOOP INFORMÁTICA propor a medida cabível com base nos fundamentos jurídicos pertinentes.

Exercício n. 48

(OAB/GO) A Minérios do Sertão (MineSer) publicou Edital Licitatório, modalidade Tomada de Preços, para aquisição de equipamentos de informática. A empresa FORTE EQUIPAMENTOS DE INFORMÁTICA LTDA., com sede em Anápolis e com 2 (dois) anos de funcionamento, ao adquirir o Edital Licitatório, percebeu que o item 3, subitem 3.4 do mencionado Edital, proibia a participação de empresas sediadas fora do Município de Goiânia e com menos de 3 (três) anos de funcionamento. Inconformada com a proibição de sua participação no Certame, a Empresa FORTE EQUIPAMENTOS DE INFORMÁTICA LTDA., solicitou ao seu Departamento Jurídico que tomasse as providências legais.

Questão: Na qualidade de Advogado da Empresa, proponha a medida administrativa adequada.

Exercício n. 49

(OAB/MG) CONSULPLAR S/A, sociedade de economia mista sob controle acionário da União, com sede em Contagem-MG, informou a todos os interessados a realização de licitação pública na modalidade concorrência, no sistema de registro de preços, para a contratação de serviços de manutenção dos veículos integrantes de sua frota oficial, com seleção da proposta mais vantajosa, pelo critério do maior preço unitário exequível.

A Empresa WX, de propriedade do Sr. Walter Xisto, com sede em Belo Horizonte, compareceu como interessada no referido procedimento licitatório, apresentando tempestivamente os envelopes de documentação e proposta de preço. Ocorre que, para surpresa do Sr. Walter Xisto, sua empresa foi inabilitada. Procurada, a Comissão de Licitação não apresentou qualquer justificativa que motivasse a inabilitação da empresa e, ainda, negou-lhe vista ao processo.

Inconformado, o Sr. Walter Xisto impetrou Mandado de Segurança contra ato abusivo do Presidente da Comissão de Licitação da CONSULPLAR. Posteriormente seu advogado lhe informou que o juiz indeferiu de plano a inicial, sem análise de mérito, ao argumento de que "a situação apresentada não é passível de mandado de segurança, posto não se tratar de 'ato de autoridade', nos termos da Lei n. 12.016/09".

Questão: O Sr. Walter Xisto consulta V. Sa., quanto à possibilidade de recorrer da decisão do juiz de 1ª instância. Se a decisão do juiz estiver correta, redija um PARECER, explicando ao seu cliente os fundamentos da decisão judicial. Por outro lado, se a decisão judicial estiver incorreta, redija o RECURSO judicial adequado.

Exercício n. 50

(OAB – CESPE) Emita um parecer a respeito do caso prático abaixo enunciado:

A pessoa jurídica da qual você é advogado recebe proposta da empresa estrangeira no sentido de que constitua com ela um consórcio, a fim de participarem de uma licitação para realização, no Brasil, de obra pública de grande vulto. Sendo o capital da empresa estrangeira 10 (dez) vezes maior que o de sua empresa, pretende aquela a liderança do consórcio a ser constituído. Para orientação de uma resposta à proponente, a Diretoria pede-lhe um parecer em que sejam abordados os seguintes pontos:

1º É possível a participação de empresas em consórcio nas licitações para obras públicas?

2º Se afirmativa a resposta ao primeiro quesito, é possível consorciarem-se, para esse fim, uma empresa brasileira e uma empresa estrangeira?

3º Se afirmativa a resposta aos quesitos anteriores, e dado que, para a empresa, seria de interesse relevante, viabilizar a aceitação da proposta, seria possível atender à pretensão da proponente de liderança do consórcio?

Exercício n. 51

(OAB – CESPE) Emita um parecer a respeito do caso prático abaixo enunciado:

A Carta Magna estabelece, no inciso XXI do art. 37, que, ressalvados os casos especificados na legislação, as obras, serviços, compras e alienações serão contratados mediante processo de licitação pública que assegure igualdade de condições a todos os concorrentes.

Recentemente, entretanto, acossada por noticiário jornalístico relativo a fatos que se verdadeiros, seriam comprometedores da lisura dos leilões de privatização por prejudiciais do princípio da isonomia entre os concorrentes, a Presidência da República, em nota oficialmente divulgada, afirmou ser o noticiário improcedente porque se tratava de leilões e não de licitações.

Preocupado com a afirmação e temeroso de estar descumprindo o princípio constitucional do art. 37, inciso XXI, pelo fato de utilizar leilões, e não licitações, sobretudo para alienações de bens inservíveis para o serviço público municipal, o Prefeito lhe endereça consulta no sentido de que você o esclareça, em breve parecer e na qualidade de Procurador do Município, se, afinal de contas, leilão é ou não é licitação.

Questão: Como você se manifestaria: endossando, ou não, a nota da Presidência da República e com base em que fundamentos?

Exercício n. 52

(OAB – CESPE) Emita um parecer a respeito do caso prático abaixo enunciado:

Repartição Pública da Administração Pública promove licitação para contratação de serviços profissionais técnico-especializados a serem prestados por empresa, estabelecendo o respectivo edital, cláusula segundo a qual as eventuais licitantes devem comprometer-se a "recrutar e selecionar os profissionais que serão alocados para a prestação dos serviços licitados, observado o limite mínimo de 20% (vinte por cento) de negros e negras".

Empresa da qual você é advogado pede que emita parecer sobre a legalidade dessa cláusula do edital, consultando-o sobre a possibilidade jurídica de impugnação da referida cláusula e, afirmativa ou negativa a resposta, sob que fundamento(s).

Questão: Como você se pronunciaria?

Exercício n. 53

(OAB – CESPE) Determinada multinacional, da qual você é advogado, obteve Edital de vultosa licitação municipal. O Edital estava inteiramente baseado na Lei federal n. 8.666/93, que estabelece normas gerais para licitações e contratos administrativos. Sucede que dispositivo de lei municipal, regulador de questão específica em matéria de licitação, entrou em choque com as normas do edital.

Questão: Emita parecer sobre a questão.

Advogado: RUI BARBOSA

OAB/RJ: 1.000

Exercício n. 54

(OAB – CESPE) Maria Eduarda, Deputada Federal e cumpridora de suas obrigações eleitorais, após votar nas eleições deste ano para escolha de Prefeito, toma conhecimento de um contrato administrativo precedido de licitação firmado entre o Governo do Estado do Rio de Janeiro e a Empresa Bom Prato Ltda., para o fornecimento de quentinhas nos Presídios do Estado. Nesse contrato, existe uma cláusula que proíbe a sua alteração unilateral, mesmo que motivada por interesse público, e outra que faculta à contratada realizar a suspensão do fornecimento das quentinhas caso o Estado atrase o pagamento por mais de 10 (dez) dias.

Sabedora que foi realizada licitação, ela procura seu escritório para propor a medida cabível na esfera judicial.

Advogado: Rui Barbosa

OAB: 99.999

Exercício n. 55

(OAB/DF) Certo servidor público de alto escalão no âmbito federal, diretamente subordinado ao Ministro da Justiça, recusou-se a cumprir as determinações da Portaria n. 45, de 2005, de seu superior hierárquico imediato, por entender que a mesma seria inconstitucional.

Questão: Elabore um parecer acerca da licitude, ou não, da conduta do servidor.

Exercício n. 56

(OAB/DF) O Delegado Geral da Polícia Civil tomou conhecimento de que o Agente Y vinha exercendo cumulação ilícita de empregos públicos por quase dez anos. Pretende corrigir essa situação. Foi-lhe, porém, dito que o Agente poderia alegar boa-fé, não obstante o largo tempo de exercício dos dois cargos.

A autoridade, contudo, tem várias dúvidas a respeito da matéria. Quer saber se, em matéria de cumulação ilícita de empregos públicos, é legítima a indagação sobre a boa-fé do servidor, e, em se confirmando a hipótese, se o fato terá repercussão jurídica sobre a solução administrativa do caso, e, ainda, qual seria essa repercussão.

Questão: Oriente a autoridade como proceder, mediante parecer bem fundamentado.

Exercício n. 57

(OAB/DF) O Chefe do Poder Executivo Federal ordenou verbalmente que o Ministro de Estado José da Silva adotasse uma certa providência administrativa. Ciente de que José da Silva não adotou a providência determinada pelo Chefe do Poder Executivo Federal, Antonio Souza, Assessor Especial do Ministro de Estado José da Silva representou diretamente ao Chefe do Poder Executivo Federal contra a omissão de José da Silva. Foram invocados os arts. 116, inciso IV, 124, 127, inciso I, e 129 da Lei n. 8.112, de 1990. Pediu-se, na representação, aplicação, depois de regular processo administrativo disciplinar, da penalidade de advertência ao Ministro de Estado José da Silva.

Questão: Elabore um parecer acerca da licitude da instauração do referido processo administrativo.

Exercício n. 58

(OAB/DF) Luiza Gonzaga, viúva do servidor público Luiz Gonzaga, recebe, de boa-fé, pensão em decorrência da morte do servidor. A Administração Pública, depois de pagar o benefício previdenciário por 7 (sete) anos consecutivos, identificou que 75% (setenta e cinco por cento) do valor pago era indevido porque violava expressamente o art. 11 da Lei n. 999.999.

Questão: Elabore um parecer, na condição de consultor jurídico do órgão responsável pelo pagamento dos benefícios previdenciários, respondendo aos seguintes quesitos:

a) é lícita, sem qualquer providência administrativa antecedente, a imediata supressão do pagamento da parte indevida?

b) é lícita a exigência de restituição dos valores recebidos indevidamente? e

c) se a resposta para a última questão por positiva, qual o procedimento a ser adotado para reaver os valores pagos indevidamente?

Exercício n. 59

(OAB/GO) Nelson, servidor público federal, estável, ocupante do cargo de técnico judiciário do Tribunal Regional do Trabalho, foi aprovado no concurso público do Tribunal regional Federal para o cargo de analista de sistemas. Ao tomar posse no novo cargo, apresentou a sua nova nomeação no Tribunal Regional do Trabalho que, de imediato, declarou a vacância do cargo. No estágio probatório, Nelson foi considerado inabilitado. Em virtude da sua inabilitação no estágio probatório, Nelson requereu sua recondução ao cargo de técnico judiciário no Tribunal Regional do Trabalho, que ocupara anteriormente, entretanto, o cargo já havia sido ocupado por outro servidor.

Questão: Diante do exposto, elaborar parecer conclusivo e fundamentado acerca da possibilidade ou não do servidor Nelson voltar a ocupar o cargo de técnico judiciário.

Exercício n. 60

(OAB/GO) Gabriel, servidor público federal, estável, ocupante do cargo de Agente Administrativo do Tribunal Regional Federal, foi aprovado no concurso público do Tribunal Regional do Trabalho para o cargo de Analista de Sistemas. Ao tomar posse no novo cargo apresentou a sua nova nomeação no Tribunal Regional Federal, que de imediato declarou a vacância do cargo. No estágio probatório, Gabriel foi considerado inabilitado.

Em virtude da sua inabilitação no estágio probatório, Gabriel requereu sua recondução ao cargo de Agente Administrativo no Tribunal Regional Federal que ocupara anteriormente, entretanto, o cargo já havia sido ocupado por outro servidor.

Questão: Diante do exposto, elaborar parecer conclusivo e fundamentado acerca da possibilidade ou não do servidor Gabriel voltar a ocupar o cargo de Agente Administrativo.

Exercício n. 61

(OAB – CESPE) Diante de sindicância determinada pelo Tribunal de Contas, o chefe do Departamento de Pessoal da Prefeitura do Município X, localizado no Estado Y solicitou ao Secretário de Administração orientações sobre como agir nos casos de registro de aposentadorias de servidores ocupantes de cargos efetivos. Foi, então, a questão submetida a você, que deverá exarar parecer analisando os seguintes temas: a) natureza jurídica da atuação do Tribunal de Contas; b) qual tribunal de contas seria competente, sabendo que o Estado Y não instituiu Conselho Estadual de Contas de Municípios; c) obrigatoriedade de submissão ao registro de tais atos e eventual existência de exceções, apontando os dispositivos constitucionais ou legais pertinentes; d) possibilidade de impugnação judicial da decisão.

Advogado: RUI BARBOSA

OAB/RJ: 1.000

Exercício n. 62

(OAB/SC) Na data de 30/01/2004 a Avícola Desterrense Ltda., sociedade empresária inscrita no CNPJ sob o n. 12.345.678/0001-23, com sede na avenida Irineu Bornhausen, 4.860, Beira Mar Norte, Florianópolis/SC (CEP.: 88025-202), recebeu notificação de não provimento do seu recurso administrativo contra decisão da autoridade pública que julgou improcedente a defesa previamente apresentada pela Avícola Desterrense Ltda. no processo administrativo decorrente do Alto de Infração – AI 1234/98-DFAA/SC, ficando, assim, mantida a pena de advertência aplicada quando do julgamento da mencionada defesa.

Tal notificação foi recebida na sede da Avícola Desterrense Ltda. por carta registrada com aviso de recebimento, na qual constavam (i) ofício assinado pelo Chefe do Serviço de Fiscalização e Fomento da Produção Vegetal – SFFV, da Delegacia Federal de Agricultura em Santa Catarina – DFAA/SC, do então Ministério da Agricultura e do Abastecimento – MAA (endereço do gabinete funcional do Chefe do SFFV/DFAA/SC: rua Esteves Júnior, 68, Centro, Florianópolis/SC – CEP: 88015-530), e (ii) cópia do relatório do julgamento do recurso administrativo expedido pelo titular da Secretaria de Desenvolvimento Rural – SDR, do MAA (endereço do gabinete funcional do Secretário da SDR/MAA: Esplanada dos Ministérios, Bloco D, Brasília/DF – CEP: 70043-900).

O AI 1234/98-DFAA/SC foi lavrado pela fiscalização itinerante do SFFV/DFAA/SC, em 26 de outubro de 1998, por causa da ausência do certificado de classificação vegetal e falta da efetiva classificação vegetal do milho importado da Argentina durante o transporte do milho dos armazéns próprios da Avícola Desterrense Ltda. localizados em São Francisco do Sul/SC para a fábrica de rações da Avícola Desterrense Ltda. localizada no Município de São José/SC. O milho foi importado devido à escassez do produto no Brasil, na oportunidade. O negócio foi feito na condição CIF São Francisco do Sul/SC pela Avícola Desterrense Ltda., que, como importadora, desembaraçou e internalizou em seu nome o milho, guardando-o no seu armazém em São Francisco do Sul/SC, para posterior transporte. O transporte foi realizado com caminhões de frota própria da Avícola Desterrense Ltda. A finalidade do milho era a fabricação de ração animal para consumo nos aviários próprios da importadora situados também no Município de São José/SC.

A fiscalização itinerante consignou no AI 1234/98-DFAA/SC como infringidos os seguintes dispositivos então vigentes: art. 1º, da Lei n. 6.305/75; arts. 30 e 31, do Decreto n. 82.110/78; e art. 2º, da Portaria 061/88, do então Ministro do Estado da Agricultura.

Quando a Avícola Desterrense Ltda. recebeu a notificação acima referida a legislação de regência da matéria já havia mudado. A Lei n. 9.972, de 25 de maio de 2000, substituiu a Lei n. 6.305/75. Como o art. 1º, III, da Lei n. 9.972/2000, determinava a obrigatoriedade da classificação vegetal nos portos, quando da importação, e como a Avícola Desterrense Ltda. não pretendia mais importar milho, ela não interpôs o recurso hierárquico cabível na via administrativa nem tomou medida judicial alguma.

Ocorre que nova escassez do milho é prevista para o período da próxima safra, tendo em conta os limites da produção nacional de milho e o aumento do consumo industrial do produto, seja para fabricação de ração para criação e engorda de animais (aves, suínos, gado em geral), seja para produção de alimentos para consumo humano. Com isso, a alternativa será, novamente, a importação, em especial de países vizinhos como Argentina, Uruguai e Paraguai, tanto por via marítima, como por via rodoviária. Este fato é considerado conhecido, uma vez que os meios de divulgação e comunicação do setor da economia não param de lhe dar destaque.

Temendo os efeitos da reincidência das infrações ao regime de classificação vegetal e em precaução de qualquer eventualidade nas novas importações de milho em relação a este assunto, a Avícola Desterrense Ltda. procurou, em 17 de outubro de 2005, o seu escritório de advocacia para tomar a medida judicial cabível antes de realizar referidas novas importações de milho, que se darão no final de 2005 e início de 2006.

Observe-se que a Avícola Desterrense Ltda. é conservadora: ela não quer, de forma alguma, ficar sujeita a qualquer eventualidade nas novas importações de milho, pois tal matéria-prima é vital para a continuação do seu negócio. Em outras palavras, a Avícola Desterrense Ltda. não quer ficar sujeita à fiscalização para por exemplo, após eventual autuação, discutir a reincidência ou não por fato relacionado à classificação vegetal sob vigência da Lei n. 6.305/75 em gradação da penalidade na vigência da Lei n. 9.972/2000.

Questão: Elabore a peça cabível.

Exercício n. 63

(OAB – CESPE) Elabore a peça prático-profissional cabível para levar a questão abaixo descrita ao exame do Poder Judiciário.

Carlos solicitou a concordância do Poder Público para a construção de uma casa em terreno de sua propriedade. Obteve, então a regular anuência, porém, só iniciou a obra um ano depois.

Ocorre que, foi surpreendido por uma decisão da Administração Pública determinando o embargo e a demolição da construção iniciada. O argumento do município foi no sentido de que havendo uma dívida fiscal, referente ao pagamento do IPTU (imposto predial e territorial urbano) dos anos 2002 e 2003, a obra não poderia ser viabilizada.

Questão: Considerando a situação acima apresentada, elabore a petição inicial, observando que o terreno está localizado em área urbana do Município do Rio de Janeiro, no bairro denominado Rio Comprido, e que a obra foi embargada pelo Município do Rio de Janeiro.

Advogada: Carlota Joaquina

Exercício n. 64

(OAB/MG) A Associação de Vendedores de Jornais e Revistas de populosa capital brasileira procurou seu escritório narrando que seus associados, com recursos financeiros obtidos mediante empréstimo de instituições bancárias, adquiriram e instalaram bancas de vendas de jornais e revistas em locais públicos, por meio de contrato de concessão de uso como município. O contrato, além de cláusulas prevendo a obtenção daquele financiamento pelos contratados, estabeleceu o prazo de sua vigência por dois anos, suscetível de prorrogação. Antes do vencimento desse prazo, porém, o Prefeito, ao argumento de congestionamento de pedestres nos locais em que foram instaladas as bancas, determinou a mudança dessas para outros pontos, com menos fluxo de pessoas. A Associação, constituída e em funcionamento há mais de um ano, sob a alegação de defesa do direito de seus filiados e, reflexamente, do interesse dos cidadãos, pretende mover a competente ação judicial para garantir a permanência das bancas nos locais de origem.

Questão: Com base nessas informações, ELABORE a peça exordial da ação considerada adequada para o caso.

JUSTIFIQUE sua orientação, fazendo alusão aos documentos essenciais que devem instruí-la.

Exercício n. 65

(OAB) Determinada autarquia federal X pretende expropriar imóvel rural localizado em Goiânia, mediante declaração de interesse social, para fins de reforma agrária, propondo para tal finalidade ação de desapropriação em face do proprietário do bem de raiz, senhor José da Silva. O consequente processo judicial foi distribuído à Primeira Vara Federal da Seção Judiciária de Goiás. A Autarquia X, necessitando urgentemente de utilizar-se do imóvel declarado de interesse social, para fins de reforma agrária, na inicial, pediu a pronta imissão provisória na posse do bem de raiz. Para tanto, a Autarquia ofereceu em depósito a quantia prévia de R$ 330.000,00. A Autarquia, unilateralmente, ressaltou, que esse montante seria resultante de rigorosa e pormenorizada avaliação, executada sob as diretrizes da ABNT NB – 613/1981 – avaliação de imóveis rurais – e NBR 8951 – avaliação de glebas urbanizáveis, com nível de precisão enquadrado normal, utilizando-se do método comparativo e de dados de mercado, considerando a região dos imóveis, as confrontações das glebas, a hidrografia, o relevo, a preservação do meio ambiente, a vegetação, a aptidão de uso de terras, a ocupação circunvizinha, a localização estratégica e as benfeitorias públicas. A imissão provisória na posse do bem de raiz foi deferida pelo Juiz Federal depois do depósito da mencionada quantia ofertada, sendo parte do montante em dinheiro e outra parte em Títulos da Dívida Agrária, conforme permite a legislação pertinente. Após a imissão provisória na posse do bem, apesar de citado, o expropriado não ofereceu contestação. O Juiz Federal, então, proferiu decisão judiciária monocrática julgando procedente o pedido inicial em decorrência da ausência da contestação do expropriado, reputando como verdadeiro o preço da indenização ofertado unilateralmente pela Autarquia; e determinou a expedição do mandado de imissão definitiva na posse do imóvel expropriado, valendo o "decisum" como transferência da propriedade no CRI da situação do referido imóvel rural. Agora, inconformado com a decisão proferida, o Senhor José da Silva contratou seu escritório de advocacia, a fim de ser adotada a medida cabível.

Questão: Diante da suposta situação fática, na qualidade de advogado(a) do expropriado, apresente a peça prático-profissional que o caso reclama.

Exercício n. 66

(OAB – CESPE) Emita um parecer diante da questão prática abaixo narrada:

Prefeito Municipal baixa decreto declarando de utilidade pública, para fins de desapropriação a ser promovida pela superintendência de Desportos, autarquia do município, imóvel de propriedade de uma seita religiosa que o principal clube da cidade utiliza, mediante contrato de locação que a locadora notificou não pretender renovar, como campo esportivo para realização de jogos de inclusão obrigatória no calendário oficial adotado pela Federação de Futebol do Estado.

Não dispondo o município de um estádio de futebol ou de qualquer outra praça de esportes, o Prefeito expediu o aludido decreto em acolhida de moção aprovada pela Câmara de Vereadores, diante de memorial assinado por grande número de municípios vizinhos, propondo que a medida fosse adotada de modo a impedir a desclassificação do clube e a sua eliminação da federação, por não dispor o município de estádio, o que acarretaria prejuízo no interesse da comunidade.

Questão: A seu juízo, seria procedente ação anulatória proposta pela proprietária do imóvel, alegando nulidade do ato declaratório em causa?

Exercício n. 67

(OAB – CESPE) Diante do caso hipotético abaixo, direcione a medida judicial cabível.

Pedro, Secretário de Esportes do Município do Rio de Janeiro, usou verba pública, sem licitação, para fazer publicidade de eventos esportivos promovidos por essa mesma Secretaria. A publicidade consistia em balões coloridos, trazendo o seguinte mote: "Secretaria de Esportes do Município, o Povo em Primeiro Lugar". Decorrido algum tempo, Pedro resolveu se candidatar a vereador e, em sua campanha eleitoral, usou a mesma publicidade: balões coloridos exatamente da mesma forma, com o seguinte mote: "Pedro, o Povo em Primeiro Lugar".

Questão: Procurado pela Associação de Proteção da Dignidade e Moralidade Pública do Rio de Janeiro (criada em 1988 e sem fins lucrativos), através de seu representante legal, Caio, redija a peça inicial da ação judicial cabível para que o erário municipal seja ressarcido.

ADVOGADO: RUI BARBOSA

Insc.: 1.100

Exercício n. 68

(OAB – CESPE) Beato Saluh, de 106 anos de idade, sofreu um acidente vascular cerebral e foi socorrido em sua residência por ambulância do Hospital Central do Exército. Iniciado o transporte até esse Hospital, em determinado momento os freios pifaram e o condutor perdeu o controle do veículo, que caiu em um rio, causando a morte de todos os ocupantes. Josué, filho único de Matusalém, procura seu escritório de advocacia para que seja proposta a ação judicial cabível em face do respectivo ente público, tendo em vista a morte de seu saudoso pai.

Questão: Elabore a peça prático-profissional e a assine como Rui Barbosa, inscrito na OAB/RJ sob o n. 013.

Exercício n. 69

(OAB – CESPE) Silvia, recepcionista, realizava tratamento médico regular no Hospital Severo Dantas, situado no Município do Rio de Janeiro, subordinado à Marinha do Brasil. Eis que, dentro das dependências da unidade hospitalar, sob o efeito de sedativos, ela teve seus pertences furtados; o que somente constatou após cessarem os efeitos da medicação. A direção confirmou que o fato efetivamente ocorreu dentro das dependências do Hospital e que o dano material apurado foi no montante de R$ 20.000,00 (vinte mil reais). Contudo, até a presente data, não foi a paciente ressarcida do dano que sofreu. Inconformada, Silvia procura um advogado para que seja proposta uma ação judicial.

Questão: Elabore a peça.

ADVOGADO: RUI BARBOSA

Insc.: 013

Exercício n. 70

(OAB – CESPE) A Cidade de Nova Granada, que não integra qualquer região metropolitana, aglomeração urbana ou microrregião, solicita-lhe um parecer sobre de quem seja a competência para a exploração do serviço público de distribuição de água e tratamento de esgotos sanitários. Dê o parecer fundamentado.

Exercício n. 71

(OAB/MG) Pedro Paulo, presidente da LANCHEBOM S/A, uma sociedade de economia mista estadual exploradora de atividade econômica, tendo visto notícia na imprensa de que empresas como a que dirige não se sujeitam mais às regras da Lei Federal n. 8.666, de 1993, e posteriores modificações, formulou consulta sobre a possibilidade jurídica da empresa passar a realizar suas licitações para a contratação de obras, compras, serviços e alienações observando apenas o regulamento a ser aprovado pelo órgão societário legalmente previsto.

Questão: Na condição de assessor(a) jurídico(a) da entidade, elabore o parecer.

Exercício n. 72

(OAB/MG) Certa pessoa jurídica privada discute na Justiça valores relativos ao ICMS, que a empresa entende indevidos.

Estando em curso, este processo judicial, a empresa buscava participar de concorrência realizada em Belo Horizonte por órgão do Estado de Minas Gerais, tendo sido inabilitada. A Comissão de Licitação registrou em ata que a inabilitação deveu-se "à existência de débito para com a Fazenda Estadual, não satisfazendo a empresa o disposto no art. 29, III, da Lei n. 8.666/93, com suas alterações".

Na mesma data em que foi inabilitada, a empresa procura-o, na qualidade de advogado, solicitando providências judiciais que possam garantir a sua permanência no procedimento licitatório.

Questão: Elabore a petição inicial da ação de rito especial apropriada para o caso, solicitando todas as providências juridicamente cabíveis.

Exercício n. 73

(OAB – CESPE) Emita um parecer referente ao caso prático abaixo enunciado:

Determinado período publicou em 26/09/2000 reportagem sob título "SP ignora lei e paga 55% a mais para obra", ilustrando-a com o seguinte comentário:

"Três especialistas em direito administrativo consultados pela Folha (Maria Sylvia Zanella di Pietro, Toshio Mukai e Paulo Boselli) consideraram ilegal o acréscimo de 54,1% sobre o valor original do contrato feito pelo Estado".

Empresa da qual você é advogado e que mantém relações contratuais com a Administração Pública faz-lhe, à vista da reportagem, consulta com objetivo de ser esclarecida por que motivo e sob que fundamento os administrativistas teriam opinado, como divulgado, pela ilegalidade do acréscimo, sabido que à administração é facultada, inclusive, alteração unilateral dos contratos administrativos.

Exercício n. 74

(OAB/GO) Seu escritório de advocacia foi procurado pelo Sr. Pedro Augusto, Presidente do Conselho Federal da Ordem dos Advogados do Brasil, serviço público dotado de personalidade jurídica, regulamentado pela Lei n. 8.906/94, com sede no Edifício da Ordem dos Advogados, Brasília, Distrito Federal, com o intuito de ser adotada, urgentemente, medida cabível em face da Lei Complementar estadual n. 10, de 21 de dezembro de 2005, sancionada pelo chefe do Poder Executivo deste Estado, Pedro da Silva, por vislumbrar séria afronta à Constituição da República, promulgada em 1988. Com efeito, a citada Lei Complementar, que dispõe sobre a organização e carreira do Defensor Público deste Estado, em seu art. 1º autoriza que o chefe do Poder Executivo estadual contrate, como defensores públicos, advogados com mais de 02 (dois) anos de experiência comprovada, no total de 20 (vinte), para integrarem e reforçarem os quadros da Defensoria Pública deste Estado, temporariamente, em caráter emergencial e sem concurso público.

Questão: Diante dessa suposta situação, na qualidade de advogado, apresente a peça prático-profissional que o caso reclama.

Exercício n. 75

(OAB/MG) O Poder Legislativo do Município de Delta, aprovou, por maioria de votos, projeto de lei de iniciativa do Prefeito Zeca Diabo efetivando os empregados municipais Antônio Dutra, Bartolomeu Duarte, Cacilda de Souza, Doroti Amadeu e Euclides Fortezza, que, então com contratos sob o regime da CLT, foram beneficiados pela estabilização prevista no art. 19 do Ato das Disposições Constitucionais Transitórias promulgado simultaneamente à Constituição Federal de 1988.

Uma vez em vigor a lei (que não contém dispositivo específico sobre vigência, mas retroage seus efeitos a 1º de janeiro de 1997), os seus destinatários passarão a sujeitar-se ao regime jurídico único, de natureza estatutária, dos servidores públicos municipais, bastando para tanto que o Prefeito baixe decreto estabelecendo os cargos correspondentes do Quadro Efetivo nos quais serão enquadrados, a partir de quando o Chefe do Departamento de Pessoal os incluirá na folha de pagamento respectiva e adotará as providências para creditar-lhes as diferenças vencidas.

A lei, sancionada pelo prefeito, foi publicada em 02 de fevereiro de 1998.

Considere que, em 17 de fevereiro de 1998, você foi contratado pelo P.O.S. (Partido da Oposição Sistemática), por meio do Presidente do Diretório Municipal, Vereador Hermenegildo Santos, para ajuizar ação popular contra a efetivação dos mencionados empregados.

Questão: Elabore a petição inicial da ação popular, atentando para o seguinte:

a) não transcreva texto de dispositivo de lei, doutrina ou jurisprudência, a não ser que considere indispensável à sustentação de sua tese;

b) mencione sempre que necessário, entre parêntesis, o documento que acompanha a inicial, comprobatório da assertiva;

c) a data da petição deve coincidir com o dia em que será protocolizada;

d) não coloque o seu nome na petição, senão um pseudônimo.

Exercício n. 76

(OAB/MG) Pedro Afonso, morador de Belo Horizonte, prestou, em 10 de setembro de 1997, concurso público para o cargo de Agente Administrativo da "Universidade Federal de Belo Horizonte" (UNIBEL), autarquia federal vinculada ao Ministério da Educação e do Desporto (MEC). Foi aprovado em quinto lugar, mas do edital do concurso constava a existência de apenas quatro vagas.

O concurso tinha validade de 01 (um) ano e durante este período surgiu outra vaga para o cargo de Agente Administrativo. A Universidade resolveu, então, realizar novo concurso, ao fundamento de que Instrução Normativa do Ministério da Administração e Reforma do Estado (MARE) impede que se nomeiem candidatos além do número de vagas constantes do edital do concurso.

Realizado o novo concurso em abril de 1998, foi aprovado em primeiro lugar Ascânio Rosa, domiciliado e residente na cidade de São Paulo, sendo nomeado em 15 de maio de 1998 pelo Reitor da UNIBEL, Prof. Clarismundo Ferreira.

Em 20 de maio de 1998, quando ainda não havia ocorrido a posse de Ascânio, você foi procurado por Pedro Afonso, que deseja ingressar em juízo para impedir a investidura de Ascânio Rosa e garantir a sua investidura no cargo.

Questão: Você deverá elaborar a petição inicial da ação de rito especial cabível no caso, atentando para o fato de que Ascânio tomará posse em exercício no dia 28 de maio de 1998.

Exercício n. 77

(OAB/MG – 1999.2) Certo Secretário Estadual publicou edital de concurso público de provas para o cargo de Agente de Apoio, no qual se estabeleceu a idade mínima de 25 anos para o candidato inscrever-se.

A Lei n. 123 desse Estado, no pertinente ao assunto, dispõe, "in verbis":

> *"Art. 3º O cargo de Agente de Apoio criado por esta Lei tem as seguintes atribuições:*
>
> *I – vigilância interna do prédio do órgão em que lotado com controle de entrada e saída de mercadorias, materiais e veículos;*

II – guarda provisória de volumes e valores de terceiros em visita ao prédio do órgão em que lotado;

III – orientação do público sobre localização dos setores e sobre medidas de segurança."

Adelina de Oliveira, de 22 anos, teve sua inscrição indeferida, ao argumento de que não preenche o requisito de idade previsto no edital. Inconformada, ela o(a) procurou uma semana antes da data marcada para a prova.

Questão: Elabore a petição inicial do mandado de segurança, visando a obter todas as medidas judiciais cabíveis na defesa dos interesses de sua cliente.

Exercício n. 78

(OAB/MG) Carlos, prefeito do Município de Guarulhos, publicou edital de concurso para provimento de cargos de professor municipal.

Entre os requisitos para a inscrição, prevê o Edital na alínea "c" do item 3.1, a idade máxima de 25 anos.

Doralice Lacerda Palmeirão preenche todos os requisitos do Edital, salvo o de idade máxima, já que conta 32 anos. Inconformada com a exigência, Doralice apresenta recurso administrativo ao Prefeito, alegando que o Edital não poderia estabelecer o mencionado requisito, que considera discriminatório. Com esse argumento, requer sua inscrição no certame.

O recurso é indeferido pelo Prefeito, sob a seguinte fundamentação: A Resolução n. 37/2001, do Secretário Municipal prevê o referido requisito, que ademais se justifica plenamente tendo em vista que o exercício do magistério na rede escolar municipal exige do servidor higidez física e disposição para grandes deslocamentos, em geral mediante caminhadas, já que não há serviço de transporte coletivo que atenda as localidades rurais e remotas em que se encontram algumas das escolas públicas.

Questão: Considerando as circunstâncias relatadas e, mais, que o prazo de inscrição se esgota em três dias e que as provas serão realizadas logo em seguida, elabore a peça para aviamento de medida judicial apropriada para a defesa do direito que Doralice julga ter, no sentido de participar do concurso. Considere também que o Município de Guarulhos é sede de comarca.

Exercício n. 79

(OAB/MG) No curso de ação ordinária (atual "anulatória") proposta por José dos Santos contra a União Federal, o Juiz Federal da 1ª Vara de Belo Horizonte julgou improcedente o pedido formulado pelo Autor que entendia ilegal exame psicotécnico aplicado em concurso público para preenchimento do cargo de bibliotecário, mediante mera previsão editalícia do referido teste. O magistrado sentenciante entendeu que a Administração Pública é livre para adotar os critérios que possam aferir a higidez mental dos candidatos, com base em seu poder discricionário e, ainda, que a avaliação deveria ser adotada em concursos públicos para preenchimento de cargos daquela natureza, tendo em vista o necessário contato do ocupante do cargo com o público usuário.

Questão: Elabore o recurso cabível, com a devida fundamentação, apontando o Tribunal competente para julgá-lo.

Exercício n. 80

(Exame da OAB/MG) Pedro Augusto, servidor público federal, foi surpreendido, no último mês, com a supressão, em seu contracheque, de gratificação que recebia há 10 (dez) anos, além de ter sido intimado para repor aos cofres públicos todos os valores que recebeu indevidamente. Tendo reclamado junto à Administração Pública, foi informado de que o pagamento é ilícito.

De fato, analisando a lei que instituiu a referida gratificação, constatou decepcionado que não preenche os requisitos para sua percepção.

Questão: Procurado por Pedro Augusto para analisar juridicamente o caso, elabore parecer, caso entenda ter razão a Administração Pública, ou a ação judicial cabível, caso entenda ser ilícita a providência administrativa.

Exercício n. 81

(OAB/MG) O Governo do Estado de Pernambuco, por ato do Secretário, abriu concurso público para o preenchimento de 50 cargos de Técnico de Administração. O Edital prescreve que o cargo é de nível superior, podendo concorrer às vagas os interessados formados em Direito, em Administração, em Economia e em Ciências Contábeis.

O Sindicato Regional de Administração entende que o cargo objeto do concurso é privativo dos diplomados em Administração. Por esse motivo, o Presidente da entidade recorreu ao Secretário de Estado responsável pelo concurso, visando anular o respectivo Edital.

O Secretário por seu turno, não acolheu os argumentos deduzidos pelo Presidente do sindicato, sob o argumento de que a legislação de pessoal do Estado não contempla a restrição alegada. Com essa decisão, manteve o Edital do Concurso, cujo prazo de inscrição termina em dez dias contados da data do desprovimento do recurso administrativo.

O Presidente do Sindicato, inconformado com a decisão administrativa, pretende postular em juízo por meio de ação própria, a anulação do Edital.

Questão: Você foi contratado pelo Sindicato. Redija a petição da ação adequada, devidamente fundamentada, deduzindo os pedidos que a situação requer.

Exercício n. 82

(OAB/MG) O Município de Monte Verde, por ato de seu Secretário, realizou concurso público para preenchimento de 20 cargos efetivos de médico. O concurso foi realizado durante o primeiro semestre de 2005, e homologado em agosto de 2005, com prazo de validade de 1 ano, prorrogável por mais 1 ano. Em agosto de 2006, o concurso foi prorrogado por mais 1 ano pela autoridade administrativa competente, qual seja o Prefeito de Monte Verde. O município, todavia, até hoje, nomeou apenas os 5 primeiros aprovados, na ordem de classificação do concurso.

No entanto, o candidato Mévio, aprovado em 10º lugar, descobriu, por meio de publicação do Diário Oficial, que o Município de Monte Verde firmou contrato temporário com 10 médicos, em janeiro de 2006. Indignado, Mévio procurou, em setembro de 2006, um advogado para verificar a possibilidade de obter judicialmente sua nomeação o mais rápido possível, já que se encontra desempregado.

Questão: Tendo em vista os dados fornecidos, na condição de advogado, prepare a petição inicial da ação cabível na hipótese. O candidato deverá levar em conta, na elaboração da peça, as questões processuais atinentes à ação a ser ajuizada.

Exercício n. 83

(2º Exame da OAB/RJ – CESPE) Elaboração, no exercício de atividade de consultoria jurídica, de um parecer:

O Departamento de Recursos Humanos de uma autarquia, junto à qual você exerce, como advogado da União, mediante designação, funções de consultoria jurídica, pede-lhe que emita parecer sobre a seguinte hipótese:

"A Constituição da República garante aos servidores públicos civis (art. 39, "caput") o direito à livre associação sindical e o de greve (art. 37, VI e VIII). Pode a autarquia celebrar com seus servidores públicos civis convenção ou acordo coletivo de trabalho?"

Exercício n. 84

(OAB – CESPE) Emita um parecer com base no enunciado abaixo:

Em 1/1/2008, a categoria de professores do ensino oficial do Estado do Rio de Janeiro, servidores públicos civis da administração direta, declarou-se em greve, reivindicando melhor remuneração. A greve perdurou por mais de 15 (quinze) dias. Foram considerados faltosos pela Administração Estadual e descontados dos respectivos vencimentos pelos dias em que não compareceram ao trabalho. Considerando a nomeada de que você goza como "expert" em matéria jurídico-administrativa, o Sindicato dos Professores grevistas lhe encaminha uma consulta sobre a probabilidade de êxito de uma ação judicial visando ao abono dos dias de greve, considerados de falta ao trabalho, para fazerem jus ao pagamento dos vencimentos correspondentes, que lhes foram descontados. Alegam estarem amparados pela garantia constitucional do direito de greve aos servidores da administração pública.

Questão: Como você responderia à consulta formulada?

Exercício n. 85

(OAB – CESPE) Emita um parecer com base no enunciado abaixo:

Como advogado contratado de uma empresa pública, entidade de administração indireta estadual, você é solicitado a emitir parecer sobre a seguinte hipótese:

Contrato a ser firmado pela empresa com um particular, para preenchimento de um emprego, estaria sujeito à lei de licitações?

Questão: Como você se pronunciaria emitindo um parecer solicitado?

Exercício n. 86

(OAB – CESPE) Emita um parecer com base no enunciado abaixo:

"O instituto da disponibilidade de servidor público civil, com remuneração proporcional ao tempo de serviço, pode ser considerada, no Estado Democrático de Direito e em (ou para fins de) processo administrativo disciplinar ou medida sucedânea, equivalente ou substitutiva de afastamento preventivo?"

Advogado: RUI BARBOSA

Exercício n. 87

(OAB – CESPE) Em razão de lei de iniciativa do Prefeito Municipal, determinada carreira do Poder Executivo possui gratificação de produtividade. Sucede que tal vantagem funcional não é, a rigor, condicionada à produtividade do servidor municipal, porque a ela fazem jus, sempre em valor idêntico para cada classe da carreira, os servidores em efetivo exercício e aqueles que, embora afastados, são considerados como em efetivo exercício por ficção legal.

Questão: Emita parecer sobre o direito de os servidores inativos da suprarreferida carreira perceberem tal gratificação.

Advogado: RUI BARBOSA

Exercício n. 88

(OAB/RJ – CESPE) Um polêmico artigo presente na redação originária de Constituição Estadual garante aos servidores públicos estaduais, nomeados para cargos efetivos em virtude de terem obtido uma das três primeiras colocações no respectivo concurso público, o direito a reajustes remuneratórios proporcionais ao aumento da arrecadação do Imposto sobre a Propriedade de Veículos Automotores, garantindo-se-lhes, no mínimo, os percentuais concedidos, para cargos equivalentes, aos servidores federais.

Questão: Exare parecer sobre a constitucionalidade da suprarreferida norma.

Advogado: RUI BARBOSA

Exercício n. 89

(OAB – CESPE) Pedro Paulo Souza, Fiscal de Rendas do Estado, responde a processo administrativo e a processo criminal, por roubo qualificado, na área de circunscrição do órgão público onde atua. O processo administrativo se encerra com a demissão do servidor pela autoridade competente. Cem dias após a publicação no Diário Oficial do Estado, o processo criminal teve decretada a sentença onde Pedro foi absolvido em razão do juízo entender que o fato não ocorreu. Pedro lhe procura para propor a medida judicial cabível para que possa retornar ao serviço público.

Advogado: RUI BARBOSA

Exercício n. 90

(OAB – CESPE) Emita parecer a respeito da situação prática abaixo narrada:

Agentes de Rendas do estado do Rio de Janeiro foram demitidos em decorrência de processo administrativo regular em que se lhes facultou ampla defesa. A sanção disciplinar aplicada foi motivada em fundamentos expressos nas seguintes disposições da Lei Complementar-RJ n. 69, de 19/11/1969:

a) violação do dever de ter irrepreensível procedimento na vida pública e particular, pugnando sempre para elevar o prestígio da Administração Pública (art. 79);

b) violação das proibições de exercer atividade de natureza privada incompatível com a função, de acordo com a legislação pertinente (art. 81, I) e de valer-se da qualidade de Fiscal de Rendas para obter vantagem indevida, ainda que no desempenho de atividade estranha às suas funções (art. 81, IV); e

c) conduta incompatível com o exercício do cargo (art. 94, II) e improbidade funcional (art. 94, III).

Entretanto, tendo sido os indigitados Agentes absolvidos por falta de provas em ação penal intentada pelo Ministério Público pelos mesmos fatos, requereram, administrativamente, reintegração, invocando o art. 41, § 2º, da Constituição Federal.

Questão: Consultado sobre o pedido, qual seria o seu parecer?

Advogado: RUI BARBOSA

Exercício n. 91

(OAB – CESPE) Carlos Goulart é funcionário de um município do interior fluminense, onde exerce o cargo de Fiscal de Tributos há mais de dez anos. Insatisfeito com a atuação do referido servidor, um determinado contribuinte representou contra ele, imputando-lhe a prática de irregularidades no exercício da fiscalização com vistas à obtenção de vantagem ilícita para si. Diante da representação, o Superintendente de Fiscalização da Secretaria Municipal de Finanças determinou a instauração de inquérito administrativo em face de Carlos e, ainda, que ele fosse afastado imediatamente do exercício de suas funções por sessenta dias, com suspensão do pagamento. E, além disso, em decorrência do mesmo fato, dias depois, o Prefeito fez publicar a transferência do Carlos para ter exercício em escola da Secretaria Municipal de Educação. Afirmando-se vítima de um contribuinte insatisfeito com a fiscalização de determinada empresa, João o(a) procura como advogado(a) com o objetivo de promover medida judicial para a defesa de seus direitos.

Questão: Redija a peça inicial de um mandado de segurança.

Exercício n. 92

(OAB – CESPE) A Secretaria de Estado da Saúde contratou diretamente, com inexigibilidade de licitação, o fornecimento de dez mil pares de luvas cirúrgicas, de dez mil máscaras cirúrgicas e de duas mil lâminas de bisturi com a empresa Produtos Cirúrgicos Ltda., única representante no país de conhecida multinacional fabricante de produtos médicos. Tais produtos destinavam-se ao uso em hospital municipal, onde deveriam ser entregues diretamente. Pelo total da compra, as partes ajustaram que a Secretaria de Saúde pagaria o valor de R$ 1.000.000,00 à empresa contratada. A justificativa da contratação e do preço foi firmada pela superintendente de suprimentos da referida secretaria e ratificada pelo secretário de saúde. Este último foi também a autoridade responsável pela assinatura do contrato.

Atento fiscalizador dos atos da administração estadual, o deputado João da Silva, de partido de oposição ao governo do Estado, apurou, junto ao mercado, que os preços ajustados entre a referida Secretaria de Estado e a empresa Produtos Cirúrgicos Ltda. eram muito superiores àqueles habitualmente praticados na aquisição de produtos similares e da mesma qualidade. Inclusive, descobriu que aquele mesmo município havia adquirido recentemente os mesmos produtos para a rede municipal de saúde, porém de outro fabricante, por preços mais de cinquenta por cento inferiores. Inconformado com os atos praticados pela Secretaria de Estado, o deputado João da Silva procurou advogado(a), pretendendo o aconselhamento e atuação deste(a), com o objetivo de impugnar o contrato firmado e tentar sustar a sua execução. Durante a sessão de consulta, o deputado informou que, embora cerca de um terço dos produtos adquiridos já tivesse sido entregue ao hospital, nenhum desembolso fora até então efetuado pela Secretaria, o que estaria em vias de acontecer nos próximos dias.

Questão: Na condição de advogado(a) contratado(a) pelo deputado João da Silva, redija a inicial de medida judicial que poderia ser proposta em favor das pretensões de seu cliente.

Exercício n. 93

(OAB – CESPE) Foi publicado, no dia 30 de abril de 2004, edital de concurso público para provimento de cargos de delegado de polícia federal, lotados no Departamento de Polícia Federal (DPF), órgão do Ministério da Justiça (MJ). De acordo com o edital, as provas serão realizadas em novembro de 2004, mas o resultado final do concurso somente deverá ser divulgado em fevereiro de 2005.

Ricardo, que tem vários anos de experiência na Polícia Militar do Espírito Santo (PM/ES), inscreveu-se nesse concurso, optando por realizar o exame na cidade de Vitória – ES, onde reside. Posteriormente, ao averiguar com cuidado a regulação da prova de títulos, verificou que eram atribuídos dois pontos para cada ano de trabalho em atividade policial exercida no DPF e apenas um ponto para cada ano de trabalho em atividade policial exercida em outros órgãos públicos.

Considerando injusto esse tratamento desigual, Ricardo ingressou administrativamente com pedido de modificação dessa regra editalícia, mas sua solicitação foi indeferida em 30/06/2004, por decisão do diretor de gestão de pessoal, autoridade do DPF competente para elaborar e modificar editais de concurso público.

Inconformado, Ricardo solicitou a um advogado que ingressasse com ação judicial capaz de suprimir do edital a referida disparidade de tratamento.

Questão: Considerando a situação hipotética acima descrita, redija, na condição de advogado legalmente constituído, petição inicial de ação judicial que seja adequada a salvaguardar, de maneira eficaz, os interesses de Ricardo.

Exercício n. 94

(OAB – CESPE) Leia a solicitação abaixo e adote a providência jurídica apropriada: "Senhor Diretor Jurídico, o servidor Raimundo Nonato da Silva, que trabalha no almoxarifado, na função de almoxarife, solicitou a este Departamento o pagamento de duas horas extraordinárias por dia, tendo em vista a sua jornada de trabalho ser das 9h às 12h e das 13h às 19h, de segunda a sexta-feira. O servidor foi nomeado, após aprovação em concurso público, para jornada de trabalho de 8 horas/dia. Assim, solicito orientação desse Departamento Jurídico sobre a obrigatoriedade do pagamento das horas extraordinárias solicitadas."

Questão: Com base na situação hipotética apresentada e na condição de membro da equipe do departamento jurídico da mencionada prefeitura, redija um parecer jurídico dando a solução à consulta do diretor de recursos humanos.

Exercício n. 95

(Exame de Ordem Unificado 2007.2 – CESPE) Foi noticiado em jornal de grande circulação que "O secretário de transportes de determinado estado, e certa empresa de transportes coletivos, pessoa jurídica de direito privado, com sede no mesmo estado, celebraram, em 05/03/1987, contrato de permissão de serviço público de transporte coletivo intermunicipal em face de todos os municípios do estado, com prazo de 20 anos, prorrogáveis por mais 20 anos. No dia 04/03/2007, depois de muita negociação entre as partes e da inclusão, por vontade do contratado, de algumas cláusulas contratuais, foi firmada a renovação do citado contrato por mais 20 anos. Ocorre que o contrato original e a sua renovação foram feitos sem licitação. Segundo o secretário de Estado, a ausência da licitação se justifica pelo fato de que a referida empresa, nesses 20 anos de serviço, promoveu vultosos investimentos, construiu uma grande estrutura administrativa em todos os municípios do estado, já acumulou a experiência necessária a esse tipo de serviço, e, além disso, a lei federal não exige licitação para contratos de permissão, mas apenas para os contratos de concessão de serviço público. Assim, devido a sua precariedade e possibilidade de rescisão unilateral, não haveria a imposição legal de licitação."

Diante dessa notícia, João Paulo, brasileiro, maior de idade, professor de direito de universidade pública e usuário do sistema de transporte público, contratou, como advogado, um ex-aluno seu. Alega que tem a pretensão de anular essa renovação e, via de consequência, determinar que o estado promova a devida licitação para que outras empresas ou empresários possam participar da licitação em condições de igualdade. Alega ainda que o sistema de transporte no estado não é satisfatório, que as tarifas são muito elevadas e que os ônibus são velhos e sempre atrasam.

João Paulo requereu pessoalmente, do órgão responsável, o acesso aos documentos necessários para a propositura da presente ação; esse pedido, no entanto, foi negado.

Questão: Em face da situação hipotética acima, como advogado de João Paulo, redija a medida judicial, de ordem constitucional, que entender cabível na espécie, fundamentando-a com os argumentos que entender pertinentes e observando os requisitos formais da medida.

Exercício n. 96

(Exame de Ordem Unificado 2007.3 – CESPE) João de Tal foi demitido do cargo de fiscal agropecuário federal por ato do Ministro da Agricultura, depois de tê-lo exercido por 15 anos, sendo que esta era sua única fonte de renda, com a qual mantinha mulher e três filhos menores. O processo administrativo disciplinar do qual resultou a aplicação da pena máxima a João não foi bem conduzido, havendo a comissão processante feito a oitiva de algumas testemunhas importantes sem que João fosse notificado do fato, não tendo podido, portanto, formular quesitos ou, mesmo, contraditá-las. A Portaria n. 205/2007, assinada pelo ministro de Estado, foi publicada em 20/11/2007, nela constando que a demissão de João ocorrera por ele "ter procedido de forma desidiosa no desempenho de suas funções, causando dano ao Erário e lesando os cofres públicos".

Consta que, por dois anos consecutivos, o servidor em questão chegou a ser premiado pela excelência no desempenho de suas atividades. Além disso, chegou ao último nível da carreira por merecimento e não constava qualquer registro desabonador em sua ficha funcional.

A conduta irregular da qual foi acusado (negligência ao fiscalizar grande carga de arroz vinda do sudeste asiático e contaminada por fungo inexistente no Brasil) teria sido verificada nos dias 12 e 13 de março de 1999, conforme denúncia divulgada em reportagem de capa por grande jornal de circulação nacional. Contudo, a Comissão de Processo Administrativo Disciplinar (CPAD) só foi constituída mediante portaria ministerial, em 15 de janeiro de 2005.

Questão: Considerando a situação hipotética acima, elabore na qualidade de advogado constituído por João de Tal, com a obediência ao prazo legal, a peça judicial adequada a obter a tutela de urgência que reverta o ato demissionário.

Exercício n. 97

(Exame de Ordem Unificado 2007.1 – CESPE) O imóvel de Antônio foi ocupado, em 19 de janeiro de 1988, pelo Estado X, que o utilizou como espaço para feira de exposição permanente. Mais de 500 pontos de venda foram licitados e adquiridos pelos feirantes. A referida feira já está em funcionamento há mais de 10 anos. Em dezembro de 2006, Antônio procurou o escritório de advocacia, com a intenção de ser reintegrado ao imóvel esbulhado ou ser indenizado.

Questão: Como advogado responsável pela defesa dos interesses de Antônio, redija peça profissional que contemple a medida judicial mais adequada e célere ao caso. Para tanto, aborde, em seu texto, necessariamente e de forma fundamentada de acordo com os precedentes jurisprudenciais dos tribunais superiores, os aspectos apresentados a seguir:

– Aspectos formais:

a. órgão judicial competente;

b. medida judicial mais apropriada;

c. outros aspectos formais.

– Aspectos materiais:

a. prescrição;

b. juros moratórios;

c. juros compensatórios;

d. honorários advocatícios.

Exercício n. 98

(Exame de Ordem Unificado 2006.2 – CESPE) Pedro, servidor público municipal ocupante do cargo de assistente administrativo, solicitou ao serviço de recursos humanos da secretaria de administração do município licença-paternidade, pois sua esposa está prestes a dar à luz. O chefe do departamento de recursos humanos, com dúvidas sobre o direito de Pedro à licença, solicitou à Procuradoria Jurídica do município sobre o direito à concessão da licença-paternidade, os requisitos para a sua concessão e o seu período de duração.

Questão: Considerando essa situação hipotética, redija um parecer jurídico em resposta à consulta do chefe do departamento de recursos humanos da referida secretaria municipal.

Extensão máxima: 120 linhas

Exercício n. 99

(Exame de Ordem Unificado 2006.3 – CESPE) O Banco Regional Estadual, sociedade de economia mista de um estado da Federação, resolveu abrir procedimento administrativo de seleção com vistas à contratação de empresa civil para a construção da nova sede do banco. Na inexistência de lei específica que estabeleça o estatuto jurídico de que trata o art. 173, § 1º, inciso III, da Constituição Federal, houve por bem aplicar os dispositivos da Lei n. 8.666/1993.

Na fase de habilitação, a sociedade Tijolo Construções e Engenharia Ltda. foi desclassificada do certame, sem a participação do preposto dessa sociedade, sob o argumento de que ela não possuía regularidade fiscal, pois estava em dívida com o INSS – fato que a inabilitaria ao certame, nos termos do inciso IV, do art. 29 da Lei n. 8.666/1993. Essa decisão, com ata lavrada em 10/08/2006, quinta-feira, foi publicada em 15/08/2006, terça-feira.

No recurso administrativo endereçado à Comissão de Licitação, em 22/08/2006, terça-feira, a sociedade licitante defendeu-se, alegando que, em relação ao citado débito, já havia dado em garantia à execução fiscal uma caução integral e em dinheiro. Alegou também que a penhora não foi realizada por ser um procedimento demorado, pelo qual não deu causa, sendo esse o motivo por que não teria fornecido a certidão negativa de débito, mas apresentou a certidão positiva com efeitos de negativa.

Portanto, somente poderia opor os embargos do devedor quando a penhora fosse decidida, o que revelaria a intenção da licitante de discutir o débito judicialmente, ação essa que não dependeria de impetrante, pois a caução havia sido feita há mais de 1 ano, sem que tivesse havido decisão judicial a respeito.

O presidente da comissão, em 27/08/2006, após ter recebido o recurso em efeito suspensivo, não conheceu dele, sob o argumento de sua intempestividade, decisão que foi publicada no dia 29/08/2006.

Questão: Na qualidade de advogado da sociedade Tijolo Construções e Engenharia Ltda., redija peça profissional que contemple a medida judicial mais apropriada para que sua constituinte possa continuar a participar do certame.

Exercício n. 100

(Exame de Ordem Unificado 2008.3 – CESPE) Em 20/1/2009, foi instaurado procedimento administrativo disciplinar, por portaria publicada no DOU, com descrição suficiente dos fatos, para apurar a conduta de Humberto, servidor público estável, residente em Brasília, no Distrito Federal, que teria, de forma ilegal, favorecido várias prefeituras que, embora em desacordo com as disposições da Lei de Responsabilidade Fiscal, teriam voltado à situação de aparente legalidade para receberem verbas públicas. A comissão encarregada do processo disciplinar, designada pela autoridade competente, foi composta pelos seguintes servidores, todos de nível hierárquico superior ao do indiciado: Ana Maria, admitida, por concurso público, em 20/8/2003, Geraldo, admitido por concurso público em 14/2/2004, e Cássio, não concursado, que exerce, desde 20/6/2000, cargo em comissão declarado em lei de livre nomeação e exoneração. O feito foi regularmente conduzido, tendo sido garantidos o contraditório e a ampla defesa. O julgamento foi realizado em tempo hábil, segundo a legislação que rege a matéria, sendo acolhidas as conclusões da comissão. Ao final, em ato do ministro do Trabalho e Emprego, por meio da Portaria n. 123, de 9/3/2009, publicada no DOU de 10/3/2009, Humberto foi demitido do cargo público de administrador. Em razão disso, impetrou, no prazo legal e no juízo competente, mandado de segurança, com pedido de liminar, aduzindo, com a devida fundamentação, que o ato de demissão seria inválido. A autoridade impetrada sustentou, nas informações, a impossibilidade de alteração do mérito administrativo pelo Poder Judiciário, sob pena de violação ao princípio republicano da separação de poderes. A liminar foi indeferida e a ordem foi denegada após regular processamento. A decisão foi publicada em 13/4/2009, uma segunda-feira.

Questão: Em face dessa situação hipotética, redija, na qualidade de advogado(a) contratado(a) por Humberto, a peça processual cabível à espécie, datando-a no último dia do prazo.

Exercício n. 101

(Exame de Ordem 2008.2 – CESPE) João, servidor público civil da União no âmbito da administração direta, por motivo de índole pessoal que se recusa a revelar, faltou ao serviço, sem qualquer justificativa, por períodos interpolados de 25, 27 e 23 dias no período de doze meses. Sua chefia imediata, ao constatar o fato, decidiu instaurar processo administrativo disciplinar contra João, sob o argumento de que teria ele cometido a infração de inassiduidade habitual. Em 20/10/2007, foi publicado ato que constituía comissão para apreciar o caso; em 10/12/2007, a comissão, após apresentada defesa por João, elaborou relatório conclusivo, tendo constatado a responsabilidade do servidor; em 15/12/2007, a autoridade instauradora do processo julgou João responsável pela infração de inassiduidade habitual; em 20/12/2007, foi publicado ato do presidente da República demitindo João do cargo que ocupava; nesse mesmo dia, o servidor tomou ciência da demissão no próprio órgão a que estava vinculado. Em 4/6/2008, João procurou os serviços advocatícios de um(a) profissional, com o objetivo de anular o ato de demissão e, consequentemente, retornar ao cargo que anteriormente ocupava, alegando estar desempregado e precisar urgentemente de recursos para alimentar a si próprio, seus cinco filhos e sua esposa.

Questão: Em face da situação hipotética acima apresentada, na qualidade de advogado(a) de João, redija a peça jurídica mais adequada ao caso, atentando, necessariamente, para os seguintes aspectos:

- competência do órgão julgador;
- legitimidade ativa e passiva;
- argumentos a favor da anulação da demissão de João;
- requisitos formais da peça judicial proposta.

Exercício n. 102

(Exame de Ordem 2008.1/CESPE) José, cidadão estrangeiro, que residira durante trinta anos no Brasil e passara os últimos trinta anos de sua vida no exterior, sem visitar o Brasil, decidiu retornar a este país. Após fixar residência no Brasil, tomou a iniciativa de rever os conhecidos. Em uma conversa com um de seus mais diletos amigos, este lhe informou que ouvira um rumor de que constaria dos assentamentos do Ministério X que José havia se envolvido em atividade terrorista realizada no território brasileiro, trinta e cinco anos atrás. José decidiu averiguar a informação e apresentou uma petição ao Ministério X, requerendo cópia de todos os documentos de posse do referido ministério em que constasse o seu nome. Dentro do prazo legal, José obteve várias cópias de documentos. A cópia do processo entregue a José apresentava-o inicialmente como suspeito de participar de reuniões do grupo subversivo em questão. Porém, ao conferir a cópia que lhe foi entregue, José percebeu que, além de faltarem folhas no processo, este continha folhas não numeradas. Suspeitando de que as folhas faltantes no processo pudessem esconder outro documento em que constasse seu nome, José formulou novo pedido ao Ministério X. Dessa vez, novamente dentro do prazo legal, José recebeu comunicado de uma decisão que indeferia seu pedido, assinada pelo próprio ministro da Pasta X, em que este afirmava categoricamente que o peticionário já recebera cópias de todos os documentos pertinentes. Incrédulo e inconformado com a decisão, José procurou os serviços de um advogado para tomar a providência judicial cabível.

Questão: Na qualidade de advogado(a) de José, redija a peça jurídica mais adequada ao caso relatado na situação hipotética, atentando aos seguintes aspectos:

– competência do órgão julgador;

– legitimidade ativa e passiva;

– argumentos a favor do acesso a todos os documentos em que conste o nome de José, no Ministério X;

– requisitos formais da peça judicial proposta.

Gabaritos

Exercício n. 1

A medida cabível é a Apelação em Mandado de Segurança, na forma do art. 14 da Lei n. 12.016/2009. A apelação deve ser apresentada ao Juízo que prolatou a sentença (pode ser Vara de Fazenda Pública, Vara Cível ou Vara Única da Comarca do Município Alfa), com as razões recursais dirigidas ao Tribunal que as apreciará. Na qualificação das partes, deve constar Maria como recorrente e o Município Alfa como recorrido. Na fundamentação, a peça recursal deve: (i) impugnar o fundamento constante da sentença, no sentido de que a concessão do "aluguel social" se submete à discricionariedade da Administração, pois, se a lei elenca os requisitos que impõem a concessão do benefício, sem qualquer margem de escolha para o Administrador, trata-se de ato vinculado, que confere direito subjetivo a quem atenda aos requisitos constantes da norma; (ii) destacar a inexistência de violação ao princípio da separação de Poderes, em decorrência do controle de legalidade ou juridicidade a ser realizado sobre tal ato, notadamente porque o art. 5º, inciso XXXV, da CRFB/88 consagra o princípio da inafastabilidade de jurisdição; (iii) apontar a existência de violação de direito líquido e certo da apelante à concessão do benefício, diante do preenchimento de todos os requisitos estabelecidos na lei de regência; (iv) indicar, ainda, a violação ao princípio da isonomia, diante do deferimento do benefício a outras pessoas que estão na mesma situação de Maria, bem como a proteção constitucional ao direito de moradia, constante do art. 6º da CRFB/88.

Ao final, a peça deve formular pedido de reforma da sentença para que seja concedida a segurança, com o fim de determinar à Administração que defira o "aluguel social" para Maria, diante do preenchimento por esta dos requisitos estabelecidos em lei. Arremata a peça a indicação de local, data, espaço para assinatura do(a) advogado(a) e o número de sua inscrição na OAB.

Exercício n. 2

O examinando deve elaborar o recurso de apelação em face da sentença de improcedência da pretensão, dirigido ao Juízo Fazendário do Estado X, com as razões recursais dirigidas ao Tribunal de Justiça do Estado X, que as apreciará. O apelante é João e o apelado, o Estado X. No mérito, o examinando deverá afastar o argumento utilizado pelo Juízo *a quo*, no sentido da impossibilidade de indenização em decorrência da desapropriação indireta, nos termos do art. 35 do Decreto n. 3.365/41, pois a perda da propriedade por meio da desapropriação pressupõe a prévia e justa indenização em dinheiro, nos termos do art. 5º, inciso XXIV, da CRFB/88, o que não foi observado no caso concreto. A supremacia do interesse público sobre o privado não autoriza que João perca sua propriedade como uma modalidade de sanção, de modo que ele deve ser reparado financeiramente. Ademais, o examinando deverá apontar que o art. 10, parágrafo único, do Decreto n. 3.365/41, fixa em 5 (cinco) anos o prazo prescricional para a propositura da ação para a reparação dos danos decorrentes da desapropriação indireta, afastando a incidência do art. 206, § 3º, inciso V, do Código Civil, por sua especificidade. Desse modo, não há de se falar em prescrição sobre o direito de João.

O examinando deverá, ainda no mérito, argumentar que o Estado não detém competência constitucional para desapropriar como medida de política urbana, a qual é do Município (art. 182 da CRFB/88). Por fim, o examinando deverá formular pedido de reforma da sentença para que seja reconhecido o direito de indenização pelos prejuízos causados.

Exercício n. 3

A peça a ser elaborada consiste em uma Petição Inicial de Ação de Rito Ordinário (Anulatória). Não se admite a impetração do Mandado de Segurança pelo interessado, vez que decorridos mais de 120 dias da ciência do ato impugnado (art. 23 da Lei n. 12.016/2009). A competência para apreciar aludida demanda é da Justiça Federal, nos termos do art. 109, I, da CRFB. Assim, a petição inicial deverá ser endereçada ao Juiz Federal da Seção Judiciária competente. O polo ativo da demanda é ocupado por Maria, e o passivo, pela Universidade Federal, autarquia federal. Deve ser indicado que, em razão das dificuldades financeiras enfrentadas pela autora desde sua demissão, não pode suportar as custas judiciais, razão pela qual lhe deve ser deferida a gratuidade de justiça, na forma da Lei n. 1.050/60.

No mérito, deve ser demonstrado: (1) violação ao contraditório e à ampla defesa da servidora e a consequente nulidade do processo administrativo disciplinar – art. 143, parte final, da Lei n. 8.112/90 e art. 5º, LV, da CRFB; (2) que, na hipótese de absolvição penal com fundamento em excludente de ilicitude, como a legítima defesa, não há espaço para aplicação do resíduo administrativo (falta residual), vez que constitui uma das hipóteses de mitigação ao princípio da independência entre as instâncias, ou seja, a decisão proferida na esfera penal necessariamente vinculará o conteúdo da decisão administrativa – art. 125 c/c o art. 126, ambos da Lei n. 8.112/90, c/c o art. 65 do CPP. Deverá, ainda, ser mencionada a lesão patrimonial sofrida pelo não recebimento dos vencimentos no período em que esteve arbitrariamente afastada do quadro funcional. O examinando deve pleitear, em sede de tutela antecipada, a reintegração da servidora aos quadros funcionais, demonstrando o preenchimento dos seus requisitos (art. 273, I, do CPC), quais sejam: (1) A prova inequívoca do direito (*fumus boni iuris*), consubstanciada na nulidade do PAD por violação ao contraditório (ausência de citação) e na sentença penal absolutória transitada em julgado, que reconheceu que a servidora agiu em legítima defesa; e (2) o fundado receio de dano irreparável (*periculum in mora*), demonstrado pelas dificuldades financeiras enfrentadas pela autora. No pedido, deve requerer a confirmação da tutela antecipada deferida e a procedência dos pedidos: de anulação do ato demissional, de reintegração da servidora aos quadros funcionais da autarquia federal, bem como a condenação do réu ao pagamento retroativo de todas as verbas a que faria jus a servidora, se em exercício estivesse. O examinando deve requerer, ainda, a concessão da gratuidade de justiça e, por fim, a citação do réu, o protesto pela produção de provas, a condenação em custas e honorários sucumbenciais, além de indicar o valor da causa.

Exercício n. 4

A peça a ser apresentada é um Mandado de Segurança, impugnando o edital de licitação publicado pelo Ministério da Cultura. O Mandado de Segurança há de ser dirigido ao Superior Tribunal de Justiça, competente para o julgamento de Mandado de Segurança contra ato de Ministro de Estado, na forma do artigo 105, I, *b*, da CRFB/88. O examinando deve indicar, como impetrante, a empresa ABCD Engenharia, bem como indicar a autoridade coatora (o Ministro da Cultura) e a pessoa jurídica a que se vincula (a União). Deve ser formulado pedido de concessão de medida liminar, demonstrando-se o fundamento relevante (violação às disposições constantes da Lei federal n. 8.666/93) e o fundado receio de ineficácia da medida, caso concedida a segurança apenas ao final do processo (uma vez que o contrato poderá já ter sido assinado e iniciada a sua execução).

No mérito, devem ser apontados:

(1) a impossibilidade de licitar a obra sem a prévia existência de projeto básico, na forma do Art. 7º, § 2º, I, da Lei n. 8.666/93;

(2) a impossibilidade de elaboração de projeto básico e de execução da obra pela mesma pessoa, na forma do Art. 9º, I, da Lei n. 8.666/93;

(3) violação ao limite de valor para a tomada de preços, conforme previsão do Art. 23, I, *b*, da Lei n. 8.666/93;

(4) a exigência de experiência de contratação anterior com a União é inválida, conforme previsão do Art. 30, II, da Lei n. 8.666/93;

(5) vedação da cláusula que estabelece preferência ou distinção em razão da sede da empresa, na forma do Art. 3º, § 1º, I, da Lei n. 8.666/93 e violação ao Art. 20, parágrafo único, da Lei n. 8.666/93, que veda que seja utilizada a sede como impedimento à participação em licitação.

Ao final, devem ser formulados pedidos de notificação da autoridade coatora e ciência ao órgão de representação judicial da pessoa jurídica de direito público a que se vincula aquela autoridade, bem como pedido de concessão da liminar para suspender a licitação até decisão final, de mérito, e de procedência do pedido, ao final, para determinar a anulação daquele procedimento, viciado pelo edital contrário à legislação.

Exercício n. 5

A medida judicial a ser ajuizada é uma Ação Ordinária (atual "anulatória") com pedido de Antecipação dos Efeitos da Tutela.

Considera-se a impetração de Mandado de Segurança como resposta inadequada, tendo em vista a necessidade de dilação probatória e que foi expressamente ressaltado que o consórcio não poderia prescindir do recebimento das parcelas pretéritas, vedado pela Súmula 269 do STF. Igualmente, o ajuizamento de uma medida cautelar não se mostra adequado aos interesses da empresa.

A ação deve ser direcionada para o Juízo de Fazenda Pública ou Vara Cível, ou única de alguma das comarcas do Estado X, com a seguinte qualificação das partes: Consórcio "Mundo Melhor" e Estado X. Não será admitida como correta a menção a órgão sem personalidade jurídica, haja vista não terem capacidade processual para figurar no polo passivo da demanda.

No que concerne à fundamentação para a pretensão do consórcio, devem ser expressamente alegadas as seguintes questões de fato e de direito:

(i) a regra prevista na lei estadual de regência é inválida, por violar norma geral prevista na Lei n. 8.666/93 (Art. 87, "caput", da Lei n. 8.666/93);

(ii) violação ao contraditório e à ampla defesa, essenciais à aplicação de penalidade (Art. 5º, LIV, da CRFB ou Art. 87, § 2º, da Lei n. 8.666/93);

(iii) nunca houve atraso na obra, razão pela qual o fundamento que levou à aplicação da penalidade é falso;

(iv) o consórcio faz jus ao pagamento das parcelas em atraso, devidas pelo serviço já executado, sob pena de enriquecimento sem causa da Administração.

Deve ser requerida a antecipação dos efeitos da tutela, tendo em vista estarem presentes seus fundamentos:

(i) verossimilhança da alegação: a regra prevista na lei estadual de regência é inválida, por violar norma geral prevista na Lei n. 8.666/93 (Art. 87 da Lei n. 8.666/93), além da clara violação ao contraditório e à ampla defesa, essenciais à aplicação de penalidade (Art. 5º, LIV, da CRFB ou Art. 87, § 2º, da Lei n. 8.666/93); e

(ii) a existência de fundado receio de dano irreparável consubstanciado no fato de que o consórcio não vem recebendo pelos serviços já executados, o que pode levar ao esgotamento da capacidade financeira das empresas consorciadas.

Devem ser expressamente requeridas a

(i) citação do réu;

(ii) concessão da tutela antecipada para garantir a regularidade dos pagamentos ao consórcio;

(iii) procedência dos pedidos formulados na inicial para anular as sanções administrativas aplicadas e determinar o pagamento dos atrasados;

(iv) produção de provas;

(v) condenação em honorários de sucumbência;

(vi) a condenação nas custas processuais;

Finalmente, o fechamento da peça e atribuição de valor à causa.

Exercício n. 6

A medida adequada, a ser ajuizada pelo examinando, é uma petição inicial de ação de conhecimento com pedido de antecipação dos efeitos da tutela jurisdicional. Não é cabível a impetração de mandado de segurança, em virtude da necessidade de instrução probatória.

A petição poderá ser endereçada tanto à Justiça Federal da Seção Judiciária local quanto à Justiça Estadual, tendo em vista o entendimento prevalente na jurisprudência no sentido de que os entes públicos são solidariamente responsáveis pela prestação dos serviços de saúde. Ver, por exemplo, o Agravo Regimental no Recurso Extraordinário n. 744.191/RN, Rel. Min. Luiz Fux, julgamento em 18/03/2014 pela 1ª Turma do STF.

Edir deve ser indicada como autora. Quanto ao(s) réu(s), é admissível que a resposta indique dois ou três entes federativos como litisconsortes ou apenas um deles, isoladamente, conforme exposto acima. No entanto, é necessário que sejam obedecidas as regras de competência da Constituição: caso o examinando indique a União Federal como ré na demanda, deverá direcionar a petição ao Juízo Federal da Seção Judiciária respectiva (Art. 109, inciso I, da Constituição da República). Caso apenas indique o Estado X e/ou o Município Y, a demanda deverá ser direcionada ao Juízo de Direito da Comarca respectiva. Deve ser formulado pedido de antecipação dos efeitos da tutela, indicando-se os dois fundamentos constantes do Art. 300 do NCPC: o perigo de dano (progressão da doença e agravamento do estado de saúde de Edir) e a probabilidade do direito (primeiro, a existência de informação prestada pelas autoridades administrativas, no sentido de que "o medicamento A" é mais eficaz, conforme relatórios oficiais; segundo, a condição clínica de Edir foi atestada em laudo médico assinado pelo profissional do SUS Domênico, que também recomendou o uso do "medicamento A"). No mérito devem ser indicados como fundamentos à pretensão autoral: (i) a violação aos artigos 5º e 196 da Constituição da República, tendo em vista que o direito à vida e à saúde de Edir gera, aos entes públicos, o dever de fornecer os medicamentos necessários para preservar sua vida; (ii) os direitos assegurados pela Constituição não podem ser limitados por listas, protocolos clínicos ou por razões orçamentárias; (iii) o próprio profissional do SUS emitiu laudo médico atestando a condição clínica da paciente Edir e prescreveu o uso do "medicamento A". Devem ser formulados pedidos de citação do(s) réu(s), de concessão da tutela antecipada para determinar o fornecimento dos medicamentos a Edir, e de sua confirmação, ao final, na tutela principal, garantindo a Edir o direito ao recebimento contínuo e ininterrupto do "medicamento A" pleiteado. Por fim, deve-se requerer a produção de provas e a condenação do réu em honorários advocatícios e custas processuais.

Exercício n. 7 (Gabarito oficial FGV)

A medida adequada, a ser ajuizada pelo examinando, é a Ação Popular, remédio vocacionado, nos termos do Art. 5º, LXXIII, da Constituição, à anulação de ato lesivo ao patrimônio público ou de entidade de que o Estado participe, à moralidade administrativa, ao meio ambiente e ao patrimônio histórico e cultural. Não é cabível a utilização de Mandado de Segurança, que não pode ser considerado substitutivo da Ação Popular (Súmula 101, do STF), nem a Ação Ordinária (atual "anulatória"). A competência para julgamento da Ação Popular é do Juízo da Vara Federal do Município de X – devendo-se afastar a competência do Supremo Tribunal Federal, definida em elenco fechado no Art. 102 da Constituição Federal. O autor popular é Mévio, cidadão, e o réu da ação é Fulano de Tal, Presidente da República, União Federal, e o "Centro Universitário Nova Fronteira", beneficiário direto do ato (art. 6º, da Lei n. 4717/65). Deve ser formulado pedido de antecipação dos efeitos da tutela, demonstrando-se os requisitos autorizadores de sua concessão, quais sejam: a probabilidade do direito e o perigo de dano. No mérito, o examinando deve indicar a violação aos princípios da moralidade e da impessoalidade, uma vez que o ato praticado pelo Presidente da República beneficia seus filhos, empresários do ramo da educação, além de configurar benefício injusto. Além disso, o examinando deve indicar que a instituição beneficiada não preenche o requisito básico à qualificação como Organização Social, que é a ausência de finalidade lucrativa (Art. 1º da Lei n. 9.637), bem como a violação ao Art. 24, XXIV, da Lei n. 8.666/93, uma vez que a dispensa de licitação somente alcança as atividades contempladas no contrato de gestão, o que não é o caso da pesquisa de opinião. Devem ser formulados pedidos de citação do réu, de concessão da medida liminar para suspender os atos de repasse de recursos e de utilização de bens públicos, e de anulação dos atos lesivos ao patrimônio e à moralidade administrativa. Deve-se, ainda, requerer a produção de provas e a condenação do réu em honorários advocatícios. Por fim, deve ser feita a prova da cidadania, com a juntada do título de eleitor.

Exercício n. 8 (Gabarito oficial FGV)

O examinando deve elaborar uma petição inicial de mandado de segurança. A ação deve ser dirigida ao Tribunal de Justiça, fazendo alusão ao Desembargador a quem será distribuída a ação. Por não existir discriminação do órgão julgador no enunciado, que apenas fala na prerrogativa de função, poderá ser indicado Câmara ou Seção Cível (o enunciado não permite conhecer a organização judiciária local). Impetrante é a empresa ABC. Deve ser indicado, como autoridade coatora, o Secretário de Administração, apontando-se, ainda, a pessoa jurídica de direito público a que se vincula (o Estado X). O examinando deve indicar estarem presentes os requisitos para concessão da liminar, quais sejam: a demonstração do fundamento relevante (consistente na evidente violação a disposições da Lei n. 8.666/93) e do risco de ineficácia do provimento, caso não deferida a liminar (uma vez que o certame pode chegar ao fim, com a adjudicação do objeto ao licitante vencedor e o início das obras, situação que resultará prejuízo à Administração). No mérito, o examinando deve demonstrar que o projeto básico e a obra estão sendo licitados em conjunto, o que não pode, pois significa que, indiretamente, a obra está sendo licitada sem projeto básico, o que viola a previsão constante do Art. 7º, § 2º, I da Lei n. 8.666/93. O examinando deve demonstrar, ainda nessa linha de argumento, que a Lei n. 8.666/93 veda a elaboração de projeto básico e a realização da obra pelo mesmo licitante, nos termos do Art. 9º, I. O que se admite é a realização de projeto executivo e a obra pelo mesmo licitante, conforme Art. 9º, § 2º. Ainda no mérito, o examinando deve indicar que, conforme Art. 30 da Lei n. 8.666/93, a documentação relativa à qualificação técnica limitar-se-á à comprovação de aptidão para desempenho de atividade pertinente e compatível em características, quantidades e prazos com o objeto da licitação, o que não é o caso do edital impugnado. A exigência de experiência prévia com serviços e valores muito superiores ao do objeto ora licitado viola o dispositivo acima mencionado. Por fim, o examinando deve demonstrar que a exigência, para os consórcios, de requisitos de habilitação com acréscimo de 50% dos valores exigidos para licitante individual viola o Art. 33, III da Lei n. 8.666/93, que estabelece, como limite, 30%.

Devem ser formulados pedidos de notificação da autoridade coatora e ciência ao órgão de representação judicial da pessoa jurídica de direito público a que se vincula aquela autora, bem como pedido de concessão da liminar para suspender a licitação até decisão final, de mérito, e de procedência do pedido, ao final, para determinar a anulação daquele procedimento, viciado pelo edital contrário à legislação. Por se tratar de mandado de segurança, a petição inicial deve ser instruída com prova preconstituída – no caso, o edital de licitação, prova suficiente a demonstrar as ilegalidades narradas.

Exercício n. 9 (Gabarito oficial FGV)

A peça a ser apresentada é uma apelação, em face da sentença do Magistrado de primeira instância. A apelação há de ser apresentada perante o Juízo da causa (1ª Vara de Fazenda Pública da Comarca X), com as razões recursais dirigidas ao Tribunal, que as apreciará. Recorrente é Fulano de Tal, que restou sucumbente, e recorrido é o Município X. No mérito deve ser, de início, afastado o argumento utilizado pelo Juízo "a quo", no sentido de que não houve esgotamento da instância administrativa. Nem a Lei e nem a Constituição exigem o esgotamento da via administrativa como condição de acesso ao Poder Judiciário. Ao contrário, a Constituição consagra, no art. 5º, XXXV, a inafastabilidade do controle jurisdicional. Deve ser apontada a violação ao princípio do devido processo legal, que deve nortear a conduta da Administração, uma vez que a Administração Pública não pode, com novo entendimento (sequer amparado em lei), empreender à redução no patrimônio do particular sem que lhe seja dada a participação em processo administrativo formal. Ainda no mérito, deve ser apontada a violação ao princípio da legalidade, tanto pela ausência de norma que imponha ao particular restrição à sua propriedade quanto pela ausência de norma que autorize o Poder Público Municipal a recusar a reforma procedida pelo particular em sua propriedade. O examinando deve indicar a violação ao princípio da isonomia, tendo em vista que outros proprietários em idêntica situação não foram alvo de notificação por parte da Administração municipal, o que revela tratamento desigual entre os particulares, sem critério legítimo de diferenciação. Pior: o novo entendimento da Administração, desfavorável, só será aplicado aos que adquiriram a propriedade naquele ano. Por fim, deve ser feita referência à violação ao princípio da segurança jurídica ou proteção à confiança. A emissão da resposta da Administração gerou, no particular, a legítima confiança na preservação daquele entendimento inicial, razão pela qual praticou determinados atos (realizou investimentos). Essa confiança restou violada pela súbita alteração do entendimento e prática de atos incompatíveis com a conduta anterior da Administração (comportamento contraditório). O examinando deve formular, ao final, pedido de reforma da sentença e reiterar o pedido de anulação do ato administrativo e pagamento dos danos materiais que restarem comprovados (em virtude das obras de demolição empreendidas pelo recorrente), além de danos morais.

Exercício n. 10 (Gabarito oficial FGV)

A peça a ser elaborada é o recurso ordinário em mandado de segurança, nos termos do art. 105, II, "b", da CRFB/88.

O recurso deve ser endereçado ao Desembargador Presidente do Tribunal de Justiça do Estado Y.

Na qualificação das partes, deve ser indicado como recorrente a Associação Nacional dos Defensores Públicos Estaduais e, como recorrido, o Estado Y, pessoa jurídica de direito público interno.

No intuito de demonstrar conhecimento acerca do Tribunal competente para apreciar e julgar o recurso, o examinando deve requerer após abertura de vistas ao recorrido para contrarrazões, que os autos sejam encaminhados ao colendo Superior Tribunal de Justiça.

O examinando deve demonstrar a presença de três requisitos que o Tribunal, equivocadamente, entendeu que não estariam preenchidos (razão pela qual, aliás, julgou extinto o processo sem resolução do mérito), isto é:

1) Demonstrar que o requisito constitucional para a impetração de mandado de segurança coletivo é a constituição e funcionamento há mais de um ano (e não três, como consta no acórdão recorrido);

2) indicar que não se exige, para impetração de mandado de segurança coletivo, a autorização de todos os associados da entidade, conforme entendimento cristalizado na Súmula n. 629 do Supremo Tribunal Federal;

3) afirmar que a entidade de classe tem legitimação para o mandado de segurança ainda quando a pretensão veiculada interesse apenas a uma parte da respectiva categoria, nos termos da Súmula 630 do Supremo Tribunal Federal.

Em seguida, na eventualidade do Superior Tribunal de Justiça conhecer do mérito do recurso, nada obstante a existência de entendimento acerca da inaplicabilidade do art. 515, § 3º, do Código de Processo Civil (teoria da causa madura) aos recursos ordinários em mandado de segurança, na melhor defesa dos interesses do seu cliente, o examinando deve indicar a violação ao art. 37, XI da Constituição, que estabelece como teto remuneratório dos Defensores Públicos, o subsídio dos Desembargadores do Tribunal de Justiça e, ainda, a violação ao princípio da isonomia, uma vez que, sem qualquer critério legítimo, foi operada uma discriminação no tratamento jurídico conferido aos Defensores, aplicando-se, aos mais novos na carreira, um tratamento diferente, no aspecto remuneratório, daquele conferido aos demais Membros, demonstrando, assim, conhecimento acerca da matéria. Nos pedidos, o examinando deve requerer a reforma do acórdão, para julgar procedente o pedido de aplicação do teto remuneratório correspondente ao subsídio mensal dos Desembargadores e, caso assim não se entenda, pela anulação do acórdão hostilizado, com o retorno dos autos à origem para processamento do "writ".

Exercício n. 11 (Gabarito oficial FGV)

A peça a ser elaborada consiste em uma petição inicial de ação de procedimento comum. Não se admite a impetração de Mandado de Segurança, uma vez que Mévio pretende produzir provas, inclusive a testemunhal, para demonstrar o seu direito, sendo a dilação probatória vedada no Mandado de Segurança.

O endereçamento da peça deverá ser feito a um Juiz Federal da seção judiciária de algum Estado.

O polo ativo da demanda é ocupado por Mévio, e o polo passivo, pela União. No mérito, deve ser demonstrada a possibilidade de análise do ato administrativo pelo Judiciário, para controle de legalidade, e que o motivo alegado no ato de demissão é falso, em violação à teoria dos motivos determinantes.

Ainda no mérito, o examinando deve indicar a violação do Art. 41, § 1º, da Constituição Federal, uma vez que Mévio foi demitido do Serviço Público sem a abertura de regular processo administrativo. O examinando, por fim, deve indicar que não foi assegurado a Mévio o contraditório e a ampla defesa, violando o devido processo legal. Além disso, o ato representa violação aos princípios da isonomia, uma vez que Mévio foi o único dos três servidores penalizados pela ida ao balé, e da impessoalidade, pois Mévio foi alvo de perseguição por seu chefe. Nesta parte da causa de pedir, deverá ser mencionada a lesão patrimonial, pelo não recebimento dos vencimentos no período em que se coloca arbitrariamente fora dos quadros da Administração por demissão ilegal.

O examinando deve formular pedidos de anulação do ato que aplicou a penalidade, de reintegração aos quadros da Administração, de reparação material com o pagamento retroativo de seus vencimentos, como se não tivesse sido demitido. A postulação à reparação moral não é obrigatória. Deverá haver, por fim, postulação de citação e de produção de provas testemunhal e documental, bem como indicação do valor da causa.

Exercício n. 12 (Gabarito oficial FGV)

Elaboração de uma contestação, espécie de Resposta do Réu, nos termos do art. 297 e seguintes do CPC, com endereçamento e qualificação das partes, nos mesmos termos da ação proposta por Mateus.

PRELIMINAR DE ILEGITIMIDADE PASSIVA (art. 301, CPC): O art. 37, § 6º, CF/88 só permite o direcionamento da ação em face das pessoas jurídicas nele mencionadas haja vista que o referido dispositivo encerra dupla garantia: uma, em favor do particular, possibilitando-lhe ação indenizatória contra a pessoa jurídica de direito público, ou de direito privado que preste serviço público. Outra garantia, no entanto, em prol do servidor estatal, que somente responde administrativa e civilmente perante a pessoa jurídica a que se vincula.

PRESCRIÇÃO DA PRETENSÃO RESSARCITÓRIA – Na defesa dos interesses do seu cliente, o examinando deve arguir a inaplicabilidade do Dec. n. 20.910/32 a Francisco e, portanto, a prescrição trienal da pretensão ressarcitória, tendo em vista decorridos mais de 3 anos do evento danoso, nos termos do Art. 206, § 3º, V do CC.

RESPONSABILIDADE SUBJETIVA DE FRANCISCO: A responsabilidade do Estado (no caso, a União) é objetiva, que se caracteriza pela necessidade de serem comprovados, apenas, a ação do agente, o dano e o nexo causal entre ambos. No entanto, Francisco não responde de forma objetiva pelos danos causados, tendo em vista que a teoria do risco administrativo somente é aplicada às pessoas jurídicas de direito público e às de direito privado prestadoras de serviços públicos. Desse modo, a responsabilidade de Francisco é subjetiva, que é aquela segundo a qual deve ser comprovada, além da ação, dano e nexo causal, a culpa em sentido amplo, devendo ser comprovado que este agiu com negligência, imprudência, imperícia (culpa em sentido estrito) ou com intenção de causar o dano (dolo).

INEXISTÊNCIA DO ELEMENTO SUBJETIVO NO CASO CONCRETO: O acidente foi causado em razão dos problemas mecânicos que, inclusive, já tinha sido informado previamente por Francisco ao setor competente, razão pela qual não há que se falar em culpa ou dolo do mesmo.

PEDIDOS:

1. Extinção do processo sem resolução de mérito, em relação a Francisco, tendo em vista a sua ilegitimidade passiva (Art. 267, VI, CPC).
2. Improcedência dos pedidos autorais, em razão do acolhimento da preliminar de mérito da prescrição da pretensão ressarcitória em face de Francisco (Art. 269, IV, CPC).
3. Improcedência dos pedidos autorais, em razão da manifesta ausência do elemento subjetivo, necessário para configuração do dever de indenizar de Francisco.
4. Produção genérica de provas.
5. Condenação em honorários sucumbenciais.

Exercício n. 13 (Gabarito oficial FGV)

Inicialmente, o examinando deve identificar que a medida judicial cabível é uma ação pelo procedimento comum, com pedido de antecipação de tutela, em face da União Federal. Afasta-se, desde logo, a impetração de mandado de segurança, uma vez que ultrapassado o prazo decadencial de cento e vinte dias.

A Ação Ordinária (atual "anulatória") a ser ajuizada por João deverá pleitear a nulidade da portaria demissional, por ter sido adotada por autoridade incompetente, na forma do Art. 141, inciso I, da Lei n. 8.112/90 – usurpação de competência do Presidente da República. Além disso, também deverá ser pleiteada a invalidação da pena de demissão em razão da absolvição penal por negativa de autoria, decisão esta que vincula a esfera administrativa, na forma do Art. 126, da Lei n. 8.112/90. Como resultado, deverá ser João reintegrado no cargo de Analista de Sistemas, com ressarcimento de todas as vantagens (Art. 28, da Lei n. 8.112/90).

Na petição inicial, também deverá ser reservado capítulo para desenvolvimento da tutela de urgência a ser pleiteada, com vistas à imediata reintegração de João no cargo de Analista de Sistema.

Por fim, deve ser formulada também pretensão indenizatória pelos danos morais suportados por João ao longo do período em que ficou ilegalmente afastado de seu cargo.

Exercício n. 14 (Gabarito oficial FGV)

A peça a ser elaborada consiste em um recurso de agravo de instrumento. O endereçamento da peça deverá ser feito ao Presidente do Tribunal de Justiça do Estado B"X", a um dos Vice-Presidentes ou a uma das Câmaras que compõem o citado Tribunal. No polo passivo, deverá figurar o Estado "X", eis que foi este ente federativo que organizou o concurso no qual o autor foi reprovado. Tendo em vista que, atualmente, a regra vigente é de que o agravo interposto contra decisões interlocutórias deve ficar retido nos autos (art. 522 c/c art. 527, II, CPC), deve o examinando apresentar justificativa do motivo pelo qual o agravo não deve ser convertido em retido, "in casu", ressaltar que a decisão agravada é suscetível de causar à parte lesão grave e de difícil reparação. Em primeiro lugar, é necessário que o examinando identifique, no caso concreto, a violação do princípio da legalidade tendo em vista que as restrições de acesso aos cargos e empregos públicos devem estar previstas em lei. Em segundo lugar, o examinando deve alegar a violação ao princípio do livre acesso aos cargos públicos que determina que só podem ser exigidos requisitos diferenciados de acesso quando a natureza ou complexidade do cargo a ser ocupado o exigirem (art. 37, I e II, da CF/88). Também se atribuirá pontuação para o examinando que identifique o fundamento 2 da decisão agravada como equivocado tendo em vista a aplicação, "in casu", dos princípios da proporcionalidade/razoabilidade, que delimitam o exercício do poder discricionário, tendo em vista que a referida restrição (tatuagem) não tem qualquer relação com o desempenho do cargo de médico, eis que não é medida adequada, necessária nem proporcional em sentido estrito, para que a Administração atinja os fins que pretende com a restrição ilegítima. Por último, há que se refutar os argumentos de que "Os pedidos de anulação do ato de eliminação e de reserva de vaga não seriam possíveis, pois significariam atraso na conclusão do concurso", haja vista que não foi formulado qualquer pedido de suspensão ou interrupção do mesmo, mas tão somente que fosse garantido ao agravante o direito de prestar as fases seguintes do concurso. Também é necessário que o examinando elabore pedido de efeito suspensivo ativo ao recurso (CPC, art. 527, III c/c art. 558), a fim de assegurar maior celeridade na obtenção da tutela jurisdicional buscada pelo autor, além de demonstrar, de forma correta, a presença dos requisitos para sua concessão, em sede recursal.

Exercício n. 15 (Gabarito oficial FGV)

A medida judicial a ser proposta em nome de José Rico é a ação popular, com fundamento no art. 5º, inciso LXXIII, da CRFB e regulamentação infraconstitucional na Lei n. 4.717/65. A pretensão do autor popular será a obtenção de provimento jurisdicional que anule o contrato administrativo em questão, devendo ser deduzidos, pelo menos, quatro fundamentos jurídicos para tanto:

(i) ausência de processo licitatório para aquisição do material escolar, caracterizando ofensa ao art. 37, XXI da CRFB/88 e ao art. 2º da Lei n. 8.666/93;

(ii) violação ao princípio da impessoalidade, visto que a Administração não pode atuar com vistas beneficiar pessoas determinadas, uma vez que é sempre o interesse público que tem que nortear o seu comportamento;

(iii) violação ao princípio da moralidade ou probidade administrativa visto que a contratação direta, fora das hipóteses de dispensa, de empresa do enteado do prefeito implica violação aos padrões éticos que devem pautar a atuação do administrador;

(iv) violação à norma do art. 57 da Lei n. 8.666/93, que estabelece que a vigência dos contratos administrativos é adstrita à vigência dos respectivos créditos orçamentários.

Além da pretensão anulatória, também deverá o autor popular deduzir pretensão condenatória, visando ao ressarcimento dos danos causados ao erário em razão da contratação direta (art. 11 da Lei n. 4.717/65).

O autor popular deverá, em sua petição inicial, demonstrar a lesividade da contratação à moralidade administrativa e ao patrimônio público.

É importante ressaltar que, por se tratar de prova discursiva, se exigirá do examinando o desenvolvimento do tema apresentado. Desse modo, além de resposta conclusiva acerca do arguido, a mera menção a artigo não é pontuada, nem a mera resposta negativa desacompanhada do fundamento correto.

Exercício n. 16 (Gabarito oficial FGV)

A peça a ser elaborada consiste em uma ação de desapropriação indireta ou em uma ação ordinária (atual "anulatória") de indenização por apossamento administrativo em face do Município de Bugalhadas, em decorrência da afetação fática do bem à utilização pública, sem a observância do devido processo legal. O enunciado deixa claro que o terreno já se encontra incorporado ao patrimônio público, de forma a afastar o manejo de ações possessórias ou de ação reivindicatória, na forma do art. 35 do Decreto-Lei n. 3.365/41. Daí por que a pretensão a ser deduzida em juízo é indenizatória.

Em relação ao juízo competente para processar e julgar a demanda, em que pese tratar-se de pretensão de direito pessoal (indenizatória), o entendimento consolidado da jurisprudência é no sentido de que se trata de ação real para fins de fixação de competência, donde resulta a necessidade de observância da regra de competência do foro da situação do bem imóvel (logo: juízo fazendário ou cível da Comarca de Bugalhadas).

É importante que o examinando deixe claro que não se aplica à ação de desapropriação indireta o prazo prescricional de cinco anos previsto no art. 10, parágrafo único, do Decreto-Lei n. 3.365/41, afastando a ocorrência de prescrição no caso concreto.

Por fim, quanto à incidência de juros moratórios e compensatórios, o examinando deve requerer a aplicação do art. 15-A, § 3º, do Decreto-Lei n. 3.365/41.

Exercício n. 17 (Gabarito oficial FGV)

A medida judicial adequada, diante dos parâmetros indicados no enunciado, é o mandado de segurança contra ato do Senhor Governador do Estado X, consubstanciado no Decreto n. 1.234, por meio do qual declarou a caducidade do contrato de concessão de serviço público de transporte aquaviário celebrado com a empresa Aquatrans.

No que diz respeito à fundamentação jurídica, o examinando deve, em primeiro lugar, abordar brevemente em que consiste a caducidade de uma concessão e, logo após, identificar que existe uma série de requisitos prévios à opção pela caducidade que, absolutamente, não foram observados no caso proposto. Isso porque, nos termos do art. 38, §§ 2º e 3º, da Lei n. 8.987/95, a declaração de caducidade deve ser precedida da verificação de inadimplência da concessionária em processo administrativo que lhe assegure ampla defesa, sendo certo que o processo administrativo não pode ser instaurado antes de cientificada a concessionária dos descumprimentos contratuais, com a fixação de prazo para que promova as correções necessárias. A inobservância do "devido processo legal" impõe, portanto, a anulação do decreto.

Com a demonstração da plausibilidade do direito alegado, a impetrante deve pleitear, liminarmente, provimento jurisdicional que determine ao impetrado que se abstenha de tomar qualquer medida para assumir o serviço com base no ato impugnado.

Exercício n. 18 (Gabarito oficial FGV)

A medida judicial a ser proposta é uma ação de responsabilidade civil / ação indenizatória pelo procedimento comum em face da União Federal, tendo em vista o dano sofrido por João Augusto em decorrência de atuação negligente e imperita da equipe médica do hospital público na primeira intervenção cirúrgica a que se submeteu.

O examinando deve, em primeiro lugar, identificar que o juízo competente para processar e julgar a demanda indenizatória será a primeira instância da justiça comum federal, tendo em vista ser a pretensão deduzida em face da União Federal (art. 109, inciso I, da CRFB).

Além disso, espera-se que o examinando, após qualificar as partes e narrar os fatos, fundamente o direito de seu cliente à luz da norma do art. 37, § 6º, da CRFB, que estabelece a responsabilidade objetiva do Estado por danos que seus agentes, nessa qualidade, causarem a terceiros. É importante destacar a desnecessidade de se comprovar a atuação culposa ou dolosa da equipe médica, uma vez que a responsabilidade "sub examine" é objetiva, prescindindo do elemento subjetivo.

Exercício n. 19 (Gabarito oficial FGV)

O examinando deve elaborar uma petição inicial de Ação de indenização contra o município.

A ação deve ser proposta contra o município e deve conter:

– A responsabilidade do município pela manutenção dos bueiros;

– A demonstração da omissão do município decorrente da falta de tampa e de sinalização no bueiro (nexo causal);

– A caracterização dos danos materiais (tratamento e lucros cessantes) e morais sofridos por JOANA.

O pedido deve ser INDENIZAÇÃO (em valores atualizados) pelos danos sofridos por JOANA (além da condenação nas verbas decorrentes da sucumbência).

Exercício 20 (Gabarito oficial FGV)

O examinando deverá elaborar uma peça contestatória (art. 17, § 9º, da Lei n. 8.429/92), abordando os seguintes temas:

(i) Preliminarmente, deve ser deduzida a nulidade da citação por não ter sido observada a prévia notificação a que aduz o art. 17, § 7º, da Lei n. 8.429/92.

(ii) Ainda preliminarmente – ou como prejudicial de mérito –, espera-se que o examinando sustente a prescrição da pretensão formulada pelo Ministério Público (prescrição quinquenal), nos termos do art. 23, inciso I, da Lei n. 8.429/92, destacando-se que não foi formulada pretensão de ressarcimento por dano ao erário, em relação a qual se poderia sustentar a imprescritibilidade, na forma do art. 37, § 5º, da CRFB.

(iii) No mérito, deve o examinando argumentar no sentido da impossibilidade de ser o réu responsabilizado, haja vista que a sua conduta não foi maliciosa ou de má-fé, inexistindo, portanto, conduta dolosa, elemento subjetivo imprescindível para a incidência do art. 9º da Lei de Improbidade.

(iv) Em reverência ao princípio da eventualidade, o examinando deverá mencionar a desproporcionalidade da multa postulada, a qual se submete aos limites impostos no art. 12, inciso I, da Lei de Improbidade.

(v) Em conclusão, o examinando deve postular o acolhimento das preliminares suscitadas ou, caso assim não se entenda, no mérito, a improcedência dos pedidos formulados pelo Ministério Público. Em atenção ao princípio da eventualidade, caso se entenda pela procedência do pedido, o examinando deve requerer a observância do disposto no art. 12, inciso I, da Lei n. 8.429/92.

São esses os temas jurídicos que deverão ser levantados na peça, exigindo-se que o examinando desenvolva a tese fática da ausência do dolo, demonstrando que o Prefeito, em sua omissão, nunca aderiu à ideia de que seu Chefe de Gabinete fosse venal, bem como não ter tido aumento patrimonial que pudesse caracterizar um conluio com este último.

Exercício n. 21 (Gabarito oficial FGV)

A peça cabível é Mandado de Segurança ao Superior Tribunal de Justiça, visto que a autoridade coatora é o ministro de Estado da Saúde. Além disso, a parte final do enunciado menciona que a publicação da portaria expulsória ocorreu há três meses e, portanto, dentro do prazo de cento e vinte dias previsto na Lei n. 12.016/2009. Será aceita ainda Ação Ordinária (atual "anulatória") com pedido de tutela antecipada perante a justiça federal. O "nome iuris" não tem relevância, devendo ser observada a pretensão desconstitutiva ou anulatória. Contudo, caso o(a) examinando(a) não tenha mencionado o pedido de liminar ou tutela antecipada de forma expressa, a omissão deve ser devidamente descontada no item 3 (Domínio do raciocínio jurídico). Identificação do impetrante (opção 1) ou do autor (opção 2). Identificação dos impetrados (opção 1: Ministro de Saúde e União*) ou do réu (opção 2: União). *Na condição de impetrados deve figurar tanto o ministro de Estado de Saúde como a União. O ministro de Estado da Saúde, visto que a insurgência deve ocorrer em face da portaria de demissão, e não, do indeferimento irregular praticado pela comissão de processo administrativo disciplinar. Também deve ser indicada a pessoa jurídica que a autoridade coatora integra, que é a União (art. 6º, "caput", da Lei n. 12.016/2009). Mérito: não configurado o abandono de cargo por inexistir "animus abandonandi", visto que o servidor apenas se ausentou do serviço em decorrência de mandado de prisão preventiva que fora expedido contra ele e, posteriormente, considerado ilegal. O art. 138 da Lei n. 8.112/90 exige, para a configuração do abandono, que a ausência do servidor seja intencional, com ânimo de abandonar o serviço, o que não ocorreu, visto que, de fato, a vontade do servidor foi evadir-se da prisão. Tanto assim que, tão logo concedido o "habeas corpus", o servidor retornou ao exercício do cargo. Nesse sentido:

MANDADO DE SEGURANÇA. SERVIDOR PÚBLICO. DEMISSÃO POR ABANDONO DE CARGO. "ANIMUS ABANDONANDI". NÃO CONFIGURAÇÃO. PRISÃO PREVENTIVA DECRETADA CONTRA O IMPETRANTE. FALTAS MOTIVADAS PELA FUGA APÓS A EXPEDIÇÃO DO MANDADO DE PRISÃO. ILEGALIDADE DA CUSTÓDIA RECONHECIDA POR ESTA CORTE SUPERIOR EM SEDE DE "HABEAS CORPUS". EFEITOS PATRIMONIAIS E CÔMPUTO DO TEMPO DE SERVIÇO, PARA TODOS OS EFEITOS LEGAIS, A PARTIR DA DATA DO ATO IMPUGNADO.

1. Esta Corte Superior de Justiça possui entendimento firmado no sentido de que, para se concluir pelo abandono de cargo e aplicar a pena de demissão, a Administração Pública deve verificar o "animus abandonandi" do servidor, elemento indispensável para a caracterização do mencionado ilícito administrativo.

2. No caso, não se constata o ânimo específico do impetrante de abandonar o cargo, tendo em vista que, por reputar ilegal a sua custódia cautelar, optou por furtar-se à execução da ordem de prisão, a fim de, em liberdade, provar a ilegalidade da segregação – o que, inclusive, foi posteriormente reconhecido pela Sexta Turma deste Superior Tribunal em "habeas corpus" concedido em seu favor – ficando, por conseguinte, impossibilitado de comparecer ao seu local de trabalho.

3. Ademais, conforme já decidiu o Supremo Tribunal Federal, "É legítima a fuga do réu para impedir prisão preventiva que considere ilegal, porque não lhe pesa ônus de se submeter a prisão cuja legalidade pretende contestar." (HC 87.838/RR, Rel. Min. Cezar Peluso, Primeira Turma, "DJ" de 04/08/2006)

4. No tocante ao pedido do impetrante para que seja determinado o pagamento dos vencimentos retidos a partir da sua apresentação espontânea ao trabalho, a qual, segundo alega, teria ocorrido antes do ato demissional, verifica-se que não há nos autos documentos hábeis a comprovar o momento em que a referida apresentação se deu.

5. Desse modo, ressalvadas as vias ordinárias, deve prevalecer o entendimento consolidado nesta Corte Superior de Justiça no sentido de que, "Em se tratando de reintegração de servidor público, os efeitos patrimoniais devem ser contados da data publicação do ato impugnado. Inteligência do art. 28 da Lei n. 8.112/90." (MS 12.991/DF, Rel. Ministro Arnaldo Esteves Lima, terceira seção, julgado em 27/05/2009, "DJe" 03/08/2009)

6. Em se tratando de reintegração de servidor público, os efeitos patrimoniais devem ser contados da data publicação do ato impugnado.

7. Concessão parcial da ordem para determinar a reintegração do impetrante no cargo que ocupava, com o reconhecimento das vantagens financeiras e cômputo do tempo de serviço, para todos os efeitos legais, a partir da data do ato impugnado. (MS 12.424/DF, Rel. Ministro Og Fernandes, Terceira Seção, julgado em 28/10/2009, "DJe" 11/11/2009) Houve ilegalidade quando a comissão disciplinar foi formada por apenas dois membros, ao passo que o correto seria sua composição com três membros, estáveis, seguindo o mandamento do art. 149 da Lei n. 8.112/90. Afrontou-se, dessa forma, o princípio do "due process of law". A previsão do rito sumário para apuração do abandono de cargo não impede a produção de provas. O rito é sumário, mas a cognição deve ser plena. Visando proteger os princípios do contraditório e da ampla defesa, o indeferimento apenas pode ocorrer caso a prova não seja pertinente, o que não foi o caso, visto que se tratava de provas que poderiam afastar a materialidade do delito administrativo. Nesse sentido:

CONSTITUCIONAL. ADMINISTRATIVO. MANDADO DE SEGURANÇA. SERVIDOR PÚBLICO. DEMISSÃO POR INASSIDUIDADE HABITUAL AO SERVIÇO (ARTS. 132, III E 139 DA LEI N. 8.112/90). PROCEDIMENTO SUMÁRIO. OFENSA AOS PRINCÍPIOS DO DEVIDO PROCESSO LEGAL, CONTRADITÓRIO E AMPLA DEFESA. CARACTERIZAÇÃO. INDEFERIMENTO DE REALIZAÇÃO DE PERÍCIA MÉDICA. COMUNICAÇÃO EXTEMPORÂNEA. AVERIGUAÇÃO DO "ANIMUS" ESPECÍFICO. EFEITOS PRETÉRITOS. IMPOSSIBILIDADE. SÚMULAS 269 E 271 DO STF. REINTEGRAÇÃO CONCEDIDA.

I – A Constituição Federal de 1988, no art. 5º, LIV e LV, consagrou os princípios do devido processo legal, do contraditório e da ampla defesa, também, no âmbito administrativo. A interpretação do princípio da ampla defesa visa a propiciar ao servidor oportunidade de produzir conjunto probatório servível para a defesa.

II – O direito à produção de provas não é absoluto, podendo o pedido ser denegado pelo Presidente da Comissão quando for considerado impertinente, meramente protelatório ou de nenhum interesse para o esclarecimento dos fatos. "In casu", o indeferimento do pleito de produção de provas baseou-se, exclusivamente, no fato de que o processo administrativo submetido ao procedimento sumário só possibilitaria ao acusado apresentar a defesa por escrito e dentro do prazo estabelecido por lei, não lhe sendo facultado requerer outros meios de prova, em patente ofensa à ampla defesa.

III – A intenção do legislador – ao estabelecer o procedimento sumário para a apuração de abandono de cargo e de inassiduidade habitual – foi no sentido de agilizar a averiguação das referidas transgressões, com o aperfeiçoamento do serviço público. Entretanto, não se pode olvidar das garantias constitucionalmente previstas. Ademais, a Lei n. 8.112/90 – art. 133, § 8º – prevê, expressamente, a possibilidade de aplicação subsidiária no procedimento sumário das normas relativas ao processo disciplinar.

IV – A comunicação do indeferimento da prova requerida deve operar-se ainda na fase probatória, exatamente para oportunizar ao servidor a interposição de eventual recurso contra a decisão do Colegiado Disciplinar, sendo defeso à Comissão indeferi-lo quando da prolação do relatório final.

V – Em se tratando de ato demissionário consistente no abandono de emprego ou na inassiduidade ao trabalho, impõe-se averiguar o "animus" específico do servidor, a fim de avaliar o seu grau de desídia.

VI – A teor do disposto nos verbetes sumulares 269 e 271 do Pretório Excelso, a via do mandado de segurança é distinta da ação de cobrança, pois não se presta para vindicar a concessão de efeitos patrimoniais pretéritos

VII – Segurança parcialmente concedida para anular o ato demissionário, com a consequente reintegração do impetrante no cargo que ocupava. (MS 7.464/DF, Rel. Ministro Gilson Dipp, Terceira Seção, julgado em 12/03/2003, "DJ" 31/03/2003 p. 144)." Deve-se destacar a presença dos requisitos indispensáveis à concessão da liminar ou da tutela antecipada. O "fumus boni iuris" já está expresso na demonstração de inobservância ao disposto no art. 149 da Lei n. 8.112/90 e não houve intenção do servidor de abandonar o trabalho. O "periculum in mora", por sua vez, se apoia na necessidade de o servidor ser reintegrado prontamente ao cargo, em razão de suas perdas financeiras. Deve-se requerer que sejam prestadas as devidas informações pela autoridade apontada como coatora e a entidade da qual ele faça parte e a oitiva do Ministério Público (no mandado de segurança) / a intimação da União ou do seu representante (na ação anulatória); a concessão da liminar/tutela antecipada para declarar a nulidade do processo administrativo disciplinar e determinar a reintegração do servidor no cargo público e, no mérito, a concessão da ordem para, em caráter definitivo, reconhecer o direito do impetrante/autor ao devido processo administrativo e à consequente reintegração ao cargo pleiteado.

Exercício n. 22

A peça que deve ser elaborada é Ação Civil Pública com endereçamento ao Juiz de Direito da ... Vara da Fazenda Pública da Comarca de Rio Verde. Como tese principal o candidato deve abordar, especialmente, violação do art. 225, § 1º, da CF.

Exercício n. 23

A peça que deve ser elaborada é Ação Civil Pública com endereçamento ao Juiz de Direito da ... Vara da Fazenda Pública da Comarca de Goiânia. Como tese principal o candidato deve abordar, especialmente, o cabimento da Ação Civil Pública com fundamento no art. 1º da Lei n. 7.347/85.

Exercício n. 24

A peça que deve ser elaborada é Ação Civil Pública Com Pedido de Medida Liminar endereçada ao Juiz de Direito da ... Vara da Fazenda Pública da Comarca de Guanxumas. Como tese principal o candidato deve abordar, especialmente, o cabimento da Ação Civil Pública com fundamento no art. 1º da Lei n. 7.347/85.

Exercício n. 25

A peça que deve ser elaborada é Parecer. Como tese principal o candidato deve abordar, especialmente, que a violação aos princípios constitucionais do contraditório, ampla defesa, devido processo legal e transparência gera direito à indenização pelo comportamento lesivo da Municipalidade (art. 37, § 6º, da CF).

Exercício n. 26

A peça que deve ser elaborada é Parecer. Como tese principal o candidato deve abordar, especialmente, violação à legalidade administrativa (art. 5º, II, da CF).

Exercício n. 27

A peça que deve ser elaborada é Defesa Administrativa com endereçamento ao Diretor do Detran. Como tese principal o candidato deve abordar, especialmente, violação às garantias constitucionais de contraditório e ampla defesa (art. 5º, LV, da CF).

Exercício n. 28

A peça que deve ser elaborada é Mandado de Segurança com endereçamento ao Presidente do Tribunal de Justiça de Goiás. Como tese principal o candidato deve abordar, especialmente, violação ao direito constitucional de propriedade (art. 5º, XXII, da CF).

Exercício n. 29

A peça que deve ser elaborada é Ação Popular com endereçamento ao Juiz de Direito da ... Vara da Fazenda Pública da Comarca de ... Como tese principal o candidato deve abordar, especialmente, enquadramento da venda do bem público por preço inferior ao de mercado na hipótese de nulidade prevista no art. 4º da Lei n. 4.717/65.

Exercício n. 30

A peça que deve ser elaborada é Ação Popular com endereçamento ao Juiz de Direito da ... Vara da Fazenda Pública da Comarca de ... Como tese principal o candidato deve abordar, especialmente, que a referida cessão em gratuita em favor em empreendimento privado viola os princípios da legalidade, moralidade e impessoalidade (arts. 37, "caput", da CF e 4º da Lei n. 4.717/65).

Exercício n. 31

A peça que deve ser elaborada é Ação de Desapropriação Indireta com endereçamento ao Juiz Federal da ... Vara ... da Seção Judiciária de Goiás. Como tese principal o candidato deve abordar, especialmente, que a desapropriação indireta incorpora automaticamente o bem ao domínio público afastando pretensão possessória ou reivindicatória (art. 35 do DL n. 3.365/41).

Exercício n. 32

A peça que deve ser elaborada é Ação Popular com endereçamento ao Juiz de Direito da ... Vara da Fazenda Pública da Comarca de ... Como tese principal o candidato deve abordar, especialmente, que o bem desapropriado não pode ser destinado a entidade privada (art. 5º do DL n. 3.365/41).

Exercício n. 33

A peça que deve ser elaborada é Ação de Desapropriação Indireta com endereçamento ao Juiz Federal da ... Vara ... da Seção Judiciária de ... Como tese principal o candidato deve abordar, especialmente, que a desapropriação indireta incorpora automaticamente o bem ao domínio público afastando pretensão possessória ou reivindicatória (art. 35 do DL n. 3.365/41).

Exercício n. 34

A peça que deve ser elaborada é Parecer. Como tese principal o candidato deve abordar, especialmente, os limites da competência regulamentar nos termos do art. 84, IV, da Constituição Federal.

Exercício n. 35

A peça que deve ser elaborada é Parecer. Como tese principal o candidato deve abordar, especialmente, a violação do direito constitucional à informação (art. 5º, XXXIII, da CF).

Exercício n. 36

A peça que deve ser elaborada é Parecer. Como tese principal o candidato deve abordar, especialmente, a violação do direito constitucional à informação (art. 5º, XXXIII, da CF).

Exercício n. 37

A peça que deve ser elaborada é "habeas data" com endereçamento ao Juiz Federal da ... Vara ... da Seção Judiciária de São Paulo. Como tese principal o candidato deve abordar, especialmente, a violação do direito constitucional à informação (art. 5º, XXXIII, da CF).

Exercício n. 38

A peça que deve ser elaborada é Ação Popular com endereçamento ao Juiz de Direito da ... Vara da Fazenda Pública da Comarca de Tangamandapio. Como tese principal o candidato deve abordar, especialmente, violação ao princípio da vedação à promoção pessoal.

Exercício n. 39

A peça que deve ser elaborada é Ação Indenizatória contra o Estado de Minas Gerais (o Poder Judiciário mineiro é o órgão integrante da estrutura do Estado de Minas). A demanda terá endereçamento ao Juiz de Direito da ... Vara da Fazenda Pública da Comarca de Caires. Como tese principal o candidato deve abordar, especialmente, a responsabilidade do Estado por atraso na prestação jurisdicional (art. 37, § 6º, da CF).

Exercício n. 40

A peça que deve ser elaborada é Contestação com endereçamento ao Juiz de Direito da 1ª Vara da Fazenda Pública da Comarca de Aracaju. Como tese principal o candidato deve abordar, especialmente, a linha de raciocínio segundo a qual suicídio na cadeia caracterizaria a excludente de culpa exclusiva da vítima (embora seja corrente minoritária na doutrina e jurisprudência, é o que se deve dizer em favor da Fazenda Pública nesse caso).

Exercício n. 41

A peça que deve ser elaborada é Parecer. Como tese principal o candidato deve abordar, especialmente, a responsabilidade direta e objetiva da concessionária de serviços públicos por danos causados perante usuários e terceiros (jurisprudência do STF).

Exercício n. 42

A peça que deve ser elaborada é Parecer. Como tese principal o candidato deve abordar, especialmente, a possibilidade de o Poder Público determinar, ante o iminente perigo público, a requisição da área com indenização ulterior ao proprietário (art. 5º, XXV, da CF).

Exercício n. 43

A peça que deve ser elaborada é Mandado de Segurança com endereçamento ao Juiz de Direito da ... Vara Cível da Comarca de ... Como tese principal o candidato deve abordar, especialmente, o direito ao reequilíbrio econômico-financeiro do contrato diante do fato do princípio, como garantia constitucional, legal e contratual do concessionário.

Exercício n. 44

A peça que deve ser elaborada é Parecer. Como tese principal o candidato deve abordar, especialmente, a necessidade de lei para criação de novos benefícios tarifários (art. 35 da Lei n. 8.987/95) e dever de o Poder Concedente ressarcir a empresa pela isenção concedida em razão da teoria do fato do príncipe.

Exercício n. 45

A peça que deve ser elaborada é Mandado de Segurança com endereçamento ao Juiz Federal da ... Vara ... da Seção Judiciária de Goiás. Como tese principal o candidato deve abordar, especialmente, a violação à isonomia e à busca da competitividade (art. 3º da Lei n. 8.666/93).

Exercício n. 46

A peça que deve ser elaborada é Mandado de Segurança com endereçamento ao Juiz de Direito da ... Vara ... da Comarca de Belo Monte. Como tese principal o candidato deve abordar, especialmente, violação direta à regra prevista no art. 33, § 3º, da Lei n. 8.666/93.

Exercício n. 47

A peça que deve ser elaborada é Mandado de Segurança é com endereçamento ao Juiz de Direito da ... Vara ... da Comarca de ... Como tese principal o candidato deve abordar, especialmente, a violação à isonomia e à busca da competitividade (art. 3º da Lei n. 8.666/93).

Exercício n. 48

A peça que deve ser elaborada é Impugnação ao Edital endereçada ao Presidente da MineSer. Como tese principal o candidato deve abordar, especialmente, a violação à isonomia e à busca da competitividade (art. 3º da Lei n. 8.666/93).

Exercício n. 49

A peça que deve ser elaborada é Apelação endereçada ao Juiz de Direito da Vara Cível da Comarca de Contagem. Como tese principal o candidato deve abordar, especialmente, violação à Súmula 333 do STJ.

Exercício n. 50

A peça que deve ser elaborada é Parecer. Como tese principal o candidato deve abordar, especialmente, a interpretação do art. 33 da Lei n. 8.666/93.

Exercício n. 51

A peça que deve ser elaborada é Parecer. Como tese principal o candidato deve abordar, especialmente, a questão do leilão como uma das modalidades licitatórias (art. 22 da Lei n. 8.666/93).

Exercício n. 52

A peça que deve ser elaborada é Parecer. Como tese principal o candidato deve abordar, especialmente, violação ao princípio da isonomia (art. 5º, "caput", da CF).

Exercício n. 53

A peça que deve ser elaborada é Parecer. Como tese principal o candidato deve abordar, especialmente, que compete privativamente à União editar normas gerais sobre licitações e contratos (art. 22, XXVII, da CF).

Exercício n. 54

A peça que deve ser elaborada é Ação Popular com endereçamento ao Juiz de Direito da ... Vara da Fazenda Pública da Comarca de ... Como tese principal o candidato deve abordar, especialmente, a nulidade das referidas cláusulas por atentarem a posição de superioridade contratual que Administração ocupa nos contratos em função do que determina a Lei n. 8.666/93 e o princípio da supremacia do interesse público sobre o privado (art. 2º, parágrafo único, da Lei n. 9.784/99).

Exercício n. 55

A peça que deve ser elaborada é Parecer. Como tese principal o candidato deve abordar, especialmente, a interpretação da norma contida no art. 116, IV, da Lei n. 8.112/90, segundo a qual, salvo manifestamente ilegais, todos os servidores têm o dever de cumprir as ordens emanadas de seus superiores hierárquicos.

Exercício n. 56

A peça que deve ser elaborada é Parecer. Como tese principal o candidato deve abordar, especialmente, a solução determinada para o caso contida no art. 133 da Lei n. 8.112/90.

Exercício n. 57

A peça que deve ser elaborada é Parecer. Como tese principal o candidato deve abordar, especialmente, desatenção direta à regra contida no art. 116 da Lei n. 8.112/90 na medida em que a representação deveria ser encaminhada ao superior imediato.

Exercício n. 58

A peça que deve ser elaborada é Parecer. Como tese principal o candidato deve abordar, especialmente, decadência do direito de a Administração anular seu ato (art. 54 da Lei n. 9.784/99) e, se o agente estiver de boa-fé, desnecessidade de devolução dos valores recebidos (princípio da proteção à confiança legítima).

Exercício n. 59

A peça que deve ser elaborada é Parecer. Como tese principal o candidato deve abordar, especialmente, a solução dada ao caso por analogia pelo art. 29 da Lei n. 8.112/90, que prevê o aproveitamento do servidor em outro cargo exatamente para tal hipótese.

Exercício n. 60

A peça que deve ser elaborada é Parecer. Como tese principal o candidato deve abordar, especialmente, a solução dada ao caso por analogia pelo art. 29 da Lei n. 8.112/90, que prevê o aproveitamento do servidor em outro cargo exatamente para tal hipótese.

Exercício n. 61

A peça que deve ser elaborada é Parecer. Como tese principal o candidato deve abordar, especialmente, a natureza de controle externo da atividade exercida pelos Tribunais de Contas e a competência do TCE para atuar no caso em exame (art. 70 da CF).

Exercício n. 62

A peça que deve ser elaborada é Mandado de Segurança com endereçamento ao Juiz Federal da ... Vara da Seção Judiciária de Santa Catarina. Como tese principal o candidato deve abordar, especialmente, a inaplicabilidade da lei nova a fatos pretéritos, o que viola o princípio da segurança jurídica (art. 2º, parágrafo único, da Lei n. 9.784/99).

Exercício n. 63

A peça que deve ser elaborada é Mandado de Segurança com endereçamento ao Juiz de Direito da ... Vara Cível da Comarca de ... Como tese principal o candidato deve abordar, especialmente, que a licença é ato vinculado e, como tal, não pode ser revogado (art. 53 da Lei n. 9.784/99).

Exercício n. 64

A peça que deve ser elaborada é Ação Civil Pública com endereçamento ao Juiz de Direito da ... Vara da Fazenda Pública da Comarca de ... Como tese principal o candidato deve abordar, especialmente, que a competência para revogar exige fato superveniente de interesse público (art. 49 da Lei n. 8.666/93, por analogia).

Exercício n. 65

A peça que deve ser elaborada é Apelação com endereçamento ao Juiz Federal da 1ª Vara da Seção Judiciária de Goiás. Como tese principal o candidato deve abordar, especialmente, nulidade do rito por descumprimento de regras do devido processo legal expropriatório (art. 5º, LIV, da CF).

Exercício n. 66

A peça que deve ser elaborada é Parecer. Como tese principal o candidato deve abordar, especialmente, que o bem desapropriado não pode ser destinado a entidade privada (art. 5º do DL n. 3.365/41).

Exercício n. 67

A peça que deve ser elaborada é Mandado de Segurança Coletivo com endereçamento ao Juiz de Direito da ... Vara da Fazenda Pública da Comarca do Rio de Janeiro. Como tese principal o candidato deve abordar, especialmente, violação ao dever de licitar (art. 37, XXI, da CF).

Exercício n. 68

A peça que deve ser elaborada é Ação Indenizatória com endereçamento ao Juiz Federal da ... Vara da Seção Judiciária de ... Como tese principal o candidato deve abordar, especialmente, a responsabilidade do Estado fundada no art. 37, § 6º, da CF.

Exercício n. 69

A peça que deve ser elaborada é Ação Indenizatória com endereçamento ao Juiz Federal da ... Vara da Seção Judiciária do Rio de Janeiro. Como tese principal o candidato deve abordar, especialmente, a responsabilidade do Estado fundada no art. 37, § 6º, da CF.

Exercício n. 70

A peça que deve ser elaborada é Parecer. Como tese principal o candidato deve abordar, especialmente, o art. 30, V, da Constituição Federal, segundo o qual compete aos Municípios prestar os serviços públicos de seu peculiar interesse.

Exercício n. 71

A peça que deve ser elaborada é Parecer. Como tese principal o candidato deve abordar, especialmente, o fato de o art. 173, § 1º, da Constituição Federal mencionar a necessidade de lei para criar o estatuto das exploradoras de atividade econômica.

Exercício n. 72

A peça que deve ser elaborada é Mandado de Segurança com endereçamento ao Juiz de Direito da Vara Cível da Comarca de ... Como tese principal o candidato deve abordar, especialmente, que a existência de ação judicial questionando a dívida inibe a constituição definitiva do crédito tributário, tornando ilegal a inabilitação.

Exercício n. 73

A peça que deve ser elaborada é Parecer. Como tese principal o candidato deve abordar, especialmente, afronta direta ao art. 65, § 1º, da Lei n. 8.666/93, que limita os acréscimos a 25%.

Exercício n. 74

A peça que deve ser elaborada é Ação Civil Pública com endereçamento ao Juiz Federal da ... Vara ... da Seção Judiciária de ... Como tese principal o candidato deve abordar, especialmente, a violação ao princípio do concurso público (art. 37, II, da CF). ATENÇÃO: nesse caso, seria cabível também uma ADIN. Mas o gabarito oficial não contemplou essa segunda peça (mais apropriada para a 2ª fase de Direito Constitucional).

Exercício n. 75

A peça que deve ser elaborada é Ação Popular com endereçamento ao Juiz de Direito da ... Vara da Fazenda Pública da Comarca de ... Como tese principal o candidato deve abordar, especialmente, que é inconstitucional a conversão de regime celetista para estatutário (art. 19 do ADCT).

Exercício n. 76

A peça que deve ser elaborada é Mandado de Segurança com endereçamento ao Juiz Federal da ... Vara da Seção Judiciária de Minas Gerais. Como tese principal o candidato deve abordar, especialmente, violação ao princípio da segurança jurídica (proteção à confiança legítima), previsto no art. 2º, "caput", da Lei n. 9.784/99.

Exercício n. 77

A peça que deve ser elaborada é Mandado de Segurança com endereçamento ao Presidente do Tribunal de Justiça do Estado de ... Como tese principal o candidato deve abordar, especialmente, violação direta ao art. 7º, XXX, da CF e Súmula 683 do STF.

Exercício n. 78

A peça que deve ser elaborada é Mandado de Segurança com endereçamento ao Juiz de Direito da Vara Cível da Comarca de Guarulhos. Como tese principal o candidato deve abordar, especialmente, violação direta ao art. 7º, XXX, da CF e Súmula 683 do STF.

Exercício n. 79

A peça que deve ser elaborada é Apelação com endereçamento da interposição ao Juiz Federal da 1ª Vara de Belo Horizonte. Como tese principal o candidato deve abordar, especialmente, violação da Súmula 686 do STF.

Exercício n. 80

A peça que deve ser elaborada é Parecer. Como tese principal o candidato deve abordar, especialmente, decadência do direito de a Administração anular o ato (art. 54 da Lei n. 9.784/99).

Exercício n. 81

A peça que deve ser elaborada é Mandado de Segurança Coletivo com endereçamento ao Presidente do Tribunal de Justiça de Pernambuco. Como tese principal o candidato deve abordar, especialmente, violação ao princípio da isonomia (art. 5º, "caput", da CF).

Exercício n. 82

A peça que deve ser elaborada é Mandado de Segurança com endereçamento ao Juiz de Direito da Vara Cível da Comarca de ... Como tese principal o candidato deve abordar, especialmente, violação ao princípio da segurança jurídica (proteção à confiança legítima), previsto no art. 2º, "caput", da Lei n. 9.784/99.

Exercício n. 83

A peça que deve ser elaborada é Parecer. Como tese principal o candidato deve abordar, especialmente, que convenções e acordos coletivos exigem negociação perante o sindicato representativo da respectiva categoria (art. 612 da CLT).

Exercício n. 84

A peça que deve ser elaborada é Parecer. Como tese principal o candidato deve abordar, especialmente, que a Constituição Federal assegura aos servidores públicos o direito de greve nos termos da lei (art. 37, VII, da CF). Enquanto a referida lei não for aprovada, aplica-se aos servidores a legislação de greve válida para os trabalhadores da iniciativa privada.

Exercício n. 85

A peça que deve ser elaborada é Parecer. Como tese principal o candidato deve abordar, especialmente, que o dever de licitar é um procedimento para seleção de terceiros fornecedores do Estado, e não para a escolha das pessoas que integrarão os quadros permanentes de pessoal do Estado (art. 37, II, da CF).

Exercício n. 86

A peça que deve ser elaborada é Parecer. Como tese principal o candidato deve abordar, especialmente, que a disponibilidade garante remuneração proporcional ao tempo de serviço, mas sua hipótese constitucional de utilização NÃO SE VINCULA ao processo disciplinar (art. 41, § 3º, da CF).

Exercício n. 87

A peça que deve ser elaborada é Parecer. Como tese principal o candidato deve abordar, especialmente, a inconstitucionalidade na norma citada por afronta direta ao disposto no art. 37, XIII, da CF).

Exercício n. 88

A peça que deve ser elaborada é Parecer. Como tese principal o candidato deve abordar, especialmente, a inconstitucionalidade na norma citada por afronta direta ao disposto no art. 37, XIII, da CF)

Exercício n. 89

A peça que deve ser elaborada é Mandado de Segurança com endereçamento ao Juiz de Direito da Vara da Fazenda Pública da Comarca de ... Como tese principal o candidato deve abordar, especialmente, que a absolvição na esfera penal por ausência de materialidade faz coisa julgada no processo administrativo (art. 126 da Lei n. 8.112/90).

Exercício n. 90

A peça que deve ser elaborada é Parecer. Como tese principal o candidato deve abordar, especialmente, que a absolvição por falta de provas não impede pena de demissão (art. 126 da Lei n. 8.112/90).

Exercício n. 91

A peça que deve ser elaborada é Mandado de Segurança com endereçamento ao Juiz de Direito da ... Vara da Comarca de ... Como tese principal o candidato deve abordar, especialmente, violação das garantias constitucionais do contraditório e da ampla defesa (art. 5º, LV, da CF).

Exercício n. 92

A peça que deve ser elaborada é Ação Popular com endereçamento ao Tribunal de Justiça do Estado de ... Como tese principal o candidato deve abordar, especialmente, descumprimento do dever de licitar (art. 37, XXI, da CF).

Exercício n. 93

A peça que deve ser elaborada é Mandado de Segurança com endereçamento ao Juiz Federal da ... Vara da Seção Judiciária do Espírito Santo. Como tese principal o candidato deve abordar, especialmente, desatenção ao princípio constitucional da isonomia (art. 5º, "caput", da CF).

Exercício n. 94

A peça que deve ser elaborada é Parecer. Como tese principal o candidato deve abordar, especialmente, a descrição do regime constitucional das horas extras aplicáveis ao servidor público (art. 39, § 3º, da CF).

Exercício n. 95

A peça que deve ser elaborada é Ação Popular com endereçamento ao Juiz de Direito da Vara da Fazenda Pública da Comarca de ... Como tese principal o candidato deve abordar, especialmente, violação do dever de licitar (art. 175 da CF).

Exercício n. 96

A peça que deve ser elaborada é Mandado de Segurança com endereçamento ao Presidente do Superior Tribunal de Justiça. Como tese principal o candidato deve abordar, especialmente, violação às garantias do contraditório e da ampla defesa (art. 5º, LV, da CF).

Exercício n. 97

A peça que deve ser elaborada é Ação de Desapropriação Indireta com endereçamento ao Juiz de Direito da Vara da Fazenda Pública da Comarca de ... Como tese principal o candidato deve abordar, especialmente, que a desapropriação indireta incorpora automaticamente o bem ao domínio público, afastando pretensão possessória ou reivindicatória (art. 35 do DL n. 3.365/41).

Exercício n. 98

A peça que deve ser elaborada é um Parecer. Como tese principal o candidato deve abordar, especialmente, os requisitos para concessão da licença-paternidade (art. 7º, XIX, da CF).

Exercício n. 99

A peça que deve ser elaborada é Mandado de Segurança com endereçamento ao Juiz de Direito da ... Vara Cível da Comarca de ... Como tese principal o candidato deve abordar, especialmente, a ilegalidade da inabilitação porque o depósito integral é causa de suspensão da exigibilidade do crédito tributário (art. 151 do CTN).

Exercício n. 100

A peça que deve ser elaborada é Recurso Ordinário Constitucional com endereçamento ao Presidente do STJ. Como tese principal o candidato deve abordar, especialmente, descumprimento da regra prevista no art. 149 da Lei n. 8.812/90, causando nulidade do ato demissional.

Exercício n. 101

A peça que deve ser elaborada é Ação Anulatória (antiga "ação ordinária", atual "anulatória") com Tutela Antecipada endereçada ao Juiz Federal da Seção Judiciária. Como tese principal o candidato deve abordar, especialmente, descumprimento da regra prevista no art. 149 da Lei n. 8.812/90. Além disso, a ausência não se deu com a intenção de abandonar o cargo (art. 138 do Estatuto). Portanto, houve ilegalidade do ato demissional.

Exercício n. 102

A peça que deve ser elaborada é um "habeas data" com endereçamento ao Presidente do Superior Tribunal de Justiça. Como tese principal o candidato deve abordar, especialmente, a violação do direito constitucional à informação (art. 5º, XXXIII, da CF).

Parte 6

Repertório de questões discursivas

QUESTÕES DISCURSIVAS

1 – (OAB Nacional – FGV – XXI Exame) Mário, servidor público não estável, foi designado, sem auferir remuneração específica, para integrar comissão de licitação destinada a escolher a melhor proposta dentre as que as empresas especializadas viessem a apresentar para a execução de serviço de engenharia, consistente em assentar uma ciclovia. Encerrada a licitação, um terceiro representou à autoridade administrativa competente, denunciando que a comissão praticara ato de improbidade administrativa porque seus membros teriam induzido a contratação por preço superior ao de mercado, o que causa lesão ao erário.

Como assessor(a) jurídico(a) da autoridade, responda aos itens a seguir.

A) Mário pode ser considerado sujeito ativo de ato de improbidade administrativa? (Valor: 0,45)

B) Pela prática de ato de improbidade administrativa que causa prejuízo ao erário, ao juiz da ação de improbidade é dado, segundo a lei de regência, cumular as sanções de multa e de perda da função pública, afastando as demais aplicáveis à espécie? (Valor: 0,80)

2 – (OAB Nacional – FGV – XXI Exame) Após a edição do pertinente decreto declaratório da utilidade pública pela União, sociedade de economia mista federal, enquanto prestadora de serviço público, foi incumbida de promover a desapropriação de imóvel de Antônio. Para tanto, pretende promover tratativas com vistas a lograr a chamada desapropriação amigável ou tomar as medidas judiciais cabíveis para levar a efeito a intervenção do Estado na propriedade em foco.

Diante dessa situação hipotética, responda aos itens a seguir.

A) A sociedade de economia mista em questão pode ajuizar a ação de desapropriação? (Valor: 0,65)

B) Considerando que o mencionado decreto expropriatório foi publicado em 05/05/2016, analise se existe prazo para o eventual ajuizamento da ação de desapropriação. (Valor: 0,60)

3 – (OAB Nacional – FGV – XXI Exame) O Município Sigma contratou o arquiteto João da Silva, por inexigibilidade de licitação, para elaborar projeto básico de serviço de restauração em prédios tombados naquela localidade, cuja execução seria objeto de futura licitação. O mencionado projeto básico foi realizado por João da Silva e, ao final do certame para a seleção da proposta mais vantajosa para sua execução, sagrou-se vencedora a sociedade Bela Construção Ltda., da qual João da Silva é sócio.

A partir da hipótese apresentada, responda aos itens a seguir.

A) João poderia ter sido contratado sem a realização de procedimento licitatório para a elaboração de projeto básico? (Valor: 0,60)

B) A sociedade Bela Construção Ltda. poderia ter participado da licitação destinada à execução do projeto? (Valor: 0,65)

Obs.: o(a) examinando(a) deve fundamentar as respostas. A mera citação do dispositivo legal não confere pontuação.

4 – (OAB Nacional - FGV – XXI Exame) Maria construiu, de forma clandestina, um imóvel residencial em local de risco e, em razão disso, a vida de sua família e outros imóveis situados na região estão ameaçados. A autoridade municipal competente, por meio do devido processo administrativo, tomou as providências cabíveis para determinar e promover a demolição de tal construção, nos exatos termos da legislação local.

Diante dessa situação hipotética, responda aos itens a seguir.

A) Pode o Município determinar unilateralmente a obrigação demolitória? (Valor: 0,60)

B) Caso Maria não cumpra a obrigação imposta, o Município está obrigado a postular a demolição em Juízo? (Valor: 0,65)

5 – (OAB Nacional - FGV – XX Exame) O Município de Bugalhadas foi escolhido para sediar a Feira Mundial do Agronegócio, a ser realizada em 2016. São esperados mais de 10.000 (dez mil) turistas e visitantes nos 5 (cinco) dias de evento. O Município, entretanto, não está preparado, e, por isso, anunciou um grande pacote de obras de urbanização, com recursos repassados pela União e pelo Estado. Estão previstas obras de ampliação de ruas, asfaltamento, ampliação da rede coletora de esgotos, construção de praças e ciclovias, além da reforma do centro de convenções, que, somadas, alcançam o montante de R$ 90.000.000,00 (noventa milhões de reais).

Sobre a hipótese apresentada, responda aos itens a seguir.

A) É possível ao Município licitar a realização de todas as obras em conjunto? (Valor: 0,65)

B) Considerando a necessidade de conclusão das obras até a realização do evento, pode o Município estabelecer, como tipo de licitação, o menor prazo de execução da obra (considerando o orçamento estimado como limite de valor das propostas)? (Valor: 0,60)

6 – (OAB Nacional - FGV – XX Exame) A sociedade empresária "Mais Veloz", concessionária do serviço público de transporte ferroviário de passageiros no Estado X, está encontrando uma série de dificuldades na operação de um dos ramais do sistema ferroviário. Os consultores da sociedade empresária recomendaram aos seus administradores a manutenção da concessão, que é lucrativa, e a subconcessão do ramal que está gerando problemas. Os consultores, inclusive, indicaram o interesse de duas empresas em assumir a operação do ramal – e ambas atendem a todos os requisitos de qualificação que haviam sido inicialmente exigidos no edital de concessão do serviço.

Com base no caso apresentado, responda fundamentadamente.

A) Caso seja silente o contrato de concessão celebrado, pode haver a subconcessão do ramal que está gerando problemas operacionais? (Valor: 0,65)

B) Caso autorizada a subconcessão, a sociedade empresária "Mais Veloz" pode escolher livremente uma das duas empresas para celebrar o contrato de subconcessão? (Valor: 0,60)

7 – (OAB Nacional - FGV – XX Exame) José Maria, aprovado em concurso público para o cargo de Auditor Fiscal do Ministério da Fazenda, foi convocado a apresentar toda a sua documentação e os exames médicos necessários até o dia 13 de julho. Após a entrega dos documentos, José Maria foi colocado em treinamento, e, passadas duas semanas, iniciou o exercício de suas atividades funcionais, que consistiam no processamento de pedidos de parcelamento de débitos tributários. Ocorre que, meses depois, a Administração percebeu que José Maria não havia, formalmente, sido nomeado e nem assinado o termo de posse.

Responda, fundamentadamente, aos itens a seguir.

A) Os atos praticados por José Maria podem gerar efeitos em relação a terceiros? (Valor: 0,75)

B) A Administração pode exigir de José Maria a devolução dos valores por ele percebidos ao longo do tempo em que não esteve regularmente investido? (Valor: 0,50)

8 – (OAB Nacional – FGV – XIX Exame) Na estrutura administrativa do Estado do Maranhão, a autarquia Ômega é responsável pelo desempenho das funções estatais na proteção e defesa dos consumidores. Em operação de fiscalização realizada pela autarquia, constatou-se que uma fornecedora de bebidas realizou "maquiagem" em seus produtos, ou seja, alterou o tamanho e a forma das garrafas das bebidas que comercializava, para que os consumidores não percebessem que passaria a haver 5% menos bebida em cada garrafa. Após processo administrativo em que foi conferida ampla defesa à empresa, a autarquia lhe aplicou multa, por violação ao dever de informar os consumidores acerca da alteração de quantidade dos produtos. Na semana seguinte, a infração praticada pela empresa foi noticiada pelos meios de comunicação tradicionais, o que acarretou considerável diminuição nas suas vendas, levando-a a ajuizar ação indenizatória em face da autarquia. A empresa alega que a repercussão social dos fatos acabou gerando danos excessivos à sua imagem.

Diante das circunstâncias narradas, responda aos itens a seguir.

A) A autarquia Ômega, no exercício de suas atividades de proteção e defesa dos consumidores, possui o poder de aplicar multa à empresa de bebidas? (Valor: 0,60)

B) A autarquia deve reparar os danos sofridos pela redução de vendas dos produtos da empresa fiscalizada? (Valor: 0,65)

9 – (OAB Nacional – FGV – XIX Exame) A sociedade empresária Sigma sagrou-se vencedora da licitação para a concessão de serviço público, precedida da execução de obra pública, a saber, a construção de linha férrea unindo quatro municípios da Região Metropolitana do Estado do Pará e posterior exploração comercial da linha. No segundo ano da entrada em operação do serviço ferroviário, a empresa não pôde efetuar o reajuste da tarifa, com base no índice previsto no contrato, sob o argumento de que se tratava de um ano eleitoral.

Com base no caso apresentado, responda, fundamentadamente, aos itens a seguir.

A) A sociedade empresária Sigma pode, mediante notificação prévia, declarar a rescisão unilateral do contrato? Alternativamente, pode a empresa determinar a interrupção na prestação do serviço até a aprovação do reajuste pelo Estado? (Valor: 0,75)

B) Poderia ter sido previsto no referido contrato de concessão que eventuais conflitos decorrentes de sua execução seriam resolvidos por meio de arbitragem? (Valor: 0,50)

10 – (OAB Nacional – FGV – XIX Exame) A Secretaria de Saúde do Município de Muriaé-MG realizou procedimento licitatório na modalidade de concorrência, do tipo menor preço, para aquisição de insumos. Ao final do julgamento das propostas, observou-se que a microempresa Alfa havia apresentado preço 8% (oito por cento) superior em relação à proposta mais bem classificada, apresentada pela empresa Gama. Diante desse cenário, a Pasta da Saúde concedeu à microempresa Alfa a oportunidade de oferecer proposta de preço inferior àquela trazida pela empresa Gama. Valendo-se disso, assim o fez a microempresa Alfa, sendo em favor desta adjudicado o objeto do certame. Inconformada, a empresa Gama interpôs recurso, alegando, em síntese, a violação do princípio da isonomia, previsto no art. 37, XXI, da Constituição da República e no art. 3º, da Lei n. 8.666/1993.

Na qualidade de Assessor Jurídico da Secretaria de Saúde do Município de Muriaé-MG, utilizando-se de fundamentação e argumentos jurídicos, responda aos itens a seguir.

A) É juridicamente correto oferecer tal benefício para a microempresa Alfa? (Valor: 0,50)

B) Houve violação ao princípio da isonomia? (Valor: 0,75)

11 – (OAB Nacional – FGV – XIX Exame) A Lei federal n. 1.234 estabeleceu novas diretrizes para o ensino médio no país, determinando a inclusão de Direito Constitucional como disciplina obrigatória. Para regulamentar a aplicação da lei, o Presidente da República editou o Decreto n. 101, que, a fim de atender à nova exigência legal, impõe às escolas públicas e particulares a instituição de aulas de Direito Constitucional, de Direito Administrativo e de Noções de Defesa do Consumidor, no mínimo, de uma hora semanal por disciplina, com professores diferentes para cada uma.

Com base na hipótese apresentada, responda, fundamentadamente, aos itens a seguir.

A) Considerando o poder regulamentar, conferido à Administração Pública, de editar atos normativos gerais para complementar os comandos legislativos e permitir sua aplicação, é válido o Decreto n. 101, expedido pelo Chefe do Poder Executivo? (Valor: 0,75)

B) O ato expedido pelo Chefe do Poder Executivo está sujeito a controle pelo Poder Legislativo? (Valor: 0,50)

12 – (OAB Nacional – FGV – XVIII Exame) A União celebrou contrato de concessão de serviços públicos de transporte interestadual de passageiros, por ônibus do tipo leito, entre os Estados X e Y, na Região Nordeste do país, com a empresa Linha Verde. Ocorre que já existe concessão de serviço de transporte interestadual entre os Estados X e Y, por ônibus do tipo executivo (com ar condicionado e assentos individuais estofados, mas não do tipo leito), executada pela empresa Viagem Rápida.

Em virtude do novo contrato celebrado pela União, a empresa Viagem Rápida, concessionária do serviço por ônibus, do tipo executivo, entre os Estados X e Y, ingressou com demanda em Juízo, alegando que a celebração do novo contrato (com o estabelecimento de concorrência anteriormente inexistente) rompe seu equilíbrio econômico-financeiro, razão pela qual se impõe a exclusividade na exploração comercial daquela linha.

Com base no caso apresentado, responda, fundamentadamente, aos itens a seguir.

A) Procede a alegação da empresa Viagem Rápida de que se impõe a exclusividade na exploração comercial daquela linha? (Valor: 0,60)

B) Pode a União determinar alteração na linha que liga os Estados X e Y, impondo ao concessionário (empresa Viagem Rápida) um novo trajeto, mais longo e mais dispendioso? (Valor: 0,65)

Obs.: o examinando deve fundamentar suas respostas. A mera citação do dispositivo legal não confere pontuação.

13 – (OAB Nacional – FGV – XVIII Exame) O Estado X está realizando obras de duplicação de uma estrada. Para tanto, foi necessária a interdição de uma das faixas da pista, deixando apenas uma faixa livre para o trânsito de veículos. Apesar das placas sinalizando a interdição e dos letreiros luminosos instalados, Fulano de Tal, dirigindo em velocidade superior à permitida, distraiu-se em uma curva e colidiu com algumas máquinas instaladas na faixa interditada, causando danos ao seu veículo.

A partir do caso proposto, responda, fundamentadamente, aos itens a seguir.

A) Em nosso ordenamento, é admissível a responsabilidade civil do Estado por ato lícito? (Valor: 0,60)

B) Considerando o caso acima descrito, está configurada a responsabilidade objetiva do Estado X? (Valor: 0,65)

Obs.: o examinando deve fundamentar suas respostas. A mera citação do dispositivo legal não confere pontuação.

14 – (OAB Nacional – FGV – XVIII Exame) Tício é servidor público federal há 6 (seis) anos, e, durante todo esse tempo, sempre teve comportamento exemplar. Um dia, ao ser comunicado, pelo seu chefe imediato, que não poderia gozar férias no mês de dezembro, uma vez que dois colegas já estariam de férias no mesmo período, Tício exigiu que fosse aberta uma exceção, por ele ser o servidor mais antigo. Como a resposta foi negativa, Tício tornou-se agressivo, e, gritando palavrões, passou a ofender seu chefe até, finalmente, agredir com um soco um dos colegas servidores que presenciava a cena.

Com base no caso narrado, responda, fundamentadamente, aos itens a seguir.

A) Considerando que Tício não apresentou anteriormente qualquer problema, é possível a aplicação da penalidade de demissão pelo caso relatado? (Valor: 0,65)

B) Considerando que o ato foi presenciado por diversas testemunhas e pelo próprio chefe imediato de Tício, é possível dispensar a instauração de processo administrativo disciplinar, instaurando-se apenas a sindicância? (Valor: 0,60)

Obs.: o examinando deve fundamentar suas respostas. A mera citação do dispositivo legal não confere pontuação.

15 – (OAB Nacional – FGV – XVIII Exame) José da Silva, presidente de autarquia federal, admitiu servidores públicos sem o devido concurso público. O Ministério Público Federal ajuizou ação de improbidade em face de José da Silva, sob o fundamento de prática de ato de improbidade administrativa que atenta contra princípios da Administração Pública. Devidamente citado, José da Silva, por meio de seu advogado, apresentou contestação em que sustentou, em primeiro lugar, que houve mera irregularidade administrativa, sem configuração de ato de improbidade administrativa, ante a inexistência de dano ao erário ou de enriquecimento ilícito. Alegou, ainda, que os atos de improbidade estariam taxativamente discriminados na lei e não há nenhum dispositivo que expressamente afirme que a não realização de concurso público é ato de improbidade administrativa.

Levando em consideração a hipótese apresentada, responda, de forma justificada, aos itens a seguir.

A) É procedente a alegação de que houve mera irregularidade administrativa e não ato de improbidade administrativa? (Valor: 0,65)

B) É procedente a alegação de que a Lei de Improbidade Administrativa elenca taxativamente os atos de improbidade administrativa? (Valor: 0,60)

Obs.: o examinando deve fundamentar suas respostas. A mera citação do dispositivo legal não confere pontuação.

16 – (OAB Nacional – FGV – XVII Exame) O Estado W resolve criar um hospital de referência no tratamento de doenças de pele. Sem dis-por dos recursos necessários para a construção e a manutenção do "Hospital da Pele", pretende adotar o modelo de parceria público-privada.

O edital de licitação prevê que haverá a seleção dos particulares mediante licitação na modalidade de pregão presencial, em que será vencedor aquele que oferecer o menor valor da contraprestação a ser paga pela Administração estadual.

Está previsto também, no instrumento convocatório, que a Administração deverá, obrigatoriamente, deter 51% das ações ordinárias da sociedade de propósito específico a ser criada para implantar e gerir o objeto da parceria.

Esta cláusula do edital foi impugnada pela sociedade empresária XYZ, que pretende participar do certame.

Diante disso, responda, justificadamente, aos itens a seguir.

A) A modalidade e o tipo de licitação escolhidos pelo Estado W são juridicamente adequados? (Valor: 0,75)

B) A impugnação ao edital feita pela sociedade empresária XYZ procede? (Valor: 0,50)

Obs.: o examinando deve fundamentar suas respostas. A mera citação do dispositivo legal não confere pontuação.

17 – (OAB Nacional – FGV – XVII Exame) O Ministério X efetua a doação de um imóvel em área urbana extremamente valorizada, para que determinada agência de turismo da Europa construa a sua sede no Brasil. Meses depois, o Ministro revoga o ato de doação, ao fundamento de que ela era nula por não se enquadrar nas hipóteses legais de doação de bens públicos. A empresa pede a reconsideração da decisão, argumentando que não existe qualquer ilegalidade no ato.

Considerando a situação hipotética descrita acima, responda, justificadamente, aos itens a seguir.

A) Há, de fato, alguma ilegalidade na doação constante do enunciado? (Valor: 0,60)

B) É juridicamente correta a revogação da doação fundamentada na ilegalidade vislumbrada pelo Ministro? (Valor: 0,65)

Obs.: o examinando deve fundamentar suas respostas. A mera citação do dispositivo legal não confere pontuação.

18 – (OAB Nacional – FGV – XVII Exame) José, cidadão brasileiro que exercia o cargo de deputado estadual, foi condenado, em caráter definitivo, por improbidade administrativa, em julho de 2013. Com a condenação, os direitos políticos de José foram suspensos por cinco anos, embora ele tenha sempre afirmado ser inocente. Em outubro de 2013, ele ajuíza ação popular pleiteando a anulação da venda de uma série de imóveis públicos promovida pelo Governador, seu principal desafeto político, a quem culpa pelas denúncias que levaram à sua condenação.

Segundo o relato da inicial, a venda ocorreu abaixo do preço de mercado. Diante de tal situação, responda fundamentadamente:

A) José é parte legítima para a propositura da ação? (Valor: 0,75)

B) Eventuais compradores dos imóveis, na condição de particulares, podem ser afetados pela decisão da ação popular e, por isto, também devem figurar no polo passivo? (Valor: 0,50)

Obs.: o examinando deve fundamentar suas respostas. A mera citação do dispositivo legal não confere pontuação.

19 – (OAB Nacional – FGV – XVII Exame) A Assembleia Legislativa do Estado X aprovou projeto de lei que estabeleceu um aumento de 9,23% (nove vírgula vinte e três por cento) para os servidores de nível superior do Poder Judiciário. Após alguns dias de paralisação e ameaça de greve por parte dos servidores públicos estaduais, o Governador do Estado X editou o Decreto n. 1.234, por meio do qual concedeu, aos servidores de nível superior do Poder Executivo, o mesmo aumento e garantiu que, para os próximos anos, eles receberiam o mesmo percentual de reajuste anual concedido aos servidores do Poder Judiciário.

Com base na hipótese sugerida, responda, fundamentadamente, aos itens a seguir.

A) É possível a extensão, aos servidores do Poder Executivo, do mesmo aumento e dos mesmos percentuais de reajuste concedidos aos servidores do Poder Judiciário, por meio de Decreto Estadual? (Valor: 0,75)

B) É possível a extensão, mediante decisão judicial, do mesmo percentual de aumento aos servidores de nível médio do Poder Judiciário excluídos do alcance da lei recentemente aprovada? (Valor: 0,50)

Obs.: o examinando deve fundamentar suas respostas. A mera citação do dispositivo legal não confere pontuação.

20 – (OAB Nacional – FGV – XVI Exame) O Estado X e os Municípios A, B, C e D constituíram consórcio público, com personalidade jurídica de direito público, para a prestação de serviços conjuntos de abastecimento de água e esgotamento sanitário. Com base na situação apresentada, responda aos itens a seguir.

A) É possível a fixação de prazo de duração para o consórcio ou, ao contrário, a constituição de um consórcio público para prestação de serviços conjuntos pressupõe prazo indeterminado? (Valor: 0,40)

B) É possível ao Município C retirar-se do consórcio público? Nesse caso, os bens que transferiu ao consórcio retornam ao seu patrimônio? (Valor: 0,85) O examinando deve fundamentar suas respostas. A mera citação do dispositivo legal não será pontuada.

21 – (OAB Nacional – FGV – XVI Exame) O Estado ABCD contratou a sociedade empresária X para os serviços de limpeza e manutenção predial do Centro Administrativo Integrado, sede do Governo e de todas as Secretarias do Estado. Pelo contrato, a empresa fornece não apenas a mão de obra, mas também todo o material necessário, como, por exemplo, os produtos químicos de limpeza. O Estado deixou, nos últimos 4 (quatro) meses, de efetuar o pagamento, o que, inclusive, levou a empresa a inadimplir parte de suas obrigações comerciais. Com base no caso apresentado, responda aos itens a seguir.

A) A empresa é obrigada a manter a prestação dos serviços enquanto a Administração restar inadimplente? (Valor: 0,65)

B) Caso, em razão da situação acima descrita, a empresa tenha deixado de efetuar o pagamento aos seus fornecedores pelos produtos químicos adquiridos para a limpeza do Centro Administrativo, poderão esses fornecedores responsabilizar o Estado ABCD, subsidiariamente, pelas dívidas da empresa contratada? (Valor: 0,60)

O examinando deve fundamentar suas respostas. A mera citação do dispositivo legal não será pontuada.

22 – (OAB Nacional – FGV – XVI Exame) O Município M, em sérias dificuldades financeiras, pretende alienar alguns dos bens integrantes do seu patrimônio. Em recente avaliação, foi identificado que o Centro Administrativo do Município, que concentra todas as secretarias da Administração Municipal em uma área valorizada da cidade, seria o imóvel com maior potencial financeiro para venda. Com base no caso apresentado, responda aos itens a seguir.

A) É necessária licitação para a alienação do Centro Administrativo, caso se pretenda fazê-lo para o Estado X, que tem interesse no imóvel? (Valor: 0,65)

B) Caso o Município pretenda alugar um novo edifício, em uma área menos valorizada, é necessária prévia licitação? (Valor: 0,60) Responda justificadamente, empregando os argumentos jurídicos apropriados e a fundamentação legal pertinente ao caso.

23 – (OAB Nacional – FGV – XVI Exame) A Lei n. XX, de março de 2004, instituiu, para os servidores da autarquia federal ABCD, o adicional de conhecimento e qualificação, um acréscimo remuneratório a ser pago ao servidor que, comprovadamente, realizar curso de aperfeiçoamento profissional. Com esse incentivo, diversos servidores passaram a se inscrever em cursos e seminários e a ter deferido o pagamento do referido adicional, mediante apresentação dos respectivos certificados. Sobre a hipótese, responda aos itens a seguir.

A) A Administração efetuou, desde janeiro de 2006, enquadramento equivocado dos diplomas e certificados apresentados por seus servidores, pagando-lhes, por essa razão, um valor superior ao que lhes seria efetivamente devido. Poderá a Administração, em 2015, rever aqueles atos, reduzindo o valor do adicional pago aos servidores? (Valor: 0,60)

B) Francisco da Silva, servidor da autarquia, vem percebendo, há 6 (seis) anos o referido adicional, com base em um curso que, deliberadamente, não concluiu (fato que passou despercebido pela comissão de avaliação responsável, levada a erro por uma declaração falsa assinada pelo servidor). A Administração, percebendo o erro, poderá cobrar do servidor a devolução de todas as parcelas pagas de forma errada? (Valor: 0,65)

Responda justificadamente, empregando os argumentos jurídicos apropriados e a fundamentação legal pertinente ao caso.

24 – (OAB Nacional – FGV – XV Exame) A empresa ABC Engenharia de Pontes foi contratada pelo Município X, após licitação, para a construção de uma ponte de transposição de um rio, ligando dois diferentes bairros da cidade. O contrato tinha a duração de doze meses. A empresa, entretanto, atrasou o cronograma de execução da obra em virtude de uma longa greve dos caminhoneiros, que impediu o abastecimento dos insumos necessários à construção. A partir do caso apresentado, responda aos itens a seguir.

A) É possível a prorrogação do prazo de entrega da obra, nesse caso? Justifique.

B) Considerando que tenha havido, por conta de um fato superveniente e extraordinário, um aumento excepcional no preço dos insumos mais relevantes, será possível a revisão contratual? Justifique.

O examinando deve fundamentar suas respostas. A mera citação do dispositivo legal não confere pontuação.

25 – (OAB Nacional – FGV – XV Exame) Maria é filha da servidora pública federal Josefina, aposentada por invalidez em janeiro de 2013. Depois de uma briga com sua genitora, formula denúncia ao órgão federal competente, afirmando que sua mãe, na verdade, está apta para o exercício das funções inerentes ao seu cargo, o que se comprova mediante a verificação de que ela exerce semelhantes funções em um escritório privado desde fevereiro de 2013, quando se recuperou plenamente da doença. Depois de aberto o processo administrativo para fins de verificação de eventual erro na perícia médica e apuração da possibilidade de reversão ao serviço público ativo, o feito é encaminhado novamente ao mesmo médico, que retifica o laudo anterior, opinando pela possibilidade de a servidora ser mantida no serviço ativo, e remete o feito à autoridade superior para decisão. Antes da decisão final, Maria, já reconciliada com Josefina, formula pleito de desistência do processo administrativo, informando que, na verdade, contara inverdades sobre sua mãe e que esta é incapaz para o trabalho, tanto no serviço público quanto na iniciativa privada, juntando laudos médicos diversos, inclusive dos hospitais públicos em que sua mãe foi atendida. Diante de decisão fundamentada que determina o prosseguimento do processo, mesmo com a desistência da requerente, Maria interpõe recurso, argumentando que o processo não pode prosseguir diante da contrariedade da requerente e apontando a nulidade do processo pela participação do mesmo médico responsável pela primeira perícia. Com base no caso apresentado, responda, justificadamente, aos itens a seguir.

A) Foi regular o prosseguimento do processo após a desistência formulada por Maria?

B) Uma vez que a decisão se baseou no laudo do citado profissional, é procedente o argumento da nulidade do processo pela participação do médico em questão?

O examinando deve fundamentar suas respostas. A mera citação do dispositivo legal não confere pontuação.

26 – (OAB Nacional – FGV – XV Exame) Todas as Secretarias do Município XYZ têm sede no prédio do Centro de Administração Pública Municipal, na zona norte da cidade. Entretanto, tal edifício, além de muito antigo e em precário estado de conservação, já não comporta toda a estrutura da Administração Direta do Município. Por essa razão, diversas Secretarias já alocaram parte operacional de suas estruturas em outros endereços. Com base no exposto, responda, empregando os argumentos jurídicos apropriados e a fundamentação legal pertinente, aos itens a seguir.

A) Pode o Prefeito do Município XYZ, após licitação e sem nenhuma outra providência, alienar o prédio do Centro de Administração Pública Municipal?

B) Supondo que o prédio do Centro de Administração Pública Municipal seja guarnecido com obras de arte não relacionadas à atividade administrativa, podem esses bens públicos ser objeto de penhora?

O examinando deve fundamentar suas respostas. A mera citação do dispositivo legal não confere pontuação.

27 – (OAB Nacional – FGV – XV Exame) João, servidor público federal, ocupante do cargo de agente administrativo, foi aprovado em concurso público para emprego de técnico de informática, em sociedade de economia mista do Estado X. Além disso, João recebeu um convite de emprego para prestar serviços de manutenção de computadores na empresa de Alfredo. Com base no exposto, responda, fundamentadamente, aos itens a seguir.

A) É possível a cumulação do cargo técnico na Administração Federal com o emprego em sociedade de economia mista estadual? E com o emprego na iniciativa privada?

B) Caso João se aposente do cargo que ocupa na Administração Pública federal, poderá cumular a remuneração do emprego na empresa de Alfredo com os proventos de aposentadoria decorrentes do cargo de agente administrativo?

O examinando deve fundamentar suas respostas. A mera citação do dispositivo legal não confere pontuação

28 – (OAB Nacional – FGV – XIV Exame) No Governo Federal, a Casa Civil realizou pregão e, ao final, elaborou registro de preços para a contratação de serviço de manutenção dos computadores e impressoras, consolidando a ata de registro de preços (com validade de seis meses) em 02.10.2010. A própria Casa Civil será o órgão gestor do sistema de registro de preços, sendo todos os ministérios órgãos participantes. Em 07.02.2011, o Ministério "X" pretendeu realizar contratação de serviço de manutenção dos seus computadores no âmbito deste registro de preços, prevendo duração contratual de 1 (um) ano. Nesta situação, indicando o fundamento legal, responda aos itens a seguir.

A) É válida a elaboração de uma ata prevendo preço para a prestação de serviços e que permita futuras contratações sem novas licitações?

B) Um deputado integrante da oposição, constatando que os preços constantes da ata são 20% superiores aos praticados pelas três maiores empresas do setor, poderá impugnar a ata?

C) O Ministério "X" pode realizar a contratação pelo prazo desejado?

Obs.: a simples menção ou transcrição do dispositivo legal não pontua.

29 – (OAB Nacional – FGV – XIV Exame) O Estado "Y", mediante decreto, declarou como de utilidade pública, para fins de instituição de servidão administrativa, em favor da concessionária de serviço público "W", imóveis rurais necessários à construção de dutos subterrâneos para passagem de fios de transmissão de energia. A concessionária "W", de forma extrajudicial, conseguiu fazer acordo com diversos proprietários das áreas declaradas de utilidade pública, dentre eles, Caio, pagando o valor da indenização pela instituição da servidão por meio de contrato privado. Entretanto, após o pagamento da indenização a Caio, este não permitiu a entrada da concessionária "W" no imóvel para construção do duto subterrâneo, descumprindo o contrato firmado, o que levou a concessionária "W" a ingressar judicialmente com ação de instituição de servidão administrativa em face de Caio. Levando em consideração a hipótese apresentada, responda, de forma justificada, aos itens a seguir.

A) É possível a instituição de servidão administrativa pela via judicial?

B) Um concessionário de serviço público pode declarar um bem como de utilidade pública e executar os atos materiais necessários à instituição da servidão?

Obs.: a simples menção ou transcrição do dispositivo legal não pontua.

30 – (OAB Nacional – FGV – XIV Exame) Os municípios "X", "Y" e "Z", necessitando estabelecer uma efetiva fiscalização sanitária das atividades desenvolvidas por particulares em uma feira de produtos agrícolas realizada na interseção territorial dos referidos entes, resolvem celebrar um consórcio público, com a criação de uma associação pública. A referida associação, de modo a atuar com eficiência no seu mister, resolve delegar à Empresa ABCD a instalação e operação de sistema de câmeras e monitoramento da entrada e saída dos produtos. Diante da situação acima apresentada, responda aos itens a seguir.

A) Pode a associação pública aplicar multas e demais sanções pelo descumprimento das normas sanitárias estabelecidas pelos referidos entes "X", "Y" e "Z"?

B) É possível que a referida associação pública realize a delegação prevista para a empresa ABCD?

31 – (OAB Nacional – FGV – XIV Exame) As empresas "Frangão", "Quero Frango" e "Frangonne", que, juntas, detêm dois terços da produção nacional de aves para consumo, realizam um acordo para reduzir em 25% a comercialização de aves de festa (aves maiores, consumidas especialmente no Natal), de modo a elevar o seu preço pela diminuição da oferta (incrementando o lucro), bem como reduzir os estoques de frango comum, cujo consumo havia caído sensivelmente naquele ano. Às vésperas do Natal de 2009, as empresas são autuadas pelo órgão competente, pela prática de infração da ordem econômica. Em suas defesas, as três alegam que a Constituição consagra a liberdade econômica, de modo que elas poderiam produzir na quantidade que desejassem e se desejassem, não sendo obrigadas a manter um padrão mínimo de produção. Seis meses depois, os autos são remetidos ao julgador administrativo, que, diante do excessivo número de processos pendentes, somente consegue proferir a sua decisão em outubro de 2013. Em alegações finais, as empresas apontam a prescrição ocorrida. Sobre a situação dada, responda, fundamentadamente, aos itens a seguir.

A) A conduta das três empresas é lícita?

B) É procedente o argumento da prescrição?

32 – (OAB Nacional – FGV – XIII Exame) João prestou com sucesso concurso público para uma empresa pública federal e para uma autarquia estadual. Em ambos os casos, entretanto, o concurso público destinava-se à formação de cadastro de reserva, até porque, tanto na autarquia quanto na empresa pública, os quadros de pessoal estão completos. Diante do caso exposto, empregando os argumentos jurídicos apropriados e a fundamentação legal pertinente, responda aos itens a seguir.

A) Para a criação de novas vagas naqueles entes (empresa pública e autarquia), é necessária a edição de lei ou é admitida a criação por outras formas, indistintamente?

B) O cargo e o emprego pretendidos por João estão alcançados pelo teto remuneratório constitucional?

A simples menção ou transcrição do dispositivo legal não pontua.

33 – (OAB Nacional – FGV – XIII Exame) No curso de obra pública de ampliação da malha rodoviária, adequadamente licitada pela Administração Pública, verifica-se situação superveniente e excepcional, na qual se constata a necessidade de realização de desvio de percurso, que representa aumento quantitativo da obra.

Diante do caso exposto, empregando os argumentos jurídicos apropriados e a fundamentação legal pertinente, responda aos itens a seguir.

A) É possível que a Administração Pública exija o cumprimento do contrato pelo particular com a elaboração de termo aditivo, mesmo contra a sua vontade?

B) Em havendo concordância entre o particular, vencedor da licitação, e a Administração Pública, há limite para o aumento quantitativo do objeto do contrato?

A simples menção ou transcrição do dispositivo legal não pontua.

34 – (OAB Nacional – FGV – XIII Exame) Após várias denúncias de que o servidor "X", lotado em um órgão da Administração Federal direta, vinha faltando ao serviço e fraudando a sua folha de frequência, "A", chefe do seu departamento, determina a instauração de processo administrativo disciplinar. A Comissão nomeada, ao final dos trabalhos de apuração, concluiu que o servidor, de fato, vinha se ausentando de forma injustificada do serviço uma vez por semana. Contudo, ignorou documento que comprovava que o referido servidor, ao menos em duas ocasiões, fraudou a sua folha de frequência, razão pela qual opinou pela aplicação da penalidade de suspensão por 5 (cinco) dias. Diante do exposto, responda, fundamentadamente, aos itens a seguir.

A) Pode ser instaurado processo administrativo disciplinar sem a prévia abertura de sindicância?

B) Pode a autoridade competente para aplicação da pena determinar que o referido servidor seja demitido?

A simples menção ou transcrição do dispositivo legal não pontua.

35 – (OAB Nacional – FGV – XIII Exame) O município de Balinhas, com o objetivo de melhorar a circulação urbana para a Copa do Mundo a ser realizada no país, elabora novo plano viário para a cidade, prevendo a construção de elevados e vias expressas. Para alcançar este objetivo, em especial a construção do viaduto "Taça do Mundo", interdita uma rua ao tráfego de veículos, já que ela seria usada como canteiro para as obras. Diante dessa situação, os moradores de um edifício localizado na rua interditada, que também possuía saída para outro logradouro, ajuízam ação contra a Prefeitura, argumentando que agora gastam mais 10 minutos diariamente para entrar e sair do prédio, e postulando uma indenização pelos transtornos causados. Também ajuíza ação contra o município o proprietário de uma oficina mecânica localizada na rua interditada, sob o fundamento de que a clientela não consegue mais chegar ao seu estabelecimento. O município contesta, afirmando não ser devida indenização por atos lícitos da Administração. Acerca da viabilidade jurídica dos referidos pleitos, responda aos itens a seguir, empregando os argumentos jurídicos apropriados.

A) Atos lícitos da Administração podem gerar o dever de indenizar?

B) É cabível indenização aos moradores do edifício?

C) É cabível indenização ao empresário?

36 – (OAB Nacional – FGV – XII Exame) José está inscrito em concurso público para o cargo de assistente administrativo da Administração Pública direta do Estado de Roraima. Após a realização das provas, ele foi aprovado para a fase final do certame, que previa, além da apresentação de documentos, exames médicos e psicológicos. A lista dos candidatos aprovados e o prazo para a apresentação dos documentos pessoais e para a realização dos exames médicos e psicológicos foram publicados no Diário Oficial do Poder Executivo do Estado de Roraima após 1 (um) ano da realização das provas; assim como foram veiculados através do site da Internet da Administração Pública direta do Estado, tal como previsto no respectivo edital do concurso. Entretanto, José reside em município localizado no interior do Estado de Roraima, onde não circula o Diário Oficial e que, por questões geográficas, não é provido de Internet. Por tais razões, José perde os prazos para o cumprimento da apresentação de documentos e dos exames médicos e psicológicos e só toma conhecimento da situação quando resolve entrar em contato telefônico com a secretaria do concurso. Insatisfeito, José procura um advogado para ingressar com um Mandado de Segurança contra a ausência de intimação específica e pessoal quando de sua aprovação e dos prazos pertinentes à fase final do concurso. Na qualidade de advogado de José, indique os argumentos jurídicos a serem utilizados nessa ação judicial.

37 – (OAB Nacional – FGV – XII Exame) Determinada Sociedade de Economia Mista federal, exploradora de atividade econômica, é objeto de controle pelo Tribunal de Contas da União, o qual verifica, em tomada de contas especial, que há editais de licitação da estatal que contêm critérios de julgamento inadequados. Sobre o caso, empregando os argumentos jurídicos apropriados e a fundamentação legal pertinente, responda aos itens a seguir.

A) Uma sociedade de economia mista que explora atividade econômica pode ser submetida ao controle do Tribunal de Contas? (Valor: 0,60)

B) O Tribunal de Contas pode determinar a aplicação de critérios que entenda mais adequados, para o julgamento de licitações? (Valor: 0,65)

Obs.: a simples menção ou transcrição do dispositivo legal não pontua.

38 – (OAB Nacional – FGV – XII Exame) Determinado estado da Federação celebra contrato de concessão de serviço metroviário pelo prazo de 20 anos com a empresa Vá de Trem S.A. Nos termos do referido contrato, a empresa tem a obrigação de adquirir 2 (dois) novos vagões, além de modernizar os já existentes, e que tais bens serão, imediatamente, transferidos para o Poder Público ao fim do termo contratual. Sobre o caso acima narrado, responda, fundamentadamente, os itens a seguir.

A) Qual o princípio setorial que fundamenta a reversão de tais bens? Justifique.

B) O concessionário pode exigir do Poder Concedente indenização pela transferência de tais bens ao Poder Público ao final do contrato? Justifique. (Valor: 0,60)

"A simples menção ou transcrição do dispositivo legal não pontua."

39 – (OAB Nacional – FGV – XII Exame) O Prefeito do Município XYZ desapropriou um sítio particular para instalação de um novo centro de atendimento médico de emergência. Entretanto, antes do início das obras, o Estado ABC anunciou que o Município XYZ receberá um novo Hospital Estadual de Atendimento Médico Emergencial. Responda, fundamentadamente, aos itens a seguir.

A) O Município pode desistir da construção do centro de atendimento médico e destinar a área desapropriada à construção de uma escola?

B) Com o anúncio feito pelo Estado, o antigo proprietário do sítio desapropriado pode requerer o retorno da área à sua propriedade, mediante devolução do valor da indenização?

"A simples menção ou transcrição do dispositivo legal não pontua."

40 – (OAB Nacional – FGV – XI Exame) João, comerciante experimentado, fundado na livre-iniciativa, resolve pedir à administração do município "Y" que lhe outorgue o competente ato para instalação de uma banca de jornal na calçada de uma rua. Considerando a situação narrada, indaga-se:

A) Pode o Município "Y" se negar a outorgar o ato, alegando que considera desnecessária a referida instalação? Fundamente.

B) Pode o município "Y", após a outorga, rever o ato e o revogar? Neste caso é devida indenização a João? Fundamente.

C) Caso o ato de outorga previsse prazo para a duração da utilização do espaço público, seria devida indenização se o Poder Público resolvesse cancelar o ato de outorga antes do prazo? Fundamente.

A simples menção ou transcrição do dispositivo legal não pontua.

41 – (OAB Nacional – FGV – XI Exame) O prefeito do município "A", buscando aumentar o turismo na festa de Ano Novo de sua cidade, decidiu contratar músicos renomados e uma agência de publicidade para realizar a propaganda do evento, procedendo de referidas contratações diretamente, sem proceder à realização de licitação.

Com base no caso acima, responda fundamentadamente, aos itens a seguir.

A) Pode o prefeito realizar as referidas contratações sem licitação? Sob qual fundamento legal?

B) Pode o administrador realizar contratação direta em casos que não estejam taxativamente arrolados na lei de licitações?

A simples menção ou transcrição do dispositivo legal não pontua.

42 – (OAB Nacional – FGV – XI Exame) O Governador do Estado "N", verificando que muitos dos Secretários de seu Estado pediram exoneração por conta da baixa remuneração, expede decreto, criando gratificação por tempo de serviço para os Secretários, de modo que, a cada ano no cargo, o Secretário receberia mais 2%. Dois anos depois, o Ministério Público, por meio de ação própria, aponta a nulidade do Decreto e postula a redução da remuneração aos patamares anteriores. Diante deste caso, responda aos itens a seguir.

A) É juridicamente válida a criação da gratificação?

B) À luz do princípio da irredutibilidade dos vencimentos, é juridicamente possível a redução do total pago aos Secretários de Estado, como requerido pelo Ministério Público?

A simples menção ou transcrição do dispositivo legal não pontua.

43 – (OAB Nacional – FGV – XI Exame) Para a concessão da prestação de um determinado serviço público através de parceria público-privada na modalidade patrocinada, o Estado X, após realizar tomada de preços, celebrou contrato com um particular no valor de R$ 25.000.000,00 (vinte e cinco milhões de reais), com prazo de vigência de 40 (quarenta) anos, a fim de permitir que o particular amortizasse os investimentos realizados. Diante das circunstâncias apresentadas, é válida a contratação realizada?

Responda justificadamente, empregando os argumentos jurídicos apropriados e a fundamentação legal pertinente ao caso. A simples menção ou transcrição do dispositivo legal não pontua.

44 – (OAB Nacional – FGV – X Exame) Durante o ano de 2010, o Município "T" concedeu subvenção social à Associação "S" para a instalação de projetos de assistência social para crianças com até seis anos de idade, totalizando o valor de R$ 300.000,00 (trezentos mil reais). Ao final do exercício, foi encaminhada ao competente Tribunal de Contas do Estado (TCE) a prestação de contas dos recursos subvencionados. Em sua análise, o TCE detectou algumas irregularidades e, após o devido processo legal, oportunizando o contraditório e a ampla defesa aos interessados, imputou débito de R$ 150.000,00 (cento e cinquenta mil reais) ao Prefeito responsável pela concessão da subvenção e, solidariamente, à entidade subvencionada. Considerando a situação hipotética apresentada, responda aos questionamentos a seguir, empregando os argumentos jurídicos apropriados e a fundamentação legal pertinente ao caso.

A) É juridicamente possível ao TCE, na análise da referida prestação de contas, imputar o débito à entidade privada?

B) Qual a natureza jurídica da decisão do TCE que resultou em imputação de débito por dano causado ao erário?

A simples menção ou transcrição do dispositivo legal não pontua.

45 – (OAB Nacional – FGV – X Exame) Maria, jovem integrante da alta sociedade paulistana, apesar de não trabalhar, reside há dois anos em um dos bairros nobres da capital paulista, visto que recebe do Estado de São Paulo pensionamento mensal decorrente da morte de seu pai, ex-servidor público. Ocorre que, após voltar de viagem ao exterior, foi surpreendida com a suspensão do pagamento da referida pensão, em razão de determinação judicial. Em razão disso, deixou de pagar a conta de luz de sua casa por dois meses consecutivos o que acarretou, após a prévia notificação pela concessionária prestadora do serviço público, o corte do fornecimento de luz em sua residência. Considerando a narrativa fática acima, responda aos itens a seguir, empregando os argumentos jurídicos apropriados e a fundamentação legal pertinente ao caso.

A) À luz dos princípios da continuidade e do equilíbrio econômico-financeiro do contrato de concessão de serviço público, é lícito o corte de luz realizado pela concessionária?

B) O Código de Defesa do Consumidor pode ser aplicado irrestritamente à relação entre usuários e prestadores de serviços públicos?

A simples menção ou transcrição do dispositivo legal não pontua.

46 – (OAB Nacional – FGV – X Exame) O município "X", tendo desapropriado um imóvel para a instalação da sede da prefeitura e, necessitando realizar obras de reparo no prédio, instala em terreno contíguo, de propriedade de Mário, o canteiro de obra necessário a realização dos reparos. Considerando apenas os fatos descritos acima, responda aos itens a seguir.

A) Qual é a figura de intervenção utilizada pelo Município e quais são suas características? (valor: 0,65)

B) Nesse caso, é devida alguma indenização? Indique o fundamento legal. (valor: 0,60)

A simples menção ou transcrição do dispositivo legal não pontua.

47 – (OAB Nacional – FGV – X Exame) Determinado Estado da Federação celebra contrato de parceria público-privada (PPP) patrocinada para a reforma e administração de área portuária. Estipulou-se no contrato que o parceiro privado será responsável pela construção de galpões de armazenamento de bens, com conclusão prevista para cinco anos após a celebração do contrato, e posterior prestação do serviço público. Também se estabeleceu que a sua remuneração dar-se-á de forma imediata pelo Poder Público e após o término das obras pelos usuários do serviço público, previsão admitida pela lei estadual sobre as PPPs. Sobre a hipótese, responda aos itens a seguir.

A) Tendo em vista que a Lei n. 11.079/2004 é aplicável a todos os entes da Federação (Art. 1º, parágrafo único), é válida a lei estadual que trate de parcerias público-privadas?

B) É possível a remuneração do parceiro privado nos moldes acima descritos?

A simples menção ou transcrição do dispositivo legal não pontua.

48 – (OAB Nacional – FGV – IX Exame) O Presidente da República, inconformado com o número de servidores públicos na área da saúde que responde a processo administrativo disciplinar, resolve colocar tais servidores em disponibilidade e, para tanto, edita decreto extinguindo os respectivos cargos. Considerando a hipótese apresentada, empregando os argumentos jurídicos apropriados e a fundamentação legal pertinente ao caso, responda aos itens a seguir.

A) A extinção de cargos públicos, por meio de decreto, está juridicamente correta? Justifique.

B) É juridicamente correta a decisão do Presidente da República de colocar os servidores em disponibilidade?

C) Durante a disponibilidade, os servidores públicos percebem remuneração?

49 – (OAB Nacional – FGV – IX Exame) João inscreveu-se em concurso público para o provimento de cargo cujo exercício pressupõe a titulação de nível superior completo. Após aprovação na prova de conhecimentos gerais (1ª fase), João foi impedido de realizar as provas de conhecimentos específicos e a prova oral por não ter apresentado o diploma de nível superior logo após a aprovação na 1ª fase do certame, tal como exigido no instrumento convocatório e, em razão disso, eliminado do concurso. Sabendo-se que o edital do concurso foi publicado em 13 de janeiro de 2011 e que a eliminação de João foi divulgada em 17 de maio do mesmo ano, responda, empregando os argumentos jurídicos apropriados e a fundamentação legal pertinente ao caso, aos seguintes quesitos.

A) A impetração de Mandado de Segurança seria via processual adequada para impugnar a eliminação de João do certame?

B) Qual fundamento poderia ser invocado por João para obter judicialmente o direito de prosseguir no concurso e participar das fases subsequentes?

50 – (OAB Nacional – FGV – IX Exame) Luiz foi secretário de assistência social do Estado "X" durante cinco anos e acaba de ser cientificado de que o Ministério Público Estadual ajuizou, contra ele, uma ação de improbidade administrativa por ter celebrado contrato, indevidamente rotulado de convênio, sem a observância do devido procedimento licitatório. Luiz argumenta que não houve, de sua parte, má-fé ou intenção de fraudar o procedimento licitatório. Além disso, comprova que adotou todas as medidas de cautela que poderiam ser razoavelmente exigidas de um administrador público antes de celebrar o ajuste. Por fim, informa que o Tribunal de Contas do Estado (TCE) competente teria aprovado as contas que prestou na qualidade de ordenador de despesas, não identificando qualquer dano ao erário. Considerando a hipótese apresentada, responda, empregando os argumentos jurídicos apropriados e a fundamentação legal pertinente ao caso, aos itens a seguir.

(A) O argumento de Luiz, ao pretender afastar a improbidade administrativa sob o fundamento de que não teria agido com a intenção de fraudar o procedimento licitatório, deve prevalecer?

(B) O argumento de Luiz, ao pretender descaracterizar o ato de improbidade administrativa invocando a aprovação de suas contas pelo TCE, deve prevalecer?

51 – (OAB Nacional – FGV – IX Exame) O proprietário de um terreno passou dois anos sem ir até sua propriedade. Após esse período, ao visitar o local, constata que, em seu terreno, foi construída uma escola municipal que, àquela altura, já se encontra em pleno funcionamento.

Com base no relatado acima, com o emprego dos argumentos jurídicos apropriados e a fundamentação legal pertinente ao caso, responda aos itens a seguir.

A) Indique e conceitue o fato administrativo tratado no caso apresentado.

B) Diante do ocorrido, que medida o proprietário do terreno pode tomar?

52 – (OAB Nacional – FGV – VIII Exame) Uma determinada microempresa de gêneros alimentícios explora seu estabelecimento comercial, por meio de contrato de locação não residencial, fixado pelo prazo de 10 (dez) anos, com término em abril de 2011. Entretanto, em maio do ano de 2009, a referida empresa recebe uma notificação do Poder Público municipal com a ordem de que deveria desocupar o imóvel no prazo de 3 (três) meses a partir do recebimento da citada notificação, sob pena de imissão na posse a ser realizada pelo Poder Público do município. Após o término do prazo concedido, agentes públicos municipais compareceram ao imóvel e avisaram que a imissão na posse pelo Poder Público iria ocorrer em uma semana. Desesperado com a situação, o presidente da sociedade empresária resolve entrar em contato imediato com o proprietário do imóvel, um fazendeiro da região, que lhe informa que já recebeu o valor da indenização por parte do Município, por meio de acordo administrativo celebrado um mês após o decreto expropriatório editado pelo Senhor Prefeito. Indignado, o presidente da sociedade resolve ajuizar uma ação judicial em face do Município, com o objetivo de manter a vigência do contrato até o prazo de seu término, estipulado no respectivo contrato de locação comercial, ou seja, abril de 2011; e, de forma subsidiária, uma indenização pelos danos que lhe foram causados. A partir da narrativa fática descrita acima, responda aos itens a seguir, utilizando os argumentos jurídicos apropriados e a fundamentação legal pertinente ao caso.

A) É juridicamente correta a pretensão do locatário (microempresa) de impor ao Poder Público a manutenção da vigência do contrato de locação até o seu termo final?

B) Levando-se em consideração o acordo administrativo realizado com o proprietário do imóvel, é juridicamente correta a pretensão do locatário (microempresa) em requerer ao Poder Público municipal indenização pelos danos causados?

53 – (OAB Nacional – FGV – VIII Exame) O prefeito do município "P", conhecido como João do "P", determinou que, em todas as placas de inauguração das novas vias municipais pavimentadas em seu mandato na localidade denominada "E", fosse colocada a seguinte homenagem: "À minha querida e amada comunidade "E", um presente especial e exclusivo do João do "P", o único que sempre agiu em favor de nosso povo!". O Ministério Público estadual intimou o Prefeito a fim de esclarecer a questão. Na qualidade de procurador do município, você é consultado pelo Prefeito, que insiste em manter a situação. Indique o princípio da Administração Pública que foi violado e por que motivo. (valor: 1,25)

54 – (OAB Nacional – FGV – VIII Exame) O prefeito do município "X", ao tomar posse, descobriu que diversos servidores públicos vinham recebendo de boa-fé, há mais de dez anos, verbas remuneratórias ilegais e indevidas. Diante de tal situação, o prefeito, após oportunizar o contraditório e a ampla defesa aos servidores, pretende anular o ato concessivo do referido benefício. Antes, porém, resolve consultar seu assessor jurídico, formulando algumas indagações. Responda aos itens a seguir, utilizando os argumentos jurídicos apropriados e a fundamentação legal pertinente ao caso.

A) É juridicamente correta a pretensão do prefeito, considerando, hipoteticamente, não existir no município legislação disciplinadora do processo administrativo?

B) Diante da ausência de legislação local, poder-se-ia aplicar à hipótese a Lei Federal n. 9.784/99, que regula o processo administrativo no âmbito federal?

55 – (OAB Nacional – FGV – VIII Exame) A União pretende delegar à iniciativa privada, mediante licitação, poderes de polícia administrativa na fiscalização de portos e aeroportos nacionais, compreendendo a edição de normas básicas, a fiscalização de passageiros e de mercadorias e a aplicação de sanções. Para tanto, formatou um modelo a partir do qual o vencedor do certame será definido pelo menor valor cobrado da Administração Pública para a prestação do serviço de fiscalização. A respeito da situação apresentada, responda, fundamentadamente, aos itens a seguir.

A) É possível a delegação, nesse caso?

B) É possível a delegação a uma autarquia criada para essa finalidade?

56 – (OAB Nacional – FGV – VII Exame) O Estado X ajuizou ação de reintegração de posse em face de Caio, servidor público que, na qualidade de vigia de uma escola pública estadual, reside em uma pequena casa nos fundos do referido imóvel público e, embora devidamente notificado para desocupar o bem, recusou-se a fazê-lo. Em sua defesa, Caio alega (i) que reside no imóvel com a anuência verbal do Poder Público e (ii) que a sua boa-fé, associada ao decurso de mais de quinze anos de ocupação do bem sem qualquer oposição, lhe asseguram a usucapião do imóvel.

Considerando a situação hipotética apresentada, analise os dois fundamentos deduzidos por Caio em sua defesa, empregando os argumentos jurídicos apropriados e a fundamentação legal pertinente ao caso.

57 – (OAB Nacional – FGV – VII Exame) A Secretaria estadual de Esportes do Estado ABC realiza certame licitatório para a seleção de prestadora de serviço de limpeza predial na sua sede. A vencedora do processo licitatório foi a empresa XYZ. Decorridos 10 (dez) meses, diante do que a Secretaria reputou como infrações por parte da empresa, foi instaurada comissão de instrução e julgamento composta por três servidores de carreira e, após processo administrativo, em que foram garantidos o contraditório e a ampla defesa, a empresa XYZ foi punida pela Comissão com a declaração de inidoneidade para contratar com a Administração Pública. A empresa, então, ajuizou ação ordinária (atual "anulatória") por meio da qual pretende anular o ato administrativo que aplicou aquela sanção, arguindo a ausência de tipificação da conduta como ato infracional, a não observância da aplicação de uma penalidade mais leve antes de uma mais grave e a não observância de todas as formalidades legais para a incidência da punição. Considerando o fato apresentado acima, responda, de forma justificada, aos itens a seguir.

A) É possível a anulação do ato administrativo que aplicou a penalidade, tendo em vista a não observância da aplicação de uma penalidade mais leve antes de uma mais grave?

B) É possível ao Judiciário anular o ato administrativo por algum dos fundamentos apontados pela empresa? Em caso afirmativo, indique-o.

58 – (OAB Nacional – FGV – VII Exame) O Governador do Estado X, após a aprovação da Assembleia Legislativa, nomeou o renomado cardiologista João das Neves, ex-presidente do Conselho Federal de Medicina e seu amigo de longa data, para uma das diretorias da Agência Reguladora de Transportes Públicos

Concedidos de seu Estado. Ocorre que, alguns meses depois da nomeação, João das Neves e o Governador tiveram um grave desentendimento acerca da conveniência e oportunidade da edição de determinada norma expedida pela agência. Alegando a total perda de confiança no dirigente João das Neves e, após o aval da Assembleia Legislativa, o governador exonerou-o do referido cargo. Considerando a narrativa fática acima, responda aos itens a seguir, empregando os argumentos jurídicos apropriados e apresentando a fundamentação legal pertinente ao caso.

A) À luz do Poder Discricionário e do regime jurídico aplicável às Agências Reguladoras, foi juridicamente correta a nomeação de João das Neves para ocupar o referido cargo?

B) Foi correta a decisão do governador em exonerar João das Neves, com aval da Assembleia Legislativa, em razão da quebra de confiança?

59 – (OAB Nacional – FGV – VII Exame) Recentemente, 3 (três) entidades privadas sem fins lucrativos do Município ABCD, que atuam na defesa, preservação e conservação do meio ambiente, foram qualificadas pelo Ministério da Justiça como Organização da Sociedade Civil de Interesse Público. Buscando obter ajuda financeira do Poder Público para financiar parte de seus projetos, as 3 (três) entidades apresentaram requerimento à autoridade competente, expressando seu desejo de firmar um termo de parceria. Considerando a narrativa fática acima, responda aos itens a seguir, empregando os argumentos jurídicos apropriados e apresentando a fundamentação legal pertinente ao caso.

A) O poder público deverá realizar procedimento licitatório (Lei n. 8.666/93) para definir com qual entidade privada irá formalizar termo de parceria?

B) Após a celebração do termo de parceria, caso a entidade privada necessite contratar pessoal para a execução de seus projetos, faz-se necessária a realização de concurso público?

60 – (OAB Nacional – FGV – VI Exame) O Estado XPTO realizou procedimento licitatório, na modalidade concorrência, visando à aquisição de 500 (quinhentas) motocicletas para equipar a estrutura da Polícia Militar. Logo após a abertura das propostas de preço, o Secretário de Segurança Pública do referido Estado, responsável pela licitação, resolve revogá-la, por ter tomado conhecimento de que uma grande empresa do ramo não teria tido tempo de reunir a documentação hábil para participar da concorrência e que, em futura licitação, assumiria o compromisso de participar e propor preços inferiores aos já apresentados no certame em andamento. Considerando a narrativa fática acima, responda aos itens a seguir, empregando os argumentos jurídicos apropriados e a fundamentação legal pertinente ao caso.

A) À luz dos princípios que regem a atividade administrativa, é juridicamente correta a decisão do Secretário de Segurança de revogar a licitação?

B) Quais são os requisitos para revogação de uma licitação?

C) Em se materializando a revogação, caberia indenização aos licitantes que participaram do procedimento revogado?

61 – (OAB Nacional – FGV – VI Exame) O Estado X lançou edital de concorrência para concessão, pelo prazo de 10 (dez) anos, do serviço de manutenção de importante rodovia estadual. O edital estabelece que o critério de julgamento das propostas será o menor valor da tarifa e prevê, como forma de favorecer a modicidade tarifária, a possibilidade de o concessionário explorar os painéis publicitários localizados ao longo da rodovia. Além disso, o edital também estabelece que os envelopes contendo os documentos de habilitação dos licitantes apenas serão abertos após a fase de julgamento das propostas e com a observância da ordem de classificação, de forma que, habilitado o licitante mais bem classificado, será ele declarado vencedor. Considerando as previsões editalícias acima referidas, responda aos questionamentos a seguir formulados, empregando os argumentos jurídicos apropriados e a fundamentação legal pertinente ao caso.

A) É juridicamente possível que o edital de concorrência estabeleça, em favor do concessionário, a exploração dos painéis publicitários localizados ao longo da rodovia?

B) É juridicamente possível que a fase de habilitação somente ocorra em momento posterior à fase de classificação das propostas?

62 – (OAB Nacional – FGV – VI Exame) Ao assumir a presidência de uma importante autarquia estadual, Tício determinou a realização de uma auditoria em todo o patrimônio da entidade. Ao final dos trabalhos da comissão de auditoria, chamou a atenção de Tício a enorme quantidade de bens móveis catalogados, no relatório final de auditoria, como inservíveis para a administração. Considerando a situação hipotética narrada, responda aos seguintes questionamentos, empregando os argumentos apropriados e a fundamentação legal pertinente ao caso.

A) Qual a natureza jurídica dos bens pertencentes à autarquia?

B) Como deverá proceder Tício caso resolva alienar os bens móveis catalogados como inservíveis para a administração?

63 – (OAB Nacional – FGV – VI Exame) Tício, motorista de uma empresa concessionária de serviço público de transporte de passageiros, comete uma infração de trânsito e causa danos a passageiros que estavam no coletivo e também a um pedestre que atravessava a rua. Considerando a situação hipotética narrada, responda aos itens a seguir, empregando os argumentos jurídicos apropriados e a fundamentação legal pertinente ao caso.

A) Qual(is) a(s) teoria(s) que rege(m) a responsabilidade civil da empresa frente aos passageiros usuários do serviço e frente ao pedestre, à luz da atual jurisprudência do Supremo Tribunal Federal?

B) Poderiam as vítimas responsabilizar direta e exclusivamente o Estado (Poder Concedente) pelos danos sofridos?

64 – (OAB Nacional – FGV – V Exame) Liviana, moradora do Município de Trás dos Montes, andava com sua bicicleta em uma via que não possui acostamento, próxima ao centro da cidade, quando, de forma repentina, foi atingida por um ônibus de uma empresa concessionária de serviços públicos de transportes municipais. Após o acidente, Liviana teve as duas pernas quebradas e ficou em casa, sem trabalhar, em gozo de auxílio-doença, por cerca de dois meses. Então, resolveu procurar um advogado para ajuizar ação de responsabilidade civil em face da empresa concessionária de serviços públicos. Qual é o fundamento jurídico e o embasamento legal da responsabilidade civil da empresa concessionária, considerando o fato de que Liviana se enquadrava na qualidade de terceiro em relação ao contrato de transporte municipal, no momento do acidente?

65 – (OAB Nacional – FGV – V Exame) O governador de determinado Estado da Federação, comprometido com a recuperação do sistema penitenciário estadual, decide lançar edital de licitação para a contratação de uma parceria público-privada tendo por objeto a construção e a gestão de complexo penal, abrangendo a execução de serviços assistenciais (recreação, educação e assistência social e religiosa), de hospedaria e de fornecimento de bens aos presos (alimentação e produtos de higiene). O edital de licitação estima o valor do contrato em R$ 28.000.000,00 (vinte e oito milhões de reais) e estabelece o prazo de quinze anos para a concessão. Com base nesse cenário, responda aos itens a seguir, empregando os argumentos jurídicos apropriados e a fundamentação legal pertinente ao caso.

A) Analise a juridicidade do projeto à luz do valor estimado do contrato e do prazo de concessão.

B) É juridicamente possível que o contrato de parceria público-privada contemple, além dos serviços descritos no enunciado, a delegação das funções de direção e coerção na esfera prisional?

66 – (OAB Nacional – FGV – V Exame) Um órgão da Administração Pública Federal lançou edital de concorrência para execução de obra pública. Logo após sua publicação, uma empresa interessada em participar do certame formulou representação ao Tribunal de Contas da União (TCU) noticiando a existência de cláusulas editalícias restritivas da competitividade. O TCU, então, solicitou para exame cópia do edital de licitação já publicado e, ao apreciá-lo, determinou a retificação do instrumento convocatório. Cumprida a determinação e regularizado o edital, realizou-se a licitação, e o contrato foi celebrado com o licitante vencedor. Entretanto, durante a execução da obra, o TCU recebeu denúncia de superfaturamento e deliberou pela sustação do contrato, comunicando o fato ao Congresso Nacional. Considerando a situação hipotética narrada, responda aos itens a seguir, empregando os argumentos jurídicos apropriados e a fundamentação legal pertinente ao caso.

A) Foi juridicamente correta a atuação do TCU ao solicitar para exame o edital de licitação publicado?

B) O TCU tem competência para sustar a execução do contrato superfaturado?

67 – (OAB Nacional – FGV – V Exame) O Município de Cachoeira Azul pretende implementar, com base em seu plano diretor, um importante projeto de criação de espaços públicos de lazer e áreas verdes ao longo dos próximos quatro anos e, para tanto, necessitará de áreas urbanas que atualmente constituem propriedade privada. O prefeito, então, encaminhou projeto de lei à Câmara de Vereadores estabelecendo direito de preferência em favor do Município caso os imóveis localizados na área venham a ser objeto de alienação onerosa entre particulares durante aquele prazo. Considerando a situação hipotética narrada, responda aos seguintes quesitos, empregando os argumentos jurídicos apropriados e a fundamentação legal pertinente ao caso.

A) É juridicamente possível o estabelecimento do direito de preferência por lei municipal e pelo prazo mencionado?

B) Supondo afirmativa a resposta ao quesito anterior, ultrapassado o prazo de quatro anos estabelecido na lei, poderia o prefeito encaminhar novo projeto de lei para renová-lo por igual período?

68 – (OAB Nacional – FGV – IV Exame) No curso de uma inundação e do aumento elevado das águas dos rios em determinada cidade no interior do Brasil, em razão do expressivo aumento do índice pluviométrico em apenas dois dias de chuvas torrenciais, o Poder Público municipal ocupou durante o período de 10 (dez) dias a propriedade de uma fazenda particular com o objetivo de instalar, de forma provisória, a sede da Prefeitura, do Fórum e da Delegacia de Polícia, que foram completamente inundadas pelas chuvas. Diante da hipótese acima narrada, identifique e explicite o instituto de direito administrativo de que se utilizou o Poder Público municipal, indicando a respectiva base legal.

69 – (OAB Nacional – FGV – IV Exame) José, enquanto caminhava pela rua, sofre graves sequelas físicas ao ser atingido por um choque elétrico oriundo de uma rede de transmissão de uma empresa privada que presta serviço de distribuição de energia elétrica. Na ação judicial movida por José, não ficou constatada nenhuma falha no sistema que teria causado o choque, tampouco se verificou a culpa por parte do funcionário responsável pela manutenção dessa rede elétrica local. No entanto, restou comprovado que o choque, realmente, foi produzido pela rede elétrica da empresa de distribuição de energia, conforme relatado no processo. Diante do caso em questão, discorra sobre a possível responsabilização da empresa privada que presta serviço de distribuição de energia elétrica, bem como um possível direito de regresso contra o funcionário responsável pela manutenção da rede elétrica.

70 – (OAB Nacional – FGV – IV Exame) Transvia, empresa de grande porte concessionária da exploração de uma das mais importantes rodovias federais, foi surpreendida com a edição de decreto do Presidente da República excluindo as motocicletas da relação de veículos sujeitos ao pagamento de pedágio nas rodovias federais, medida que reduz substancialmente as vantagens legitimamente esperadas pela concessionária. Considerando a situação hipotética narrada, responda aos itens a seguir, empregando os argumentos jurídicos apropriados e a fundamentação legal pertinente ao caso.

A) É juridicamente possível que o Poder Concedente estabeleça unilateralmente benefícios tarifários não contemplados originariamente no contrato de concessão?

B) A empresa concessionária tem direito a alguma forma de compensação em decorrência do impacto que o decreto produz na remuneração contratual?

71 – (OAB Nacional – FGV – IV Exame) O Sr. Joaquim Nabuco, dono de um prédio antigo, decide consultá-lo como advogado. Joaquim relata que o seu prédio está sob ameaça de ruir e que o poder público já iniciou os trabalhos para realizar sua demolição. Joaquim está inconformado com a ação do poder público, justamente por saber que não existe ordem judicial determinando tal demolição. Diante do caso em tela, discorra fundamentadamente sobre a correção ou ilegalidade da medida.

72 – (OAB Nacional – FGV – III Exame) Ana Amélia, professora dos quadros da Secretaria de Educação de determinado Estado, ao completar sessenta e dois anos de idade e vinte e cinco anos de tempo de contribuição, formulou requerimento de aposentadoria especial. O pleito foi deferido, tendo sido o ato de aposentadoria publicado no Diário Oficial em abril de 2008. Em agosto de 2010, Ana Amélia recebeu notificação do órgão de recursos humanos da Secretaria de Estado de Educação, dando-lhe ciência de questionamento formulado pelo Tribunal de Contas do Estado em relação à sua aposentadoria especial. Ficou constatado que a ex-servidora exerceu, por quinze anos, o cargo em comissão de Assessora Executiva da Secretaria de Estado de Administração, tendo sido tal período computado para fins de aposentadoria especial.

Considerando a situação hipotética apresentada, responda aos itens a seguir, empregando os argumentos jurídicos apropriados e a fundamentação legal pertinente ao caso.

A) Indique o fundamento para a atuação do Tribunal de Contas do Estado, informando se o ato de aposentadoria já se encontra aperfeiçoado.

B) Analise se o questionamento formulado pelo órgão de controle se encontra correto.

73 – (OAB Nacional – FGV – III Exame) O prefeito de um determinado município está interessado em descentralizar o serviço de limpeza urbana e pretende, para tanto, criar uma empresa pública. Diante disso, formula consulta jurídica a respeito do regime a ser observado pela estatal em relação aos aspectos abaixo transcritos.

Com base no relatado acima, responda aos itens a seguir, empregando os argumentos jurídicos apropriados e a fundamentação legal pertinente ao caso.

A) Qual é o instrumento jurídico necessário para a instituição de uma empresa pública?

B) Qual é o regime de pessoal a ser observado e a respectiva forma de recrutamento e seleção? (Valor: 0,5)

C) A empresa pública em questão deve observar limite máximo de remuneração previsto no art. 37, inciso XI, da Constituição da República?

74 – (OAB Nacional – FGV – III Exame) O presidente de uma sociedade de economia mista estadual prestadora de serviço público, preocupado com o significativo aumento de demandas judiciais trabalhistas ajuizadas em face da entidade (duas mil), todas envolvendo idêntica tese jurídica e com argumentação de defesa já elaborada, decide contratar, por inexigibilidade de licitação, renomado escritório de advocacia para realizar o patrocínio judicial das causas.

Nesse cenário, responda aos itens a seguir, empregando os argumentos jurídicos apropriados e a fundamentação legal pertinente ao caso.

A) Na qualidade de assessor jurídico da presidência da estatal, analise a viabilidade jurídica da contratação direta.

B) Nas hipóteses de contratação direta, em sendo comprovado superfaturamento durante a execução contratual, é juridicamente possível responsabilizar solidariamente o agente público e o prestador do serviço pelo dano causado ao erário?

75 – (OAB Nacional – FGV – III Exame) Suponha que chegue ao conhecimento de um Ministro de Estado que Mévio, proprietário de uma fazenda na região central do país, vem utilizando sua propriedade para o cultivo ilegal de plantas psicotrópicas. Diante dessa notícia, a União Federal decide desapropriar as terras de Mévio.

Com base no relatado acima, responda aos itens a seguir, empregando os argumentos jurídicos apropriados e a fundamentação legal pertinente ao caso.

A) É juridicamente possível que a União Federal promova a desapropriação sem pagar a Mévio qualquer indenização?

B) Qual seria a destinação do bem desapropriado?

C) Poderia o Estado da Federação em que estivessem situadas as glebas desapropriá-las para fins de reforma agrária?

76 – (OAB Nacional – FGV – III Exame) O Poder Executivo municipal da cidade X resolve, após longos debates públicos com representantes de associações de moradores, editar um decreto de desapropriação de uma determinada área urbana, a fim de atender às exigências antigas da comunidade local dos Pontinhos, que ansiava pela construção de um hospital público na região. Entretanto, outra comunidade de moradores do mesmo município X, localizada a 10 km da primeira comunidade acima citada e denominada Matinhos, resolve ajuizar mandado de segurança coletivo contra o ato (decreto expropriatório) praticado pelo Prefeito. A comunidade de Matinhos é devidamente representada pela respectiva associação de moradores, constituída há pelo menos cinco anos e em funcionamento. A ação judicial coletiva objetiva, em sede liminar e de forma definitiva, sob pena de multa, a decretação de nulidade do decreto de desapropriação e a determinação de que o hospital seja imediatamente construído na localidade de Matinhos. Argumenta a associação, ora autora da ação coletiva, que em sua campanha política o Prefeito prometeu a construção de um hospital na localidade de Matinhos e que, por razões de conveniência e oportunidade, o Poder Executivo municipal não deveria construir o hospital na localidade de Pontinhos, pois lá já existe um hospital público federal em funcionamento, enquanto na localidade de Matinhos não há qualquer hospital.

Diante da situação acima narrada e ao considerar que o decreto de desapropriação foi editado de forma válida e legal, sem qualquer vício de legalidade, explicite a possibilidade ou não de:

A) anulação do ato administrativo de desapropriação pelo Poder Judiciário;

B) determinação judicial de que o Prefeito deva construir o hospital na região de Matinhos.

77 – (OAB Nacional – FGV – II Exame) É realizado, junto a determinado Ofício de Notas, procuração falsa para a venda de certo imóvel. Participa do ato fraudulento o "escrevente" do referido Ofício de Notas, que era amigo de um dos fraudadores. Realizada a venda com a utilização da procuração falsa, e após dois anos, desta, o verdadeiro titular do imóvel regressa ao país, e descobre a venda fraudulenta.

Assim, tenso com a situação, toma várias medidas, sendo uma delas o ajuizamento de ação indenizatória.

Diante do enunciado, responda: contra quem será proposta essa ação e qual a natureza da responsabilidade?

78 – (OAB Nacional – FGV – II Exame) A empresa W.Z.Z. Construções Ltda. vem a se sagrar vencedora de licitação, na modalidade tomada de preço. Passado um mês, a referida empresa vem a celebrar o contrato de obra, a que visava à licitação.

Iniciada a execução, que se faria em quatro etapas, e quando já se estava na terceira etapa da obra, a Administração constata erro na escolha da modalidade licitatória, pois, diante do valor, esta deveria seguir o tipo concorrência.

Assim, com base no art. 49, da Lei n. 8.666/93, e no art. 53, da Lei n. 9.784/98, declara a nulidade da licitação e do contrato, notificando a empresa contratada para restituir os valores recebidos, ciente de que a decisão invalidatória produz efeitos "ex tunc". Agiu corretamente a Administração? Teria a empresa algum direito?

79 – (OAB Nacional – FGV – II Exame) A Administração de certo estado da federação abre concurso para preenchimento de 100 (cem) cargos de professores, conforme constante do Edital. Após as provas e as impugnações, vindo todos os incidentes a ser resolvidos, dá-se a classificação final, com sua homologação.

Trinta dias após a referida homologação, a Administração nomeia os 10 (dez) primeiros aprovados, e contrata, temporariamente, 90 (noventa) candidatos aprovados.

Teriam os noventa candidatos aprovados, em observância à ordem classificatória, direito subjetivo à nomeação?

80 – (OAB Nacional – FGV – II Exame) Um determinado fiscal de vigilância sanitária do Estado, ao executar uma operação de fiscalização em alguns restaurantes situados no centro da cidade do Rio de Janeiro, acabou por destruir todo o estoque de gêneros alimentícios perecíveis que se encontravam na câmara frigorífica de um dos estabelecimentos fiscalizados. A destruição do estoque, alegou o fiscal posteriormente, deveu-se à impossibilidade de separar os produtos que já estavam com o prazo de validade vencido, daqueles que, ainda, se encontravam dentro da validade.

O dono do estabelecimento fiscalizado, um restaurante, procura um advogado com o objetivo de se consultar acerca de possíveis medidas judiciais em face do Estado, em virtude dos prejuízos de ordem material sofrido.

Na qualidade de advogado do dono do estabelecimento comercial, indique qual seria a medida judicial adequada e se ele possui o direito a receber uma indenização em face do Estado, em razão da destruição dos produtos que se encontravam dentro do prazo de validade.

81 – (Exame de Ordem Unificado 2009.3/CESPE) Determinada pessoa jurídica, prestadora de serviços de limpeza em diversos órgãos públicos da União, foi declarada inidônea para licitar e contratar com a administração pública pelo ministro de estado competente, com fundamento no art. 88 da Lei n. 8.666/93, após o trâmite de regular processo administrativo, no qual lhe foram assegurados a ampla defesa e o contraditório. Em razão de tal decisão, a União rescindiu unilateralmente alguns dos contratos vigentes celebrados com tal pessoa jurídica, também com fundamento nas normas da Lei de Licitações. Contra tal ato, a empresa impetrou o mandado de segurança cabível, sustentando, em suma, que a declaração de inidoneidade depende de decisão judicial, não podendo ser imposta pelo ministro. Consigna, além disso, a impossibilidade de rescisão dos contratos em curso, sob o argumento de que, ainda que se admita a validade da decisão que declarou sua inidoneidade para contratar com o poder público, tal decisão não tem eficácia "ex nunc", devendo ser aplicada apenas para contratos futuros. Em face dessa situação hipotética, esclareça, com base na Lei n. 8.666/93, se a declaração de inidoneidade para contratar com a administração somente pode ser imposta por meio de demanda judicial e se existe alguma possibilidade de rescisão, pela União, dos contratos vigentes.

82 – (Exame de Ordem Unificado 2009.3/CESPE) José, proprietário de imóvel onde nasceu e viveu poeta de renome nacional, pretende aliená-lo a Lucas, que lhe ofereceu a melhor proposta. Entretanto, nos termos do plano diretor do município onde se localiza o imóvel, este deveria ser utilizado como museu da cidade, razão pela qual o município pretende adquiri-lo. Em face dessa situação hipotética, na condição de parecerista do município, indique a providência a ser tomada para que o município adquira o referido imóvel, caso não seja viável a realização de desapropriação.

83 – (Exame de Ordem Unificado 2009.3/CESPE) Carlos exerce os cargos públicos de professor de universidade federal, em regime de 40 horas semanais, e de professor da rede municipal de ensino, também em regime de 40 horas semanais. A administração federal, ao constatar tal acumulação, considerou-a ilícita e notificou o servidor para que optasse por um dos cargos. O servidor manifestou seu interesse em continuar apenas na universidade federal. Na sequência, a administração federal promoveu os descontos relativos à restituição da remuneração que o servidor havia percebido durante o período em que acumulara os referidos cargos. Considerando essa situação hipotética, discorra, com a devida fundamentação, sobre a regularidade dos referidos descontos na remuneração percebida pelo servidor.

84 – (Exame de Ordem Unificado 2009.3/CESPE) O estado-membro S desencadeou procedimento licitatório para a construção de uma escola pública, tendo saído vencedora a empresa R. Homologado o procedimento e adjudicado o objeto em favor da referida empresa, a administração pública anulou o certame em razão da constatação de ocorrência de irregularidade, por fato não imputável à administração. Inconformada com a medida, a empresa impetrou mandado de segurança sob o fundamento de que, após a adjudicação, teria o direito líquido e certo de contratar com o poder público. Postulou, desse modo, a concessão da segurança para impor à administração pública o dever de celebrar o contrato ou, alternativamente, para que fosse reconhecido o seu direito à indenização pelos prejuízos suportados em decorrência da anulação. Considerando essa situação hipotética, apresente, com a devida fundamentação, os argumentos indispensáveis à impugnação do pedido formulado pela empresa impetrante.

85 – (Exame de Ordem Unificado 2009.3/CESPE) O Ministério Público Federal ajuizou ação de improbidade administrativa contra agentes públicos que simularam gastos para o recebimento indevido de R$ 100.000,00 em desfavor do município M, que também ingressou na ação no polo ativo. Antes da decisão condenatória, os referidos agentes promoveram, em juízo, o ressarcimento, ao erário, da quantia indevidamente recebida e postularam à autoridade julgadora a extinção do processo, sob o fundamento de que o ressarcimento integral do dano patrimonial causado ao erário implicaria ausência de prejuízo aos cofres públicos, de modo a não mais se justificar a aplicação das sanções da lei que dispõe sobre improbidade administrativa (Lei n. 8.429/92). A autoridade julgadora, em atenção aos princípios constitucionais do contraditório e da ampla defesa, intimou o município para que se manifestasse acerca do alegado. Em face dessa situação hipotética, responda, de forma fundamentada, se há amparo legal à pretensão deduzida pelos agentes.

GABARITO OFICIAL DAS QUESTÕES DISCURSIVAS

1 – A) A resposta é afirmativa. Mário é servidor público que pode ser considerado sujeito ativo por ato de improbidade, independentemente de ainda não gozar de estabilidade ou de não auferir remuneração específica para a realização da atribuição em comento, considerando que a lei de improbidade adotou conceito amplo de agente público, tal como se depreende do art. 2º da Lei n. 8.429/92.

B) O magistrado não está obrigado a aplicar cumulativamente todas as sanções previstas no art. 12, II, da Lei n. 8.429/92, podendo, mediante adequada fundamentação, fixá-las e dosá-las segundo a natureza, a gravidade e as consequências da infração. Mas, uma vez comprovado o prejuízo ao erário, o ressarcimento, em correspondência aos danos efetivamente causados ao poder público, constitui consequência necessária do ato de improbidade, por aplicação do disposto no art. 5º da Lei n. 8.429/92.

2 – A) A resposta é afirmativa. É possível que a entidade administrativa promova a desapropriação e, consequentemente, ajuíze a respectiva ação, na forma do art. 3º do Decreto-lei n. 3.365/41, desde que haja autorização expressa em lei ou no contrato.

B) A resposta é afirmativa. Os legitimados para promover a desapropriação por utilidade pública possuem o prazo de 5 (cinco) anos, a contar da expedição do decreto, para o ajuizamento da respectiva ação, sob pena de caducidade, consoante o art. 10 do Decreto-lei n. 3.365/41.

3 – A) A resposta é afirmativa. É possível a contratação direta de arquiteto com base em inexigibilidade de licitação, desde que o serviço técnico (elaboração do projeto básico) seja de natureza singular e o profissional seja de notória especialização, conforme o art. 25, II, c/c o art. 13, I, ambos da Lei n. 8.666/93.

B) A resposta é negativa. A ligação entre o autor do projeto básico e a sociedade licitante é suficiente para direcionar a licitação ou conceder vantagens indevidas. O fundamento normativo é a violação aos princípios da isonomia e da impessoalidade, essenciais aos procedimentos licitatórios, nos termos do art. 3º da Lei n. 8.666/93 OU a vedação explícita contida no art. 9º, I, da Lei n. 8.666/93.

4 – A) Sim. O ato administrativo em questão decorre do exercício do poder de polícia que goza do atributo da imperatividade ou coercibilidade, por meio do qual a Administração pode impor unilateralmente obrigações válidas.

B) A resposta é negativa. O ato administrativo em questão goza do atributo da autoexecutoriedade, que autoriza a Administração a executar diretamente seus atos e a fazer cumprir suas determinações, sem recorrer ao Judiciário.

5 – A) Não. O examinando deve indicar que, conforme previsão expressa do art. 23, §1º, da Lei n. 8.666/93, "as obras, serviços e compras efetuadas pela Administração serão divididas em tantas parcelas quantas se comprovarem técnica e economicamente viáveis, procedendo-se à licitação com vistas ao melhor aproveitamento dos recursos disponíveis no mercado e à ampliação da competitividade sem perda da economia de escala". Assim, obras que não apresentem qualquer relação de interdependência devem ser licitadas separadamente, com vistas à ampliação da competitividade.

B) A resposta também é negativa. O art. 45, § 1º, da Lei n. 8.666/93 dispõe que constituem tipos de licitação a de menor preço, a de melhor técnica e a de técnica e preço. O § 5º do mesmo dispositivo veda a utilização de outros tipos de licitação, como, no exemplo, o de menor prazo de execução das obras.

6 – A) A resposta é negativa. A subconcessão é admitida em nosso ordenamento, mas, nos termos do art. 26 da Lei n. 8.987/95 deve haver expressa previsão no contrato de concessão.

B) A resposta é negativa. A outorga de subconcessão, nos termos do art. 26, § 1º, da Lei n. 8.987/95, será sempre precedida de concorrência, não podendo, portanto, haver uma escolha por parte da sociedade empresária "Mais Veloz".

7 – A) A resposta é positiva. A situação descrita configura exemplo de atuação de um agente de fato, isto é, aquele que desempenha atividade pública com base na presunção de legitimidade de sua situação funcional. Os atos praticados por agentes de fato podem ser convalidados, a fim de se evitarem prejuízos para a Administração ou a terceiros de boa-fé.

B) A resposta é negativa. Ainda que ilegítima a investidura, o agente de fato tem direito à percepção de sua remuneração porque agiu de boa-fé e as verbas recebidas tinham caráter alimentar, sob pena de enriquecimento sem causa da Administração Pública.

8 – A) A resposta deve ser positiva. A autarquia possui natureza jurídica de direito público, de modo que, no exercício de seu poder de polícia, pode exercer fiscalização e, caso encontre irregularidades, pode aplicar sanções (art. 78 do CTN e arts. 55 e 56, I, do CDC).

B) A resposta deve ser negativa. A responsabilidade civil pressupõe uma conduta do agente, um resultado danoso, e um nexo de causalidade entre a conduta e o resultado. Ainda que, em casos excepcionais, seja possível a responsabilização do Estado por condutas lícitas, a autarquia agiu, no caso narrado, em estrito cumprimento de seu dever legal, rompendo o nexo de causalidade que é pressuposto da responsabilidade civil. Além disso, a notícia acerca da infração ganhou notoriedade em virtude de haver sido publicada pelos meios de comunicação tradicionais, sem nenhum fato que pudesse indicar uma atuação específica, deliberada e desproporcional da autarquia em prejudicar a imagem da empresa. Por fim, deve-se ressaltar que seria um contrassenso não divulgar a notícia acerca da infração, a qual consistia exatamente no não cumprimento do dever de informar a alteração irregular dos produtos aos consumidores.

9 – A) A resposta é dada pelo art. 39 da Lei n. 8.987/95: o contrato de concessão poderá ser rescindido por iniciativa da concessionária, no caso de descumprimento das normas contratuais pelo poder concedente, mediante ação judicial especialmente intentada para esse fim. A sociedade empresária não pode, portanto, declarar a rescisão unilateral do contrato, devendo ajuizar demanda para esse fim. De igual modo, não pode determinar a interrupção na prestação do serviço, mesmo diante do descumprimento de cláusula contratual pelo poder concedente, na forma do art. 39, parágrafo único, que determina a impossibilidade de interrupção ou paralisação do serviço até decisão judicial transitada em julgado.

B) A resposta é positiva. O art. 23-A da Lei n. 8.987/95, dispõe que "o contrato de concessão poderá prever o emprego de mecanismos privados, para resolução de disputas decorrentes ou relacionadas ao contrato, inclusive a arbitragem, a ser realizada no Brasil e em língua portuguesa". Nesse sentido, a Lei n. 13.129/2015 passou a disciplinar a utilização da arbitragem para dirimir conflitos relativos a direitos patrimoniais disponíveis envolvendo a Administração Pública.

10 – A) A resposta deve ser positiva. O art. 44, § 1º, da Lei Complementar n. 123/2006 presume como empate as hipóteses em que as propostas apresentadas pelas microempresas e empresas de pequeno porte forem iguais ou 10% (dez por cento) superiores à melhor proposta. É o denominado "empate ficto ou presumido".

B) A resposta deve ser negativa. O examinando deve abordar o princípio da isonomia, previsto de forma genérica no art. 5º da Constituição da República, sob seu aspecto material, no qual se pressupõe tratamento desigual entre aqueles que não se enquadram na mesma situação fático-jurídica. No caso em questão, a própria Constituição estabelece a necessidade de tratamento diferenciado às microempresas e às empresas de pequeno porte (art. 146, III, "d", art. 170, IX, e art. 179, todos da CRFB/88).

11 – A) A resposta é negativa. O poder regulamentar conferido à Administração tem caráter complementar à lei, a fim de permitir sua aplicação. O poder regulamentar destina-se, portanto, a explicitar o teor das leis, preparando sua execução, não podendo criar obrigação nova, não prevista na lei. O art. 84, IV, da CRFB/88 dá a exata dimensão dessa prerrogativa: "expedir decretos e regulamentos para sua fiel execução".

B) A resposta é positiva. O Congresso Nacional tem competência constitucional para sustar os atos normativos do Poder Executivo que exorbitem do poder regulamentar, conforme previsão do art. 49, V, da CRFB/88.

12 – A) A resposta é negativa. De acordo com o Art. 16 da Lei n. 8.987/95, "a outorga de concessão ou permissão não terá caráter de exclusividade, salvo no caso de inviabilidade técnica ou econômica justificada no ato a que se refere o Art. 5º desta Lei". Portanto, a empresa Viagem Rápida não pode exigir a exclusividade na exploração comercial da linha de ônibus, seja em relação ao mesmo tipo de ônibus, seja em relação a outro.

B) A resposta é positiva. Trata-se da chamada alteração unilateral do contrato, prerrogativa da Administração, em favor do interesse da coletividade. Entretanto, qualquer alteração que imponha gravame ou ônus ao concessionário deve ser acompanhada de medidas capazes de recompor o inicial equilíbrio econômico e financeiro do contrato, garantia assegurada pelo Art. 37, XXI, da CRFB/88 e pelo Art. 9º, § 4º, da Lei n. 8.987/95. É lícita, portanto, a modificação pelo poder concedente do funcionamento do serviço, desde que assegurado o equilíbrio contratual, e observando-se o limite estabelecido no Art. 65, § 1º, da Lei n. 8.666/93.

13 – A) A resposta é positiva. A responsabilidade do Estado pela prática de ato lícito assenta no princípio da isonomia, ou seja, na igualdade entre os cidadãos na repartição de encargos impostos em razão do interesse público. Assim, quando for necessário o sacrifício de um direito em prol do interesse da coletividade, tal sacrifício não pode ser suportado por um único sujeito, devendo ser repartido entre toda a coletividade.

B) A resposta é negativa. A configuração da responsabilidade objetiva requer a presença de um ato (lícito ou ilícito), do dano e do nexo de causalidade entre o ato e o dano. A culpa exclusiva da vítima é causa de exclusão da responsabilidade objetiva, uma vez que rompe o nexo de causalidade: o dano é ocasionado por conduta da própria vítima. No caso proposto, Fulano de Tal conduzia seu veículo em velocidade superior à permitida, distraiu-se em uma curva e deixou de observar as placas e o letreiro luminoso que indicavam a interdição da pista.

14 – A) A resposta é positiva. Nos termos do Art. 132, incisos VI e VII, da Lei n. 8.112/90, será aplicada a penalidade de demissão ao servidor, nos casos de insubordinação grave e de ofensa física em serviço. Não há necessidade de aplicação de outras penalidades antes da aplicação da demissão. Os artigos 129 e 130 da Lei n. 8.112/90 determinam, respectivamente, os casos de aplicação das penalidades de advertência e de suspensão, excluindo, expressamente, os casos que tipifiquem infração sujeita à penalidade de demissão.

B) A resposta é negativa. Nos termos do Art. 146 da Lei n. 8.112/90, "sempre que o ilícito praticado pelo servidor ensejar a imposição de penalidade de suspensão por mais de 30 (trinta) dias, de demissão, de cassação de aposentadoria ou disponibilidade, ou destituição de cargo em comissão, será obrigatória a instauração de processo disciplinar".

15 – O objetivo da questão é avaliar o conhecimento do examinando quanto aos atos de improbidade administrativa.

A) A resposta deve ser negativa. O enquadramento dos atos de improbidade como violadores dos princípios da Administração Pública prescinde da ocorrência de lesão ao erário e/ou enriquecimento ilícito do agente, nos termos das hipóteses previstas pelo Art. 11 da Lei n. 8.429/92.

B) A resposta deve ser negativa. O examinando deve identificar que as condutas específicas elencadas nos incisos dos artigos 9º a 11 da Lei n. 8.429/92, são situações meramente exemplificativas, podendo existir outras condutas que, inserindo-se no "caput" dos mencionados dispositivos, importem ato de improbidade administrativa por causarem lesão ao erário, enriquecimento ilícito ou violação a princípio da Administração Pública. Tanto é assim que os artigos 9º, 10 e 11 utilizam-se da palavra "notadamente", a indicar que há outras hipóteses que configuram atos de improbidade além daquelas elencadas nos seus incisos.

16 – A) A modalidade de licitação não é adequada, uma vez que a Lei n. 11.079/2004 prevê, obrigatoriamente, que a licitação ocorra na modalidade de concorrência (Art. 10). Já o tipo (critério de julgamento) está correto, uma vez que a lei faculta a adoção desse critério de julgamento (Art. 12, II, *a*, da Lei n. 11.079/2004).

B) Sim, considerando que a Lei n. 11.079/2004 veda expressamente à Administração Pública ser titular da maioria do capital votante das sociedades de propósito específico criadas para implantar e gerir o objeto da parceria (Art. 9º, § 4º).

17 – A questão versa o conteúdo de dois pontos do programa: os atos administrativos e o seu desfazimento (esperando-se do examinando que consiga distinguir a anulação e a revogação) e os bens públicos e a forma de sua transferência a terceiros.

A) A resposta é afirmativa. A alienação de bens imóveis pertencentes à União dependerá de autorização legislativa para órgãos da administração direta e entidades autárquicas e fundacionais, e, para todos, inclusive as entidades paraestatais, dependerá de avaliação prévia e de licitação na modalidade de concorrência, dispensada esta no caso de doação, permitida exclusivamente para outro órgão ou entidade da administração pública, de qualquer esfera de governo (Art. 17, I, da Lei de Licitações).

B) Não é correta a revogação da doação com fundamento na sua ilegalidade, uma vez que a revogação é fundamentada em motivos de conveniência e oportunidade. Diante de vícios de legalidade, a Administração pode anular os seus atos, conforme entendimento doutrinário tradicional, expressado jurisprudencialmente na Súmula n. 473 do STF.

18 – A) Não. A Constituição prevê a suspensão dos direitos políticos no caso de condenação por improbidade administrativa (Art. 15, V, c/c o Art. 37, § 4º, ambos da CRFB), sendo certo que o gozo dos direitos políticos é requisito de legitimidade ativa.

B) Sim, uma vez que os beneficiários do ato lesivo ao patrimônio público devem ser parte na ação popular (Art. 6º da Lei n. 4.717/65).

19 – A) A resposta é negativa. Dois fundamentos inquinam a validade do Decreto do Chefe do Poder Executivo estadual. Em primeiro lugar, a Constituição da República, em seu Art. 37, inciso X, estabeleceu que a remuneração dos servidores públicos deve ser fixada ou alterada por lei específica. Fica vedada, portanto, a edição de Decreto para a concessão de aumentos ou reajustes aos servidores públicos. Além disso, a Constituição da República, no inciso XIII do mesmo dispositivo, veda a vinculação ou equiparação de quaisquer espécies remuneratórias para o efeito de remuneração de pessoal do serviço público. Não pode o Decreto, portanto, vincular a remuneração e os reajustes dos servidores do Poder Executivo estadual àqueles do Poder Judiciário.

B) A resposta também é negativa. A Constituição da República exige a edição de lei, em sentido formal, para a concessão de aumento ou reajuste de servidores (Art. 37, X), tornando impossível o aumento de vencimentos de servidores públicos pelo Poder Judiciário. Esse é o fundamento, aliás, da Súmula 339 do Supremo Tribunal Federal: "Não cabe ao Poder Judiciário, que não tem função legislativa, aumentar vencimentos de servidores públicos sob o fundamento de isonomia" e da recente Súmula Vinculante 37, com idêntica redação.

20 – A) A resposta é dada pelo Art. 4º, inciso I, da Lei n. 11.107/2005: são cláusulas essenciais do protocolo de intenções, dentre outras, as que estabeleçam o prazo de duração do consórcio. Dessa forma, a resposta à indagação formulada é no sentido de que é necessária a fixação de prazo.

B) É possível a qualquer dos entes consorciados se retirar do consórcio, na forma do Art. 11 da Lei n. 11.107/2005. Nesse caso, os bens transferidos ao consórcio somente retornam ao patrimônio do Município caso haja expressa previsão no contrato de consórcio público ou no instrumento de transferência ou de alienação, conforme consta do Art. 11, § 1º, da Lei n. 11.107/2005. Do contrário, os bens permanecem com o consórcio.

21 – A) A resposta é negativa. Nos termos do Art. 78, XV, da Lei n. 8.666/93, "o atraso superior a 90 (noventa) dias dos pagamentos devidos pela Administração decorrentes de obras, serviços ou fornecimento, ou parcelas destes, já recebidos ou executados, salvo em caso de calamidade pública, grave perturbação da ordem interna ou guerra, assegurado ao contratado o direito de optar pela suspensão do cumprimento de suas obrigações até que seja normalizada a situação". Desse modo, pode a empresa suspender o cumprimento de suas obrigações até que a Administração regularize os pagamentos.

B) A resposta é negativa. Nos termos do Art. 71, § 1º, da Lei n. 8.666/93, "A inadimplência do contratado, com referência aos encargos trabalhistas, fiscais e comerciais não transfere à Administração Pública a responsabilidade por seu pagamento". Portanto, os fornecedores da sociedade empresária X não poderão responsabilizar o Estado pelo descumprimento das obrigações comerciais.

22 – A) O examinando deve indicar que, conforme previsão constante do Art. 17, I, "e", da Lei n. 8.666/93, é dispensada a licitação para a venda de um bem imóvel a outro órgão ou entidade da administração pública, de qualquer esfera de governo. Portanto, não é necessária a licitação.

B) O examinando deve indicar que é possível a locação com dispensa de licitação de imóvel destinado ao atendimento das finalidades precípuas da administração, cujas necessidades de instalação e localização condicionem a sua escolha, desde que o preço seja compatível com o valor de mercado, segundo avaliação prévia, conforme previsão expressa do Art. 24, X, da Lei n. 8.666/93.

23 – A) A resposta é negativa. Nos termos expressos do Art. 54 da Lei n. 9.784/99, "O direito da Administração de anular os atos administrativos de que decorram efeitos favoráveis para os destinatários decai em cinco anos, contados da data em que foram praticados". E, em se tratando de efeitos patrimoniais contínuos, como no exemplo descrito, o prazo de decadência contar-se-á da percepção do primeiro pagamento.

B) A resposta é positiva, uma vez que se demonstre a má-fé do servidor. Nos termos do Art. 54 da Lei n. 9.784/99, "O direito da Administração de anular os atos administrativos de que decorram efeitos favoráveis para os destinatários decai em cinco anos, contados da data em que foram praticados, salvo comprovada má-fé". Francisco da Silva, que não concluiu o curso e, mesmo assim, apresentou declaração a fim de receber o referido adicional, agiu de má-fé e não está protegido pela fluência do prazo decadencial.

24 – A) A resposta é positiva. O Art. 57, § 1º, II, da Lei n. 8.666/93 autoriza a prorrogação dos prazos de início das etapas de execução, de conclusão e de entrega, mantidas as demais cláusulas do contrato e assegurada a manutenção de seu equilíbrio econômico-financeiro, diante da ocorrência de fato excepcional ou imprevisível, estranho à vontade das partes, que altere fundamentalmente as condições de execução do contrato. É o caso descrito no enunciado (greve que impede o fornecimento dos insumos necessários à realização da obra).

B) A resposta também é positiva. A questão diz respeito ao tema do equilíbrio econômico-financeiro do contrato administrativo. O tema traduz a relação entre os encargos do contratado e o preço pago pela Administração Pública como contraprestação à execução do contrato. A manutenção do equilíbrio econômico-financeiro do contrato é a garantia de que a relação entre encargos e remuneração deve ser necessariamente mantida ao longo de toda a relação contratual. Assim, diante de fatos que ensejem desequilíbrio no ajuste, devem as partes buscar o seu restabelecimento nos moldes originalmente pactuados. Na questão proposta, um fato extraordinário e superveniente desequilibra excessivamente a relação de equivalência entre os encargos do contratado e a remuneração, impondo o restabelecimento da equação econômica inicial, conforme o Art. 65, II, "d", da Lei n. 8.666/93.

25 – A) Sim, porque a Lei n. 9.784/99 estabelece que a desistência ou renúncia do interessado, conforme o caso, não prejudica o prosseguimento do processo, se a Administração considerar que o interesse público assim o exige (Art. 51, § 2º).

B) Sim, pois a Lei de processo administrativo (Lei n. 9.784/99), ao prever as hipóteses de impedimento do servidor, estabelece ser impedido de atuar em processo administrativo o servidor ou autoridade que tenha participado ou venha a participar como perito (Art. 18, II).

26 – A) A resposta é negativa. O prédio do Centro de Administração Pública é um bem público de uso especial, e tais bens, no direito brasileiro, caracterizam-se pela inalienabilidade, conforme previsão constante do Art. 100 do Código Civil. Assim, para a alienação dos bens públicos de uso especial, faz-se necessário, primeiramente, a sua desafetação, uma vez que os bens dominicais podem ser alienados, conforme previsão constante do Art. 101 do Código Civil.

B) A resposta também é negativa. Os bens titularizados pelo Município são classificados como bens públicos, independentemente de sua utilização. E os bens públicos (de uso comum, de uso especial ou dominicais) são impenhoráveis, mesmo que não afetados a uma utilidade de interesse público.

27 – A) O examinando deve identificar que não é possível a cumulação do cargo público com o emprego na sociedade de economia mista estadual, na forma do Art. 37, XVII, da Constituição da República, bem como do Art. 118, § 1º, da Lei n. 8.112/90. De outro lado, não há qualquer vedação, constitucional ou legal, ao exercício de atividade remunerada (não comercial) junto à iniciativa privada (no caso, como prestador de serviços de manutenção de computadores), desde que não haja incompatibilidade de horários prejudicial ao serviço público.

B) O examinando deve identificar que é possível a cumulação, pois, conforme o Art. 37, § 10, da Constituição, só é vedada a percepção simultânea de proventos de aposentadoria decorrentes do Art. 40 ou dos arts. 42 e 142 com a remuneração de cargo, emprego ou função pública.

28 – A) Sim, trata-se do sistema de registro de preços, previsto no Art. 11, da Lei n. 10.520/00.

B) Sim, qualquer cidadão é parte legítima para impugnar preço constante do quadro geral em razão de sua incompatibilidade com o preço vigente no mercado (Art. 15, § 6º, da Lei n. 8.666/93).

C) Sim. Embora a ata de registro de preços tenha validade máxima de um ano – seis meses, no caso concreto, por previsão do edital –, o contrato tem prazos autônomos em relação à ata. Deve ser celebrado dentro da validade, mas a partir daí, sua duração é regida pelas disposições do Art. 57 da Lei de Licitações.

29 – O objetivo da questão é avaliar o conhecimento do examinando quanto ao instituto da servidão administrativa.

A) A resposta deve ser positiva. O fundamento legal genérico do instituto da servidão é o Art. 40, do Decreto-Lei n. 3.365/41. Assim, às servidões se aplicam as regras de desapropriação presentes no Decreto-Lei em referência, dentre as quais a possibilidade de instituição pela via judicial.

B) O examinando deve identificar que os concessionários não podem declarar um bem como de utilidade pública, mas, de acordo com o Art. 3º, do Decreto-Lei n. 3.365/41, c/c o Art. 29, Inciso VIII, da Lei n. 8.987/95, os concessionários de serviços públicos podem executar/promover a instituição de servidão administrativa.

30 – A) A resposta ao item A é afirmativa, pois a associação pública criada por meio de consórcio público, conforme Art. 1º, § 1º, da Lei n. 11.107/2005 c/c Art. 41 do Código Civil, possui personalidade jurídica de direito público e, portanto, admite que lhe seja outorgado o Poder de Polícia.

B) A resposta ao item B também é afirmativa, vez que estariam sendo delegados apenas os atos materiais do poder de polícia, sendo certo ainda que o Art. 4º, XI, "c", da Lei n. 11.107/2005, admite a autorização da delegação dos serviços do consórcio.

31 – A) Não. A Lei n. 12.529/2011, ao estruturar o Sistema Brasileiro de Defesa da Concorrência, prevê uma série de condutas que constituem infração da ordem econômica, independentemente de culpa, caso tenham por objeto ou possam produzir como efeito o aumento arbitrário dos lucros. Dentre elas, destaca-se acordar, combinar, manipular ou ajustar com concorrente, sob qualquer forma, os preços de bens ou serviços ofertados individualmente ou a produção ou a comercialização de uma quantidade restrita ou limitada de bens (Art. 36, § 3º, I).

B) Sim. A Lei n. 12.529/2011 estabelece a prescrição no procedimento administrativo paralisado por mais de 3 (três) anos, pendente de julgamento ou despacho, cujos autos serão arquivados de ofício ou mediante requerimento da parte interessada, sem prejuízo da apuração da responsabilidade funcional decorrente da paralisação, se for o caso (Art. 46, § 3º, da Lei n. 12.529/11).

32 – A) O examinando deve identificar que, em relação ao cargo público na autarquia estadual, é necessária a edição de lei de iniciativa do Chefe do Poder Executivo, conforme interpretação do art. 61, § 1º, II, "a" da CRFB, aplicável aos Estados pelo princípio da simetria; em relação ao emprego público na empresa pública federal, não é necessária a edição de lei, pois as entidades de direito privado da Administração Indireta estão excluídas da dicção daquele dispositivo constitucional.

B) O examinando deve identificar que o cargo público na autarquia estadual submete-se ao teto remuneratório constitucional, na forma do art. 37, XI, da CRFB. O emprego na empresa pública federal somente se submete ao teto remuneratório previsto no art. 37, XI, da CRFB, se a entidade receber recursos da União para pagamento de despesas de pessoal ou de custeio em geral, na forma do art. 37, § 9º, da CRFB.

33 – A questão busca avaliar o conhecimento do candidato acerca das alterações contratuais permitidas pela Lei n. 8.666/93, tanto as consensuais quanto as unilaterais, promovidas pela Administração Pública.

A) O candidato deve responder que o particular é obrigado a aceitar a alteração contratual promovida unilateralmente pela Administração no limite de 25%, uma vez que não se trata de reforma de edifício ou equipamento (em que a alteração permitida é de até 50%). Trata-se da prerrogativa da mutabilidade dos contratos administrativos, legalmente disciplinada no art. 65, da Lei n. 8.666/93, que representa uma das possibilidades de alteração unilateral do contrato pelo Poder Público.

B) Sim, há limite. Em se tratando de alteração consensual, somente não se aplicam os limites previstos no art. 65, § 1º, da Lei n. 8.666/93 no caso de supressões, conforme o § 2º, II, da referida Lei.

34 – A) A resposta é positiva, pois, conforme previsão constante no art. 143, da Lei n. 8.112/90, "A autoridade que tiver ciência de irregularidade no serviço público é obrigada a promover a sua apuração imediata, mediante sindicância ou processo administrativo disciplinar, assegurada ao acusado ampla defesa". Não se exige, portanto, a instauração prévia de sindicância para a abertura de processo administrativo disciplinar.

B) A resposta também é positiva, pois, nos termos do art. 168, "caput" e parágrafo único da Lei n. 8.112/90, "O julgamento acatará o relatório da comissão, salvo quando contrário às provas dos autos" e "Quando o relatório da comissão contrariar as provas dos autos, a autoridade julgadora poderá, motivadamente, agravar a penalidade proposta, abrandá-la ou isentar o servidor de responsabilidade".

35 – A) A questão proposta versa a responsabilidade civil da Administração por atos lícitos. A Constituição, ao prever a responsabilidade civil do Estado pelos danos que os seus agentes houverem causado, não exige a ilicitude da conduta, tampouco a culpa estatal. Não é, contudo, qualquer dano causado pelo exercício regular das funções públicas que deve ser indenizado: apenas os danos anormais e específicos, isto é, aqueles que excedam o limite do razoável, ensejam reparação correspondente.

B) No caso dos moradores, não cabe indenização, pois os danos são mínimos e dentro dos limites de razoabilidade, já que eles contam com saída para outra rua, não interditada.

C) Já na situação do proprietário da oficina, o dano é anormal, específico e extraordinário, uma vez que a atuação do município impede, na prática, o exercício de atividade econômica pelo particular, retirando-lhe a fonte de sustento.

36 – A despeito da ausência de norma editalícia prevendo a intimação pessoal e específica do candidato José, a Administração Pública tem o dever de intimar o candidato, pessoalmente, quando há o decurso de tempo razoável entre a homologação do resultado e a data da nomeação, em atendimento aos princípios constitucionais da publicidade e da razoabilidade. É desarrazoada a exigência de que o impetrante efetue a leitura diária do Diário Oficial do Estado, por prazo superior a 1 (um) ano, ainda mais quando reside em município em que não há circulação do DOE e que não dispõe de acesso à Internet.

37 – A questão busca verificar o conhecimento do examinando sobre a disciplina jurídica das sociedades de economia mista, bem como sobre as competências constitucionais do Tribunal de Contas.

A) É possível o controle das sociedades de economia mista pelo Tribunal de Contas, nos termos do Art. 71, II, da Constituição, já que se trata de uma sociedade instituída pelo Poder Público. O Supremo Tribunal Federal firmou entendimento no sentido de que as sociedades de economia mista sujeitam-se à fiscalização pelos Tribunais de Contas. (STF, MS 25092/DF, RE 356209 AgR /GO, MS 26117/DF, dentre outros).

B) A resposta deve ser pela impossibilidade de o Tribunal de Contas, em controle prévio de editais de licitação, determinar a modificação de critérios, o qual estaria substituindo a vontade do administrador em seu campo discricionário, em violação ao princípio da separação dos Poderes (Art. 2º, da CR). Tal situação é excepcionada, nos termos da jurisprudência do STF (RE 547063), quando há fundado receio de irregularidade na licitação, como ocorre, por exemplo, quando há critério de julgamento manifestamente irrazoável, com suspeita de direcionamento do resultado do certame.

38 – A reversão é a transferência ao poder concedente dos bens do concessionário, afetados ao serviço público e necessários à sua continuidade, quando do término do contrato de concessão e que se encontra prevista nos arts. 35 e 36, da Lei n. 8.987/95.

A) O examinando deve destacar que o fundamento da reversão é o princípio da continuidade dos serviços públicos, já que os bens, necessários à prestação do serviço, deverão ser utilizados pelo Poder Concedente, após o fim do término do prazo de concessão, sob pena de interrupção da prestação do serviço.

B) É necessário ressaltar que, caso a fixação da tarifa não tenha sido suficiente para ressarcir o concessionário pelos recursos que empregou na aquisição e modernização de tais bens, é devida indenização, nos termos do Art. 36 da Lei n. 8.987/95.

39 – A) A resposta é positiva. Após a efetivação de uma desapropriação, o ente expropriante deve empregar o bem à finalidade pública que desencadeou o processo de desapropriação. Em não o fazendo, estar-se-á diante da tredestinação, que nada mais é do que a destinação do bem em desconformidade com o plano inicialmente previsto. A tredestinação, entretanto, distingue-se em lícita (na qual o bem é empregado em finalidade diversa da inicialmente pretendida, mas ainda afetada ao interesse público) e ilícita (na qual não se emprega o bem em uma utilização de interesse público). A tredestinação lícita, isto é, a alteração na destinação do bem, por conveniência da administração pública, resguardando, de modo integral, o interesse público, não é vedada pelo ordenamento.

B) A resposta é negativa. A tredestinação lícita, por manter o bem afetado a uma finalidade de interesse público não configura direito de retrocessão, isto é, o direito do particular expropriado de reaver o bem, em virtude da sua não utilização. E a própria legislação de regência, o Decreto-lei n. 3.365/41, dispõe, em seu

Art. 35, que os bens expropriados, uma vez incorporados à Fazenda Pública, não podem ser objeto de reivindicação.

40 – A) O município "Y" tem o direito de negar, porque, tratando-se ato discricionário, sua aprovação é baseada na conveniência e oportunidade do Administrador.

B) Do mesmo modo, o município "Y" pode revogar tal ato autorizativo a qualquer tempo, tendo em vista a precariedade do ato, não sendo devida qualquer indenização em vista dessa característica.

C) Por outro lado, a fixação de prazo certo implica em desnaturação do caráter precário do vínculo, ensejando no particular a legítima expectativa de que sua exploração irá vigorar pelo prazo predeterminado pela própria Administração. Sendo assim, a revogação do ato antes do esgotamento do prazo caracteriza conduta descrita como "venire contra factum proprium", ensejando a devida indenização pelos prejuízos efetivamente comprovados.

41 – A) O examinando deverá responder que o prefeito poderia realizar a contratação direta de músicos, uma vez que se trata de uma das hipóteses de inexigibilidade de licitação, à luz do Art. 25, inciso III, da Lei n. 8.666/93. Todavia, em relação à contratação de agência de publicidade, deveria o examinando indicar não ser possível a contratação, diante da vedação legal constante do Art. 25, inciso II, da referida Lei n. 8.666/93.

B) O examinando deverá analisar cada meio de contratação. No caso da licitação dispensada e da licitação dispensável, as hipóteses legais são taxativas, ou seja, não pode o administrador extrapolar o legalmente previsto. Por sua vez no caso de licitação inexigível, é possível ao administrador aventar outras hipóteses, uma vez que o rol é meramente exemplificativo.

42 – O candidato deverá, na essência, observar quanto às perguntas, o seguinte:

A) Não, uma vez que a Constituição Federal estabelece, no Art. 37, X, que a remuneração dos servidores públicos e o subsídio de que trata o § 4º do Art. 39 somente poderão ser fixados ou alterados por lei específica. Além disso, o § 4º do Art. 39 prevê que os Secretários Estaduais serão remunerados exclusivamente por subsídio fixado em parcela única, vedado o acréscimo de qualquer gratificação, adicional, abono, prêmio, verba de representação ou outra espécie remuneratória.

B) Sim, uma vez que a irredutibilidade não garante a percepção de remuneração concedida em desacordo com as normas constitucionais. Não há direito adquirido contra regra constitucional ou legal.

43 – A resposta deve ser negativa. Em primeiro lugar, nos termos do Art. 10 da Lei n. 11.079/2004, a contratação de parceria público-privada deve ser precedida de licitação na modalidade de concorrência, cuja realização é sujeita a diversos condicionamentos previstos no citado dispositivo. A tomada de preços, portanto, não é a modalidade de licitação adequada à contratação de parceria público-privada. Em segundo lugar, conforme o inciso I do Art. 5º da Lei n. 11.079/2004, o prazo de vigência do contrato de parceria público-privada não pode ser inferior a 5 (cinco), nem superior a 35 (trinta e cinco) anos, incluindo eventual prorrogação.

44 – Em relação ao item A, a resposta é afirmativa, devendo o examinando registrar a possibilidade de os Tribunais de Contas imputarem débito a pessoas jurídicas de direito privado que utilizem, gerenciem ou administrem bens, valores ou dinheiros públicos, na forma do Art. 70, § único, da CRFB.

Em relação ao item B, o objetivo é avaliar o conhecimento quanto à natureza jurídica da decisão dos Tribunais de Contas e respectiva eficácia (Art. 71, § 3º, da CRFB).

45 – A) O princípio da continuidade do serviço público (Art. 6º, § 1º, da Lei n. 8.987/95) consiste na exigência de que o serviço seja prestado de forma permanente, sem qualquer interrupção, visando assegurar estabilidade para os usuários por meio de sua manutenção de forma ininterrupta. O Art. 22 do CDC também exige que o serviço seja prestado de forma contínua. Contudo, não se pode esquecer que a remuneração do serviço público, prestado pela concessionária, advém como regra geral, da tarifa paga pelo usuário, tarifa esta que é parte essencial da manutenção do equilíbrio econômico-financeiro, garantido constitucionalmente pelo Art. 37, XXI da CRFB/88. Nesse sentido, o Art. 6º, § 3º, II, da Lei n. 8.987/95 expressamente previu que a interrupção do serviço, após prévio aviso, quando houver inadimplemento do usuário, não caracteriza descontinuidade do serviço. Isto porque, a continuidade da prestação do serviço facultativo pressupõe o cumprimento de deveres por parte do usuário, notadamente o pagamento da tarifa. Ora, a falta de remuneração adequada, ante a aceitação do inadimplemento pelo usuário, poderia levar ao próprio colapso do serviço, o que afetaria a própria sociedade como um todo. Do mesmo modo, o equilíbrio econômico-financeiro do contrato restaria abalado caso a concessionária fosse obrigada a prestar o serviço ao consumidor inadimplente.

B) Neste caso, estamos diante de um conflito aparente entre o CDC e a Lei n. 8.987/95. Contudo, tal conflito já se encontra pacificado na doutrina e jurisprudência, pela aplicação do critério da especialidade, haja vista que a Lei n. 8.987/95 busca disciplinar relação especial de consumo (usuário de serviço público). Sendo assim, o CDC não se aplica irrestritamente aos serviços públicos, mas apenas de forma subsidiária.

46 – A) Trata-se de ocupação temporária, que se caracteriza pelo uso transitório por parte do Poder Público de imóvel privado, como meio de apoio à execução de obras públicas.

B) Nessa modalidade de ocupação temporária, por expressa disposição de lei (Art. 36 do Decreto-Lei n. 3.365/41), é devida indenização.

47 – Em relação ao item A, o candidato deve destacar que, conforme determina o Art. 22, XXVII, da Constituição Federal, compete privativamente à União legislar sobre normas gerais de licitação e contratação, em todas as modalidades, para as administrações públicas diretas, autárquicas e fundacionais da União, Estados, Distrito Federal e Municípios. Sendo assim, a lei estadual pode disciplinar sobre PPPs de forma supletiva, no que não colidir com as normas gerais editadas pela União.

Já em relação ao item B, era necessário ressaltar que, na forma do Art. 7º, da Lei n. 11.079/2004, a remuneração pela Administração Pública, nos contratos de parceria público-privada, deve ser precedida da disponibilização do serviço objeto, disposição esta que tem caráter de norma geral. Portanto, a previsão de contraprestação imediata, sem a disponibilização do serviço, não será possível, pois fere a norma citada.

48 – A) A resposta é negativa. Trata-se de matéria a ser disciplinada por lei, na forma do Art. 48, inciso X, da CRFB. Espera-se que o examinando desenvolva o tema registrando que seria possível a extinção de cargos públicos por decreto apenas se estivessem vagos. (Art. 84, inciso VI, "b", CRFB).

B) A opção é inconstitucional, pois o Chefe do Executivo utiliza o instituto da disponibilidade com desvio de finalidade. O examinando deve deixar claro que a disponibilidade não tem por finalidade sancionar disciplinarmente servidores públicos.

C) A remuneração será proporcional ao tempo de serviço (Art. 41, § 3º, da CRFB).

49 – A) O examinando deve responder afirmativamente, registrando que o prazo para impetração do mandado de segurança é de 120 dias na forma do Art. 23 da Lei n. 12.016/09.

B) O examinando deve demonstrar conhecimento da jurisprudência consolidada do STJ no sentido de apenas ser legítima a exigência de comprovação de diploma ou habilitação legal para exercício de cargo público no momento da posse (Enunciado n. 266 do STJ).

50 – A) A resposta deve ser afirmativa. De acordo com a jurisprudência consolidada dos Tribunais Superiores, a improbidade é a ilegalidade tipificada e qualificada pelo elemento subjetivo da conduta. Assim, para caracterizá-la, é indispensável que a conduta do agente seja dolosa, para a tipificação das hipóteses previstas no Art. 9º e no Art. 11, ou ao menos culposa, para a tipificação das condutas previstas no Art. 10, todos da

Lei n. 8.429/92 (RESPs: 734.984/SP; 842.428/ES; 658.415/MA, entre outros). No caso, afasta-se também a culpa de Luiz, pois ele demonstrou que tomou todas as cautelas exigíveis antes da celebração do ajuste.

B) O argumento de Luiz não deve prevalecer, tendo em vista a independência das instâncias. Nesse sentido, confirma-se a norma do Art. 21, inciso II, da Lei n. 8.429/92.

51 – A) O examinando deve identificar a desapropriação indireta como o fato administrativo ocorrido no caso em questão, descrevendo-o como ato da administração pública apropriar-se de um bem privado sem o devido processo legal.

B) Deve também reconhecer a impossibilidade de o proprietário reaver o bem, uma vez que o mesmo já se encontra afetado para a prestação de um serviço público, restando ao proprietário tão somente o ajuizamento de ação pleiteando indenização pelas perdas sofridas, conforme Art. 35, do Decreto-Lei n. 3.365/41.

52 – In casu, é incontroversa a desapropriação do imóvel, cingindo-se a questão à possibilidade do pagamento de indenização ao locatário e à possibilidade de manutenção do contrato até o seu prazo final. Para que fosse atribuída a pontuação referente à letra "A", era necessário que o examinando detivesse o conhecimento de que a desapropriação consiste em modo originário de aquisição de propriedade. Assim, não se afigura possível a manutenção da vigência do contrato de locação até o seu termo final, haja vista que o Poder Público adquire o bem livre de qualquer ônus real ou pessoal que incidia sobre a propriedade anteriormente. A responsabilização civil do ente público no caso concreto decorre do dano causado pelo fato administrativo, independentemente de culpa e pela prática de uma conduta/ato lícito.

B) Assim como os proprietários, os locatários também possuem, na forma estabelecida pela Constituição Federal, o direito à justa indenização por todos os prejuízos que as desapropriações lhes causarem, visto que a sociedade locatária experimenta prejuízos distintos dos suportados pelo locador (proprietário). O proprietário é indenizado pela perda da propriedade (art. 5º, XXIV, CF/88) enquanto que a sociedade locatária pela interrupção do negócio e, além da perda do estabelecimento empresarial (fundo de comércio).

Assim, o STJ, com base em precedentes, firmou jurisprudência no sentido de que o inquilino comercial tem amplo direito de ser ressarcido, independentemente das relações jurídicas entre ele e o proprietário, inclusive por perdas e danos causados pelo Poder Público. Nesse sentido, a jurisprudência do E. Superior Tribunal de Justiça:

PROCESSUAL CIVIL E ADMINISTRATIVO. RECURSO ESPECIAL. AUSÊNCIA DE PREQUESTIONAMENTO. SÚMULA 211/STJ. DESAPROPRIAÇÃO. IMÓVEL COMERCIAL. FUNDO DE COMÉRCIO. INDENIZABILIDADE. MATÉRIA PACIFICADA.

(...)

2. O entendimento firmado pelo Tribunal estadual encontra amparo na jurisprudência consolidada no âmbito da Primeira Seção desta Corte Superior no sentido de que é devida indenização ao expropriado correspondente aos danos ocasionados aos elementos que compõem o fundo de comércio pela desapropriação do imóvel.

Precedentes: REsp 1076124 / RJ, rel. Ministra Eliana Calmon, DJe 03/09/2009; AgRg no REsp 647660 / P, rel. Ministra Denise Arruda, *DJ* 05/10/2006; REsp 696929 / SP, rel. Ministro Castro Meira, *DJ* 03/10/2005.

3. Cumpre destacar que, na hipótese em análise, o detentor do fundo do comércio é o próprio proprietário do imóvel expropriado. Assim, a identidade de titularidade torna possível a indenização simultânea a desapropriação. Ademais, o processo ainda se encontra na fase inicial, o que permite seja apurado o valor de bens intangíveis, representados pelo fundo de comércio, na própria perícia a ser realizada para fixação do valor do imóvel, dispensando posterior liquidação de sentença.

4. Agravo regimental não provido (AgRg no REsp 1199990, Ministro MAURO CAMPBELL MARQUES, *DJe* 25/04/2012).

53 – Evidente, na hipótese, a violação ao princípio da impessoalidade. Por esse princípio traduz-se a ideia de que a Administração Pública tem que tratar a todos os administrados sem discriminações, benéficas ou negativas. Dessa forma, não se admite, por força de regra constitucional, nem favoritismos, nem perseguições, sejam políticas, ideológicas ou eleitorais. A resposta deve considerar que, no caso concreto, a violação ao princípio da impessoalidade decorre do fato de que a publicidade dos atos, programas, obras ou serviços devem ter caráter educativo, informativo ou de orientação social, dela não podendo constar nomes ou quaisquer elementos que caracterizem promoção pessoal de autoridade ou servidor público.

54 – A) O examinando deve mencionar o princípio da legalidade administrativa e o poder-dever de autotutela, segundo o qual o administrador público não pode e não deve compactuar com a manutenção de ilegalidades na Administração Pública e, por isso, tem o poder-dever de anular o ato (Súmulas 346 e 473 do STF). Todavia, considerando o tempo decorrido e a ausência de marco temporal previsto em lei local, o examinando deve sugerir a aplicação, "in casu", do princípio da segurança das relações jurídicas, que, tendo em conta a boa-fé dos servidores e o recebimento do benefício financeiro há mais de dez anos, sugere manutenção das verbas em favor dos beneficiários, porquanto já incorporadas ao seu patrimônio.

B) O examinando deve demonstrar conhecimento a respeito do art. 54 (prazo decadencial de cinco anos para exercício da autotutela) da Lei n. 9.784/99, que, em regra, é de aplicação restrita ao âmbito federal. Todavia, é possível extrair seus conceitos e princípios básicos para aplicação extensiva em entes federativos diversos que ainda não possuem legislação própria para o processo administrativo. No caso específico, é possível extrair da Lei Federal n. 9.784/99 a regra do art. 54, que estabelece o prazo de cinco anos para a Administração Pública anular seus próprios atos, quando deles derivar direito a terceiros, desde que estes estejam de boa-fé. O STJ tem entendimento de que, em nome do princípio da segurança jurídica, na ausência de lei local sobre processo administrativo, Estados e Municípios devem aplicar a Lei n. 9.784/99. Isto porque, sob pena de violação ao referido princípio, a ausência de regra expressa na legislação local para o exercício da autotutela não pode autorizar o entendimento da inexistência de prazo decadencial para anulação de ato administrativo que produza efeitos patrimoniais favoráveis a beneficiários de boa-fé.

55 – A) O examinando deve indicar que não é possível a delegação, no caso proposto, pois é entendimento corrente que o poder de polícia só pode ser delegado a pessoas jurídicas de direito público, e não a pessoas jurídicas de direito privado. Nesse sentido já decidiu o STF (ADIn 1.717-6). Admite-se a delegação de atos meramente preparatórios ao exercício do poder de polícia, mas não as funções de legislação e aplicação de sanção.

B) O examinando deve identificar que, por se tratar de pessoa jurídica de direito público, dotada do "ius imperii" estatal, é possível a outorga do poder de polícia a autarquia.

56 – A anuência verbal do Poder Público em relação à ocupação do imóvel não repercute sobre a esfera jurídica do Poder Público, uma vez que os contratos verbais com a Administração Pública são nulos e sem nenhum efeito, nos termos do art. 60, parágrafo único, da Lei n. 8.666/93.

Em relação ao segundo argumento, um dos atributos dos bens públicos, qual seja, a sua imprescritibilidade, de modo que os bens públicos não se sujeitam à prescrição aquisitiva de direitos. Assim, a pretensão de usucapião de um bem público deve ser rejeitada, conforme previsto nos arts. 183, § 3º (propriedade urbana) e 191, parágrafo único (propriedade rural), ambos da CRFB.

É importante ressaltar que, por se tratar de prova discursiva, será exigido do examinando o desenvolvimento do tema apresentado. Desse modo, além de resposta conclusiva acerca do arguido, a mera menção a artigo não é pontuada, nem a mera resposta negativa desacompanhada do fundamento correto.

57 – A) Não, tendo em vista que, como não há uma gradação/ordem legal de penalidades, elas podem ser aplicadas discricionariamente pela Administração Pública, sem a necessidade de aplicação de uma penalidade mais leve antes da mais grave, porém a sanção administrativa deve ser sempre correlacionada/adequada à gravidade da infração cometida no caso concreto.

B) Sim, em razão da não observância no caso concreto de todas as formalidades legais para a incidência da punição, uma vez que a penalidade aplicada (declaração de inidoneidade) é de competência exclusiva do secretário estadual de esportes (art. 87, § 3º, da Lei n. 8.666/93).

É importante ressaltar que, por se tratar de prova discursiva, será exigido do examinando o desenvolvimento do tema apresentado. Desse modo, além de resposta conclusiva acerca do arguido, a mera menção a artigo não é pontuada, nem a mera resposta negativa desacompanhada do fundamento correto.

58 – A) Como sabido, discricionariedade é a margem de liberdade que a lei confere ao administrador para integrar a vontade da lei nos casos concretos conforme parâmetros/critérios de conveniência e oportunidade. Assim, desde que observados alguns parâmetros, a escolha do dirigente é ato discricionário do chefe do Poder Executivo. Isto porque, como sabido, discricionariedade não se confunde com arbitrariedade. Desse modo, ainda que discricionária a escolha deve atentar para o caráter técnico do cargo a ser ocupado, vez que as Agências reguladoras se caracterizam por um alto grau de especialização técnica no setor regulado, que, obviamente, para o seu correto exercício, exige uma formação especial dos ocupantes de seus cargos. Por essas razões, afigura-se bastante claro que, no caso proposto, a escolha do governador vai de encontro aos critérios previstos para a escolha dos dirigentes, visto que a nomeação de um cardiologista, ainda que renomado, para exercer o cargo de diretor de uma agência reguladora de transportes públicos concedidos, não obedece à exigência de que o nomeado tenha alto grau de especialização técnica no setor regulado, inerente ao regime jurídico especial das agências. Inclusive, nesse sentido, dispõe o art. 5º da Lei n. 9.986/2000:

> "O Presidente ou o Diretor Geral ou Diretor-Presidente (CD I) e os demais membros do Conselho Diretor ou da Diretoria (CD II) serão brasileiros, de reputação ilibada, formação universitária e elevado conceito no campo de especialidade dos cargos para os quais serão nomeados, devendo ser escolhidos pelo Presidente da República e por ele nomeados, após aprovação pelo Senado Federal, nos termos da alínea 'f' do inciso III do art. 52 da Constituição Federal".

Sendo assim, não foi correta a nomeação de João das Neves.

B) Como sabido, é uma característica das agências reguladoras, a estabilidade reforçada dos dirigentes. Trata-se de estabilidade diferenciada, caracterizada pelo exercício de mandato a termo, na qual se afigura impossível a exoneração "ad nutum" que, em regra, costuma ser inerente aos cargos em comissão. Desse modo, os diretores, na forma da legislação em vigor, só perderão os seus cargos por meio de renúncia, sentença transitada em julgado por meio de processo administrativo, observados a ampla defesa e o contraditório. No mesmo sentido, dispõe expressamente o art. 9º, da Lei n. 9.986/2000:

> "Art. 9º Os Conselheiros e os Diretores somente perderão o mandato em caso de renúncia, de condenação judicial transitada em julgado ou de processo administrativo disciplinar".

Por essas razões, João das Neves não poderia ter sido exonerado pelo governador.

59 – A) Organização da Sociedade Civil de Interesse Público (OSCIP) é a qualificação jurídica conferida pelo Poder Público, por ato administrativo, às pessoas privadas sem fins lucrativos e que desempenham determinadas atividades de caráter social, atividades estas que, por serem de relevante interesse social, são fomentadas pelo Estado. A partir de tal qualificação, tais entidades ficam aptas a formalizar "termos de parceria" com o Poder Público, que permitirá o repasse de recursos orçamentários para auxiliá-las na consecução de suas atividades sociais. As OSCIPs integram o que a doutrina chama de "Terceiro Setor", isto é, uma nova forma de organização da Administração Pública por meio da formalização de parcerias com a iniciativa privada para o exercício de atividades de relevância social. Sendo assim, como as ideias de "mútua colaboração" e a ausência de "contraposição de interesses" são inerentes a tais ajustes, o "termo de parceria" tem sido considerado pela doutrina e pela jurisprudência como espécies de convênios e não como contratos, tendo em vista a comunhão de interesses do Poder Público e das entidades privadas na consecução de tais atividades. Contudo, apesar de desnecessária a licitação formal nos termos da Lei n. 8.666/93, não se pode olvidar que deverá a administração observar os princípios do art. 37 da CRFB/88 na escolha da entidade além de, atualmente, vir prevalecendo o entendimento da doutrina, da jurisprudência e dos Tribunais de Contas no sentido de que, ainda que não se deva realizar licitação nos moldes da Lei n. 8.666/93, deverá ser realizado procedimento licitatório simplificado a fim de garantir a observância dos princípios da Administração Pública, como forma de restringir a subjetividade na escolha da OSCIP a formalizar o "termo de parceria".

B) Não. Por não integrarem a Administração Pública, as OSCIPs não se submetem às regras de concurso público, nos termos do art. 37, II, da CRFB. É importante ressaltar que, por se tratar de prova discursiva, será exigido do examinando o desenvolvimento do tema apresentado. Desse modo, além de resposta conclusiva acerca do arguido, a mera menção a artigo não é pontuada, nem a mera resposta negativa desacompanhada do fundamento correto.

60 – Em relação ao item A, o examinando deve expor que a decisão de revogação é juridicamente incorreta por violação aos princípios da impessoalidade e moralidade administrativa, previsto no "caput" do art. 37 da CRFB.

Quanto ao item B, o examinando deve indicar, de início, que a revogação do procedimento licitatório encontra-se disciplinada no art. 49 da Lei n. 8.666/93 e que se trata de revogação condicionada. Os requisitos são: razões de interesse público decorrentes de fato superveniente devidamente comprovado, pertinente e suficiente para justificar a conduta. Por fim, quanto ao item C, o examinando deve expor que, por se tratar de revogação ilícita de procedimento licitatório, os licitantes devem ser indenizados pelos prejuízos efetivamente comprovados, na forma do art. 37, § 6º, da CRFB.

61 – Em relação ao item 1, a resposta deve ser afirmativa. Trata-se da previsão de fontes provenientes de receitas alternativas, complementares, acessórias ou de projetos associados, que podem ser estabelecidas no edital em favor da concessionária precisamente com o objetivo de favorecer a modicidade tarifária. Essa possibilidade encontra-se prevista no art. 11 da Lei n. 8.987/95.

A resposta ao item 2 deve ser igualmente afirmativa. A possibilidade da inversão da ordem das fases de habilitação e julgamento nas concorrências para concessão de serviços públicos encontra-se prevista no art. 18-A da Lei n. 8.987/95.

62 – Sendo a autarquia uma pessoa jurídica de direito público, seus bens são considerados bens públicos e submetem-se ao regime jurídico juspublicista. Tal conclusão extrai-se da norma do art. 98 do Código Civil, que classifica os bens públicos de acordo com a sua titularidade. A alienação de bens móveis pertencentes à autarquia deve observar a disciplina prevista no art. 17, inciso II, da Lei n. 8.666/93, que exige: interesse público devidamente justificado, avaliação prévia e licitação. É importante que o examinando registre que a licitação, "in casu", deve seguir a modalidade leilão, nos termos do art. 22, § 5º, da Lei n. 8.666/93.

63 – O examinando deve afirmar que a responsabilidade civil das empresas concessionárias de serviços públicos é regulada pela norma do art. 37, § 6º, da CRFB, que adota a teoria do risco administrativo. Não pode o examinando fundamentar o dever de indenizar da concessionária exclusivamente no Código de Defesa do Consumidor. Posteriormente, deve o examinando mencionar que a orientação recente do STF, ao interpretar o art. 37, § 6º, CRFB não faz distinção entre usuários e não usuários do serviço público para fins de aplicação da teoria da responsabilidade civil objetiva (teoria do risco administrativo) nessa hipótese (RE 591.874).

Quanto ao item B, não pode o Estado (Poder Concedente) ser direta e primariamente responsabilizado por ato de concessionários de serviços públicos, tendo em vista: (i) a interpretação da norma do art. 37, § 6º, da

CRFB, que nitidamente separa e individualiza a responsabilidade civil das pessoas jurídicas de direito público e das pessoas jurídicas de direito privado prestadoras de serviços públicos; e (ii) a norma do art. 25 da Lei n. 8.987/95, que expressamente atribui a responsabilidade à concessionária.

64 – A questão trata acerca da responsabilidade civil objetiva de terceiro não usuário dos serviços públicos de transportes municipais. Na hipótese, tem-se que a responsabilidade civil será objetiva, comprovado o nexo de causalidade entre o ato administrativo e o dano causado ao terceiro não usuário do serviço público, sendo tal condição suficiente para estabelecer a responsabilidade objetiva da pessoa jurídica de direito privado, nos termos do art. 37, § 6º, da CRFB. De acordo com a jurisprudência atual e consolidada do STF, não se pode interpretar restritivamente o alcance do art. 37, § 6º, da CRFB, sobretudo porque a Constituição, interpretada à luz do princípio da isonomia, não permite que se faça qualquer distinção entre os chamados "terceiros", ou seja, entre usuários e não usuários do serviço público, haja vista que todos eles, de igual modo, podem sofrer dano em razão da ação administrativa do Estado, seja ela realizada diretamente, seja por meio de pessoa jurídica de direito privado. Observa-se, ainda, que o entendimento de que apenas os terceiros usuários do serviço gozariam de proteção constitucional decorrente da responsabilidade objetiva do Estado, por terem o direito subjetivo de receber um serviço adequado, contrapor-se-ia à própria natureza do serviço público, que, por definição, tem caráter geral, estendendo-se, indistintamente, a todos os cidadãos, beneficiários diretos ou indiretos da ação estatal.

65 – À luz do valor estimado do contrato e do prazo de concessão, o projeto é juridicamente correto, atendendo aos requisitos estabelecidos no art. 2º, § 4º, incisos I e II, ou art. 5º, I, da Lei n. 11.079/2004.

Quanto ao item B, não seria possível a delegação das funções de direção e coerção na esfera prisional ao parceiro privado, uma vez que essas são atividades típicas de Estado e, nesse sentido, indelegáveis. A esse respeito, a própria legislação de regência das PPPs prevê expressamente a indelegabilidade do exercício do poder de polícia e de outras atividades exclusivas de Estado (conforme art. 4º, inciso III, da Lei n. 11.079/04).

66 – Em relação ao item A, foi juridicamente acertada a atuação do TCU ao solicitar o edital já publicado para exame, conforme previsto no art. 113, § 2º, da Lei n. 8.666/93. A solicitação foi motivada e casuística, conforme exige o Supremo Tribunal Federal.

Por sua vez, em relação ao item B, o TCU não tem competência para sustar contratos administrativos. De acordo com a norma do art. 71, § 1º, da CRFB, a sustação da execução do contrato deve ser solicitada ao Congresso Nacional, que deverá deliberar em noventa dias. Somente após o prazo, sem manifestação do Congresso Nacional, é que o TCU poderá decidir a respeito.

67 – Em relação ao item 1, espera-se que o examinando responda afirmativamente, demonstrando conhecimento a respeito do denominado direito de preempção, instituto previsto no art. 25 da Lei n. 10.257/2001.

Em relação ao item 2, a resposta deve levar em consideração o prazo estabelecido no Estatuto da Cidade para a renovação do prazo de vigência do direito de preempção, que apenas pode ocorrer a partir de um ano após o decurso do prazo inicial de vigência, conforme norma do art. 25, § 1º, parte final.

68 – O examinando deve indicar que se trata do instituto da ocupação temporária de bens privados ou da requisição, tal como prevê o art. 5º, XXV, da CRFB. A ocupação temporária de bens privados consiste no apossamento, mediante ato administrativo unilateral, de bem privado para uso temporário, em caso de iminente perigo público, com o dever de restituição no mais breve espaço de tempo e eventual pagamento de indenização pelos danos produzidos. Deve o examinando explicitar que se trata de instrumento de exceção e que exige a configuração de uma situação emergencial. E, mais, que a ocupação independe da concordância do particular e que se configura instituto temporário, a ser exercido por meio de ato administrativo.

69 – O examinando deve identificar o enquadramento da empresa de distribuição de energia elétrica como uma empresa privada prestadora de serviço público, sujeita, portanto, a responsabilização objetiva (independente de dolo ou culpa) pelos danos advindos de suas atividades, conforme art. 37, § 6º, da Constituição da República. Em razão de tal fato, deve a empresa responder pelos danos causados pelo choque oriundo de sua rede de distribuição, uma vez que restou constatado o nexo causal. Em relação ao possível direito de regresso, deve o examinando negar essa possibilidade, já que tal recurso somente se torna viável em casos de dolo ou culpa do agente causador do dano.

70 – Em relação ao item 1, a possibilidade de o Poder Concedente estabelecer benefícios tarifários não contemplados no contrato de concessão decorre da própria titularidade do serviço público. Com o contrato de concessão, é tão somente a execução do serviço público que se transfere para o concessionário, cabendo ao Poder Concedente regulamentar o serviço concedido (art. 2º, inciso II, e art. 29, inciso I, ambos da Lei n. 8.987/95). Para fundamentar tal resposta, o examinando poderia mencionar o art. 175 da CRFB, os arts. 2º, inciso II, e 29, inciso I, da Lei n. 8.987/95 e o art. 58, inciso I, da Lei n. 8.666/93. Além disso, também foram consideradas as referências feitas pelos examinandos aos fenômenos do fato do príncipe ou do fato da administração pública. Por fim, foram igualmente consideradas apropriadas as respostas que invocaram a norma do art. 35 da Lei n. 9.074/95.

Sempre que o estabelecimento de benefícios tarifários não contemplados originariamente no contrato de concessão causarem impacto na equação econômico-financeira do contrato, haverá a necessidade de serem revistas as cláusulas econômicas, de modo a que o equilíbrio seja recomposto. Nesse sentido, ao estabelecer benefícios tarifários que afetem o equilíbrio econômico-financeiro do contrato, o Poder Concedente deverá, concomitantemente, recompor a equação financeira. Como resultado, em atenção ao item 2, a resposta é positiva, fazendo jus a concessionária a uma compensação para que o equilíbrio econômico-financeiro do contrato de concessão seja mantido, nos termos do art. 9º, § 4º, da Lei n. 8.987/95 ou do art. 35 da Lei n. 9.074/95.

71 – O examinando deve sustentar a correção da medida tomada pelo poder público com base no poder de polícia da administração pública, uma vez que, por meio desse poder, a administração está concretizando um de seus deveres: garantir a segurança da coletividade. Também deve ser abordada a viabilidade da execução da medida diretamente pela administração pública, sem necessidade de ordem judicial, em função do atributo da autoexecutoriedade do poder de polícia, que é aplicável em casos urgentes, conforme relatado no caso em análise.

72 – A) Nos termos do art. 71, inciso III, da CRFB, compete ao TCU – e, por simetria, aos Tribunais de Contas dos Estados – apreciar, para fins de registro, a legalidade dos atos de concessão de aposentadoria. De acordo com os precedentes do STF, os atos de aposentadoria são considerados atos complexos, que somente se aperfeiçoam com o registro na Corte de Contas respectiva.

B) O questionamento formulado pelo órgão de controle encontra-se correto, pois o exercício de função administrativa, estranha ao magistério – como é o caso de cargo em comissão de assessora executiva na Secretaria de Administração –, não pode ser considerado para fins de aposentadoria especial de professores. A norma do art. 40, § 5º, CRFB, ao disciplinar a matéria, exige efetivo exercício das funções de magistério e o tema veio a ser objeto de súmula do STF (En 726).

73 – A) O examinando deve, em primeiro lugar, mencionar a necessidade de lei específica para a instituição de empresa pública, conforme norma do art. 37, inciso XIX, da CRFB.

B) Quanto ao regime de pessoal, às empresas públicas submetem-se ao regime jurídico da iniciativa privada no que tange às obrigações trabalhistas, donde se depreende a submissão ao regime de emprego público (celetista), conforme art. 173, § 1º, inciso II, da CRFB. No entanto, embora o regime de pessoal seja o celetista, o examinando deve registrar que o acesso ao emprego público depende de aprovação em concurso público, aplicando-se o princípio da meritocracia (art. 37, inciso II, CRFB).

C) Por fim, quanto ao limite máximo de remuneração, a empresa pública deverá observá-lo caso receba recurso do Município de pagamento de despesas de pessoal ou de custeio em geral, conforme norma do art. 37, § 9º, da CRFB.

74 – A) A inexigibilidade de licitação, em tal hipótese, encontraria fundamento na norma do art. 25, inciso II, que prevê a inviabilidade de competição para a contratação de serviços técnicos enumerados no art. 13, dentre os quais o patrocínio de causas judiciais (art. 13, inciso V) da Lei n. 8.666/93. Entretanto, para configurar tal hipótese de inexigibilidade de licitação, exige-se a natureza singular dos serviços, o que não ocorre na situação proposta, em que se pretende a contratação direta de escritório de advocacia para o patrocínio de causas de massa (contencioso trabalhista de massa).

B) Quanto ao item B, a responsabilidade solidária do agente público e do prestador do serviço nos casos de superfaturamento em contratos decorrentes de inexigibilidade ou dispensa de licitação encontra previsão expressa na norma do art. 25, § 2º, da Lei n. 8.666/93.

75 – A questão deve ser analisada à luz das normas dos arts. 243 e 184 da CRFB.

A) Em relação ao item A, é possível a desapropriação sem pagamento de indenização, eis que essa é a hipótese de expropriação constitucional estabelecida no art. 243 da CRFB, em que não haverá o pagamento de indenização. Entretanto, o próprio dispositivo constitucional estabelece que as glebas desapropriadas devem ser destinadas ao assentamento de colonos, para o cultivo de produtos alimentícios e medicamentosos.

B) Por sua vez, quanto ao item B, a competência para a desapropriação para fins de reforma agrária, com pagamento de indenização em títulos da dívida agrária, é da União Federal (art. 184 CRFB) e, portanto, não poderia ser exercida pelo Estado-membro.

C) Não há impedimento, porém, para o Estado declarar de interesse social e desapropriar o bem, desde que mediante prévia e justa indenização em dinheiro (observância da regra geral prevista no art. 5º, inciso XXIV, CRFB).

76 – A) O princípio da autotutela administrativa que se encontra consagrado por força de reiterada jurisprudência, pela Súmula n. 473 do Supremo Tribunal Federal, impõe à Administração Pública o poder/dever de anular os atos ilegais ou revogá-los, por motivo de oportunidade e conveniência, em ambos os casos, respeitados os direitos adquiridos.

Esse enunciado, entretanto, não afasta a apreciação do Poder Judiciário, ou seja, o controle judicial dos atos praticados pela Administração Pública que, hoje, ante ao avanço das decisões judiciais e da doutrina do direito público permite que seja realizado à luz não só da adequação do ato aos ditames legais e jurídicos (princípios) – controle de legalidade ou de juridicidade –, como também permite ao Juiz apreciar o denominado "mérito" administrativo, ou seja, permite a análise e o controle dos atos discricionários.

Os atos discricionários, segundo a melhor e atual doutrina do direito administrativo, devem pautar a sua edição em determinados critérios eleitos que serão analisados pelo Poder Judiciário, quais sejam: 1) se o ato praticado atendeu ao princípio da razoabilidade (se foi necessário e se os meios foram proporcionais aos fins pretendidos e executados); 2) se o ato atendeu aos motivos que determinaram a sua edição ou se apenas atendeu a interesses privados e secundários (teoria dos motivos determinantes); 3) e se o ato atendeu às finalidades da lei, em última análise, se o ato atendeu aos interesses públicos reais, sem qualquer desvio de poder.

B) Por fim, importa ressaltar que o Poder Judiciário não pode substituir o administrador. Dessa forma, quando da anulação do ato discricionário, não cabe ao Juiz determinar a prática do ato, mas sim devolver ao administrador público essa decisão que deverá ser fundamentada e exposta, segundo novos critérios de oportunidade e conveniência, respeitados os motivos determinantes, a razoabilidade e a finalidade (interesse público).

77 – O examinando deverá identificar a responsabilidade do titular da serventia extrajudicial, sua caracterização como agente público e sentido amplo e a responsabilidade objetiva do Estado pelos seus atos.

78 – O examinando deve identificar o poder de anular os contratos administrativos e o dever da Administração de pagar pelo o que a empresa executou até a anulação, bem como o dever de indenizar também outros eventuais prejuízos regularmente comprovados (art. 59, parágrafo único, da Lei n. 8.666/93).

A questão envolve a aplicação do parágrafo único do art. 59, da Lei n. 8.666/93, pois inegável a boa-fé da empresa e ter a mesma prestado a sua obrigação. Não caberia a restituição dos valores pagos, que seriam integrados, como indenização, ao patrimônio da contratada, que, inclusive, poderia postular perdas e danos.

79 – Espera-se que o examinando identifique o direito subjetivo à nomeação, que decorre da vinculação da Administração à necessidade de preenchimento das vagas que fundamentou a abertura do concurso, exceto se houver fato posterior que elimine essa necessidade.

80 – A questão trabalha com o conceito de poder de polícia da atribuído à Administração Pública. O candidato deve explicitar, inicialmente, o conceito de poder de polícia a fim de enquadrar juridicamente a hipótese de fato trazida na questão.

Deve o candidato expor que se trata de um poder discricionário, porém, não arbitrário. E deve indicar todas as características do poder de polícia, tais como: autoexecutoriedade, legitimidade e presunção de legalidade.

Logo, como não se trata de um poder arbitrário, deve o candidato expor que a conduta do fiscal em destruir os produtos que, ainda, estavam dentro do prazo de validade, extrapolou os limites da razoabilidade e da proporcionalidade que devem informar a Administração Pública e seus agentes ao praticar atos que constituam poder de polícia.

E desta forma, deve indicar que o dono do estabelecimento comercial deverá ajuizar uma ação judicial com o objetivo de postular o pagamento pelos prejuízos materiais, consistente no valor de todos os produtos destruídos e que se encontravam dentro do prazo de validade.

81 – Deve-se, primeiramente, apontar a norma inserta no art. 87, § 3º, da Lei de Licitações, que atribui a ministro de Estado ou secretário estadual ou municipal competência para a declaração de inidoneidade para licitar ou contratar com a administração pública. A seguir, deve-se identificar que, independentemente de a decisão retroagir ou não, as causas que ensejam a rescisão unilateral do contrato administrativo podem ser aplicadas a qualquer tempo, havendo, sim, possibilidade de rescisão dos contratos em curso, com fundamento em uma das causas previstas no art. 78 da referida lei, mormente em seu inciso XII. Assim, conforme a gravidade dos motivos que levaram o ministro a declarar a inidoneidade da empresa, poderia a administração invocar, por exemplo, relevante interesse público para rescindir os contratos vigentes, com fundamento no art. 78, XII, da Lei n. 8.666/93.

82 – Poderá o município utilizar-se do direito de preempção, de acordo com o previsto no inciso VIII do art. 26 da Lei n. 10.257/2001. No entanto, deverá haver lei municipal que, baseada no plano diretor do município, identifique o imóvel que será objeto da preempção, conforme determinação do parágrafo único do mesmo dispositivo.

Assim dispõe a Lei n. 10.257/2001:

> "Art. 25. O direito de preempção confere ao Poder Público municipal preferência para aquisição de imóvel urbano objeto de alienação onerosa entre particulares.
>
> § 1º Lei municipal, baseada no plano diretor, delimitará as áreas em que incidirá o direito de preempção e fixará prazo de vigência, não superior a cinco anos, renovável a partir de um ano após o decurso do prazo inicial de vigência.

Art. 26. O direito de preempção será exercido sempre que o Poder Público necessitar de áreas para:

(...)

VIII – proteção de áreas de interesse histórico, cultural ou paisagístico.

Parágrafo único. A lei municipal prevista no § 1º do art. 25 desta Lei deverá enquadrar cada área em que incidirá o direito de preempção em uma ou mais das finalidades enumeradas por este artigo."

83 – Cuida-se de acumulação ilegal de cargos públicos, dado que não há compatibilidade de horário para o servidor que exerce dois cargos no regime de 40 horas semanais. Não é regular o desconto da remuneração percebida pelo servidor em acúmulo ilícito de cargos públicos, se configurada sua boa-fé. A Lei n. 8.112, de 11 de dezembro de 1990, no art. 133, "caput" e § 5º, assegura ao servidor que acumula cargos ilicitamente o reconhecimento de sua boa-fé, caso opte por um dos cargos, antes da instauração do processo ou após a instauração, até o término do prazo de defesa.

Na hipótese, restou configurada a boa-fé, visto que o servidor optou por um dos cargos no primeiro momento, antes mesmo da instauração do processo. Caracterizada a boa-fé, não pode o servidor sofrer efeitos prejudiciais da conduta tida como irregular. Destarte, não é cabível o desconto de remuneração relativa ao período em que o servidor acumulava ilicitamente cargos públicos. É o entendimento exarado no aresto infratranscrito:

"EMENTA: MANDADO DE SEGURANÇA. ATO DO TRIBUNAL DE CONTAS DA UNIÃO QUE CONSIDEROU ILEGAL APOSENTADORIA E DETERMINOU A RESTITUIÇÃO DE VALORES. ACUMULAÇÃO ILEGAL DE CARGOS DE PROFESSOR. AUSÊNCIA DE COMPATIBILIDADE DE HORÁRIOS. UTILIZAÇÃO DE TEMPO DE SERVIÇO PARA OBTENÇÃO DE VANTAGENS EM DUPLICIDADE (ARTS. 62 E 193 DA LEI N. 8.112/90). MÁ-FÉ NÃO CONFIGURADA. DESNECESSIDADE DE RESTITUIÇÃO DOS VALORES PERCEBIDOS. INOCORRÊNCIA DE DESRESPEITO AO DEVIDO PROCESSO LEGAL E AO DIREITO ADQUIRIDO.

1. A compatibilidade de horários é requisito indispensável para o reconhecimento da licitude da acumulação de cargos públicos. É ilegal a acumulação dos cargos quando ambos estão submetidos ao regime de 40 horas semanais e um deles exige dedicação exclusiva.

(...)

3. O reconhecimento da ilegalidade da cumulação de vantagens não determina, automaticamente, a restituição ao erário dos valores recebidos, salvo se comprovada a má-fé do servidor, o que não foi demonstrado nos autos.

(...)"

(MS 26085, Relator(a): Min. Cármen Lúcia, Tribunal Pleno, julgado em 07/04/2008, "DJe"-107 DIVULG 12-06-2008 PUBLIC 13-06-2008 EMENT VOL-02323-02 PP 00269 RTJ VOL-00204-03 PP-01165).

84 – Deve-se destacar que a licitação, como qualquer outro procedimento administrativo, é passível de anulação (na hipótese de ilegalidade) ou de revogação (por razões de conveniência e oportunidade). A administração pública, de acordo com o art. 49 da Lei n. 8.666/93, tem o dever de anular o procedimento licitatório quando constatada a ocorrência de ilegalidade. O STF também já firmou entendimento no sentido da possibilidade de a administração pública anular seus atos quando eivados do vício da ilegalidade (Súmulas n. 346 e 473). O ato de homologação bem como o de adjudicação não conferem à empresa vencedora do certame o direito líquido e certo de contratar com o poder público, visto que a adjudicação constitui, apenas, o ato pelo qual a administração pública atribui ao vencedor o objeto da licitação. Também não há fundamento para o pedido de indenização. Isso porque, uma vez constatada a ocorrência de ilegalidade, não imputada à própria Administração, não há que se falar em direito do licitante à indenização. O § 1º do art. 49 da Lei n. 8.666/93 é expresso ao consignar que a anulação do procedimento licitatório, por motivo de ilegalidade, não gera obrigação de indenizar.

85 – Deve-se destacar que o ressarcimento ao erário não implica anistia do ato de improbidade, mas dever dos agentes. Isso porque, nos termos do art. 12 da Lei n. 8.429/92, se os agentes não promoverem o ressarcimento de forma espontânea, são compelidos a fazê-lo pela sentença condenatória.

Assim, ainda que haja o integral ressarcimento do dano patrimonial ao erário, tal fato não elide a condenação dos agentes ímprobos no tocante às demais sanções previstas na lei de improbidade administrativa. Com efeito, a Lei n. 8.429/92 tem por finalidade precípua coibir, punir e afastar da atividade pública os agentes que praticam condutas incompatíveis com o cargo público ocupado. Nesse sentido, o art. 12 do aludido diploma legal estabelece, para cada uma das condutas descritas na lei, as respectivas sanções cabíveis. Para todas as condutas descritas encontra-se prevista a sanção de "ressarcimento integral do dano, quando houver".

Dessa forma, a reparação do dano é o mínimo a ser atendido pelo agente diante da prática de um ato de improbidade que configure lesão ao erário. Tal atitude, todavia, não elide as demais sanções previstas nos incisos do referido art. 12, pois a reparação do prejuízo não constitui, por si só, elemento suficiente para atender ao espírito da Lei n. 8.429/92, sob pena de esvaziamento da sua própria essência, visto que tem como um de seus principais objetivos inibir a reiteração da conduta ilícita. Portanto, embora seja certo que as sanções constantes do art. 12 do diploma legal não são necessariamente aplicáveis cumulativamente, também é verdade que, diante do ato de improbidade, a sanção não pode limitar-se ao ressarcimento dos danos, embora a autoridade julgadora deva, com fundamento na proporcionalidade e razoabilidade, considerar o ressarcimento quando da dosimetria da sanção a ser imposta.

Deve-se, portanto, destacar que a hipótese não é de extinção do processo.